8訂版

初任者のための
住民基本台帳事務

東京都市町村戸籍住民基本台帳事務協議会
住民基本台帳事務手引書作成委員会［編著］

日本加除出版株式会社

発刊にあたって

　住民基本台帳は，住民を対象とする行政を適正に行い，住民の利便の増進を図るための地方行政の基礎ともいうべきものであります。

　この住民基本台帳の制度は，住民の居住関係の公証，選挙人名簿の登録その他の住民に関する事務の処理の基礎とするとともに，住民の住所に関する届出等の簡素化を図るため，住民に関する記録を正確かつ統一的に行う制度として，昭和42年に施行され，既に16年を経過しました。

　この間，全国の各自治体では，この制度の施行により，市町村の固有事務として，制度の運用を図り，近代化，能率化につとめてまいりました。

　しかしながら，この制度の運用にあたり，実務参考書が皆無に近いことから，本協議会では，事務のモデル化を図る必要性を感じ，先に「住民基本台帳事務手引書作成委員会」を設置して，『住民記録の実務』を編集発刊したところでありますが，更に初任者向けの事務手引書の発刊について，読者の方々から強い要望がありました。

　そこで今回は，『初任者のための住民基本台帳事務』を発刊することといたしました。

　本書の利用にあたっては，住民基本台帳事務に従事される初任者が，日常の住民との応対のなかで有効に活用されるとともに，制度の適正な運用の一助となることを期待する次第であります。

　本書の編集にあたり日本加除出版株式会社の御援助を賜りましたことを深く感謝申し上げます。

　昭和58年8月

東京都市町村戸籍住民基本台帳事務協議会会長

府中市長　　吉　野　和　男

8訂版発刊にあたって

　市民課，住民課の窓口は，市町村の職員が，住民の方々と直接触れ合う最前線です。初めて課に配属された職員に対しても，役場に用事のある住民の方々は，こちらを何でも知っている専門家として，いろいろと尋ねてこられます。

　ところで，住民基本台帳は，「市町村において，住民の居住関係の公証，選挙人名簿の登録その他の住民に関する事務の処理の基礎」（住基法第1条）となるものですので，住民基本台帳事務ばかりでなく，戸籍事務や印鑑登録事務，国民健康保険，国民年金，介護保険，児童手当，児童生徒の就学や高齢者福祉などなどあらゆる業務とかかわっています。

　本書は，初めて市民課，住民課に配属された職員の，言わば事務処理マニュアルといった位置づけの書籍です。したがって，窓口事務を行うにあたっての必要にして最小限の知識が，幅広く説明されています。第1編では，窓口事務と接遇の知識が，関連業務のあらましや事務の流れ，住民票の事務処理方法などとともに分かりやすく解説されています。第2編では住民票の写し，住民の届出と転出・転入・転居，世帯変更，職権処理，通知事務や戸籍の附票の処理方法等々について，Ｑ＆Ａ方式により，具体的で分かりやすく説明されています。さらに第3編では，窓口職員として業務上使用する用語が，簡潔な文章で解説されています。

　さて，平成27年10月にマイナンバー制度が開始され，マイナンバー制度の導入による事務の増加や，関係法令が施行・改正されたことにより，内容の全面的な見直しが必要となったため，本書を改訂することになりました。第2編のＱ＆Ａに新たにマイナンバーの項目を設け，質問を12問追加して初任者が感じると思われる疑問に対して回答を作成しております。第3編の実務用語解説でも，マイナンバーの項目を設けて初任者でもわかりやすい解説がされております。また，その他の箇所も，マイナン

4 8訂版発刊にあたって

バー制度の関連する事務が多岐にわたるため，多くの箇所でマイナンバー
制度開始に伴う変更点を追加・修正しております。新制度についても初任
者が理解しやすいよう，制度説明のための記述は独立させ，日常業務で読
み返すであろう箇所では，マイナンバーに関する記述を溶け込ませる構成
となっております。

　このように，今回の改訂では，マイナンバー制度の導入に関する事項が
主な改訂項目となりました。通知カード，マイナンバーカードに係る事務
が追加され，住民票や住民異動届等の各種帳票に個人番号の記載欄を加え
るなど，記載例についても一部修正しております。

　公務ご多用の中，長期にわたり改訂作業にご尽力いただきました住民基
本台帳事務手引書作成委員会の皆様に対し，この場を借りて心より御礼申
し上げます。また，本書が全国の住民基本台帳事務に従事する市町村職員
の皆様のお役にたてれば幸いです。

平成 30 年 10 月

東京都市町村戸籍住民基本台帳事務協議会会長
東久留米市長　並　木　克　巳

凡　例　5

凡　例

〈主な法令名等の略語〉

法	住民基本台帳法
令	住民基本台帳法施行令
規則	住民基本台帳法施行規則
住民票省令	住民基本台帳の一部の写しの閲覧及び住民票の写し等の交付に関する省令
事務処理要領	住民基本台帳事務処理要領

住基ネットセキュリティ基準

電気通信回線を通じた送信又は磁気ディスクの送付の方法並びに磁気ディスクへの記録及びその保存の方法に関する技術的基準

技術的基準　　　　住民票に係る磁気ディスクへの記録，その利用並びに磁気ディスク及びこれに関係する施設又は設備の管理の方法に関する技術的基準

住基カード	住民基本台帳カード
住基ネット	住民基本台帳ネットワークシステム
マイナンバーカード	個人番号カード
CS	コミュニケーションサーバ
個人情報保護法	個人情報の保護に関する法律

行政機関個人情報保護法

行政機関の保有する個人情報の保護に関する法律

高齢者医療確保法	高齢者の医療の確保に関する法律
電子署名法	電子署名及び認証業務に関する法律
公的個人認証法	電子署名等に係る地方公共団体情報システム機構の認証業務に関する法律

6　凡　例

公的個人認証法施行規則

電子署名等に係る地方公共団体情報システム機構の認証業務に関する法律施行規則

認証業務技術的基準　認証業務及びこれに附帯する業務の実施に関する技術的基準

入管法　　　　　　出入国管理及び難民認定法

入管法施行規則　　出入国管理及び難民認定法施行規則

特例法　　　　　　日本国との平和条約に基づき日本の国籍を離脱した者等の出入国管理に関する特例法

番号法　　　　　　行政手続における特定の個人を識別するための番号の利用等に関する法律

番号法施行令　　　行政手続における特定の個人を識別するための番号の利用等に関する法律施行令

番号法施行規則　　行政手続における特定の個人を識別するための番号の利用等に関する法律施行規則

番号法省令　　　　行政手続における特定の個人を識別するための番号の利用等に関する法律の規定による通知カード及び個人番号カード並びに情報提供ネットワークシステムによる特定個人情報の提供等に関する省令

番号カード技術基準　通知カード及び個人番号カードに関する技術的水準

整備法　　　　　　行政手続における特定の個人を識別するための番号の利用等に関する法律の施行に伴う関係法律の整備等に関する法律

情報通信技術利用法　行政手続等における情報通信の技術の利用に関する法律

機構　　　　　　　地方公共団体情報システム機構

機構法　　　　　　地方公共団体情報システム機構法

目　次　7

8訂版 初任者のための
住民基本台帳事務

（　目　　次　）

第1編　窓口事務と接遇の知識

第1　窓口事務のあらまし

1　住民基本台帳事務 ……………………………………………… 4

　(1)　届出の種類 …………………………………………………… 4

　(2)　住民票の記載・消除・修正 ……………………………… 4

　(3)　通知事務 …………………………………………………… 7

　(4)　戸籍の附票 ………………………………………………… 8

　(5)　その他 ……………………………………………………… 8

2　戸籍事務 ………………………………………………………… 9

　(1)　謄抄本等証明書（全部事項証明書・個人事項証明書）の交付 … 9

　(2)　戸籍の届出 ………………………………………………… 10

　(3)　届出の方法 ………………………………………………… 13

　(4)　届書の審査と受理 ………………………………………… 15

　(5)　戸籍の記載 ………………………………………………… 16

　(6)　戸籍簿の管理等 …………………………………………… 19

3　印鑑登録証明事務 …………………………………………… 20

　(1)　現在の印鑑登録事務 ……………………………………… 20

　(2)　認可地縁団体印鑑登録証明事務 ………………………… 21

　(3)　事務処理のあらまし ……………………………………… 22

4　外国人登録事務 ……………………………………………… 28

8　目　　次

(1)　外国人登録法の廃止 ……………………………………… 28

(2)　登録原票 ……………………………………………………… 28

(3)　外国人登録証明書 ………………………………………… 28

5　その他の事務 ………………………………………………… 29

(1)　住居表示事務 ……………………………………………… 29

(2)　人口統計事務 ……………………………………………… 32

(3)　その他の関連業務 ………………………………………… 34

6　窓口の形態 …………………………………………………… 35

(1)　縦割窓口 …………………………………………………… 35

(2)　横割窓口 …………………………………………………… 36

(3)　総合窓口 …………………………………………………… 37

7　支所，出張所 ………………………………………………… 37

第2　窓口・電話の応対—接遇—

1　窓口の応対—接遇 …………………………………………… 39

(1)　接遇の考え方 ……………………………………………… 39

(2)　執務上の心構え …………………………………………… 43

(3)　接客用語 …………………………………………………… 47

(4)　接遇の5段階 ……………………………………………… 51

(5)　苦情処理 …………………………………………………… 53

(6)　不当要求への応対 ………………………………………… 56

2　電話の応対 …………………………………………………… 59

(1)　電話での応対 ……………………………………………… 59

(2)　市町村間においての対処と住民への応対 …………… 60

(3)　こんなときは？ …………………………………………… 62

目　次　9

第3　住民票の事務処理

1　住民基本台帳法の概要 ……………………………… 65

　(1)　法の概要 ……………………………………………… 66

　(2)　法の主な内容と関係条文 ………………………… 66

　(3)　制度の効果 ………………………………………… 68

2　住民票ができるまで ……………………………… 68

　(1)　届出の受付 ………………………………………… 69

　(2)　住民票の記載（記録）…………………………… 69

　(3)　他市町村等への通知 ……………………………… 70

3　住民票がなくなるまで ……………………………… 70

　(1)　届出の受付 ………………………………………… 71

　(2)　転出証明書の交付 ………………………………… 72

　(3)　転入通知と転出確定通知 ………………………… 72

4　戸籍の届出と住民票，戸籍の附票 ……………… 72

　(1)　戸籍の届出と住民票 ……………………………… 73

　(2)　戸籍の届出と戸籍の附票 ………………………… 75

5　住民票の写し等の交付 ……………………………… 76

　(1)　本人等の請求による住民票の写し等の交付 …… 76

　(2)　国又は地方公共団体の機関の請求による住民票の写し等の交付… 78

　(3)　本人等以外の者の申出による住民票の写し等の交付 ………… 78

6　帳票の処理と保管方法 ……………………………… 82

　(1)　帳票の処理と呼称 ………………………………… 83

　(2)　保管の方法 ………………………………………… 83

7　届出書等の種類と保管の方法 …………………… 85

　(1)　届出書等の種類 …………………………………… 86

　(2)　保管の方法 ………………………………………… 86

8　他市町村への通知 …………………………………… 87

10　目　次

　　(1)　通知の種類 ……………………………………………………… 87

　　(2)　通知書の作成 ……………………………………………………… 89

　9　庁内関係課への通知 ……………………………………………… 90

第4　諸証明の作成と手数料

　1　証明書の作成 ……………………………………………………… 91

　2　証明書の種類 ……………………………………………………… 92

　　(1)　制度的行政証明 …………………………………………………… 92

　　(2)　慣行的行政証明 …………………………………………………… 93

　3　証明書の用途 ……………………………………………………… 93

　　(1)　住民票の写し ……………………………………………………… 93

　　(2)　戸籍の謄抄本 ……………………………………………………… 93

　　(3)　身分証明 …………………………………………………………… 94

　　(4)　印鑑（登録）証明 ………………………………………………… 94

　4　証明書作成にあたっての注意事項 ……………………………… 94

　　(1)　証明書作成上の一般的な注意事項 ……………………………… 94

　　(2)　証明書作成上の個別的な注意事項 ……………………………… 97

　5　手数料 ……………………………………………………………… 107

　　(1)　手数料の意義 ……………………………………………………… 107

　　(2)　手数料の決め方 …………………………………………………… 107

　　(3)　手数料の徴収の方法 ……………………………………………… 108

　　(4)　手数料の無料の扱い ……………………………………………… 108

第5　住民基本台帳の閲覧

　1　閲覧制度の変遷 …………………………………………………… 109

　2　閲覧制度の概要 …………………………………………………… 111

　　(1)　閲覧できるもの …………………………………………………… 111

目　次　11

　(2)　閲覧できる主体と目的　……………………………………　111

　(3)　閲覧請求の方法　………………………………………………　112

　(4)　閲覧申出の方法　………………………………………………　113

　(5)　本人確認の実施　………………………………………………　114

　(6)　その他の事項　…………………………………………………　115

3　ドメスティック・バイオレンス及びストーカー行為等の被害者

　への支援措置　………………………………………………………　118

　(1)　加害者からの閲覧申出　………………………………………　118

　(2)　支援対象者本人からの閲覧申出　……………………………　118

　(3)　その他の第三者からの閲覧申出　……………………………　118

　(4)　閲覧台帳からの支援対象者の除外　…………………………　119

第6　住民票の写し等の交付

1　写し等の交付制度の変遷　………………………………………　121

2　住民票の写し等の交付制度の概要　……………………………　123

　(1)　住民票の写し等　………………………………………………　123

　(2)　住民票の記載事項　……………………………………………　123

　(3)　交付の対象　……………………………………………………　124

　(4)　写し等の種類　…………………………………………………　124

　(5)　交付請求（申出）の主体と目的　……………………………　124

3　交付請求（申出）の手続　………………………………………　125

　(1)　明らかにすべき事項　…………………………………………　125

　(2)　本人確認　………………………………………………………　128

　(3)　代理権の確認　…………………………………………………　130

　(4)　写し等の交付　…………………………………………………　131

　(5)　特定事務受任者からの住民票の写し等の交付申出　………　132

4　住民票の写しの交付の特例　……………………………………　134

12　目　　次

(1)　写しの記載事項 ……………………………………………………… 134

(2)　請求の主体 …………………………………………………………… 134

(3)　明らかにすべき事項 ………………………………………………… 134

(4)　本人確認 ……………………………………………………………… 135

5　住民票の写し等の交付請求（申出）に係る支援措置 ……………… 135

(1)　加害者が判明しており，加害者から請求（申出）がなされた
場合 …………………………………………………………………… 136

(2)　支援対象者本人から請求がなされた場合 ………………………… 136

(3)　その他の第三者から請求（申出）がなされた場合 ……………… 136

6　罰則の新設 …………………………………………………………… 137

(1)　過料から罰則へ ……………………………………………………… 137

第7　郵送事務

1　発送文書及び到達文書の種類 ……………………………………… 139

2　発送文書及び到達文書の処理方法 ………………………………… 140

(1)　送付されてくる文書の処理 ………………………………………… 140

(2)　送付依頼のあった証明書等の処理 ………………………………… 140

(3)　手数料及び郵送料の処理 …………………………………………… 141

第2編　住民記録Q＆A

第1　住民基本台帳ネットワーク関係

〔**Q1**〕平成14年より住民基本台帳ネットワークシステムが始まりま
したが，どのような経緯で構築されたのですか？ ………… 145

〔**Q2**〕住民基本台帳ネットワークシステムとは，どのようなもので
しょうか？ …………………………………………………………… 147

〔**Q3**〕住民基本台帳カードの有効期間は，交付した日から10年間で

目　次　13

はないのでしょうか?　……………………………………… 149

〔**Q4**〕住民基本台帳カードの交付を受けた後, 転居等異動をした場合
には, 届出が必要でしょうか?　…………………………… 150

〔**Q5**〕カードロックがかかった住民基本台帳カードを回復するには,
どうしたらよいでしょうか?
また, 暗証番号を変更することはできるでしょうか?　…… 151

〔**Q6**〕住民基本台帳カードを紛失してしまったときは, 届出が必要で
しょうか?　……………………………………………………… 154

〔**Q7**〕紛失した住民基本台帳カードを発見したときは, どのような届
出が必要になりますか?　…………………………………… 156

〔**Q8**〕住民基本台帳カードが失効するのはどのようなときでしょう
か?　その場合, 住民基本台帳カードを返してもらう必要はあ
るのでしょうか?　…………………………………………… 157

〔**Q9**〕住民基本台帳カードが失効し返納を求めた際に, 市町村の独自
利用サービスのため, 引き続き, カードを使用したい旨の申出
があった場合はどうすればよいのでしょうか?　………… 158

〔**Q10**〕住民票の写しの広域交付は, 従来の住民票の写しの交付とど
のように違うのでしょうか?　……………………………… 159

〔**Q11**〕転入届の特例とは何ですか?　………………………………… 162

〔**Q12**〕住民票コードの通知書を紛失した者が, 住民票コードを確認
したいと申し出てきたときは, どうすればよいのでしょうか?　… 169

〔**Q13**〕住民票コードは変更することができるのでしょうか?　………… 170

〔**Q14**〕住民基本台帳ネットワークシステムを利用して, 電気通信回
線で送信する通知には, どのようなものがあるのでしょうか?　… 173

〔**Q15**〕住民基本台帳ネットワークシステムと公的個人認証サービス
の関係は, どのようなものですか?　……………………… 177

〔**Q16**〕外国人住民に係る住民基本台帳カードにはどのような特徴が

14　目　次

ありますか？　………………………………………………… 178

第2　住民票と戸籍

〔**Q17**〕住民票と戸籍の関連はどうなっているのでしょうか？　………… 182

〔**Q18**〕本籍と住所はどう違うのでしょうか？　………………… 185

〔**Q19**〕世帯主と筆頭者はどう違うのでしょうか？　…………… 188

〔**Q20**〕なぜ，住民票の氏名は，戸籍の氏名と同一の文字でなければ
いけないのでしょうか？　……………………………………… 190

〔**Q21**〕住民票の続柄欄には，どう記載をしたらよいのでしょうか？　… 192

第3　住民基本台帳の閲覧と住民票の写し等の交付

〔**Q22**〕住民基本台帳の閲覧の制度はどのように変わりましたか？　…… 195

〔**Q23**〕平成16年の省令改正等により住民基本台帳の閲覧が制限され
た理由は何でしょうか？　……………………………………… 198

〔**Q24**〕平成18年の法改正により閲覧できる主体と目的が大きく制限
された理由は何でしょうか？　……………………………… 199

〔**Q25**〕本人やその家族以外の者から住民票の閲覧や写し等の交付請
求が出されても受けることができるでしょうか？
また，住民票の記載内容に関する照会を電話で受けた場合，こ
れに応じることはできるでしょうか？　………………………… 200

〔**Q26**〕住民票の写し等の交付の制度と住民票の記載事項（法7条）は
どのように変わりましたか？　………………………………… 201

〔**Q27**〕住民票の写しの交付において省略できる事項に世帯主との続
柄及び戸籍の表示が追加された理由はどうしてでしょうか？　…… 203

〔**Q28**〕住民票記載事項証明書が制度化された理由は何でしょうか？　… 203

〔**Q29**〕住民票の写し等の交付請求手続について教えてください。……… 204

〔**Q30**〕平成19年の法改正により弁護士・行政書士等からの職務上請

目　次　15

　　　求の方法がどのように変わったか教えてください。……………… 207

〔**Q31**〕住民票の写し等を取得する方法として，窓口へ来庁して申請

　　　する，郵送にて申請する以外の方法としてはどのようなものが

　　　ありますか？ ……………………………………………………… 208

〔**Q32**〕消除された住民票の写しは交付できるでしょうか？ ………… 211

〔**Q33**〕転入，転居，転出等の届出書は閲覧できるでしょうか？ ……… 212

第4　届　　出

〔**Q34**〕住所を変更した場合には，届出をしなければならないので

　　　しょうか？ ……………………………………………………… 214

〔**Q35**〕住所を変更したときの届出の方法は，どうなっているので

　　　しょうか？ ……………………………………………………… 215

〔**Q36**〕外国人住民特有の届出（住所変更等）は，どのようなものがあ

　　　るのでしょうか？ ……………………………………………… 218

第5　転出・転入・転居

〔**Q37**〕他の市町村から引っ越してきた人の受付は，どうしたらよい

　　　でしょうか？ …………………………………………………… 220

〔**Q38**〕まだ引っ越してきていない人から，新しい住所での住民票が

　　　必要なので届出をしたい，と申出があった場合はどうしたらよ

　　　いでしょうか？ ………………………………………………… 224

〔**Q39**〕他の市町村から引っ越してきた人の転入届は，郵送でも受け

　　　付けることができるでしょうか？ …………………………… 226

〔**Q40**〕他の市町村から転出証明書に準ずる証明書を持参して届出に

　　　きた場合，転入届はどのように受付をすればよいでしょうか？ … 228

〔**Q41**〕転入届は，従前の住所の住民票の写しでできるでしょうか？ … 230

〔**Q42**〕転出証明書がないときは，どのように転入届をするのでしょ

16　目　次

うか？ ……………………………………………………………… 232

〔**Q43**〕転入届出の際に，転出証明書の氏名が戸籍の氏名と違うこと
　　　がわかった場合，どのように受付をすればよいでしょうか？ …… 234

〔**Q44**〕今まで住んでいた所で転入届をしないまま引っ越しをしてき
　　　た人の転入届は，どのように受付をすればよいでしょうか？ …… 235

〔**Q45**〕転出した人が短期間のうちに，また同じ住所に戻ってきた場
　　　合，転入届はどのように処理したらよいでしょうか？ …………… 238

〔**Q46**〕住所を転々としていたので，以前に住んでいた所が住所とし
　　　て認められないような人や，全く覚えていない人が転入届にき
　　　た場合，どのように受付をすればよいでしょうか？ ……………… 239

〔**Q47**〕家族全員が同じ住所に引っ越しをする予定で転出証明書をと
　　　りましたが，その後，家族の一部は別の市町村に住むことにな
　　　りました。このような場合，転入届はどのように受付をすれば
　　　よいでしょうか？ ………………………………………………… 241

〔**Q48**〕同居人として住民票に加える場合，同居先の家族に確認する
　　　必要はあるでしょうか？ ………………………………………… 242

〔**Q49**〕養護施設に入所する児童の住民票は，どのように処理したら
　　　よいでしょうか？ ………………………………………………… 243

〔**Q50**〕転入届と婚姻届が一緒に出された場合，住民票には新しい氏
　　　で記載されるのでしょうか？ …………………………………… 245

〔**Q51**〕同じ市町村のなかで住所を変更したときは，どのような手続
　　　が必要でしょうか？ ……………………………………………… 247

〔**Q52**〕同じアパートのなかで，101号室から202号室に部屋替えをし
　　　た場合でも，住所変更の届出は必要でしょうか？ ……………… 250

〔**Q53**〕転勤のため他の市町村へ引っ越しをするときには，どのよう
　　　な手続が必要でしょうか？ ……………………………………… 251

〔**Q54**〕転出証明書は，郵送でもとることができるでしょうか？ ……… 257

〔**Q55**〕世帯主である夫が転出する場合，住民票の世帯主はどうなる
のでしょうか？ ……………………………………………………… 258

〔**Q56**〕交付後２週間以上経過した転出証明書は有効でしょうか？ …… 259

〔**Q57**〕転出証明書をなくした場合，もう一度発行することはできる
でしょうか？ ……………………………………………………… 260

〔**Q58**〕引っ越しをする日がまだはっきり決まっていない人からの転
出届は，受け付けることができるでしょうか？ ……………… 261

〔**Q59**〕実際に引っ越しはしないで，区域外の学校に入学させるため
に住民票だけを他の市町村に移す転出届は，受け付けることが
できるでしょうか？ ……………………………………………… 262

〔**Q60**〕住民票が既に消除されている場合，転出証明書は発行できる
でしょうか？ ……………………………………………………… 263

〔**Q61**〕引っ越しをする予定で転出の届出をしたのち，予定が変更に
なり同じ住所に引き続き住むことになったときは，どのような
手続が必要でしょうか？ ………………………………………… 264

第6　国外への転出と国外からの転入

〔**Q62**〕外国に長期出張するときは，届出は必要でしょうか？
また，海外旅行をするときはどうでしょうか？ ……………… 266

〔**Q63**〕外国で生活をしていた人が帰ってきたとき，届出は必要で
しょうか？ ………………………………………………………… 267

〔**Q64**〕11，10年前に海外へ転出していたので届出をしたいという場
合，どのように受付をすればよいでしょうか？ ……………… 270

第7　世帯の変更

〔**Q65**〕住所は変わらないのですが，家族のなかで変更があったとき，
どのような届出が必要でしょうか？ …………………………… 271

18 目　次

〔**Q66**〕今まで住民票は別々にしていて両親と一緒に住んでいた人か
　　　ら，今度住民票も一緒にしたいという申出がありました。どう
　　　したらよいでしょうか？
　　　また，反対に住民票を別々にするにはどうしたらよいでしょう
　　　か？ ……………………………………………………………… 273

〔**Q67**〕世帯主が転出して1人だけ残った場合，どのように住民票を
　　　処理したらよいでしょうか？ ………………………………… 275

第8　職権処理

〔**Q68**〕住民票の記載に間違いがあったり，記載漏れがあったりした
　　　場合は，どうしたらよいでしょうか？ ……………………… 278

〔**Q69**〕「離婚後300日以内に生まれた子どもは前夫の子どもと見な
　　　す」とした規定（民法772条2項300日規定）により，子ども
　　　が前夫の戸籍に入るのを避けようとして母親が出生届を出さず，
　　　無戸籍となっている子どもの住民票の記載について，母親から
　　　記載できないかとの相談を受けました。どのような対応ができ
　　　るでしょうか？ ………………………………………………… 279

〔**Q70**〕実態調査に基づいて，住民票を職権消除できるのは，どのよ
　　　うな場合でしょうか？ ………………………………………… 281

〔**Q71**〕住民票を消除されていた者から，引き続き住んでいるとの申
　　　出があった場合は，どうしたらよいでしょうか？ ………… 283

〔**Q72**〕住民票の旧住所を記入する欄が空欄になっている住民票があ
　　　りますが，これはどうしてでしょうか？ …………………… 284

〔**Q73**〕帰化の届出により，日本人としての住民票を作成する場合，
　　　どのように記載がされるのでしょうか？ …………………… 285

目　次　19

第9　通　　知

〔**Q74**〕法第9条と法第19条に規定されている通知の事務の流れは，
　　　　どのようになっているのでしょうか？ ………………………… 287

〔**Q75**〕転出先の市町村からの転入通知が届かない場合，転出した人
　　　　の住民票はどのように処理されるのでしょうか？ …………… 290

〔**Q76**〕転入届の受付をした市町村長は，転入届をした者の従前の住
　　　　所地が未届であった場合，未届の従前の住所地にも転入通知を
　　　　送る必要があるでしょうか？ ……………………………………… 291

第10　戸籍の附票

〔**Q77**〕戸籍の附票に従前の住所が抜けている場合は，どのように処
　　　　理するのでしょうか？
　　　　また，住所変更通知の新住所の住定年月日が，戸籍の附票に記
　　　　載がされている従前の住所の住定年月日よりさかのぼる場合は，
　　　　どうしたらよいでしょうか？ …………………………………… 292

〔**Q78**〕だれでも戸籍の附票や除かれた戸籍の附票を閲覧したり，写
　　　　しの交付を請求できますか？
　　　　また，戸籍の附票の有効期限はどのように決まっているので
　　　　しょうか？ ………………………………………………………… 294

〔**Q79**〕平成11年の在外選挙制度創設にかかる公職選挙法の一部改正
　　　　に伴い，住民基本台帳法及び同法施行令，同法施行規則の一部
　　　　が改正されたことにより，戸籍の附票の記載事項の特例として
　　　　設けられたことは何ですか？
　　　　また，これにより，戸籍の附票の保存期間はどのようになりま
　　　　したか？ …………………………………………………………… 299

20 目 次

第11 マイナンバー

〔**Q80**〕マイナンバーは，どのようなことに利用できるのですか？ …… 303

〔**Q81**〕マイナンバーとは何でしょうか？ そのメリットとデメリットについて教えてください。……………………………………… 304

〔**Q82**〕マイナンバーが入った住民票を取得するには，どうすればよいでしょうか？ ………………………………………… 304

〔**Q83**〕郵送で弁護士等から住民票の写し交付の申出があり，マイナンバーの記載を希望された場合，交付することは可能でしょうか？ ………………………………………………… 305

〔**Q84**〕本人等が帰省していて，その場所でマイナンバーが必要となり，マイナンバー入りの住民票の写しを帰省先に送付して欲しいとの請求があった場合，その帰省先に送付することは可能でしょうか？ …………………………………………… 306

〔**Q85**〕国外転出の際に還付した通知カードが国内転入の際に提出された場合，当該通知カードに国内転入をした旨を追記してもよいでしょうか？ …………………………………… 306

〔**Q86**〕同一世帯の者が，消除者のマイナンバーの記載のある住民票の取得はできますか？ ……………………………………… 306

〔**Q87**〕国外転出している者が，マイナンバーの記載のある住民票を取得することはできますか？ ………………………………… 307

〔**Q88**〕通知カードは，なぜ本人確認書類として使えないのでしょうか？ ………………………………………………………… 307

〔**Q89**〕マイナンバーの変更を行った場合，変更履歴や変更前と変更後のマイナンバーの記載がある改製原住民票を本人が請求した場合，交付することは可能でしょうか？ ………………… 307

〔**Q90**〕マイナンバーが入った通知カードの送付先はどこになります

か？

また，住所以外の場所に一時的に滞在している場合などには，

そちらを送付先として指定することは可能でしょうか？ ………… 308

〔**Q91**〕交付時来庁方式によりマイナンバーカードを申請した小学生

が，マイナンバーカード受領のため法定代理人と来庁しました。

交付通知書の回答の記入が，本人の署名でした。この場合，法

定代理人に書き直してもらうのが賢明でしょうか？ ……………… 308

第12 罰　　則

〔**Q92**〕届出期間を経過した者から過料をとるのはなぜでしょうか？

また，そのときの期間の算出方法はどうなっているのでしょう

か？ …………………………………………………………………… 309

〔**Q93**〕届出期間を経過した者に，期間を経過した理由を書いてもら

いますが，その後の処理はどうするのでしょうか？ ……………… 310

〔**Q94**〕「虚偽の届出」とは，どういうことでしょうか？ ………………… 311

第13 雑　　則

〔**Q95**〕消除された住民票，消除された戸籍の附票，届出書，通知書

等の保存期限は何年でしょうか？ ………………………………… 314

〔**Q96**〕閲覧，住民票の写しなどの手数料の額は，どのように決める

のでしょうか？ …………………………………………………… 315

第3編　実務用語解説

第1　基本的事項

〔1〕 住民基本台帳法 …………………………………………………… 319

〔2〕 住民基本台帳 …………………………………………………… 320

22 目　次

〔3〕 住民 ……………………………………………………………… 320

〔4〕 住所 ……………………………………………………………… 321

〔5〕 住所の表示 ……………………………………………………… 321

〔6〕 世帯 ……………………………………………………………… 322

〔7〕 世帯主 …………………………………………………………… 323

〔8〕 指定都市 ………………………………………………………… 324

〔9〕 不服申立て ……………………………………………………… 325

第2　住民票

〔10〕 住民票 …………………………………………………………… 326

〔11〕 住民票の様式と規格 …………………………………………… 326

〔12〕 住民票の記載事項 ……………………………………………… 331

〔13〕 氏名 ……………………………………………………………… 332

〔14〕 出生年月日 ……………………………………………………… 334

〔15〕 続柄 ……………………………………………………………… 334

〔16〕 戸籍の表示 ……………………………………………………… 334

〔17〕 住民となった年月日 …………………………………………… 335

〔18〕 住定年月日 ……………………………………………………… 336

〔19〕 届出の年月日及び従前の住所 ………………………………… 336

〔20〕 住民票コード …………………………………………………… 336

〔21〕 国籍・地域 ……………………………………………………… 337

〔22〕 外国人住民となった年月日 …………………………………… 337

〔23〕 法第30条の45の表の下欄に掲げる事項 …………………… 337

〔24〕 通称 ……………………………………………………………… 337

〔25〕 通称の記載及び削除に関する事項 …………………………… 338

〔26〕 住民票の記載等 ………………………………………………… 338

〔27〕 住民票の写し …………………………………………………… 339

目　次　23

〔28〕　住民基本台帳カード　……………………………………… 344

〔29〕　住民基本台帳の一部の写しの閲覧　……………………… 345

〔30〕　記載事項証明　……………………………………………… 347

〔31〕　不在住証明　………………………………………………… 348

〔32〕　住民票の改製と再製　……………………………………… 348

第3　届　　出

〔33〕　転入　………………………………………………………… 351

〔34〕　転居　………………………………………………………… 352

〔35〕　転出　………………………………………………………… 352

〔36〕　転入届の特例　……………………………………………… 353

〔37〕　転出証明書　………………………………………………… 354

〔38〕　世帯変更　…………………………………………………… 355

〔39〕　外国人の届出　……………………………………………… 356

〔40〕　届出書　……………………………………………………… 356

〔41〕　届出人　……………………………………………………… 357

〔42〕　届出期間　…………………………………………………… 360

〔43〕　未届地と住所不明　………………………………………… 360

〔44〕　最終住民記録地　…………………………………………… 361

第4　職権による処理

〔45〕　職権記載等　………………………………………………… 362

〔46〕　職権記載書　………………………………………………… 364

〔47〕　職権回復　…………………………………………………… 364

〔48〕　市町村長間の通知　………………………………………… 365

〔49〕　都道府県に対する通知　…………………………………… 369

〔50〕　実態調査　…………………………………………………… 370

第5　戸籍の附票

〔51〕　戸籍の附票 …………………………………………………… 373

〔52〕　戸籍の附票の記載等 ………………………………………… 374

〔53〕　戸籍の附票の改製と再製 …………………………………… 376

第6　関連事務・関連法規

〔54〕　国民健康保険 ………………………………………………… 379

〔55〕　後期高齢者医療制度 ………………………………………… 380

〔56〕　国民年金 ……………………………………………………… 381

〔57〕　介護保険 ……………………………………………………… 382

〔58〕　児童手当 ……………………………………………………… 382

〔59〕　裁判員制度 …………………………………………………… 383

〔60〕　選挙人名簿 …………………………………………………… 383

〔61〕　在外選挙人名簿 ……………………………………………… 385

〔62〕　ドメスティック・バイオレンス，ストーカー行為等，児童虐
　　　　待及びこれらに準ずる行為の被害者の保護のための措置 ………… 386

第7　マイナンバー

〔63〕　マイナンバー ………………………………………………… 389

〔64〕　マイナンバー制度 …………………………………………… 389

〔65〕　マイナンバーの付番 ………………………………………… 390

〔66〕　通知カード …………………………………………………… 390

〔67〕　マイナンバーカード ………………………………………… 391

〔68〕　マイナンバーの利用範囲 …………………………………… 392

〔69〕　マイナポータル ……………………………………………… 392

目　次　25

第8　罰　則

〔70〕　届出期間経過通知書　……………………………………… 393

〔71〕　過料と罰金　…………………………………………………… 394

〔72〕　虚偽と錯誤　…………………………………………………… 396

〔73〕　公正証書と住民票　………………………………………… 396

〔74〕　公正証書原本不実記載罪　……………………………… 397

第4編　東京都住民基本台帳事務質疑応答集

第1　写しの請求等

〔1〕　職権消除されている者の住民票の交付申出について　…………… 401

〔2〕　カタカナで記入された本人以外の者からの交付申出について　… 402

〔3〕　世帯票の消除部分の取扱いについて　……………………… 402

〔4〕　共同出資により組織された団体からの交付申出について　……… 403

〔5〕　報道機関からの交付申出について　………………………… 403

〔6〕　続柄の記載を原則省略する取扱いについて　……………… 403

〔7〕　一部を省略する旨の認証文について　……………………… 404

〔8〕　従前の住所等を省略した戸籍の附票の写しの交付　……………… 404

〔9〕　利用の目的の記載方法　……………………………………… 405

〔10〕　裁判を理由とした申出　……………………………………… 406

〔11〕　医療法人等からの学術研究に係る申出　…………………… 407

〔12〕　不動産登記に係る請求　……………………………………… 407

〔13〕　住民票の写しの交付における備考欄の取扱い　…………… 408

〔14〕　住民票の写しの交付の請求に応じられない場合　………… 408

26　目　　次

第2　債権回収関係の請求

〔15〕　貸金債権者から戸籍の附票の写しの申出があった場合 …………410

〔16〕　債権者による住民票の請求の取扱いについて ……………………410

〔17〕　消費者金融より戸籍記載のある住民票の写しの請求があった

　　　場合 ………………………………………………………………411

〔18〕　債権回収に係る請求 …………………………………………………411

第3　台帳の閲覧等

〔19〕　複写機等を用いての閲覧について …………………………………412

第4　委任・代理・使者

〔20〕　代理請求における住民票と戸籍の取扱方の違いについて ………413

〔21〕　代理人請求の場合の委任状等の範囲について ……………………414

第5　記載事項証明書

〔22〕　住民票記載事項証明書中の前住所欄について ……………………415

〔23〕　住民票記載事項証明書の住所等の誤記の訂正について …………416

〔24〕　申請書と証明書で記載事項が異なる記載事項証明書の請求に

　　　ついて …………………………………………………………………416

〔25〕　住民票記載事項証明書の略記の許容範囲について ………………417

〔26〕　消除されている者についての住民票記載事項証明書の記載方

　　　法について …………………………………………………………418

第6　転入・転居・転出

〔27〕　児童相談所に保護されている子どもの転入届について …………419

〔28〕　受理証明の添付のない転入届について ……………………………421

目　次　27

〔29〕　除票が5年の保存期間を経過し廃棄されており，かつ，旧住
　　　所が未消除の戸籍の附票を添付し転入届出があった場合の取扱
　　　い ……………………………………………………………………… 421

〔30〕　転入地で転入届がなされる前に，死亡した者に係る住民票の
　　　作成 …………………………………………………………………… 423

〔31〕　転入日前に出生した子に係る出生届を併せて転入届を受けた
　　　場合 …………………………………………………………………… 424

〔32〕　車内で生活していた人からの転入届について ………………… 425

〔33〕　職権消除になっている外国人の転入届について ……………… 426

〔34〕　転出証明書に記載された在留期間満了後の転入について ……… 427

〔35〕　従前の住所で出生した子が母と共に転居していたが，転居届
　　　後に子の出生が確認された場合の取扱い ……………………… 428

〔36〕　転出届の取消しについて …………………………………………… 429

〔37〕　短期間での住所異動について ……………………………………… 430

〔38〕　除票になっている場合の転出届について ……………………… 431

〔39〕　親権者がいる子どもについての転出届が，親権なき者から提
　　　出された場合の取扱い ……………………………………………… 432

〔40〕　郵送による転出届について ………………………………………… 433

〔41〕　転出予定日を過ぎた者からの住民票の写しの交付請求 ………… 435

〔42〕　転入通知未着の者からの住民票の写しの交付請求 ……………… 435

第7　海外に関する事例

〔43〕　パスポートによる海外転入で最終住民記録地がわからない転
　　　入者について ………………………………………………………… 437

〔44〕　海外転出者の戸籍の附票の記載方法 …………………………… 437

〔45〕　パスポートを持参しない海外からの転入者の取扱い ………… 438

〔46〕　外国で死亡した者の死亡年月日について ……………………… 439

第8　届出（その他）

〔47〕　15歳未満の者から異動届を受けた場合の取扱い ………………… 440

〔48〕　15歳以下の子のみで構成される世帯の住民票（住民登録）に

　　　ついて ……………………………………………………………… 441

〔49〕　死亡届が提出された場合の世帯変更届の提出の催告 …………… 442

〔50〕　住民票記載事項通知について ……………………………………… 443

〔51〕　入院している者の異動について …………………………………… 444

〔52〕　収入が少ない者の世帯認定について ……………………………… 445

〔53〕　国籍留保の届出がある子どもの住民登録について ……………… 446

〔54〕　在留期間の過ぎた外国人登録証明書を持っている外国人の届

　　　出について ………………………………………………………… 446

第9　記載関係

〔55〕　住民票の方書修正の可否について ………………………………… 448

〔56〕　共同住宅の枝番や方書の表記について …………………………… 450

〔57〕　基本的な続柄の記載方法 …………………………………………… 450

〔58〕　再婚禁止期間中の者の続柄の記載について ……………………… 452

〔59〕　元号「元年」の記載方法について ………………………………… 452

〔60〕　固有名詞の「二丁目」について，横書の場合での表記 ………… 452

〔61〕　住民票に記載する死亡年月日について …………………………… 453

第10　住所の認定

〔62〕　自動車に居住している者の転入届について ……………………… 455

〔63〕　病院への入退院を繰り返している者の住所の認定 ……………… 455

第11 その他

〔64〕 申請書の閲覧請求 ……………………………………………… 457

〔65〕 届出書の閲覧等請求 ……………………………………………… 457

〔66〕 虚偽（錯誤）の転入届出があったときの取扱いについて ……… 458

〔67〕 虚偽の転入届出への対処について ……………………………… 459

〔68〕 転入届をした者が二重登録者であることが判明した場合の取
扱い ……………………………………………………………… 460

〔69〕 虚偽転出者に係る住民票の職権消除等及びその旨の通知につ
いて ……………………………………………………………… 462

〔70〕 成年被後見人からの転出取消しについて ……………………… 463

〔71〕 異動日の遡及について ………………………………………… 464

〔72〕 戸籍の謄（抄）本及び戸籍の附票の写しを提出して，住民票
の氏名，戸籍の表示，生年月日を訂正されたい旨の申出を受け
た場合の取扱い ………………………………………………… 466

〔73〕 職権消除の申出の取消しについて ……………………………… 467

〔74〕 法施行日以前の外国人の国外転出について …………………… 468

第1編

窓口事務と接遇の知識

第一編

第1　窓口事務のあらまし　………………………………………3

第2　窓口・電話の応対―接遇―　……………………………… 39

第3　住民票の事務処理………………………………………… 65

第4　諸証明の作成と手数料…………………………………… 91

第5　住民基本台帳の閲覧……………………………………109

第6　住民票の写し等の交付…………………………………121

第7　郵送事務…………………………………………………139

第1 窓口事務のあらまし

　住民課の仕事は，ともすれば住民票の写しの交付，戸籍謄抄本の交付など単純な反復事務と考えられがちです。しかし，その取扱業務は，住民票，戸籍等の作成管理など，住民の基本的な権利・義務の発生，国籍の確認，身分事項の変更等にかかわるものであり，すべての事務処理にあたっては，関係法令などに裏づけされたもので，最も正確な事務処理が要求されます。

　組織の形態としては，おおよそ3係ないし4係（例えば，市民係，戸籍係，庶務係，又は窓口係，記録係，調査係，電算担当等）で構成されています。

　主な仕事は次のとおりです。

①　住民基本台帳事務（住民の転入・転出等，住所などの異動に伴う事務）

②　戸籍事務（出生・婚姻等，身分関係の発生・変更等に伴う事務）

③　印鑑登録証明事務

④　関連事務（国民健康保険，介護保険，国民年金，児童手当等）

⑤　その他の事務（住居表示，公的個人認証サービス等）

　住民課の仕事の内容は，それぞれの市町村によりさまざまです。古い伝統の町，急激に人口が増加した市，町村合併により市となったところなど，市町村の成り立ちによって異なります。また，住民課事務のなかでも，住民異動の激しい市，戸籍事務の多い町村など，取り扱う内容によっても異なります。

　このようにさまざまな市町村がありますから，各市町村では，住民のニーズや行政側の方針などに合わせて，窓口を設けているわけです。また，地域の特性に応じて，支所・出張所などを設置したり，電算化，電送システム化などにより，市民サービスの向上及び事務の効率化が継続的に

4　第1編　窓口事務と接遇の知識

図られています。

　これまで，この効率化の手法や進展の度合いには市町村ごとに差があり，事務処理方法も異なる場合がありましたが，近年では，住基ネットの稼働，個人情報保護対策，ドメスティック・バイオレンス，ストーカー行為等の被害者保護対策等の理由により，全国的に統一した扱いが求められるケースが増えてきています。

　ここでは住民課の基本的な事務処理について説明します。

1　住民基本台帳事務

　この事務は，その市町村を構成する住民に関して，住民からの住所の異動等にかかわる情報の提供を求め，それに基づいて，住民に関する記録を整備するという，行政の根幹を占める基本的な事務です。平成24年7月9日からは，法改正により外国人住民もその対象となりました。住民はこの記録に基づいて，居住関係を証する証明書の交付を受けたり，年金の受給，自動車の運転免許の申請等，広く利用することができるようになるわけです。

　住民の住所の異動等の届出，住民票の記載方法等，詳細については「第3住民票の事務処理」（65頁以下）を参照してください。

(1)　届出の種類

　住民基本台帳に関する届出の種類，届出期間等については，次頁の「届出関係一覧表」のとおりです。

(2)　住民票の記載・消除・修正

　住民票の記載，消除，又は記載の修正は，住民からの届出又は市町村長の職権により行います。

第1 窓口事務のあらまし　5

届 出 関 係 一 覧 表

	届出の種類		届出期間	関係法令	届出地	届出義務者	摘　要
届出	転　入　届		転入をした日から14日以内	法22条〔令22条／令24条の3〕	住所地	本人又は世帯主	新たに市町村の区域内に住所を定めること（国外からの転入も含む）
	中長期在留者等の転入届の特例			法30条の46	〃	〃	外国人住民の国外からの転入
	転　居　届		転居をした日から14日以内	法23条	〃	〃	同一の市町村の区域内で住所を変更すること
	転　出　届		あらかじめ（転出後14日以内を含む）	法24条／法24条の2〔令23条／令24条／令24条の2〕	〃	〃	市町村の区域外へ住所を移すこと（国外への転出も含む）
	世帯変更届	世帯合併	変更があった日から14日以内	法25条（令25条）	〃	〃	同一住所にある既存の2つの世帯を1つにすること
		世帯分離					同一住所にある既存の世帯を2つに分けること
		世帯（構成）変更					同一住所にある既存の世帯間の世帯員の異動
		世帯主変更					当該世帯の世帯主の変更
		続柄変更		法30条の48〔令30条の25〕			外国人住民の世帯主との続柄の変更
職権	転出取消		届出期間の定めはない記載等すべき事実の確認を行った後に行う	令12条	届出義務者の定めはない　当該事実について申立てを行うこともできる，また申立てがなくとも市町村の事実調査に基づいて記載等を行うことができる		転出届出後転出が中止になった場合
	職権記載						住民基本台帳に記録すべきことが判明したとき（出生，帰化等）
	職権消除						住民基本台帳の記録から除くべきことが判明したとき（二重記録，死亡，届出をしないで住所変更した等）
	職権修正						住民票の記載に誤りがあることが判明したとき
	職権回復						住民票を消除した後記録しておくべきことが判明した場合

（注）　届出期間の起算日は，住民基本台帳法に別段の定めがないので，民法第138条，第140条の規定によって，初日は算入せず，事件発生の日すなわち住所を定めた日等の翌日から起算します。届出期間の末日が休日であるときは，その翌日に期間が満了します。

6　第1編　窓口事務と接遇の知識

(ア)　**届出による住民票の記載等**（令11条）

　(a)　住民票の記載（令7条）

　　　新たに住民となった者から転入の届出がなされた場合には，市町村長はその者につき，新たに住民票を作成することとなります。

　(b)　住民票の消除（令8条）

　　　住民から転出の届出がなされた場合には，その者につき住民基本台帳の記録から消除すべき事由が生じたことになりますので，住民票を消除する必要が生じます。

　(c)　日本の国籍の取得又は喪失による住民票の記載及び消除（令8条の2）

　　　外国人住民が日本の国籍を取得した場合は，日本人住民としての住民票（法7条各号に掲げる事項を記載した住民票）を作成し，外国人住民としての住民票（法30条の45の規定により記載されるものとされる事項を記載した住民票）を消除することになります。

　　　また，日本人住民が日本の国籍を失った場合は，外国人住民としての住民票を作成し，日本人住民としての住民票を消除することになります。

　(d)　住民票の記載の修正（令9条，10条）

　　　住民から転居，世帯主変更等の届出がなされ，その者の住民票の記載に変更が生じた場合には，住民票の記載の修正又は住民票の記載及び消除を行うこととなります。

(イ)　**職権による住民票の記載等**（令12条）

　市町村長は前述の届出により，住民票の記載等を行うほか，下記の場合に職権によってこれを行うこととなります。

　なお下記(a)の記載等を行った場合には，その旨を本人に通知するか，又は公示することになります。

　(a)　住民が法で規定されている届出を怠っていることを知ったとき

（令12条1項）。

(b) 戸籍に関する届出等により，住民票の記載，消除又は修正が必要になったとき（令12条2項）。

(c) 住民票の記録に誤りがあることを知ったとき（令12条3項）。

(d) その他，国民健康保険，後期高齢者医療，介護保険，国民年金等の資格状況の記録など（令12条2項）。

(3) 通知事務

住基法は，住民票の記載その他，住民票の記録の正確性を確保するため，市町村長間の通知義務を定めています（法9条，19条）。

(a) 住民の住所等の異動があったとき，それぞれの本籍地及び従前の住所地の市町村長に通知をします（法9条1項，3項，19条1項，4項）。

(b) 戸籍関係の届出を受けた市町村長は，それによりその者の住所地で住民票の記載等をすべきときは，その旨を住所地の市町村長に通知します（法9条2項）。

(c) 戸籍の附票記載事項通知（法19条1項，4項）を受けた事項が戸籍の記載又は記録と合わないときは本籍地の市町村長はその旨を住所地の市町村長に通知します（法19条2項）。

(d) 本籍が婚姻・転籍等により他の市町村に転属した場合は，新本籍地の市町村長に附票の記載事項を通知します（法19条3項）。

(e) 通知を受けた市町村の事務処理としては，次のものがあります。

① 転入通知に基づく住民票への記載

② 出生，死亡通知による住民票の記載又は消除

③ 修正通知（婚姻，離婚等の戸籍届に基づく通知）による修正と記載

④ 戸籍照合等の通知（法19条2項）に基づく修正

8　第1編　窓口事務と接遇の知識

　　　⑤　戸籍事務等の職権による修正

　　　⑥　他市町村への照会事務

　　※　住基ネットについては，第2編（145頁以下）を参照してください。

(4)　戸籍の附票

　人の身分関係の登録である戸籍と人の居住関係の記録である住民票とを相互に関連させ，同一人に関する住民基本台帳の記録の正確性の確保を図るため戸籍の附票があります。

　附票の処理に関しては，本人又は関係人からの届出は必要とせず，市町村長の職権で行います。附票は戸籍に対応して作成しますが，戸籍の表示（本籍，筆頭者の氏名）及び本人の名は戸籍の記載に基づいて記載し，住所及び住所を定めた年月日は住民票の記載に基づいて記載します。そこで，戸籍の表示及び本人の名については，附票の記載，消除，修正の原因は戸籍と同様ですから，戸籍に記載等がなされたときは同時に附票の記載等をしなければなりません。住所及び住所を定めた年月日に変更があったときは，住民票の記載を修正した後，その住民票により，又は住所地市町村長からの通知によって修正します。

　また，在外選挙制度により，公職選挙法第30条の6の規定に基づいて在外選挙人名簿に登録された者について，その旨及び登録された市町村名を戸籍の附票に記載します。

(5)　その他

　市町村の住民基本台帳事務には，今まで述べてきたような各種の事務のほかに，事務量の月報，出生・死亡等の人口の統計資料の作成事務，選挙・国民健康保険・後期高齢者医療・介護保険・国民年金などの他セクションへの通知事務，不明事項など市民との連絡調整事務などがあります。

2　戸籍事務

　戸籍は身分に関する事項，例えば，出生，婚姻，離婚，死亡，養子縁組
等について記載をする公文書です。戸籍事務は，市町村が国から委任され
て取り扱う機関委任事務から，いわゆる「地方分権一括法」により法定受
託事務として，市町村長が管掌することとされました。主要な事務は，
「届書の受理」「戸籍の記載」並びに「謄抄本等証明書の交付」です。

　特に，「届書の受理」については，当事者になりすました虚偽の戸籍届
等が受理され，戸籍に不実記載がされる事件が相次いで発生・発覚し，社
会問題となっております。

　不実記載された戸籍の回復（再製）手続については平成14年12月18
日に戸籍法の一部改正があり，本人の申出によって戸籍再製ができること
になりましたが，届出を受け付ける際には虚偽の届出を未然防止するた
め，届書を持参した者の本人確認が必要となり，平成19年5月11日に公
布された戸籍法の一部を改正する法律により本人確認しなければならなく
なりました（平成20年5月1日より施行）。

　それでは，初任者が最初に携わる仕事の一つである謄抄本等証明書の交
付から，概要を説明しましょう。なお，電算化された戸籍においては，
「戸籍謄本」が「全部事項証明書」，「戸籍抄本」が「個人事項証明書」と
名称が変わりましたが，本書では便宜上，従来の名称を用いています。

(1)　謄抄本等証明書（全部事項証明書・個人事項証明書）の交付

　我が国の戸籍制度は，世界的に最もすぐれた身分登録制度であるといわ
れています。それは，戸籍には，国民の身分関係の変動の軌跡が，順を
追って，正確に，系統立てて，登録されているからです。しかし，いくら
すぐれた制度といっても，謄抄本の交付請求に際し，それが正しく交付さ
れなかったり，認証文や市町村長の職印が漏れていたりしたのでは，証明

10　第1編　窓口事務と接遇の知識

としての役割を果たし得ません。私たちの事務は，住民の生活に密接につ
ながっていますから，正確性のほかに迅速性も要求されています。

　ところが，この証明事務は，機械を操作する単純事務のためか，軽易に
考えられがちです。しかし，謄抄本の交付事務は，戸籍の使命でもある公
証事務なのです。正確に記録された戸籍を住民に公示する，いわば，戸籍
の最終処理ともいえる重要な事務であります。

　戸籍の各証明書は個人情報に関する内容であり，全国の各市町村の窓口
ではなりすましによる証明書の申請等を防止するため，平成19年5月11
日に公布された戸籍法の一部を改正する法律により，平成20年5月1日
より本人確認しなければならなくなりました。

(2)　戸籍の届出

　戸籍の記載は，その大部分が届出を基礎としてなされています。戸籍の
届出は，報告的届出と創設的届出の2つに大別できます。

(ア)　報告的届出

　この届出は，出生や死亡というすでに発生した事実，又は裁判等に
よって確定した身分関係について，戸籍事務管掌者である市町村長に届
出をすることが義務付けられているものです。報告的届出には次のよう
なものがあります。

① 出生届

② 死亡届

③ 特別養子縁組届

④ 特別養子離縁届

⑤ 裁判離婚届（調停・審判・和
解・請求の認諾・判決）

⑥ 裁判離縁届（調停・審判・和
解・請求の認諾・判決・許可）

⑦ 縁組取消届

⑧ 婚姻取消届

⑨ 離縁取消届

⑩ 離婚取消届

⑪ 帰化届

⑫ 裁判認知届

⑬ 遺言認知届

⑭ 認知された胎児の死産届

第1 窓口事務のあらまし　11

届出の諸要件一覧表

届出の種類	届出期間	届　出　地	届出に必要なもの	届　出　人
出　生　届	生まれた日から14日以内（国外で生まれたときは3か月以内）	・子（父・母）の本籍地 ・届出人の所在地 ・出生地	・出生証明書 ・母子健康手帳 ・印鑑（届出人のもの）	父・母・同居人・出産に立ち会った医師，助産師又はその他の者，子の法定代理人
死　亡　届	死亡の事実を知った日から7日以内（国外で死亡したときは3か月以内）	・死亡者の本籍地 ・死亡地 ・届出人の所在地	・死亡診断書又は死体検案書 ・印鑑（届出人のもの）	親族・同居者・家主・地主・家屋管理人・土地管理人
婚　姻　届	届出した日から法律上の効力が発生する	・夫又は妻の本籍地 ・夫又は妻の所在地	・夫妻双方の印鑑（一方は旧姓の印鑑） ・証人（成人2人） ・戸籍謄本又は戸籍の全部事項証明書（本籍地以外に届出のとき） ・夫又は妻が未成年者であるときは父母の同意書	夫妻双方
離　婚　届	同上（協議離婚） ※裁判離婚の場合は，家庭裁判所の調停・和解の成立，又は請求の認諾，又は審判，判決の確定日から10日以内	・夫妻の本籍地 ・夫又は妻の所在地	・夫妻双方の印鑑 ・証人（成人2人）（協議離婚） ・調停，和解，認諾調書の謄本，又は審判，判決書の謄本と確定証明書（裁判離婚） ・戸籍謄本又は戸籍の全部事項証明書（本籍地以外の届出のとき）	夫妻双方（協議離婚） ※裁判離婚の場合は，申立人又は訴え提起者（期間内に届出をしないときは相手方も届出ができる）
転　籍　届	届出した日から法律上の効力が発生する	・転籍者の本籍地 ・所在地 ・転籍地	・印鑑（届出人が夫婦の場合には，夫妻双方のもの） ・戸籍謄本又は戸籍の全部事項証明書（他の市町村へ転籍する場合）	戸籍筆頭者及びその配偶者

（注）出生届，死亡届のような報告的届出については，速やかに戸籍に記載すべき必要上一定の届出期間が定められています。これらの届出期間は，住民基本台帳法上の届出とは異なり，届出事件発生の日から起算することになっています（戸籍法43条）。

12　第1編　窓口事務と接遇の知識

⑮　親権者変更届　　　　　　　　　⑯　裁判による親権者指定届

⑰　親権（管理権）喪失届　　　　　⑱　親権（管理権）喪失取消届

⑲　未成年者の後見開始届　　　　　⑳　未成年後見人更迭届

㉑　未成年者の後見終了届（未　　　㉒　失踪宣告届
　　成年後見監督人についても同様）

㉓　失踪宣告取消届　　　　　　　　㉔　就籍届

㉕　推定相続人廃除届　　　　　　　㉖　推定相続人廃除取消届

㉗　国籍取得届　　　　　　　　　　㉘　国籍喪失届

㉙　外国国籍喪失届　　　　　　　　㉚　本籍分明届

(イ)　**創設的届出**

　この届出は，戸籍の届出をすることによって，親子・夫婦等，一定の身分関係が形成されるもの，あるいは入籍・分籍等，戸籍法上の効力が発生するものをいいます。創設的届出には，次のものがあります。

①　婚姻届　　　　　　　　　　　　②　協議離婚届

③　養子縁組届　　　　　　　　　　④　協議離縁届

⑤　死亡養親又は養子との離縁届　　⑥　離婚の際の氏を称する届
　　　　　　　　　　　　　　　　　　　（戸籍法77条の2）

⑦　離縁の際の氏を称する届　　　　⑧　任意認知届
　　（戸籍法73条の2）

⑨　転籍届　　　　　　　　　　　　⑩　分籍届

⑪　入籍届　　　　　　　　　　　　⑫　親権者指定届（協議による）

⑬　親権（管理権）辞任届　　　　　⑭　親権（管理権）回復届

⑮　姻族関係終了届　　　　　　　　⑯　復氏届

⑰　国籍留保届　　　　　　　　　　⑱　国籍選択届

⑲　氏の変更届　　　　　　　　　　⑳　外国人との婚姻による氏の変更届

㉑　外国人との離婚による氏の変更届　㉒　外国人父母の氏への変更届

㉓　名の変更届

第1　窓口事務のあらまし　13

これらのほかに，国籍留保の旨を記載した出生届のように，両者の性質を併有する届出も見られます。

(ウ)　届出の諸要件

今まで説明しましたように，戸籍の届出には，驚くほど，たくさんの種類の届出があります。

しかし，通常窓口で受け付ける届出は，前頁の「届出の諸要件一覧表」に明記した５種類が多いようです。そこでこの届出の諸要件を示すこととします。

(3)　届出の方法

戸籍の届出を正確に処理することは，戸籍事務では最も重要な点といえます。そこでその戸籍の届出について，基本的なことを以下に説明いたします。

(ア)　届出の様式

戸籍の届出は，一般的には書面により行われます。届書のうち，出生届，死亡届，婚姻届及び離婚届の４届書については戸籍法施行規則により，その様式が法定されています。またその他の届書についても法務省の通達により標準様式が示されています。

なお，届出は口頭によることも許されていますが，この場合は，届出人が窓口に出頭するのが原則とされています。担当者は届出本人に届書に記載する事項を陳述させ，これを届書に筆記し，届出年月日を記入した後，本人に読み聞かせ，署名・押印させることとなります。証人が必要な場合もまた同じです。

(イ)　届　出　人

書面による届出は，必ずしも本人が直接窓口で行う必要はありません。届出人が署名・押印した届書を第三者が使者として提出することも，また郵送によることも許されています。

14 第1編 窓口事務と接遇の知識

しかし，届出人はあくまでも一定の資格を持った者，あるいは当事者に限られます。出生や死亡など報告的届出は，速やかに，かつ正しく行うために，届出義務を課すのに適当な利害関係人が，届出義務者として定められています。婚姻などの創設的届出は，その当事者の意思が重要なことはいうまでもないので，関係当事者が届出人となっていて，各届出ごとに届出人が定められています。

認知，縁組，離縁，婚姻又は離婚の届出を受け付ける際は，運転免許証，旅券等の官公署発行の顔写真付き証明書で届書を持参した者の本人確認を行います。それらの書類を提示することができない場合には，保険証等の官公署発行の写真のない書類1点及び社員証等の書類1点で確認する方法もしくは保険証等の官公署発行の写真のない書類2点にて確認する方法で届書を持参した者の本人確認を行います。

本人確認が行えなかった場合，又は届書を持参したものが当該届出事件の本人ではない場合には，当該届出事件の本人に対し届出を受理（又は不受理）した旨の通知を送ります。

(ウ) **届 出 地**

これらの届出は，届出事件本人の本籍地，又は所在地で行うことになっています。この場合の所在地とは，本人の住所又は居所，あるいは一時的な滞在地も含まれます。

届出の種類によっては，届出地が限られているものもあります。例えば，胎児認知届は母の本籍地でなければ届出をすることができません。

(エ) **届出期間**

届出期間は報告的届出についてのみ定められていますが，その日数は届出の種類によって異なります。例えば，出生届の場合には，生まれた日から14日以内ですが（国外で生まれたときは3か月以内），死亡届の場合には，死亡の事実を知った日から7日以内（国外で死亡があったときは3か月以内）と定められています。

期間の計算は事件発生の日から起算しますが，その期間の末日が一般の休日の場合には，その翌日が満了日となります。

届出期間後に届出があった場合でも，もちろん受理しなければなりませんが，このとき，市町村長は，届出，申請又はその追完を怠った者があることを知ったときは，遅滞なく，管轄簡易裁判所にその旨を通知することとされています。

(4) 届書の審査と受理

戸籍に記載がされる身分関係の大部分は，戸籍の届出を市町村長が「受理」して効力が生じます。民法及び戸籍法等に規定する要件が備わっているか審査しその受否を決定します。

(ア) 受付と受理・不受理

「受付」と「受理」という2つの言葉が使用されます。

「受付」とは，窓口に提出された届出を，事実上受領することをいいます。

「受理」とは，届出書類を審査し，受付を認容する行政処分をいいます。

通常は受付と受理は同時になされますが，夜間宿直などで扱った場合にはその時点では「受付」に相当します。その後，担当課の審査により適法と判断されると「受理」となります。その場合，受理の日は受理決定の日ではなく届出を受領した日となります。

受理が直ちに決定せず，管轄局に受理について照会した後に決定した場合でも，その届出の効果は受付の日にさかのぼります。

「不受理」とは，届出書類を不適法と判断し受付を拒否する行政処分をいいます。

(イ) 追 完

届出を受理した後に，その届出に不備が見つかった場合，届出人に追

16　第1編　窓口事務と接遇の知識

完の届出を催告し，正しい届出にしてから戸籍の記載をします。

　追完の届出は，原則記載前の場合に限ります。記載後の不備を是正するには戸籍訂正によります。

(ウ)　**届出の取下げ**

　創設的届出についてそれが受理されると届出人の申出があっても，戸籍の記載がされる以前であっても，取下げができません。取下げができるのは受理，不受理の処分以前の場合に限られます。

⑸　**戸籍の記載**

　戸籍の記載は，届出，報告，申請，請求もしくは嘱託，証書もしくは航海日誌の謄本，又は裁判によって行います。

(ア)　**届出による記載**

　戸籍の記載は，出生，死亡，婚姻，養子縁組等の届出により行います。市町村長は，当該届書等を受理し，又はその送付を受けたときは，受付帳に記載のうえ，速やかに戸籍の記載をしなければなりません。

(イ)　**補完的な記載**

　戸籍は人の身分に関する公文書ですから，その正確性を十分に確保するものとして，以下に述べる補完的な記載があります。

　(a)　報告による記載

　　　報告とは，関係者から届出が期待できない場合に，補充的に認められた方法です。

　　　水難，火災等，事変による死亡報告，刑死・獄死の報告，本籍不明者・認識不能者の死亡報告が管轄の官公署等からあった場合は，市町村長は戸籍の記載をします。

　(b)　申請による記載

　　　戸籍の記載に，違法，錯誤，遺漏，無効な創設的届出による記載等を発見したときは，利害関係人，届出人又は届出事件の本人は家

庭裁判所の許可を得て戸籍の訂正を申請し，市町村長は戸籍の訂正をします。

(c) 請求による記載

　婚姻適齢に至らないもの，重婚の場合，待婚の期間中の婚姻，近親制限に触れるもの，その他不当な婚姻について検察官が原告となって婚姻取消しの訴えを提起でき，市町村長は勝訴した戸籍記載の請求を受けて戸籍の記載をします。

(d) 嘱託による記載

　親権，後見，管理権，家事事件手続法第116条第1号に定める事項についての審判又は仮差押え，仮処分等の保全処分を命ずる審判もしくはこれを取り消す裁判の結果，裁判所書記官より戸籍の記載の嘱託がなされた場合には，市町村長は戸籍の記載をしなければなりません。

(e) 証書の謄本による記載

　海外に居住する日本人が，その国の方式に従って婚姻等の身分行為をした場合に，その国の官公署等からその成立を証する証書が作成されることがあります。この証書の謄本が届出又は送付されると，当該日本人の本籍地市町村は戸籍の記載をします。

(f) 航海日誌の謄本による記載

　航海中の船舶内で出生又は死亡したものについて，船長は航海日誌の謄本を寄港地の市町村に，外国の港にあっては，その国に駐在する日本の大使・公使又は領事に送付しなくてはなりません。その謄本は本籍地の市町村長に送付され，これにより戸籍の記載がなされます。

(g) 裁判による記載

　戸籍事件について市町村長がした処分を不当とするものは，家庭裁判所に不服の申立てをすることができ，市町村長に対し届出の受

18　第1編　窓口事務と接遇の知識

理又は戸籍の記載を命ずる裁判が確定したときは，その裁判に基づき戸籍の記載をします。

(ウ) **職権記載**

(a) 職権による戸籍の記載

出生，死亡など，報告的届出につき，届出をすべき者が届出を怠っていることを知ったときは，市町村長はその者に届出の催告をし，その者が応じない場合には，管轄法務局又は地方法務局の長の許可を得て戸籍の記載をします。これを「職権記載」といいます。

また，裁判所その他の官公庁等が，その職務を遂行するうえにおいて戸籍の報告的届出をしていない事実を知った場合や家庭裁判所で戸籍の届出を要する離婚などの調停成立又は判決が確定した場合には，その旨を本籍地市町村長に通知します。その場合も届出の催告をし，応じない場合には許可を得て職権記載します。

(b) 職権による戸籍の訂正

戸籍の訂正は，申請による訂正と職権による訂正があります。

違法又は事実に反する戸籍の記載等を発見した場合には，原則として届出人あるいは事件本人に訂正申請を促し，家庭裁判所の許可の審判又は確定判決を得た上で戸籍訂正しますが，錯誤通知を出すべき関係人が死亡していたり，行方不明などで通知ができない場合，通知しても申請をすべき者がその手続を怠っている場合には，管轄法務局又は地方法務局の長の許可を得て職権で訂正できます。

なお，戸籍記載の錯誤原因が，市町村長の誤りによる場合は，管轄法務局又は地方法務局の長の許可を得て市町村長の職権により，また，軽微顕著な誤記又は遺漏など先例で認められた一定の事項については，市町村長限りの職権により戸籍訂正することが許されています。

第1 窓口事務のあらまし 19

(6) 戸籍簿の管理等

(ア) 戸籍副本の制度

　戸籍には，正本と副本があり，正本は市町村役場で，副本は管轄法務局で保管しています。戸籍が滅失した場合，これを再製する際の資料としたり，管轄法務局，地方法務局が市町村の戸籍事務が適正，かつ滞りなく行われるように指導するための資料とします。

(イ) 除籍簿の保存期間

　一戸籍内の各人が順次，離婚，死亡等により消除され，全員が除かれますと，その戸籍は別つづりの帳簿すなわち除籍簿に移されることになります。この除籍簿について，どの程度保存しなければならないかといいますと，新戸籍又は他の戸籍に入る場合は，その人の出生以来の身分事項のすべてが移記されるわけではなく，したがって現在の戸籍のみでは，他の戸籍にある者との親族関係を知ることはできません。そこで，この除籍簿についても，むやみに廃棄することなく150年間の保存期間が定められています。

(ウ) 戸籍事務のOA化

　市町村における戸籍事務は複写機による写しの発行，マイクロフィルムによる除籍の保管等による手作業から，OA機器を活用した事務処理に変わってきています。平成6年12月1日から戸籍事務を電子情報処理組織によって取り扱うことができることとなり（平成6.11.16民二第7000号通達），これまで行っていた戸籍簿の作成及び謄本・抄本の発行事務等が大幅に簡略化されることになりました。なお，電算化により謄本については全部事項証明書，抄本については個人事項証明書と名称が変わりました。

　また戸籍の附票についても，「戸籍の附票に係る磁気ディスクへの記録，その利用並びに磁気ディスク及びこれに関連する施設又は設備の管

20　第1編　窓口事務と接遇の知識

理の方法に関する技術的基準」（平成6.11.21法務省・自治省告示第1号）により平成6年12月1日から電算化できるようになりました。

　現在までに全国の半数を超える市町村で電算化の導入が図られましたが，まだ従来の手作業による戸籍事務を行っている市町村もあります。

3　印鑑登録証明事務

　印鑑登録証明書は，不動産の登記や自動車などの登録をしたり，売買契約，金銭消費貸借契約，遺言書などの公正証書を作成する際等に使われています。

(1)　現在の印鑑登録事務

　印鑑登録事務は，市町村の固有事務とされ，各市町村とも条例，規則，要領等に基づいて行われています。印鑑事務については，現在までのところ，全国的に統一された処理は行われていません。しかしながら，その事務の重要性から，昭和49年自治省通知で，「印鑑登録証明事務処理要領」（昭和49.2.1自治振第10号通知）が示され，それをもととして事務の改善が実施されています。

　平成2年自治省通知で「「印鑑登録証明事務処理要領」の一部改正について」（平成2.7.30自治振第71号通知）が示され，それまで印鑑登録原票（原本）を磁気ディスクをもって調製することについては，事務処理要領上明確な規定はありませんでしたが，この改正により，紙と磁気ディスクを組み合わせた統合等管理の方法によって，磁気ディスクをもって調製することができるようになりました。

　また，市町村長は，必要と認める場合には，印鑑を登録した場合において，登録申請書又はその代理人の申請に基づき，印鑑の登録を受けている者を識別するための磁気又は集積回路を付したカードをもって調製された印鑑登録証（以下「印鑑登録者識別カード」という。）を交付する（印鑑の登

録を受けている者又はその代理人については，その申請に基づき，交付を受けている印鑑登録証と引換えに，印鑑登録者識別カードを交付する。）ものとする自動交付機による交付ができるようになりました（平成5.12.20自治振第207号通知）。

住基カードに印鑑登録者識別カードの機能をもたせるところもあります。

証明の方式は，窓口に持参した印鑑の印影と登録された印影とが同一であることを担当者の肉眼で確認する直接証明方式から，印鑑登録原票を複写機等によって複写し，交付する間接証明方式へ変わりました。この方式は，従来の直接証明方式に比べて，

① 実印を持参する必要がなくなったこと

② 印鑑登録証（カード）を持参すれば，代理人でも委任状なしで証明書が取れるようになったこと

③ 原票のコピーを証明書として発行するので，直接印鑑を押印し，認証するよりも，より正確であること

などが，特徴として考えられます。そして印鑑登録証明書の一番重要な役割であった本人の同一性の判断は，使う人同士で確認をし，自治体は登録されている印影を認証するにとどまることになりました。このことは合理的な事務処理と市民の利益を守ること，そして市民サービスを行うという点から，望ましいと考えられます。さらにこの間接証明方式の手法が現在は電算化され，印鑑登録原票に登録されている印影を光学画像読取装置（スキャナー）により読み取り，磁気記録媒体等に記録したものをプリンターから打ち出す方式が主流となっています。

(2) 認可地縁団体印鑑登録証明事務

地方自治法の一部を改正する法律（平成3年法律第24号）が施行され，自治会・町内会等地縁による団体については，法律上の権利能力が付与さ

22 第1編 窓口事務と接遇の知識

れるよう所要の措置が講じられましたが，その後同団体の代表者等に係る印鑑の登録及び証明について，平成4年に「認可地縁団体印鑑登録証明事務処理要領」がまとめられました。

これは，町又は字の区域その他市町村（特別区を含む。以下同じ。）の一定の区域に住所を有する者の地縁に基づいて形成された団体のうち地方自治法（昭和22年法律第67号）第260条の2第1項の規定に基づく市町村長（特別区の区長を含む。以下同じ。）の認可を受けたもの（以下「認可地縁団体」という。）の代表者等に係る印鑑（以下「認可地縁団体印鑑」という。）の登録及び証明に関する事務について，市町村長が準拠すべき事項を定め，もって地縁による団体の利便を増進するとともに，取引の安全に寄与することを目的とするものです。

登録資格・登録申請等手続については「認可地縁団体印鑑登録証明事務処理要領」を参照してください。

(3) 事務処理のあらまし

(ア) 印鑑登録ができる資格

印鑑登録は，住民基本台帳に記録されている者で，15歳未満の者及び成年後見の被後見人等を除いて，誰でも1人1個に限り申請することができます。

印鑑登録の申請は原則として本人申請ですが，代理人による申請もできます。ただし，代理人の場合は，代理人選任届又は委任状が必要です。

(イ) 印鑑登録申請の方法

(a) 文書照会による本人確認の方法

この方式は，照会文書を本人あてに郵送し，その回答書を持参させることによって本人確認を行うものです。回答書及び本人が確認できる書類を持参したときに登録ができます。

（b） 身分証明書による本人確認の方式

本人が，官公署の発行した顔写真付きの身分証明書（運転免許証，住基カード（写真付のもの），パスポート等有効期限内のもの）を持参したときは，その場で本人確認をして登録できます。

（c） 保証人による本人確認の方式

これは，本人であり，かつ，登録の意思のあることを保証人が確認し，その保証により登録を行うものです。保証手続は，保証人が登録申請用紙の保証書欄に住所，氏名，登録番号を記入，登録印を押印します。保証人は原則として同一市町村の住所を有する者に限られ，同一市町村以外の場合は保証人自身の印鑑登録証明書を添付する必要があります。運用については各自治体の条例等によります。

㈡ **登録できない印鑑**

登録申請する印鑑が次のいずれかに該当する場合は，その印鑑は登録できません。

① 住民基本台帳に記録されている氏名，氏もしくは名又は氏名の一部を組合わせたもので表していないもの

② ゴム印，その他変形しやすいもの，外わくのないもの，又は外わくが一定程度以上欠けているもの

③ その他，氏名以外の事項を表わしているもの

④ 印影が一辺の長さ8mmの正方形に収まるもの，又は一辺の長さが，25mmの正方形に収まらないもの

⑤ 印影が不鮮明なもの，又は文字の判読ができないもの

㈢ **間接証明方式の印鑑登録証明書の交付方法**

印鑑登録証を持参し，その登録番号により登録原票を検索し，印鑑登録証明交付申請書と原票を相互に照合のうえ，原票のコピーにより，証明書を作成し公印を押印した上で交付します。

24 第1編 窓口事務と接遇の知識

　また，公印の押印については，「住民票の写し等における公印の押印について」（平成2.7.30自治振73号東京都行政部長あて回答）により，電子計算機に公印の印影の画像を記録させたものを打ち出すことによって押印とすることとして差し支えない旨の回答が出されています。

　印鑑登録証明書交付申請書に登録者本人の住所，氏名，生年月日の記載が正確になされなければ，証明書の交付はできません。

第1　窓口事務のあらまし　25

〈参考①〉　印鑑登録についてのちらし

印 鑑 の 登 録 に つ い て

■登録の申請

　　印鑑の登録申請は，本人が直接するのが原則です。本人が登録する印鑑を持
参して申請してください。やむを得ず代理人に依頼されるときは，代理人選任
届（又は委任状）と本人が登録する印鑑が必要です。

　　登録する印は1人1個に限られています。また1個の印を2人で登録するこ
ともできません。

■申請した日に登録できる人

　　本人が登録の申請にきて，次の書面のいずれかを提示していただき，その場
で本人であることが確認できたときには，すぐ登録をして印鑑登録証をお渡し
します。

▼官公署が発行している身分証明書，許可証（運転免許証，マイナンバーカード，
　パスポート，写真付の住基カード等）で本人の顔写真付きで，有効期間内のも
　の。

▼保証人による登録の場合は，同じ市内で印鑑登録をされている方の場合は保
　証書（申請書の下段又は裏面等にある保証書欄に保証する旨確認し登録されている
　印鑑を押印する。），保証人が他の市町村の場合は併せて保証人の印鑑登録証明
　書の添付が必要です。

■申請した日に登録できない人

　　登録申請の際，本人であることの確認ができないとき，又は代理人に依頼さ
れたときは，その場ですぐに登録することはできません。

　　事実を確かめるために照会書を住所地に送付しますので，送付した日から1
か月以内に回答書に必要事項を記入し，本人又は代理人の方の本人確認ができ
る書類を持参し登録をして，印鑑登録証をお渡しします。

　　回答書の持参と印鑑登録証受領について，代理人に依頼されるときは，代理
人選任届（又は委任状）と本人が登録する印鑑が必要です。回答書は郵送されて
も取扱いいたしません。回答期限の1か月を過ぎたときは，申請は無効となり
ますので御注意ください。なお代理人が申請をした場合は，自動交付機用の暗
証番号の登録はできません。

■登録できない印鑑

▼住民基本台帳に記録されてる氏名，氏もしくは名又は氏名の一部を組合わせ
　たもので表してないもの。

- ▼職業・資格など，その他氏名以外の事項を表わしているもの。
- ▼ゴム印，その他変形しやすいもの（やわらかい木を材質としたもの，シンナー等で溶けるようなもの。外わくのないもの，外わくが欠けているもの，印面が平でないもの，故意にき損したもの等）。
- ▼印影が一辺の長さ8mmの正方形に収まるもの，又は一辺の長さが25mmの正方形に収まらないもの。
- ▼印影が不鮮明なもの，又は文字の判読ができないもの（極端に図案化されたもの）。

■代理人選任届の書きかた（印鑑登録申請のとき）
- ▼委任者本人が便せん等の用紙に書いてください。
- ▼この書面には収入印紙を貼る必要はありません。
- ▼回答書の持参と印鑑登録証受領について，代理人に依頼されるときは……の箇所に「印鑑登録の回答書持参の件及び印鑑登録証受領の件」と書いてください。

代理人選任届

（代理人）
住　所
氏　名
生年月日

私に係る　印鑑登録申請　につき上記の者を私の代理人に選任し，その権限を委任したのでお届けします。

平成　　年　　月　　日

本人（委任者）
住　所
氏　名　　　　　　　　　　㊞

○○市長　殿

※　登録予定の印鑑を押してください。

第1 窓口事務のあらまし 27

〈参考②〉 印鑑登録証交付時の注意のちらし

印鑑登録証明書のとりかたと
印鑑登録証の取扱いについて

■印鑑登録証明書のとりかた

　印鑑登録証を必ずお持ちください。印鑑は必要ありません。代理人の場合も委任状等は必要ありません。

　印鑑登録証を提示されないと，いかなる理由があっても，印鑑登録証明書は交付できません。

　申請書の住所・氏名・生年月日に間違いがあるときは，印鑑登録証明書は交付できません。

　印鑑をお持ちになっても，印鑑登録証明書は交付できません。

■登録者記入欄

　印鑑登録証の裏面の登録者記入欄は，家族の間で登録がある場合に，世帯主との続柄，本人の氏名の頭文字など，他人に分からない符号等を書いて区別するためのものです。

■印鑑登録証，又は，登録した印鑑を紛失したとき

　印鑑登録証，又は，登録した印鑑を紛失したときは，直ちに届出をしてください。印鑑登録証明書が必要な場合は，新たに印鑑登録をし直してください。手続は，廃止（亡失届）申請及び印鑑登録申請が必要になります。

■登録した印鑑を変更するとき

　登録してある印鑑を変更するときは，いままでの登録を廃止して，新たに印鑑登録をし直すことになります。手続は，廃止申請及び新規の申請が必要になります。

■印鑑登録証の返納

　次の場合には，印鑑登録証をお返しください。

- 印鑑登録の廃止申請をするとき。
- 市外に転出するとき。
- 氏名を変更したとき。
- 死亡したとき。
- 成年被後見人となったとき。

28　第1編　窓口事務と接遇の知識

4　外国人登録事務

(1)　外国人登録法の廃止

　外国人登録法（以下「外録法」という。）が平成24年7月9日に廃止されたことに伴い，外国人登録事務も終了しました。

　なお改正住基法は第30条の45で，日本国籍を有しない者で市町村の区域内に住所を有するもののうち，①中長期在留者，②特別永住者，③一時庇護許可者，④仮滞在許可者，⑤出生又は国籍喪失による経過滞在者のいずれかに該当する場合に「外国人住民」として住民票に記載することを規定しています。

(2)　登録原票

　登録原票は当該者の居住地変更の都度，新居住地の市町村に送付され引き継がれていましたが，外録法の廃止に伴い法務省に保管を移しました。登録原票の開示請求についても法務省に対して行うことになりました。

(3)　外国人登録証明書

　従前の外国人登録証明書に代わって，在留カード・特別永住者証明書が交付されることになりました。ただし，外録法廃止前に交付されていた有効な外国人登録証明書については，一定の期間みなし在留カード・みなし特別永住者証明書として使用できます。

	外録証での在留の資格欄	期間
みなし特別永住者証明書	特別永住者	①　次回確認（切替）申請期間の始期とされた誕生日まで ②　次回確認（切替）申請期間が3年以内に到来する場合は3年間（平成27年7月8

第1　窓口事務のあらまし　29

みなし特別永住者証明書	特別永住者	日まで） ③　16歳未満の場合は16歳の誕生日まで
みなし在留カード	永住者	①　3年間（平成27年7月8日まで） ②　16歳未満の場合は平成27年7月8日又は16歳の誕生日のいずれか早い日まで
	特定活動	①　在留期間の満了日又は平成27年7月8日のいずれか早い日まで ②　16歳未満の場合は在留期間の満了日，平成27年7月8日，16歳の誕生日のいずれか早い日まで
	その他※	①　在留期間の満了日まで ②　16歳未満の場合は在留期間の満了日と16歳の誕生日のいずれか早い日まで

※短期滞在や在留資格のない者等，在留カードの交付対象とならないものを除きます。

　なお，外国人登録証明書の交付は市町村で行っていましたが，在留カードの交付手続きはすべて法務省（入国管理局）で行います。ただし，特別永住者証明書の交付手続きについてはそのまま市町村で行います（市町村が経由事務としての窓口となります。）。

5　その他の事務

(1)　住居表示事務

　住居表示は，住居表示に関する法律（昭和37年法律第119号）の施行に伴い，従来の地番による住所の複雑さを解消し，日常生活の利便性を高める目的で行われています。

　未実施区域では，道路ひとつ隔てただけで番地が極端に違っていたりして，郵便の集配，災害の連絡，その他日常生活においても支障をきたす要因となっています。これらに対し，住居表示の考え方は，(a)町の境界線をわかりやすく区切ることにより町全体を整理し，(b)土地の地番を住所として使用することをやめ，建物に対して一定の基準で新しい番号を付けるというものです。

30　第1編　窓口事務と接遇の知識

　住居表示には，街区方式と道路方式があります。ここでは，街区方式について説明します。

　まず，町の境界を，道路，鉄道，河川などの恒久的な施設等で定めます。町名に「丁目」を設定した場合は，各自治体の中心となる場所を基点として規則的に並べます。そして「町」の中をさらに道路等で20～30に区分します。その区分されたものが「街区」で，これに付けられた番号を「街区符号」と呼び「○番」で表します。

　次に，原則として街区の周囲に各自治体の中心となる場所を起点としておおよそ15m間隔に区切り，右回りに連続する番号を付けます。この番号を「基礎番号」と呼びます。実際に住所を決める際には，該当する家の出入口の位置が基礎番号の何番にあたるかによって住所を決めます。この住所の番号を「住居番号」と呼び「○号」で表します。

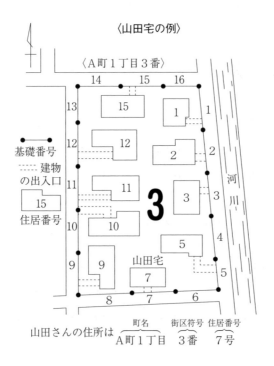

一定規模以上の中高層住宅に対しては，部屋番号まで含めて表示します。

高尾市△△町○丁目 ○○番 ○○-○○○
　　　町名　　　街区符号　住居番号／部屋番号

新しい住居表示を実施するまでの手順は，例を挙げると下図のようになります。

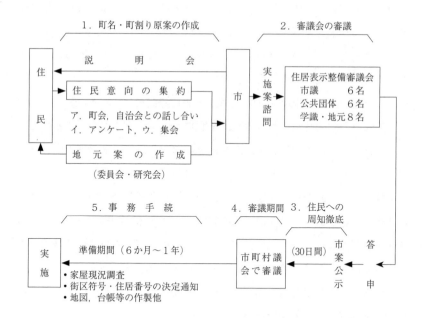

このようにして，新しい住居表示を行った時は，区域及び期日，住居表示の方法を告示するとともに，関係人及び関係行政機関の長等に通知します。また，地図上に建物や通路，出入口を表示した住居表示台帳や，住居

32　第1編　窓口事務と接遇の知識

表示新旧（旧新）対照表を作成，保管します。そして，住民の手続軽減のため，住民基本台帳，選挙人名簿等の公簿を職権で修正するほか，変更の証明が必要なときは無料発行します。

　また，各家の出入口には町名及び住居番号を記した表示板を取り付け，街区の四角には「街区表示板」を取り付けるほか，町中の要所には，町の住居表示を分かりやすく示した地図を設置します。住居表示実施地域で，家の新築や改築に伴い転入・転居の届出等が行われた際には，住居表示台帳等により，住所の確認，照合を行ったうえで受け付けます。

(2)　人口統計事務

　国及び地方公共団体を通じて，行政を運営する場合，地方公共団体の住民に関する資料を必要とすることが少なくありません。きめ細かな行政サービスを実施していくため，あるいは人口移動等の研究分析の資料とするために，人口統計事務があります。

　人口を把握するための統計としては，国勢調査による統計がありますが，これは一定の時点における状況を明らかにするためのものであって，特に今日のように人の流動等が激しくなればなるほど，その調査内容と実際の姿とはおのずから遊離し，その利用に限界ができます。しかし，行政は継続して行われなければならないため，国勢調査による統計とは別に，常に住民の状況あるいはその変動の状況というものを把握しておくための統計が必要となります。住民基本台帳は「住民に関する事務の処理の基礎とする」（法1条）ことを目的とし，住民の居住関係を公証しているため，そこから人口及び世帯数を調査し，転出入及び出生，死亡等の人口動態の状況等を調査することができます。

　これらのことから，国の行政機関，都道府県知事は，法第37条に基づき，人口統計に関する資料の提供を求めてくるのです。

第 1 窓口事務のあらまし 33

(ア) 住民基本台帳年報

	調査事項	期日又は期間	提出期限
住民基本台帳年報	市町村別人口, 世帯数	毎年1月1日現在	毎年3月10日
	市町村別住民票記載, 消除数	前年1月1日から前年12月末日まで	
	市町村, 男女, 年齢5歳階級別人口 (男, 女, 計)	毎年1月1日現在	
	住民票関係事務処理状況	前年1月1日から前年12月末日まで	
	定期調査実施状況	前年1月1日から前年12月末日まで	
	戸籍の附票事務処理状況	前年1月1日から前年12月末日まで	
	利用状況	前年1月1日から前年12月末日まで	
	職員数	毎年1月1日現在	

「1月1日現在」とは1月1日午前零時現在の意味です。
「前年1月1日から前年12月末日まで」とは前年1月1日から1年間の意味です。

(イ) 住民基本台帳等人口調査

	報告名	期日又は期間	提出期限
町丁別・年齢別調査	町丁別世帯数及び人口報告表	毎年1月1日午前零時現在	1月上旬
	男女・年齢別人口報告表		
	廃置分合・町丁名等変更一覧		
毎月調査	住民基本台帳月報	毎月末日現在（当該月間分の増減）	翌月10日
	住民基本台帳人口移動報告		
	国籍・地域別（上位10）人員調査票	毎月末日現在（地域による）	
	国籍・地域別人員調査票	12月末日現在	

34　第1編　窓口事務と接遇の知識

(3)　その他の関連業務

その他の関連業務として下記の表のような業務があります。

〈参考〉　関連業務

区　　　分	対　象　・　内　容	
国 民 健 康 保 険 加 入 資 格	① 職場の健康保険に加入している被保険者とその扶養家族 ② 国民健康保険組合被保険者（＊） ③ 日雇特例被保険者とその扶養家族 ④ 生活保護世帯 ⑤ その他特別理由がある者で厚生労働省令で定めるもの ⑥ 在留期間が3ヶ月未満の外国人 （＊）及び家族の中で国民健康保険組合に加入している方 　　がいる者	以外の者は 加入しなけ ればならな い
介 護 保 険	40歳以上の者が全員加入して保険料を納めたものを財源として介護サービスに利用しています。 65歳以上の者は「第1号被保険者」で一人ずつ被保険者証が交付されます。 40歳〜65歳未満の者は「第2号被保険者」となります。	
国 民 年 金 加 入 資 格	• 20歳〜60歳未満の学生，自営業，農漁業，無職の者 　（第2号，第3号被保険者を除く者） • 厚生年金，共済組合加入者 • 20歳〜60歳未満の厚生年金，共済組合加入者の被扶養 　配偶者 • 20歳〜65歳未満の海外に在住している者 • 60歳〜65歳までの資格期間不足又は年金を満額に近づ 　けたい者。65歳まで納めても受給資格に不足している者 　は，70歳まで納付すれば受給資格が得られる場合，その 　月まで加入することができます（特例任意加入）。（＊） （＊）昭和40年4月1日以前の生まれの者のみ	第1号被保 険者 第2号被保 険者 第3号被保 険者 任意加入
老 齢 福 祉 年 金	明治44年4月1日以前の生まれの者（本人及び扶養義務者の所得制限あり）	
後 期 高 齢 保険加入者	75歳以上（65歳以上で一定の障害がある者） 保険加入者	
敬老乗用証（都）	都営の交通機関，都内民営バスのシルバーパス制度（70歳以上）	
身体障害者手帳	身体障害者	
児 童 手 当	小・中学校修了前の児童・生徒を扶養している者（児童手当の所得制限を超える者には，特例給付が支給されます）。	

乳幼児・義務教育就学児医療証	未就学児及び就学期の児童・生徒（自治体により適用年齢等に差異あり） 何らかの健康保険に加入していること 児童が施設に入所していないこと
児童, 生徒の就学	児童, 生徒のいる家庭
保 育 所（園）	保育に欠ける児童（0歳～就学前）
母 子 健 康 手 帳	妊　　婦
ゴ ミ の 収 集	転居転出に伴う粗大ゴミ, 分別について等
飼 犬 登 録	登録, 廃犬届
水道給水, 休止	転入出者
税 　 証 　 明	課税・非課税証明（住民税）, 土地・家屋等の証明（資産税）, 納税証明
軽 自 動 車	原動機付自転車・小型特殊自動車等の登録と廃車
公 的 個 人 認 証	電子申請（インターネット等で行う行政手続）に必要な電子証明書を発行します。マイナンバーカード, 住基カードが必須となります。

6　窓口の形態

　窓口での事務処理は，住民サービスという観点からも，迅速，正確を最も要求されるところです。

　そこで，各市町村ではその実現のために，実情に即して事務処理の方法，組織等に創意工夫をしています。

　ここでは，事務処理の流れ，取り扱う事務の種類，窓口の役割等により，「縦割窓口」，「横割窓口」，「総合窓口」とその形態を大きく3つに区分し，概要を説明します。

(1)　縦割窓口

　縦割窓口とは，取り扱う行政事務ごとに異なる法律又は制度を中心として，事務処理を行うように組織された窓口であるといえます。

　つまり，住基法に基づいた事務処理については，窓口での届出の受付から台帳の作成・保管までを住民基本台帳事務担当が行い，戸籍法に基づいた事務処理については，窓口での届出の受付から戸籍の作成・保管までを

36　第1編　窓口事務と接遇の知識

戸籍事務担当の係で行うような窓口の形態です。

その特徴としては，次のようなことが挙げられます。

(ア)　婚姻等，戸籍の届出，戸籍謄抄本の申請は戸籍の窓口で，転入等，住所変更の届出，住民票の写しの申請は住民票の窓口で，というように届出・申請等は各自が担当する係の窓口で行うために，住民にとっては不便を感ずる場合があります。

(イ)　事務処理にあたっては中心となる法律が一つですから，職員の専門性が高められます。

ただし，実務を行ううえでは関連する他の窓口の仕事についても，基本的な知識を習得しておく必要があります。

(2)　横割窓口

横割窓口とは，窓口での受付事務，内部での記録事務というように，事務処理の流れを中心として組織された窓口であるといえます。

先に説明しましたように，縦割窓口では住民票に関わる事務については，窓口での受付から内部事務までを1つの係で処理します。

ところが横割窓口の場合は，住民基本台帳法，戸籍法に基づく届出，証明書の交付等の窓口事務については，それを専門に処理する窓口の係が行い，住民票及び戸籍の作成，他市町村への通知等の内部事務については，それを専門に処理する内部の係が行うような窓口の形態です。

その特徴としては，次のようなことが挙げられます。

(ア)　婚姻等，戸籍の届出と住所変更の届出が1つの窓口で足りますから，住民によってはある程度便利になるとともに，事務処理の流動化が図られます。

(イ)　窓口事務，内部事務という，各自が担当している仕事については，専門知識を習得することができます。しかし，窓口での受付事務についての基本的知識を習得しないと，一連の流れとして事務処理を理解

第1 窓口事務のあらまし 37

しにくい面があります。

(3) 総合窓口

　総合窓口とは，住民からのすべての届出，証明書の請求等を1つの窓口で処理できるように組織された窓口であるといえます。

　窓口で取り扱う事務の範囲も広くなるとともに，総合窓口課というような名称で，1つの課として独立している市町村が多いようです。

　いままでの窓口では，主として住民基本台帳，戸籍に関する事務をどのような形態で処理するかということが中心でしたが，総合窓口では，これらの事務と並行して，国民健康保険，後期高齢者医療，介護保険，国民年金，児童手当，学校教育，衛生，福祉等に関する届出をはじめとして，これらの窓口の事務を一括して行うような窓口の形態です。

　その特徴としては，次のようなことが挙げられます。

　(ｱ)　住所の異動に伴って，いくつかの手続が必要な場合でも，関連する各課で重複した届出を行う必要がなくなるので，住民の利便が増進されます。

　(ｲ)　窓口担当者には，幅広い専門的知識が要求されます。

　　　しかし，実際的には担当者がすべてベテランとは限りませんから，それぞれの業務について，きめ細かい点にいたるまで徹底することができない場合があります。

7　支所，出張所

　市町村役場へ行くのに交通の便が悪い，自宅から遠距離にある等の住民の便宜を図るために，支所，出張所を設置して市町村役場の仕事を行っているところがあります。

　支所，出張所の設置については，地方自治法第155条第1項に定められていますが，では，これらにはどのような違いがあるのでしょうか。

38　第1編　窓口事務と接遇の知識

　例えば，以前，市町村役場であった建物を利用しているから支所であるとか，公民館等の一部を利用しているから出張所だ，というように建物の外観から判断することは，間違いです。

　その違いは，支所が市町村内の区域を限定し，市町村役場の仕事の全般にわたって市町村役場と同様に処理する事務所なのに対して，出張所は，市町村役場まで出向かなくても済む程度の簡単な仕事を処理する事務所で，いわば窓口の延長ということができます。

第2 窓口・電話の応対―接遇―

1 窓口の応対―接遇

(1) 接遇の考え方

　住民課の窓口での接遇は，庁舎のカウンターを通して，住民と職員との間で行われます。人と人が接する以上，全身的な応対が必要となることは，いうまでもありませんが，接遇を次表のように分析し，一つひとつよりよい対応を考えていくことが，良い接遇への第一歩です。

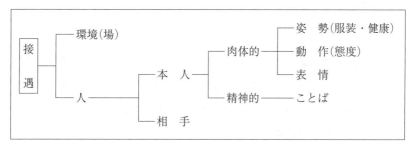

(ア) 環境づくり

　良い接遇，それには窓口での環境づくりも大切です。住民課は役所の顔といわれていますが，その窓口となる場を施設的に改善して，わかりやすく，便利で，感じのよい窓口にしておくことが接遇のための前提となります。

　そのためには，窓口をわかりやすいように表示し，書きやすいように，届出書，申請書，ボールペン，朱肉等を準備しておき，掲示物もわかりやすく，読みやすくを考えて配置掲示します。

　また，応対の障害となるものを取り除き，明るい感じを与えるように色彩等も考慮しましょう。住民課は，始業時から終業時まで絶えず来客

40　第1編　窓口事務と接遇の知識

がある職場です。朝一番の住民から気持ちよく応対できるよう，準備は前日のうちに済ませておき，始業前には準備が終わっているように心掛けましょう。記載台の周囲に届出書，申請書が散乱していることは，大変見苦しいものです。こまめに整理しておきましょう。自分の机の上も整理整頓を心がけたいものです。

　窓口においては，次々に住民が来庁しますが，いつも住民を快く迎えられるようにするとともに，正確な処理ができるように整理しておきます。

(イ)　人づくり

　窓口の接遇とは，仕事を通しての人と人とのふれあいです。そこで，自分と相手を知り，相手に即応した最も適切な方法と態度で応対することが必要です。

　(a)　相手を知る

　　住民課の窓口では，毎日不特定多数の住民と接しています。人間は外見が異なるように，性格も違っています。そこで応対も一様にいかないことを知っておかなければなりません。

　　人の性格は複雑ですから，すべてに的確に対応することは，なかなか困難なことです。自分を知り，また，相手をよく理解して，相手に対応していくよう努力してください。

　　相手を知る手がかりとしては，①動作や言葉づかい，ものごし，態度，服装等，②目的や動機ははっきりしているのか，目的をもっているか，誰に会いたいのかわからないでいる人か，③まったく初めての人か，過去に会ったことのある人か等が参考となります。

　　相手を知ったうえで，応対の仕方を変えるのです。つまり，気短かな人に，のんびりと応対すると怒り出すかもしれません。また，役所に初めて来られた人には，かんで含めるように話す必要があるかもしれませんし，毎日窓口に来られるような人に，くどくどと説

第2 窓口・電話の応対―接遇― 41

明しても逆効果です。

(b) 全身的応対

　相手を知るためには，自分のこともよくわかっていなければなりません。自分の長所，短所を各種性格検査等により知るとともに，自分の役割をよくわきまえていなければなりません。

　応対をし，相手に好印象を与えるためには，全身から発する誠意が大切です。

(c) 姿勢について

　背筋をのばして，きちんとした姿勢，正しい姿勢は安定した美しさを感じさせます。手は自然に両側に，又は軽く前に組みます。目は常に相手の眉間等に軽くそそぎます。心理学的にも，目線が上の者の方が優位を感じますので，カウンターではなるべく席について応対するのがよいでしょう。書きながら，物を見ながらの応対では，相手に不快感を与えてしまいます。

　姿勢に関連して，服装，みだしなみについても考えてみてください。来庁する住民は老人，若者，男女にかかわらず千差万別です。最新流行の服装でも，時，場所，状況に合わなければ他人からは不快です。我々は仕事をしに来ていることをわきまえ，公私のけじめはつけ，清楚，清潔が第一です。頭髪，化粧，アクセサリー類も気になるものです。そして，何よりもよいコンディションで応対できるよう，健康に注意しなければなりません。

(d) 動作について

　いつも落ち着いた明るい態度で，処理するときは迅速に行動しましょう。事務の内容，法令等をよく知っているからといって，いばった態度になりがちですが，十分気をつけましょう。また，届出書，申請書等は，毎日多数扱っているために，あまり気にとめない傾向があります。住民にすれば，ぞんざいに扱われていると見えが

42 第1編 窓口事務と接遇の知識

ちですから，受け渡しは丁重にしましょう。

(e) 表情について

明るい表情で，気持ちよく迎えます。姿勢も，動作も，表情も，形だけを整えるものではなく，自分の内面的な働きを，形を通して表現するところに価値があるのです。

そして，表情は顔で現わします。アメリカの心理学者A・メーランビアンの調査によると，説得するための要素としては，声30%に対し，顔が55%を占めています。表情はつくるのではなく，心の安定から生まれることに注意しましょう。

表情は明るい笑顔がよいことは，いうまでもありませんが，当然悲しい受付には改まった感じで，また相談には真剣な表情と，自然に切り替えていきましょう。不機嫌な表情は相手をも不機嫌にします。

(f) 言葉について

言葉は内面の働きを伝える手段です。よりよいコミュニケーションのためには，適切な言葉づかいが必要です。

当然地域の言葉も，それぞれの窓口で，生きた言葉として使われることでしょう。

では，よい話し方について考えてみましょう。わかりやすく，おだやかな話し方がよいでしょう。相手にわかりやすく，はっきりと話します。

そして，何より相手の反応を見ながら話すことが大切です。

以上の事柄を有効に進めるためには，仕事の内容，根拠法令，行政方針等に精通しておくことはもちろんのこと，庁内の建物配置，部課の所在，住民課に関連した役所や諸団体を知っておかなければなりません。また，受け持っている管内の状況や，関係方面の電話番号等もすぐわかるようにしておかなければなりません。

第2　窓口・電話の応対―接遇―　43

(2)　執務上の心構え

(ア)　住民課職員としての心構え

　憲法第15条第2項において「すべて公務員は，全体の奉仕者であつて，一部の奉仕者ではない。」とし，地方公務員法第30条においては，「すべて職員は，全体の奉仕者として公共の利益のために勤務し，且つ，職務の遂行に当つては，全力を挙げてこれに専念しなければならない。」と規定しています。まず，我々は住民全体の奉仕者なのだと自覚しなければなりません。

　民間企業は，その結果が損益計算書に数字となって表れますが，我々の仕事では，その結果が金銭的に計算して数字に表れないため，努力結果の測定が明確にできない面があります。そのため，いつも尻をたたかれている企業と異なり，「のんびりムード」と言われるのではないでしょうか。これらに，法令規則の制約や，それに基づく手続の煩しさも加わって「お役所仕事」といわれる世評を作る原因があるようです。

　こうした世評をなくし，全体の奉仕者として努力することが，社会的責任を果たす我々の心構えなのです。

　住民課職員としては，行政の基礎となる住民基本台帳事務を処理していくうえで，特に公平・公正でなければならず，言い換えれば，信用を得るための努力を怠ってはならないのです。

　また，窓口においては，従来から「正確」「迅速」「親切」が要求され実施されていますが，さらに住民のニーズの多様化や，個人情報に関する関心の高まりなどにより，更なる向上が要求されているのです。それは，正確，迅速，親切に加え，個々に応じたサービスと個人情報保護であり，これらのサービスを総合的に提供することにより，親身になって話し合えるサービスとなるのです。

　従来のように，単に届出の受付，証明書の交付をするだけではなく，

44　第1編　窓口事務と接遇の知識

情報の交換，広報，広聴の役割が期待され，住民課の窓口が利用されてきているのです。ちょっとした相談等，住民の真剣さに，窓口職員の共感が伴わなければ，そこには住民の不信感が発生してくるのです。

　従来の窓口のように，単に待つだけの受け身の姿勢ではなく，信頼され，愛される役所になり，行政というものを本当に住民参加で行うのであれば，窓口職員のあなたには，このような自覚が必要で，住民の立場に立った対応がとれるよう，幅広い知識が必要なのです。

(イ)　**事務を見直そう**

　企業では目標とその結果が明白であるため，大幅な自由性（裁量性）があって，権限も組織も手続も臨機応変に処理できる面が多いことに比べて，公務では法令規則による制約をうけています。しかし，こうした制約の中でも，我々は事務を処理していくうえで総点検を行い，「どういう目的，理由かわからないが5年前からやっている」などという仕事について見直しを行い，法の目的に沿った，より効率的な事務処理方法等を研究，改善していくことが必要です。

　こうした改善は，住民課に新しく入ってきた人たちの新しい見方や，旧来のやり方にとらわれない柔軟な発想と，積み重ねられた歴史をもつ従来の考え方が，出会い交じり合い，新しい事務の仕組み等を生み出そうとする努力の積み重ねにより実を結ぶものです。

(ウ)　**コスト感覚を持とう**

　あなたは住民票の用紙1枚いくらか御存知ですか。原価，コスト意識は極めて薄く，民間企業に比較して無に等しいようです。この辺が親方日の丸といわれるゆえんではないでしょうか。

　現在の予算制度自体に問題があるかもしれません。予算の獲得には熱意を示すが，配当予算の有効使途には甘く，使わなければ損のような意識が支配しており，無駄が非常に多いのです。

　まず，トップの頭の切り換えが必要かもしれませんが，我々自身がで

第2　窓口・電話の応対―接遇―　45

きるところから改革していくことが必要でしょう。常に問題意識として
持っていたいものです。

㈋　**研修を行いましょう**

　住民課職員一人ひとりの質的向上を図るため，自己研修のほか，課
内，係内で，目標を決め，その達成へ向けた計画的・効果的な研修計画
を策定し，実施することが必要です。また，それは職場の活性化にもつ
ながります。どんなに立派な施設，事務機器を導入していても，職員の
能力が発揮されなければ有効に機能しないのです。

　次に研修例を挙げておきます。

(a)　接遇のための研修例「ロールプレイング」において，窓口で応対
　する職員は，住民から出されるはじめての問題に対して，直観的に
　明快な応答ができるものではありません。そこで，あらかじめ住民
　から出されるかもしれない問題について練習しておく必要がありま
　す。

〈ロールプレイングのすすめ方〉

　①　窓口担当者に毎日の職務遂行上に起きる問題点を書き出させ，
　　提出させる。

　②　それを頻度の多い順に整理して配列する。

　③　それを１つずつ取り上げて，それに対する応答を集団で考えて
　　記録する。

　④　記録された応答の言葉を参加した人々全員に覚えさせる。

　⑤　全員を２組に分ける。各組から１人ずつ出て，一方が住民とな
　　り他方が窓口職員となり，問題場面を１つずつ，ロールプレイン
　　グで行わせる。

　⑥　実演を録画して再生し，検討する。

(b)　統一的事務処理をするための研修例

　　各市町村ごとの事務処理は，口伝による処理等，体系的研修がさ

46 第1編 窓口事務と接遇の知識

れていないため，職員によって処理方法が異なる場合もでてきます。職員間で統一的処理を行うためにも課内，係内研修は必要です。

① 現行の事務処理方法が，法の目的に合い，能率的かどうか集団で再検討する。

② それに基づき，事務の処理要領を文書化して作成する。

③ 処理要領に基づき，各届出の受付方法等を，体系的に，ベテランが初任者に講義する。

④ 事例を設定し，それに基づく届出書の記載方法，審査方法等を練習してみる。

⑤ そこから出された疑問，問題点を全員で再検討する。

(c) 広域的研修会の設置

その他，各市町村単位での再検討だけですと，独善的な処理におちいる可能性を含んでいます。戸籍事務については，各都道府県の戸籍住民基本台帳事務協議会単位で研修が行われていますが，住民基本台帳事務についても，戸籍事務同様に各都道府県の戸籍住民基本台帳事務協議会単位で各支部ごとに住民基本台帳事務の研修会を行い，事務の見直しや統一が行われています。

── (参考) ──────────────

事務の見直しのために

1 毎日のチェックリストを作っておく。

2 1日に最低1つは，何か新しい工夫をするように努力する。

　☆毎日，1工夫なら超Aクラス

　☆1週に1アイデアならAクラス

　☆1月に1アイデアならBクラス

3 毎日，1回以上，住民の立場に立ち，住民の目線で職場を見て反省す

第2　窓口・電話の応対─接遇─　47

る。

4　住民に一番多く求められる事項をメモしておき，なぜなのか，どう応
えればよいかを研究する。

5　他市町村のすぐれたサービス，感心しないサービスをよく観察し，メ
モをつくり，良い点はすぐに取り入れる。

6　窓口（カウンター）の外，お客さま側から内部を，市民の目線で観察
する。

(3)　**接客用語**

住民課は，他の職場以上に，窓口では，いろいろな目的を持った不特定
多数の住民と接する職場です。

住民との会話は，職員同士の会話とは異なった言葉が使用されます。住
民の立場を尊重し，よい人間関係をつくったうえで，仕事を円滑に進めて
いくため，ここで言葉のエチケットを復習してみましょう。

(ア)　**敬語と言い換え例**

日本語においては，敬語やあいさつが人間関係における大切な潤滑油
の役目を果たしています。

人をさすことば	自分をさすことば	・「わたくし」を標準の形とする。 ・男女を通じ「わたくし」。 ・「ぼく」は学生の用語であり，また社会人としては「じぶん」を「わたくし」の意味に使うことは避けたい。
	相手をさすことば	・「あなた」を標準の形とする（窓口では「お客さま」と呼ぶことが望ましい。氏名を呼ぶ場合は他の来庁者に聞かれない場合など，個人情報の

48　第1編　窓口事務と接遇の知識

人をさすことば	相手をさすことば	保護に配慮して使用することが望ましい)。 • 手紙用語としてこれまでの「貴殿」「貴下」は「あなた」で通用するようにありたい。
	敬　　称	•「さま」を標準の形とする。将来は公用文の「殿」も「様」に統一されることが望ましい。 • 職場用語の市長，部長，課長，係長などに「さん」をつけない（男女を通じて）。

※　会話は「です」「ます」調。	
言い換え例	•「だから」→「ですから」 •「これどうするんだい」→こちら側がする場合は「どういたしますか」，相手がする場合は「どうなさいますか」 •「それでね」→「それについてですが」 •「うちの部長さんがおっしゃいました」→「わたくしどもの部長がそのように申しておりました」 •「何の用ですか」→「どのような御用件でしょうか」 •「どうもすみません」→「申しわけございません」 •「どなたですか」→「どちら様でいらっしゃいますか」 •「いま，いません」→「ただいま，席をはずしております」 •「わたしが聞いておきます」→「差し支えなければ，わたくしがうかがいます」 •「それはできません」→「そのことはできかねます」「申し訳ございませんがいたしかねます」 •「わかりません」→「わかりかねます」「申し訳ございません。わかりかねます」 •「言っておきます」→「そのように申し伝えます」 •「お客さまの申しましたことは」→「お客さまのおっしゃったことは」

第2　窓口・電話の応対―接遇―　49

言い換え例	・「あなたの名前は」 → 「お恐れ入りますが，お名前をお聞かせください」 ・「ちょっと待ってて」 → 「少々お待ちください」 ・「見せて」 → 「拝見いたします」

※　呼ばれたときは「ハイ」と返事
※　挨拶励行

(イ)　ナワバリ用語を使うな

　窓口を訪れる住民は，専門用語（法律用語）を知りません。窓口や電話で専門用語を使うことは対応を悪い状態にします。一般語に翻訳して話さなければなりません。理解を得られないばかりでなく，相手の自尊心を傷つけることにもなります。

　また，住民は知らずに誤った専門用語を使っている場合もありますので，早飲み込みせずよく話を聞かなければいけません。

○戸籍関係

例 ・結婚（入籍）届をしたいんです。 ・結婚届の用紙をください。	この場合は，「婚姻届」のように専門用語で問い直したりしないようにします。 　「婚姻」とは言わないで，「結婚」が一般的慣用語ですから，婚姻という法律用語は，我々担当者間の用語としましょう。
離　　　　　縁	我々担当者（法律用語）では，離縁といえば「養子離縁」のことで，離婚，離縁と明確に区別されています。しかし，一般社会通念上，離婚のことを「離縁」といわれることもあります。

50 第1編 窓口事務と接遇の知識

入　　　　籍	一般に出生による入籍も，婚姻による入籍も，養子縁組もすべて入籍といっているようです。誘導による判断が必要です。
出生(しゅっしょう)と出生(しゅっせい)	一般には（しゅっせい）届のような言い方が大部分です。

○住民票関係

転　　　　居	一般には引っ越しをすることをすべて転居と呼んでいます。郵便局での住所の異動の届をすべて転居届と呼んでいるのがよい例です。
謄　本　・　抄　本	戸籍謄本及び抄本でなく住民票の全部の写し，一部の写しをさして住民票の謄本・抄本と呼ぶことがあります。これは旧住民登録法時代の名残りです。
世　帯　と　所　帯	一般には世帯のことを所帯といいます。例えば「所帯をもつ」とか「所帯道具」とかいう場合がそれです。世帯の概念は難しいものです。 　まして，世帯合併，分離，変更は完全に我々担当者間のことばなのです。
籍	戸籍と混同して，住所の異動をさして「籍をうつす」ということがあります。我々担当者の間では，籍とは戸籍のことを指すのが普通です。

　(ウ)　まとめ

　私たちは，応対する住民によって言葉を選ぶ余裕がほしいものです。それは相手の立場に立って話すということです。

　例えば，離婚届を誇らしげに出す人はいません。そこで離婚という言

第2 窓口・電話の応対―接遇― 51

葉を使わず,「この届」「戸籍の届」と言い換えが可能な場合は,言葉を選んでください。また,「おばあさん」と呼びかけられて気分を害する人もいます。婚姻届や出生届には,「おめでとうございます」の一言がほしいものです。

　以上のように,言葉はつくる必要はありませんが,言葉の使い方・選び方一つが,相手の窓口に対する印象を大きく変える結果となることを自覚しましょう。

　言葉は,あなたのパーソナリティー,あなたの人間としての成長をも表現するものですから,お互いに一層努力していきましょう。

(4) 接遇の5段階

　普段,何げなく行っている窓口での接遇の中には,次のような5つの段階が含まれています。これらの順序は実際には,はっきり分けられなかったり前後することがありますが,参考にしてください。

段 階 の 区 分	態　度	主 た る 行 動
1　はじめて接する段階 ↓	明　朗　に	• 注意の集中 • 早い反応 • 笑顔で接触
2　聞いたり話したりする段階 ↓	丁　寧　に	• 姿勢 • 態度と心づかい • 言葉づかい • 話をよく聞き,静かに話す • 用件を早く,正しく理解する
3　判断する段階 ↓	慎　重　に	• 処理範囲か { 即答すべきか / 猶予をこうべきか • 処理範囲外か

52　第1編　窓口事務と接遇の知識

4　処理する段階 ↓	公平・迅速	• 取付け，受付け • 説明，掲示 • 交付，後処理
5　満足させる段階	親　切　に	• 納得させる • 協力をえる • 親近感を与える • 信頼感を与える

（転入にみる5段階の例）

▶1　「どのようなご用件ですか？」——明朗に

　　窓口に来られた住民は，馴れない場所でとまどっています。明るく積極的な応対はよい人間関係をつくります。

▶2　「住民票を動かしたいのですか？」——丁寧に

　　住民は何らかの目的をもって来庁します。しかし，その目的を達成するための条件・方法等を理解していない場合が多いので，丁寧に話を聞き，目的にあった処理ができるようにします。

▶3　「もう引っ越しはお済みですか？」——慎重に

　　話を聞いてみたら，要件を具備していなかった等，法的に処理できないかもしれません。慎重に判断し，わからないときは勝手に判断せず，上司に相談することも必要です。

▶4　転出証明書と届書の照合等——公平・迅速に

　　処理する段階においては，受け付けた人によって処理方法が異なるような処理は，市民の信頼感を損ねます。迅速に応対することで好感をもたれます。

▶5　「これで終わりです。お疲れ様でした」——親切に

　　迅速な処理が行われ，それに補足的な説明を加えたり，ちょっとした心づかいにより住民の理解は深まるとともに，安心して帰れるのです。

第2　窓口・電話の応対―接遇―　53

(5)　苦情処理

　毎日の住民との応対においては，多かれ少なかれ住民からの苦情が持ち込まれることがあります。大声を出されたりするため「どうも苦手だ」と及び腰になりがちですが，以下に「苦情処理のこころえ」を示しますので，このうえに自分なりに工夫をしながらコツを身につけてください。

　その場を「市（区町村）政に対する理解」を深める場として積極的に取り組む態度が必要です。

（苦情処理のこころえ）

① 相手の言い分をよく聞きましょう。

② 相手と言い争うような議論はやめましょう。

③ こちらの過ちは素直に認めましょう。

④ なるべく早く対処しましょう。

⑤ 追いつめてはいけません。

---

① 相手の言い分をよく聞きましょう。

　どんな話でも，十分によく聞いてから，おもむろにこちらの話をはじめましょう。途中で話をさえぎってはいけません。人によっては言いたいことを言うとスッキリとしてしまう人や，話しているうちに自分の矛盾に気がつくこともあり，そこから解決の糸口が見つかることもあります。そして，こちらはあたり前と思っていることでも，相手の見方や考え方ではちがうことがあるので，相手の立場に立ってみることが必要です。

② 相手と言い争うような議論はやめましょう。

　言うべきことは言わなければなりません。しかし，売り言葉に買い言葉で議論してしまえば，あなたの負けです。相手が熱くなればなる

54　第1編　窓口事務と接遇の知識

ほど，こちらは冷静になり，言葉を選ぶ余裕がほしいものです。

③　こちらの過ちは素直に認めましょう。

　　相手の苦情が正当な場合，こちらの過ちを素直に認めましょう。自分以外の人が対処したことでも，たとえ他市町村役場が対処したことでも住民からみれば同じです。謝らなければならないこともあります。

④　なるべく早く対処しましょう。

　　苦情があったときは，他の仕事が途中でも，まずそれを片づけるようにしましょう。

⑤　追いつめてはいけません。

　　こちらに非のうちどころがない場合でも，相手を非難しすぎて追いつめられた状態にしてはいけません。逃げ道をつくっておいてあげる必要もあるでしょう。

　　それにもかかわらず，相手が引っ込みがつかなくなってしまったときは，場所を変えて，しかるべき責任者に会って話を聞いてもらうのも一つの方法です。場所が変わり，相手が変わったことで相手の心も落ち着くものです。

　これらの処理にもかかわらず，相手が間違っていて，なおごねるときは，毅然たる態度で応対し，ごね得にならないよう公平な処理を行わなければなりません。これらの処理をあやまると，損害賠償というケースにもなりかねません。平素から自分たちの仕事に手落ちがないか，法律，条例，規則，通達，先例等を正確に把握し，再確認しておくとともに，業務に関連した知識を幅広くもつよう努力しなければなりません。

（窓口での応対　チェック・リスト）

　あなたはどのような応対をしていますか。

　　　　——自己評価してみてください。

第2 窓口・電話の応対—接遇— 55

次の項目で該当するものに○をつけてください。

〔Ⅰ〕 窓口で望ましい行為

1 朝，職場の同僚，先輩，後輩に明るく挨拶します。

2 整理整頓を心がけ，受付時間までに下準備はできています。

3 庁内の部課の所在，管内の状況は知っています。

4 立て込んでいるとき，後ろや横で待っているお客さまに「少々，お待ちください」とお断りします。

5 お客さまが前に立ったときは，やりかけた仕事を中止して，自分から先に「どうぞ」と声をかけています。

6 中座するときには，「少々，お待ちください」と声をかけています。

7 職場以外の人に接するときも，職場を代表して見られているのを自覚しています。

8 応対中でない場合は，視線を常に入口に向けています。

9 予想以上に時間がかかりそうなとき，「申しわけございません。あと4，5分かかりますので，お待ちください」と途中でお断りを入れます（「少々」「少し」「しばらく」を状況によって使い分けると効果的です。）。

10 お客さまの印鑑を使ってお返しするときは，朱肉を拭きとってからにしています。

〔Ⅱ〕 窓口で避けるべき行為

1 飴やガム等を口に入れたまま受付をすること。

2 それは何番の窓口ですとアゴで教えること。

3 苦情を言われたとき，相手と言い争うような議論をしたこと。

4 届書，申請書等をわきみしながら受け渡ししたり，引っぱるような取り方，投げ出すような置き方をすること。

5 腕組みをしたり，ポケットに手をつっこんだり，膝を組んだり，ほほ杖をしたこと。

56　第1編　窓口事務と接遇の知識

6　服装や見だしなみで注意されたこと。

7　専門用語を住民によく使うこと。

8　仲間同士で談笑していて，お客さまに気がつかないこと。

9　職場で公私を混同するようなこと。

10　わからないときでも，自分だけで判断し，勝手に処理したこと。

(6)　不当要求への応対

　暴力団等（暴力団，暴力団員，準構成員，総会屋，右翼等及び社会運動家等標榜ゴロをいう。）が，不正な利益を得る目的で，地方公共団体等の行政機関又はその職員を対象として行う違法又は不当な行為を行政対象暴力といいます。

　暴力団等から行政対象暴力を受けた場合，担当者が個人的に，または担当者のみに責任を押し付けることは最も避けるべきです。組織として方針をあらかじめ検討することが大事です。

　暴力団等は，挑発して失言を誘ったり，言葉尻を捕らえて糾弾し，無理難題を押し付けてきます。これらの言動に惑わされないようにしましょう。暴力団等が最も恐れているのは，警察に通報されることです。

〈具体的な応対要領〉

1　来訪者のチェックと連絡

　　窓口員は，来訪者の氏名等の確認と用件及び人数を把握して，責任者に報告し，応接室等に案内する。

2　相手の確認と用件の確認

　　落ち着いて，相手の住所・氏名・所属団体名，電話番号を確認し，用件の確認をする。代理人の場合は委任状の確認をする。

3　場所の選定

　　素早く助けを求めることができ，精神的に余裕をもって，場所（応接室）等の管理権の及ぶ場所。暴力団組事務所等には絶対出向かな

い。

4 人数

相手より優位に立つための手段として，常に相手より多い人数で行うこと。

5 時間

時間が長いと，相手のペースにはまる危険が大きくなります。可能な限り短くすること。最初の段階で「何時には会議がありますから何時までならお話を伺います」等と告げて，時間を明確に示すこと。

6 言動に注意する

暴力団員は，巧みに論争に持ち込み，言葉尻を捕らえて厳しく糾弾してきます。「申し訳ありません」，「検討します」，「考えてみます」等は禁物です。

7 書類の作成，署名・押印

暴力団は，「一筆書けば許してやる」等と詫び状や念書等を書かせたがるが，後日金品要求の材料などに悪用します。また，暴力団員等が社会運動に名を借りて署名を集めることがありますので，署名や押印は絶対に禁物です。

8 即答や約束はしない

暴力団員には，組織的に実施することが大事です。相手の要求に即答や約束はしないことです。

9 トップは応対させない

いきなりトップ等の決裁権を持ったものを出すと，即答を迫られます。

10 湯茶の接待をしない

湯茶を出すことは，暴力団員が居座り続けることを容認したことになりかねません。また，湯飲み茶碗等を投げつける等，脅しの道具に使用されることがあります。

58　第1編　窓口事務と接遇の知識

11　内容の記録

　　電話や面談の内容は，犯罪検挙や行政処分，民事訴訟の証拠として
　必要です。メモや録音をすること。

12　機を失せず警察に通報

　　不要なトラブルを避け，受傷事故を防止するため。

───（行政対象暴力を排除するためのチェック・リスト）───

□不当要求には絶対に応じないという方針が組織内に確立し，徹底され
　ている。

□不当要求を受けた場合の対応要領が定められている。

□不当要求を受けた場合は，上司に報告することになっている。

□組織的に不当要求に対応するため，不当要求防止対策委員会が設置さ
　れている。

□警察，暴力追放運動推進センターとの連絡通報体制ができている。

□関係機関との連携システムが整備されている。

□不当要求防止責任者が選任されている。

□窓口，応接室等に暴力追放ポスター，責任者講習修了証書等が掲示さ
　れている。

□暴力団等の活動状況，不当要求の実態と対応要領等についての研修会
　等が開催されている。

以上，行政対象暴力の現状と対策（全国暴力追放運動推進センター警察
　庁暴力団対策部）より引用。

第2　窓口・電話の応対―接遇―　59

2　電話の応対

(1)　電話での応対

　電話は職場のもう一つの窓口です。電話をかけた人は，交換手とその次に電話に出た人によって，その役所を評価し，また受けた人も，自分自身をまわりの人に表わしていることになります。

　さて，電話は情報を受け，その情報を処理し，少しでも正確に，速く，伝えるという機能を持っています。その電話の持つ利点を活かし，顔が見えないというマイナス面をカバーをするには，どうしたらよいか考えてみましょう。

　まず電話には，①社会性が強く要求される。②一方的な性質がある。③声だけが頼りの会話である。④短い限られた時間での応対である。⑤常に1対1であって，全責任を一人で持つ。といった以上のような特性があるため，電話での話には限界があります。説明が複雑な場合や，感情的な問題の場合，相互確認が必要な場合には適さないことを知らなければなりません。

（一般的注意）

〈かけかた〉
- 見えぬ電話に伝わる態度
- 用件は「いつ」「どこで」「誰が」
「何を」「どのように」に整理して
- 番号はよく確かめて
- 用件は予告してから簡潔に
- 言葉は丁寧，簡単，明瞭に
- 相手が出たらすぐ名のり，相手を確認
- 電話のそばにはメモと鉛筆
- まちがい電話はていねいにわびを
- 受話器はそっと置く

〈受けかた〉
- ベルが鳴ったらすぐ出てまず名乗る
- 左手受話器，右手に鉛筆
- ベルは3回，わびてでよ
- 用件聞いたら復唱を
- 早口，早飲み込みは間違いのもと
- ガチャンはあとから切れてから
- こちらの用件はあと回し，先方の用件をよく聞く

60　第1編　窓口事務と接遇の知識

(2) 市町村間においての対処と住民への応対

　さて，住民課での電話の応対には，職務上，他市町村と対処する場合と，住民への応対があります。

(ア) 市町村間での電話による対処

　市町村役場間において，明らかに誤りだと判断できる場合や，緊急を要する場合には便宜的に電話での確認をとることがあります。

　この場合には，確認先が全国にわたり，お互いに同じ仕事をする専門家同士ですから，要点のみを手短かにまとめるようにし，お互いが納得して気持ちよく仕事ができるよう心がけましょう。

　例えば，転出証明書に出生年月日が記載されていない転入届を受け付けた場合，本籍に照合を依頼するわけですが，便宜的に電話で確認をする例で説明します。

　――おはようございます。○○市役所市民課○○です。

　「いつもお世話になっています。こちら△△市の市民課○○ですが，戸籍の係ですか？」

　――ハイ，そうです。

　「お忙しいところすみませんが，出生年月日の確認を1件お願いします。当市に山田花子さまという方が転入されてきたのですが，××市の転出証明書の記載に漏れがありまして，確認をお願いしたいのです」

　――ハイ，どうぞ，本籍はどちらでしょうか。

　「本籍は△□町1丁目5番地，筆頭者は山田太郎さま，その長女の花子さまの出生年月日の確認をお願いします」

　――山田花子さまの出生年月日ですね。戸籍を確認して折り返しご連絡いたします。代表電話番号とご担当者のお名前をお願いいたします。本件につきましては，市民課○○が承りました。

第 2　窓口・電話の応対―接遇―　61

〈戸籍を確認，（市町村便覧等）で△△市役所の電話番号を確認して電話
をかけ直す〉

――△△市役所ですか。いつもお世話になっております○○市の市民課で
す。内線○□△市民課をお願いいたします。

「ハイ，△△市市民課○○です」

――お世話になっております○○市市民課○○です。先ほどお問い合わせ
いただきました件，ご回答いたします。山田花子さまの出生年月日は，昭
和 48 年 4 月 10 日です。

「昭和 48 年 4 月 10 日ですね。お忙しいところ，どうもありがとうござ
いました。失礼します」

――失礼いたします。

　市町村間の電話による確認は，あくまで便宜的方法ですから，最終的
に記録に残るような照合方法を工夫しなければなりません。

　また，官公署からの公簿等の記載内容についての電話照会は原則受け
付けられません。緊急やむを得ない場合も，問い合わせ事項，電話番
号，所属，氏名等を確認したうえで，上司の判断を仰ぎ折り返しこちら
から電話をする等の処置をする。

(イ)　住民との電話による応対

　住民との電話では，市町村間での対処のように，相手が専門家ではあ
りませんので注意しなければなりません。

　そこで，窓口での言葉づかいに注意し，早合点しないよう相手の話を
十分によく聞き，住民の意図しているところを誘導して判断していかな
ければなりません。

　こちらは聞かれなかったので，当然，相手方は知っていると思い，話
さない情報が，後から教えてくれなかった，という苦情となることがあ
ります。相手は「知らないから聞けない」のですから，専門家である私

62　第1編　窓口事務と接遇の知識

たちから情報を提示して，何度も確認していかなければなりません。

「おはようございます。○○市役所市民課○○です」

——お聞きしますが，戸籍謄本は，自分が行けばすぐもらえますか？

「ハイ，お渡しできます」（「ハイ，窓口の混雑具合にもよりますが，すぐ発行できます」）

——1通いくらでしょう？

「450円です」

——ハイ，わかりました。どうも……。（電話を切る）

〈後日，窓口にて〉

——戸籍謄本ください。

「本籍はどちらですか」

——△△県○○郡××村です。

「それでは，当市では戸籍謄本は取れません」

——エッ，電話では，自分が行けば取れるって言われたよ！

「戸籍謄本も抄本も，本籍のある市町村でないと取れませんから，あなたの場合は××村でお取りいただくことになります。郵送でも取れます」

——電話で言ってくれればよかったのに，そうすれば，わざわざ来なくても済んだのに……。

⑶　こんなときは？

㋐　相手をお待たせするときは

「少々お待ちください」と必ず断り，再び出るときは，「大変お待たせいたしました」と挨拶してから話し始めます。

できれば「ただいま帳簿を調べますので，少々お待ちください」と待たせる理由を述べたいものです。

第2　窓口・電話の応対―接遇―　63

あまり長く待たせるときは，一度切って，こちらから掛けなおすとよいでしょう。

(イ)　**話の途中で上司と相談するときは**

話が込み入って，一存で決めかねるようなときには，上司と相談が必要です。このような場合には，必ず手で受話器の口を押さえて，相手に相談内容が漏れないようにしましょう。

(ウ)　**名指しされた人が不在のときは**

「少々お待ちください」と言われて待っていても，全然応答がないと，相手は取りつく島もありません。そこで1分間おきぐらいに，コールサインを送るのがエチケットです。

最初に，「ただいま探しております。もう少々お待ちください」と，断りましょう。それでもいない場合には，「大変お待たせして申し訳ありません。探しておりますので，もうしばらくお待ちいただけますでしょうか」と相手の意向を聞きましょう。

初めから不在であれば，「はい，○○はあいにく外出中ですが，3時過ぎには戻ってまいります。ただいま××でしたらおりますが…」とか，あるいは「はい，○○はまもなく戻ると思います。お差し支えございませんでしたら，ご用件をお伺いします」などとお答えし，用件を伺います。

これらが難しければ，「戻りましたら，お電話をいたします」と電話番号を聞き，あとで○○さんへ伝えます。

(エ)　**面会の都合を聞くときは**

「お目にかかりたいのですが，御都合はいかがでしょうか」などという問い方をしますと，相手も，「さぁ，忙しいので……」と具体的に何日と言いかねます。

「明日，午前10時はいかがでしょうか？　それとも午後1時がよいでしょうか」といったように，こちらから，日時を指示しておいて選んでいただくやり方もよい方法です。

64　第1編　窓口事務と接遇の知識

（電話応対 チェック・リスト）

あなたはどのような電話のかけ方をしていますか。

——自己評価してみてください。

次の項目で該当するものに〇をつけてください。

〔I〕　電話対応での望ましい行為

1　電話は番号を確認し，正しく丁寧に通話します。

2　電話のベルがなったら，すぐ受話器をとります。

3　電話に出たら，課名や名前を先に名乗る習慣がついています。

4　いつもいきいきした声で話します。

5　電話では，いつもわかりやすい言葉ではっきり話すよう意識して心
　掛けています。

6　電話では誰に対しても同じように応答しています。

7　電話で話す用件は,あらかじめ要点をまとめる習慣がついています。

8　複雑な用件や重要な用件は，必ず要点を繰り返して確かめます。

9　電話器のそばにいつでもメモと鉛筆を用意しています。

10　外出するときは，必ず行先と帰着予定時間を連絡しています。

〔II〕　電話対応で避けるべき行為

1　電話の相手が誰であるか，確かめないことがあります。

2　聞きとりにくい声だと言われたことがあります。

3　電話で時々乱暴な言葉づかいをすることがあります。

4　交換手と電話で口げんかをすることがあります。

5　電話で話すときに，言葉ぐせがあります。

6　長い私用電話をたびたびかけることがあります。

7　呼び出しを交換台に頼んだが，用事ができたため席を離れてしまっ
　て電話がムダになったことがあります。

8　10m 以上離れている名指しされた人を大声で呼ぶことがあります。

9　受話器をガチャンと乱暴に置くことがあります。

10　電話のかけ方について注意を受けたことがあります。

第3　住民票の事務処理

　住民課という職場はどんな仕事をしているのか，どんな感じの職場か，いままでの説明でわかりましたか。

　住民課の窓口は，住所変更の届出，印鑑の登録，出生・死亡・婚姻等の戸籍の届出，その他いろいろの届出や証明書の発行でいつもにぎわっているところです。窓口にみえる人の年齢，職業も千差万別ですが，住民課の窓口で一番最初に接するあなたの応対の仕方によって，役所のイメージが良くもなり，悪くもなります。あなたも頑張って一日でも早くベテランの仲間入りをしてください。

　さて，ここでは，先に説明しました住民課の仕事の中でも，住民票の処理，住民票と戸籍のつながり，保管の仕方，通知の種類など，住民票の仕事を中心に9つのパートに分けて，もう少し説明します。

　住民票の事務処理は，住民票が個人票か，世帯票か，あるいは電算化しているか，いないか，などで多少の違いはありますが，基本は同じと考えてよいでしょう。

1　住民基本台帳法の概要

　市町村の仕事は，どんな仕事でも法律あるいは条例等に基づいて行われています。

　法律と聞くと，なんとなくとっつきにくい，難しい感じを受けますが，正しい処理を行ううえで大切なことですから，必ず勉強しておきましょう。住基法のほかにも，住民票の処理にあたっては，戸籍法，公職選挙法，国民健康保険法等，いろいろな法律，実例を勉強しなければなりませんが，ここでは住基法とは，どのような法律なのか，また，条文と内容についてごく簡単にふれておきます。

66　第1編　窓口事務と接遇の知識

(1)　法の概要

　　住民基本台帳法は，市町村における住民に関する届出の統合，簡素化を
図り，各種台帳を一元化して住民の居住関係の公証のみならず，住民に関
する事務処理はすべて住民基本台帳に基づいて行われるよう，住民に関す
る記録を正確に，統一的に行う制度を整備するための法律です。

(2)　法の主な内容と関係条文

　　次に，住基法を大きく7つに分け，主な関係条文についてふれておきま
す。

(ｱ)　住基法の基本となる事項

①　住基法の目的（法1条）

②　住民基本台帳制度にかかわる国，都道府県，市町村長等の責務
（法2条，3条）

③　住民の住所に関する法令の規定の解釈（法4条）

(ｲ)　住民基本台帳に関する事項

①　住民基本台帳の備付けと作成（法5条，6条）

②　住所，氏名，戸籍の表示等，住民票の記載事項と記載（記録）の
方法（法7条，8条）

③　住民基本台帳の一部の写しの閲覧（法11条，11条の2）

④　住民票の写し等の交付（法12条～12条の4）

⑤　正確な記録を確保するための措置と関係機関への通知（法9条，
10条，12条の5～15条）

(ｳ)　戸籍の附票に関する事項

①　戸籍の附票の作成と記載事項（法16条～17条の2）

②　戸籍の附票の記載とそれにかかわる通知（法18条，19条）

③　戸籍の附票の写しの交付（法20条）

第3　住民票の事務処理　67

㈑　**届出に関する事項**

①　住民の地位の変更に関する転入，転居，転出，世帯変更の届出と届出の方法（法21条〜27条）

②　届出にかかわる付記（法28条〜30条）

㈒　**本人確認情報の処理及び利用等**

①　住民票コードの記載，変更，通知及び提供（法30条の2〜30条の6）

②　都道府県の事務（法30条の7〜30条の9）

③　指定情報処理機関（法30条の10〜30条の23）

④　本人確認情報の保護（法30条の24〜30条の40）

⑤　マイナンバーカード

㈓　**外国人住民に関する事項**

①　外国人住民に係る住民票の記載事項の特例（法30条の45）

②　中長期在留者等が住所を定めた場合の転入届の特例（法30条の46）

③　住所を有する者が中長期在留者等となった場合の届出（法30条の47）

④　外国人住民の世帯主との続柄の変更の届出（法30条の48〜30条の49）

⑤　外国人住民に係る住民票の記載の修正等のための法務大臣からの通知（法30条の50）

⑥　外国人住民についての適用の特例（法30条の51）

㈔　**雑則に関する事項**

①　国又は都道府県の指導等と不服申立て，市町村長間の意見が異なるときの措置（法31条〜33条）

②　調査と秘密を守る義務，住民に関する記録の保護，苦情処理（法34条〜36条の3）

③　資料の提供（法37条）

④　指定都市の特例（法38条）

⑤　適用除外（法39条）

⑥　主務大臣（法40条）

⑦　政令への委任（法41条）

(ク) **罰則に関する事項**

調査，届出にかかわる罰則（法42条～54条）

(3) **制度の効果**

住民基本台帳を整備することにより，次のような効果があります。

(a) 住民の住所，世帯の変更にかかわる届出が一本化され，簡素化されることにより，負担の軽減，時間の短縮等，住民の利便が増進されます。

(b) 住民基本台帳を整備し，正確な記録を行うことにより，選挙人名簿への登録，国民健康保険，後期高齢者医療，介護保険，国民年金，児童手当，課税に関する事務，学齢簿の編成，予防接種等各種事務の対象者の把握が容易になり，行政の効率化が図られます。

(c) 届出，台帳の統一により，窓口事務の合理化・効率化が図られます。

2　住民票ができるまで

住民票は，転入，転居，世帯分離等の届出に基づいて作成されるわけですが，ここでは，転入の場合の届出の受付から，住民記録システムへの入力，磁気ディスク（台帳）への保管までの流れを大まかに説明し，同時に各ポイントごとに注意事項についてもふれておきます（図1）。

（図1）

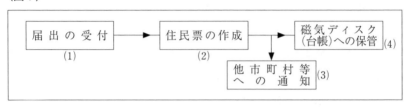

(1) 届出の受付

　届出書は，住民票の作成，他市町村への通知等に用いられる場合もありますから，誰が見てもわかるように，正確に，丁寧に，略さずに記入してもらいます。

　住所が異動したわけですから，いつ，どこへ，だれが，異動したのか明らかになるようにしなければなりません。届出書の記入が完了したら，審査をして届出を受理します。

　審査にあたっては，特に住民異動届の届出人（又はその代理人若しくは使者）の本人確認を厳格に行います。

　また，本人確認ができない場合はなりすまし等の届出を防止するため届出受理通知書を送ります。

　審査時における届出人の本人確認は，マイナンバーカード等又は旅券，運転免許証その他官公署が発行した免許証等の他，市町村長が適当と認める書類にて行います。併せて届出書に記入漏れはないか，転出証明書等の添付書類や代理人若しくは使者の委任状等が添付されているか，届出書と添付書類に相違はないか等を確認・照合します。届出書の記載内容に事実に反する疑いがあるときは，事実調査をしたうえで受理します。

(2) 住民票の記載（記録）

　届出の受理が完了したら，その届出書に基づいて住民記録システムへの入力を行い，住民票を作成します。正確に作成することはいうまでもありませんが，特に氏名の文字については一点一画に注意して作成します。

　作成した住民票は，届出書及び転出証明書等と照合し誤りがないかどうか審査します。

(3) 他市町村等への通知

　住民記録システムへの入力によって住民票の作成が完了したら，転入の場合は法第9条第1項，第3項の通知（転入通知）を住基ネットのCSにより前住所地の市町村長に送ります（なお，転入通知を受けた市町村は，令13条3項の通知（転出確定通知）をCSにより都道府県に送ります。）。

　また転入に限らず，住民票の記載・修正・消除をした時は，本籍地が他市町村の場合には，法第19条第1項，第4項の通知（戸籍の附票記載事項通知）をその市町村長に送ります。

　なお，市町村の窓口の形態等により異なるところもありますが，関連する部課，委員会等への通知も行います。

3　住民票がなくなるまで

　住民票ができるまでの流れは，わかりましたか。

　今度は，引っ越しをした人の，いままでの住民票はどうなるのか，こんな疑問をお持ちの方もいるのではないかと思いますので，このことについて説明します。

　住民票は，転出，死亡等の届出に基づいて消除されます。しかし，消除とはいっても，いままでの住民票を廃棄してしまうということではなく，引っ越しをした人の住民票に「消除した」ということを表示するわけです。

　世帯票の場合，いままで住民票に記載されていた人が，全員他の市町村に引っ越したようなときは，その住民票に「除票」という表示をします。また，住民票に記載されている人のうちから1人だけが，他の市町村に引っ越したようなときは，住民票の「その人の欄」を線で交差するなどして消除したことを表示します。なお，住民記録システムの場合には，該当者の住民記録データに消除したことが加わります。

さて、ここでは転出を例にとり、届出を受け付けてから住民票が消除されるまでの流れを大まかに説明し、同時に各ポイントごとに注意事項についてもふれておきます（図2）。

(図2) 住民票を台帳として保管している場合

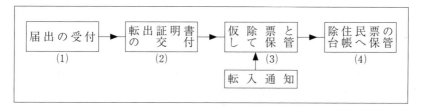

住民票を電算化システムにより保管している場合

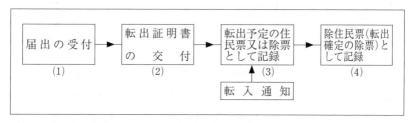

(1) 届出の受付

届出書は、住民票に転出先等を記載するとき、又は転出証明書等に用いられる場合もありますから、誰が見てもわかるように、正確に、丁寧に、略さずに記入してもらいます。

住所が異動するわけですから、いつ、どこへ、だれが、異動するのか明らかになるようにしなければなりません。届出書の記入が完了したら、審査をして届出を受理します。

審査にあたっては、届出人の本人確認を行い、届出書に記入漏れはないか、届出書と住民票に相違はないか等を確認・照合します。このときに、運転免許証の取得のため等実際には転出していないことが明白な場合は、

72 第1編 窓口事務と接遇の知識

届出を受理することはできません。

(2) 転出証明書の交付

届出の受理が完了したら，住民記録システムにより転出証明書を作成し届出人に交付します（転出先等を記入した住民票，又は届出書の複写等を交付することもあります。）。

ただし，その届出が転出後14日以上を経過しているときは，転出証明書の交付はできませんから，それに代わるものとして「転出証明書に準ずる証明書」等を交付する扱いになります。

また，国外に転出する者，転入届の特例の適用を受ける者の転出の場合には，転出証明書は交付しません。

(3) 転入通知と転出確定通知

転出届に基づいて転出先，転出予定年月日を記載した住民票は，転出予定年月日をもって消除しますが，転出先の市町村から転入通知を受理するまでは，仮除票として別に保管しておきます。住民記録システムの場合は，転出予定の住民票として記録します。

その後，住基ネットにより転入通知を受理したら，仮除票として保管又は記録している住民票の転出先，転出予定年月日を照合し，変更があれば住民票の記載を修正します。

なお，法第6条第3項の規定により住民票を磁気ディスクをもって調製する市町村においては，転出予定日前に住民票の写しを交付する場合には，転出事項を省略して交付することとされています。

▌4　戸籍の届出と住民票，戸籍の附票

今日も窓口で，新婚間もない人がみえて次のような相談を受けました。

「私たちは1か月前に結婚式を挙げ，婚姻届も出しましたが，今日，住

第3 住民票の事務処理 73

民票をとったら私の妻が載っていません。これは処理の間違いではないのですか？」

さて，これはどうしたことでしょう。もしかして市町村の事務処理に間違いがあったのでしょうか。

そんなことはありません。人の身分関係（生まれた，結婚した，死亡した等）の登録である戸籍と，人の居住関係（いままでどこに住んでいた，いまどこに住んでいる等）の記録である住民票は，それぞれ別々の法律に基づいて仕事が行われていますから，たとえ婚姻届を出しても，住所変更の届出をしなければ，新しい住所で住民票は作成されないのです。

では，これから，このような問題を解決するための知識として，戸籍と住民票はどんな関係になっているのか，また，住民票と戸籍の附票はどんな関係になっているのか説明します。

(1) 戸籍の届出と住民票

前述のとおり，戸籍と住民票はそれぞれ別の法律に基づいて仕事が行われているわけですが，これは同一人をそれぞれ違った面から記録しているという点からみれば，相互に関連性をもたせる必要があります。

具体的には，住民票に記載がされている氏名，出生年月日，性別，本籍，戸籍の筆頭者は，戸籍に基づいて記載がされています。また，戸籍の届出があった場合は，それに伴って住民票の記載，消除，修正を行います。

それでは，戸籍の届出のうちでも，出生，死亡，婚姻の届出が多いので，これらを例にとって説明しましょう。

(ア) 出生の届出を受理した場合

父母の住所地市町村で出生届を受理したときは，その届書に基づいて出生した子を住民票に記載します。

住所地以外の市町村で出生届を受理したとき，例えば，出産のため一

74　第1編　窓口事務と接遇の知識

時的に妻が実家へ帰っていて，出生届を妻の実家のある市町村へ出した
ようなときは，届出を受理した市町村から父母の住所地市町村に住民票
の記載をするための通知が行われますから，住所地市町村では，その通
知に基づいて住民票に記載をします。

(イ)　**死亡の届出を受理した場合**

　死亡した者の住所地市町村で死亡届を受理したときは，その届書に基
づいて死亡した者の住民票を消除します。

　住所地以外の市町村で死亡届を受理したとき，例えば，入院中の病院
で死亡したため，病院のある市町村へ死亡届を出したようなときは，届
出を受理した市町村から死亡した者の住所地市町村に住民票を消除する
ための通知が行われますから，住所地市町村ではその通知に基づいて住
民票を消除します。

(ウ)　**婚姻の届出を受理した場合**

　夫（妻）の住所地市町村で婚姻届を受理したときは，その届書に基づ
いて夫（妻）の住民票の記載を修正するとともに，妻（夫）の住所地市
町村に住民票の記載を修正するための通知を行います。

　2人の住所地以外の市町村で婚姻届を受理したとき，例えば，2人は
東京都に住んでいるが，夫の田舎のある市町村に婚姻届を出したような
ときは，届出を受理した市町村から2人の住所地市町村に住民票の記載
を修正するための通知が行われますから，住所地市町村ではその通知に
基づいて住民票の記載を修正します。このときに注意しなくてはいけな
いことは，2人が同一住所に居住しているのに世帯が別々になっている
場合は，世帯合併の手続が必要になることです。ただし，先にも述べた
ように婚姻に伴い2人の住所，又はいずれか一方の住所を変更するとき
は，婚姻届とは別に住所変更のための届出が必要です。

　このほかにも，転籍，離婚，養子縁組，養子離縁等いろいろな届出が
ありますが，これらの届出についても上記の処理方法と同様に，住所地

第3　住民票の事務処理　75

と同一の市町村に届出が行われた場合は届書に基づいて，また住所地以外の市町村に届出が行われたときは，通知に基づいて住民票の記載等が行われます。

　住所の変更を伴うときは別として，原則としては，戸籍の届出に基づいて，住民票の記載等が行われるわけですが，これは住民基本台帳の記録の正確性を確保するとともに，住民の届出義務の負担の軽減を図っているのです。

(2)　戸籍の届出と戸籍の附票

　戸籍の附票とはどのようなものなのか，戸籍，住民票との関連はどうなっているのか等について簡単に説明します。

　戸籍の附票は，住民票と戸籍を関連させて，相互の記録の正確性を確保するためのものです。これは戸籍を単位に作成され，一般的には，戸籍と対にして戸籍簿に保管されています。

　戸籍の附票の様式は，市町村によって多少異なりますが，戸籍の附票に記載をすべき事項として，本籍，戸籍の筆頭者，氏名，住所，住所を定めた年月日が法で定められています。

　戸籍の届出に基づいて新たに戸籍が編製されたり，消除されたりするわけですが，それに伴って戸籍の附票も新たに作成されたり，消除されたりします。では，具体的にどうなるのかということを，先の住民票のときと同様に，出生，死亡，婚姻の届出を例にして説明します。

　(ア)　出生の届出を受理した場合

　子の出生届が受理されますと，その届書に基づき父母の戸籍に記載がされるとともに戸籍の附票にも記載がされます。

　(イ)　死亡の届出を受理した場合

　死亡の届出が受理されますと，その届書に基づき死亡した者について，いままでの戸籍から除籍されるとともに戸籍の附票からも消除され

76　第1編　窓口事務と接遇の知識

ます。

(ウ)　婚姻の届出を受理した場合

　婚姻の届出が受理されますと，一般的にはその夫婦について新たに戸籍が編製されるわけですが，それと同時に戸籍の附票も新たに作成されます。

　戸籍の附票は，戸籍の届出のほかに住所地市町村からの通知に基づいて，市町村長の職権で記載等が行われます。

　住所地市町村からの通知に基づいて戸籍の附票に記載がされている住所，住所を定めた年月日を修正します。そのとき，通知書に記載されている者の氏名，出生年月日，戸籍の表示に誤りがあるときは，その旨，住所地市町村に通知し，住民票の誤りを修正します。

5　住民票の写し等の交付

　住民票の写しは，住所の確認や世帯構成の確認に利用されています。

　具体的には，運転免許証を取得するとき等に用いられていますが，どのような手続で作成され，交付されるのかということについて概略を説明します。

(1)　本人等の請求による住民票の写し等の交付（法12条）

　住民基本台帳に記載されている者は，市町村長に対し，自己又は自己と同一の世帯に属する者に係る住民票の写し等の交付を請求することができます。この請求に当たっては，次の点を明らかにしなければなりません。

　また，マイナンバーには，提供の求めの制限（番号法15条），提供の制限（番号法19条）等に係る規定が設けられている点，及び住民票コードには，告知要求の制限（法30条の37），利用制限（法30条の38）等に係る規定が設けられている点にかんがみ，マイナンバー及び住民票コードを記載した住民票の写しの交付請求については，本人又は本人と同一世帯に属す

第3 住民票の事務処理 77

る者からの請求により，これらの者に対してのみ交付することが適当であ
り，本人確認，利用目的・提出先等の確認をより慎重に行う必要がありま
す。

　本人と同一の世帯に属する者以外の者が代理人等として請求の任に当た
る場合には，代理権限を有することの確認を行い，適当と認められる場合
には請求を受理する扱いとなりますが，この場合，マイナンバー及び住民
票コードの性格をかんがみ，代理人に直接交付するのではなく，請求者本
人の住所宛に郵便等により送付する方法が適当です。

① 　請求者の氏名及び住所

② 　請求の任に当たっている者が，請求者の代理人等であるときは，そ
　の者の氏名及び住所

③ 　請求に係る住民の氏名（外国人住民にあっては，氏名又は通称）

　　住所に関しては，請求者の住所と請求の対象となる住民票の住所が
　同一である場合は省略することが可能ですが，請求の対象となる住民
　票が除票・改製原住民票である場合等，請求者の現住所と請求の対象
　となる住民票に記載された住所が異なる場合には，住所を明らかにす
　ることなしには対象となる住民票を特定できないため，住所に関して
　も明らかにさせることが適当です。また，対象となる者の氏名に加え
　索引の便に供するため，世帯主の氏名も明らかにさせることが適当で
　す。

④ 　請求事由

　　本人等からの請求の場合，原則として請求事由の記載は必要ありま
　せんが，請求の対象となる者が，ドメスティック・バイオレンス及び
　ストーカー行為等の被害者であり，支援措置の対象となっている場合
　等，法第12条第2項第4号及び住民票省令第4条第2項第1号の規
　定により請求を拒否するか否かを判断する必要がある場合には，請求
　事由を明らかにさせることが必要です。

78　第1編　窓口事務と接遇の知識

(2)　国又は地方公共団体の機関の請求による住民票の写し等の交付（法12条の2）

　国又は地方公共団体の機関は，事務の遂行のために必要である場合には，マイナンバー及び住民票コードの記載を省略した住民票の写し等の交付を請求することができます。この請求に当たっては次の点を明らかにしなければなりません。

　①　請求をする国又は地方公共団体の機関の名称
　②　請求の任に当たっている者の職名及び氏名
　③　請求対象者の氏名（外国人住民にあっては，氏名又は通称）及び住所
　④　請求事由（犯罪捜査に関する等の理由により請求事由を明らかにすることが困難な場合は，請求事由を明らかにすることが困難な理由，法令で定める事務の遂行のために必要である旨及びその根拠となる法令の名称）

(3)　本人等以外の者の申出による住民票の写し等の交付（法12条の3）

　(1)，(2)のほか，次に掲げる者から住民票の写しで基礎証明事項（氏名（外国人住民にあっては，氏名及び通称），出生年月日，男女の別，住所等）のみが表示されたもの等が必要である旨の申出があり，かつ，その申出を相当と認めるときは住民票の写し等を交付することができます。

　①　自己の権利を行使し，又は自己の義務を履行するために住民票の記載事項を確認する必要がある者
　②　国又は地方公共団体の機関に提出する必要がある者
　③　①，②に掲げる者のほか，住民票の記載事項を利用する正当な理由がある者

　これらのほかに，弁護士，司法書士等の特定事務受任者から，受任している事件又は事務の依頼者が①に掲げる者に該当し，それを理由として住民票の写しが必要である旨の申出があり，それが相当と認められるときは

第3 住民票の事務処理 79

住民票の写しの交付を受けることができます。

　この申出に当たっては次の点を明らかにしなければなりません。

① 申出者の氏名及び住所（法人の場合は，その名称，代表者の氏名及び主たる事務所の所在地）

② 現に申出の任に当たっている者が申出者の代理であるときは，その者の氏名及び住所

③ 申出の対象とする者の氏名（外国人住民にあっては，氏名又は通称）及び住所

④ 住民票の写し等の利用目的

⑤ 受任している事件又は事務についての資格及び業務の種類並びに依頼者の氏名又は名称

　現に申出の任に当たっている者が代理人等であるときは，申出者の依頼により又は法令の規定により申出の任に当たる者であることを明らかにする書類を提示又は提出しなければなりません。

　住民票の写し等の交付請求（申出）を受けて住民票の写し等の交付を行う際，特別の請求（申出）のない限り，次の事項は省略してもよいとされています。

① 日本の国籍を有する者にあっては，法第7条第4号，第5号に掲げる続柄，戸籍の表示及び第9号から第14号までに掲げる全部又は一部

② 外国人住民にあっては，法第7条第4号及び第10号から第14号（通称を除く。）までに掲げる事項，国籍・地域並びに法第30条の45の表の下欄に掲げる事項の全部又は一部

③ 任意事項及び法第7条に規定する記載事項以外の事項

④ 消除された従前の表示

　法第12条の請求に関して，①〜④の事項について記載を求められた場合，これらを記載することができます。ただし，法第7条第8号の2に掲

80　第1編　窓口事務と接遇の知識

げるマイナンバー及び第13号に掲げる住民票コードに関して記載を求められた場合には，利用目的等に関して厳格な審査を行う必要があります。

　法第12条の2の請求に関して，①～④の事項について記載を求められた場合，法第7条第8号の2に掲げるマイナンバー及び第13号に掲げる住民票コードを除いて記載することができます。

　法第12条の3の申出に関して，①～④の事項について記載を求められた場合，原則として応じることができません。ただし，利用の目的を達成するため，マイナンバー及び住民票コード以外のその他の事項が必要である旨の申出があり，かつ当該申出を適当と認める場合には，これらの事項を表示した住民票の写し等を交付することができます。

　また，住民票の写し等の請求（申出）の際に，請求（申出）の任に当たっている者の身分証明書等により，本人確認を行うことが義務化されています。これは，第三者によるなりすまし異動を防止すること，及び住民基本台帳の正確な記録の確保が目的とされています。

　受付が完了しますと，住民票を磁気ディスクをもって調製している市町村では，その請求書に基づいて住民票の抽出を行い出力しますが，台帳により保管している市町村では，複写機を用いて写しの作成を行います。住民票が世帯票の場合で，本籍欄，筆頭者氏名欄等が「①と同じ」として記載が省略されている場合には，世帯の一部の写しの交付にあたっては，複写の漏れや申請の異なる人を複写する等の誤りがないよう十分に注意する必要があります。

　また，外国人住民に係る住民票であって，通称の記載及び削除に関する事項の記載があるものの写しの請求があった場合において，その住民票の写しが複葉にわたる場合には，当該複葉の住民票の写しの一体性を確保することができるよう適切な措置を講じる必要があります。

　なお，特別の請求以外については前述の法第7条第4号及び第5号の事項を省略して交付することとされていますので，必要のない事項を含んで

作成していないかどうか注意が必要です。

また，ドメスティック・バイオレンス，ストーカー行為等の被害者保護対策として，加害者からの請求は「不当な目的」があるとして拒否します。原則請求者には拒否理由を説明する必要はありません。

磁気ディスクをもって住民票を調製している市町村では，該当住民票の抽出時，台帳により保管している市町村では，該当住民票等を確認し，請求対象の被害者の住民票の写しを作成しないよう，細心の注意を払いましょう。

作成した写しに認証し，必要枚数を確認したうえで手数料と引き替えに請求者に交付します。認証するときは，世帯全員の写し，世帯一部の写しの区分，消除された住民票の場合はその旨，公印の漏れ等がないように注意します。また，公印の押印については，「住民票の写し等における公印の押印について」（平成 2. 7.30 自治振第 73 号東京都行政部長あて回答）により，電子計算機（住民記録システム）に公印の印影の画像を記録させたものを打ち出すことによって押印とすることとして差し支えない旨の回答が出されています。ただし，その際は偽造防止のため，複写すると「複写」等の文字が浮かび出たり，住民票の写し等が真正に作成されたものであることが推察できるよう，用紙に模様を印刷したり，すかしを入れる等の措置を講ずる必要があります。

さらに住民票の請求方法として，請求者識別カードにより請求することもできます。この方法は，請求者が磁気カード又はＩＣカードと暗証番号を使用して，電子計算機（住民記録システム）端末に入力することで，請求書による請求と同様の請求があったこととみなし，市町村があらかじめ作成したコンピュータプログラムに従って，その端末から住民票等を出力し，交付するというもので，いわゆる住民票の「自動交付」といわれるものです。この「自動交付」の具体的な取扱い要領等は，「住民基本台帳事務処理要領の一部改正について」（平成 2. 6.19 自治振第 58 号通知）及び

82　第1編　窓口事務と接遇の知識

「請求者識別カードによる請求に基づく住民票の写し等の交付に係る留意事項等について」（平成2.6.19自治振第60号通知）により通知がなされています。

　住所地市町村長以外の市町村長に対して請求する，いわゆる住民票の広域交付という請求方法もあります。

　これは，全国どこの市町村でも，マイナンバーカード，運転免許証などを市町村の窓口で提示することによって，本人や世帯の住民票の写しの交付が受けられるというものです。ＣＳ端末から住所地市町村長へ住基ネットを使用して依頼（住民票の写しの広域交付請求通知）し，住所地市町村長からの電文（住民票の写し広域交付通知）をもとに，証明発行を交付地市町村長名にて行います。

　この他にも，電話予約，ファクシミリ伝送による請求，電子情報処理組織を使用した請求（電子申請・届出）などの請求方法もあります。

　ところで，請求に基づいて写しを交付するのは，現在，台帳に保管又は住民記録システムに記録されている住民票です。転出，死亡，改製等により消除された住民票については，住民票の写しを交付する法的義務はないとされています。しかし，住民の利便等を考慮し，請求に応じて交付することも差し支えないとされています。

　転出，死亡，改製等により消除された住民票は，消除された日から最低5年間保存することになっています。この保存期間を経過したものは，多くの市町村では廃棄処分となるため，その場合には，消除された住民票の写しの請求があっても交付することはできません。

┃6　帳票の処理と保管方法

　これまでの説明のなかでも，住民票とか，消除された住民票とかいう言葉が出てきましたが，それは住民票の処理の状態によって呼び方をかえているためです。同時に，それぞれの保管も異なっていますから，ここで

は，そのことについて説明します。

(1) 帳票の処理と呼称

住民票は，帳票の処理の状態により次のように呼ばれています。

(ア) 住民票

これは，転入届等の届出に基づいて作成され，現在，台帳又は磁気ディスクに保管中のものをいいます。

(イ) 消除された住民票

これは，転出，死亡等により，住民票に「除票」の表示がされ，消除された住民票です。通常は，「除票」と呼んでいます。

(ウ) 改製により消除された住民票

これは，住民票の記載，修正欄に余白がなくなったり，汚れた，破れたなどの理由で新しく住民票を作成し直した場合の，元の住民票です。「改製原（前）住民票」という表示がされ，改製により消除された住民票です。

通常は，「改製原（前）住民票」と呼ばれています。

住民票のほかにも，住民基本台帳法に基づいて，戸籍の附票の事務が行われていますが，戸籍の附票についても処理の状態により，通常は，戸籍の附票，除附票，改製原（前）附票があります。

(2) 保管の方法

住民票の様式・規格は，各市町村の実情に応じて定めることができます。保管もそれに応じて機密性（盗難されない。），完全性（改ざんされない。），可用性（障害に影響されない。）をどうにか確保できないか工夫して行われています。

紙の住民票の保管にあたっては，保管庫に収納されているわけですが，保管庫は，火災，盗難等を考慮し，丈夫で施錠できるとともに，日常の取

84　第1編　窓口事務と接遇の知識

扱いが容易であることが必要です。

　磁気ディスクに記録している場合は，重要機能室等にて，厳重に電子データが記憶媒体に保存された形で保管されます。電子データとしての性格から，大量盗難や改ざんなどに注意が必要ですし，電算化されていない台帳であれば，汚損や保管場所の確保などの点にも注意が必要となります。

　紙の住民票が主流の時代には，同じ占有面積でより多くの台帳が収納できる等の理由で，電動式の回転書庫が普及したようですが，今では，重要機能室の機密性確保から，入退室管理用の機器や監視カメラの導入を行っている自治体も出始めています。

　住民票を磁気ディスクをもって調製している場合の保管は，住民記録システムで住民票を磁気ディスクに記録し，及び複製した磁気ディスクを，住民票とは別に保管することとなっています（住民票に係る磁気ディスクへの記録，その利用並びに磁気ディスク及びこれに関連する施設又は設備の管理の方法に関する技術的基準）。電子データによる住民票では，紙の住民票と違い，いろいろな抽出が可能です。紙の場合にはそのようなことができないため，整理方法も含め保管についても容易に取り扱えるような工夫が必要となります。そこで，住民票はどのように整理され，台帳に保管されているのか，例示してみます。

　(ア)　住 民 票

　　住所の表示の順，つまり字名，町丁名，地番，又は街区符号及び住居番号の順に整理します。また，同一住所内に複数の住民票があるときは，その住所内のものは氏の50音順に整理します。

　　ただし，同一住所内であっても，マンション等の建築物で部屋番号までが住所の表示となっているような場合には，部屋番号の順に整理します。

　　なお，公営住宅，社宅，寮等で規模の大きな集合住宅は，これらの住

宅で1つの台帳を作成しているところもあります。

(イ) **除票及び改製原住民票**

　住民の住所の異動の多少等各市町村の実情によって差異があります
が，年度ごとに除票及び改製原住民票専用の台帳をそれぞれ作成します。

　帳票は，住所の表示の順，又は住所の表示に関係なく氏の50音順，
若しくは消除又は改製の年月日順のいずれかに整理します。

　戸籍の附票は，通常，戸籍の原票と同様な規格で作成され，戸籍と対
にして戸籍簿に保管されています。ただし，市町村によっては別に台帳
を作成し，保管しているところもあります。

　除附票及び改製原附票の保管は，各市町村によって差異があります
が，年度ごとに本籍の順，又は氏の50音順若しくは消除又は改製の年
月日順のいずれかに整理し，それぞれ台帳を作成します。

(ウ) **住民票を磁気ディスクをもって作成する場合の方法及び基準**

　法第6条第3項の規定により住民票を磁気ディスクをもって調製する
市町村については，令第2条の規定に基づき，「住民票に係る磁気ディ
スクへの記録，その利用並びに磁気ディスク及びこれに関連する施設又
は設備の管理の方法に関する技術的基準」が昭和61年2月4日付けの
自治省告示第15号，平成6年11月21日付自治省告示第160号（改正）
により示されています。

▌7　届出書等の種類と保管の方法

　住民票の写しを交付したところ，受け取った本人から「オレは，○○方
なんて届け出た覚えはない，本当は○○荘が正しいんだ。市役所の方で勝
手に変えたんだろう。そのときの届出書を見せてみろ！」と怒鳴られてし
まいました。

　届出書があるのは知っているけれど，どこにどのようにして保管してあ

86 第1編 窓口事務と接遇の知識

るのかわかりません。こっちはウロウロ，相手はイライラ，こんな経験を
したことはありませんか。

さて，肝心の届出書はどこにあるのでしょうか。ここでは，住民票に関
連して使用される届出書，申請書，通知書等についての説明をします。

(1) 届出書等の種類

住民票に関連する仕事を処理するうえで，次のような届出書，申請書，
通知書等が使用されています。

① 転入，転居，転出，世帯変更の届出を行うための届出書
② 市町村長の職権により住民票の記載等を行うための職権記載書
③ 住民票の写しの交付，住民基本台帳の閲覧等の請求を行うための申
　請書
④ 住民票の記載等のための他市町村長からの通知書
⑤ 転出証明書等の転入届に添付された書類及びその他の確認資料

(2) 保管の方法

これらの書類は，日付順に整理し，1か月ごとに綴りを作成し，保管し
ておきます。

届出書等は，受理された日から1年間保存することになっていますが，
この期間を経過しても保存しておくことができます。

届出書等を整理するにあたっては，次の点に注意します。

(a) 届出書

　　1日分を一括してまとめておきますが，届出件数の多い市町村は，
　届出の種類別又は住所順等に整理しておくと検索に便利です。

(b) 職権記載書

　　届出書と一括してまとめておくこともできますが，処理件数の多い
　市町村では，住所順等に整理しておくと検索に便利です。

第3　住民票の事務処理　87

(c)　請求書

　　請求の目的により，住民票の写しの交付，住民基本台帳の閲覧，記載事項証明等に分けることができますが，これらに関わりなく，一括してまとめておくこともできます。

　　証明番号等を記入している市町村では，その番号順に整理しておくこともできます。

(d)　通知書

　　他市町村長からの通知は，転入通知，住民票の記載事項通知，戸籍の附票記載事項通知，戸籍照合通知，本籍転属通知があります。これらの通知は，それぞれ種類によって整理しておきます。

(e)　転入届に添付された書類等

　　転出証明書，転出証明書に準ずる証明書，戸籍の謄抄本，戸籍の附票，その他の確認資料として婚姻届受理証明書等があります。

　　これらの書類は，届出書又は職権記載書に添付のうえ一括してまとめておくこともできますし，又はこれらの書類だけで氏の50音順に整理してまとめておくこともできます。

8　他市町村への通知

　住民基本台帳は，住民の権利・義務に関する基本の台帳として，その記録の正確性を確保するため，第一に住民からの届出により，第二に次頁の図3に示すように，関係する市町村間で「通知」を行うことにより，第三には住民の居住の実態を「調査」することにより，より完璧を期するよう義務付けられています。ここでは，第二の「通知」について説明します。

(1)　通知の種類

(ア)　法第9条第1項通知（法9条3項通知）

　　これは，転入届に基づいて住民票の記載をした市町村長から，いまま

(図3)

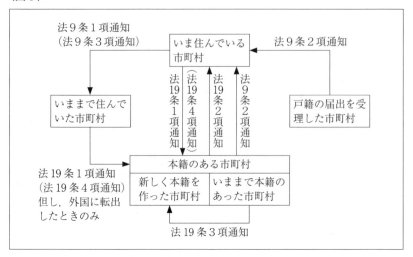

での住所地市町村長に対して行う通知です。一般的には，「転入通知」といわれています。住基ネットを利用して送信するものなので，特に区別して「法9条3項通知」と呼ぶこともあります。

これを受理した旧住所地の市町村では，住民票に転入通知を受理した旨の記載をしておきます。

(イ) **法第9条第2項通知**

これは，その市町村の住民以外の者から，出生，婚姻などの届出を受理した市町村長が，住民票の記載等のために，その者の住所地市町村長に対して行う通知です。一般的には，「住民票記載事項通知」又は戸籍の届の名称を用いて「出生通知」「婚姻通知」等といわれています。

(ウ) **法第19条第1項通知**（法19条4項通知）

これは，転入届，転居届，国外への転出届等に基づいて住民票の記載等を行ったときに，住所地の市町村長から本籍地の市町村長に対して行う，戸籍の附票の修正のための通知です。

一般的には，「戸籍の附票記載事項通知」といわれています。住基

第3 住民票の事務処理 89

ネットを利用して送信するものなので，特に区別して「法19条4項通知」と呼ぶこともあります。

㈜ **法第19条第2項通知**

上記㈣の通知を受理した本籍地の市町村では，戸籍の附票の修正を行うとともに，その通知に記載されている者の氏名，出生年月日，本籍等を戸籍と照合します。もし，通知されたこれらの事柄が戸籍と合わないときは，住民票の記載を正しいものにするために住所地の市町村長に対してその旨を通知する必要があります。これは，一般的には「戸籍照合通知」といわれています。

㈺ **法第19条第3項通知**

婚姻，転籍等の届出により本籍が他の市町村に移ったときは，いままでの本籍地の市町村長は，戸籍の附票に記載をされている事項について新本籍地の市町村長に対して知らせるための通知を行います。これは，一般的には「本籍転属通知」といわれています。

このほか，これらの通知を処理するに当たっては，通知された事項が不明の際等に行う照会，通知が未着となっていることが判明した際等に行う依頼，誤って送られてきたとき等に行う回送などの処理もあります。

(2) **通知書の作成**

これらの通知を行う場合は，事務処理の能率化，通知の正確性等を考慮して，届出書の複写，住民票の写しに附箋を添付する，住民記録システムからの打ち出し等の簡易でより正確な方法で通知書を作成し，遅滞なく関係する市町村に送付します（この場合，封筒や圧着はがきを使用するなど個人情報保護対策を講ずることが必要です。）。

また，通知書の作成に当たっては，通知すべき事項に漏れがないようにするとともに，関係する市町村が複数にわたるときは，それぞれの市町村長に対して通知の漏れがないように注意が必要です。

9 庁内関係課への通知

　自分は健康そのもの，選挙の投票だって関係ない，独り者だから住所変更の届出なんてどうだっていい，なんて思っていた人が，突然病気で健康保険証が必要になり，いままでアルバイトだったため勤務先では保険証がないので使えない，役所にきても住所変更の届出をしていないので，国民健康保険の手続もできない，急いで住所変更の届出をして国民健康保険に加入したなどというようなケースに出会ったことはありませんか。

　住民票は，住民の権利・義務に結びつく重要なものです。住民が住所を異動したり，世帯を変更したりしますと，それに伴って先の国民健康保険や国民年金の加入資格，選挙人名簿への登録，小・中学校等への転入学，児童手当の受給，予防接種の通知，住民税等，その住民に関わる権利や義務といったものについても変更を生じてきます。

　そのため，住所の異動，世帯の変更等の届出を受理したときは，これらのものについても変更の手続が必要になります。

　この場合，市町村により窓口で取り扱っている仕事の範囲が異なりますから，手続の方法もそれによって異なってきます。

　例えば，住所の異動，世帯の変更の届出は受け付けても，その他の関連する手続は各々の担当課へ行かなければならないような市町村でしたら，その届出書の複写等を持参させて，手続をしなければなりません。

　また，1つの窓口ですべての手続が完了してしまうような市町村でしたら，他の関連する担当課へは，届出書の複写等を用いて内部連絡により処理することができます。

　このように窓口の形態により関連する課への手続，連絡の方法は異なりますが，住民課の窓口での届出が基本であり，届出書が利用されますから，関連する課の把握をするとともに，届出書は誰が見ても判読できるよう作成することが大切です。

第4　諸証明の作成と手数料

1　証明書の作成

　窓口は今日も混雑しているようですね。「住民票の写しをください」「すみません。戸籍抄本がほしいんですけれど，どの用紙に書けばいいんですか」「オーイ，オレの印鑑証明はまだできないの，いつまで待たせる気だ」

　さあ，大変ですねえ，慣れないあなたにとっては，それぞれの証明書の名前すら聞いたことがないのに，あれやこれや言われても，どの用紙に記入してもらっていいやら，どのようにして受け付けるのやら，果ては証明書の作り方までわからないで，とまどってはいませんか。

　住民課の窓口では，このほかにもいろいろな証明書を発行していますが，ここでは住民課の窓口で発行する主な証明書について，その意味，種類，作成の注意事項等を説明します。

　市町村で行う証明を，一般には，行政証明といいます。例えば，戸籍謄抄本，住民票の写し，印鑑（登録）証明，戸籍・住民票の記載事項証明等は，すべてこの行政証明にあたります。

　これらの証明書を発行するということは，行政法上でいう，いわゆる「公証行為」にあたります。市町村長をはじめとする行政機関が特定の事実や法律関係について，公の権威をもって証明することにより，その事実について公の証拠力を与えるものです。このようにして証明された事項は，特に反対のことをあげて反証されない限り，事実であると推定されます。

　したがって，身分関係や居住関係の公証，種々の取引きや契約等さまざまな用途に利用され，その信頼度は高く，人々の日常生活の中で占める役割は極めて大きいものがあります。

92 第1編 窓口事務と接遇の知識

また，行政証明を発行するうえでの法律的根拠から分類しますと，「制度的行政証明」と「慣行的行政証明」があります。

2 証明書の種類

住民課の窓口では，いろいろな証明書を発行していますから，窓口に来られた住民がどのような証明書を必要としているのか，的確に判断することが必要です。

そこで，住民課で取り扱っている主な証明書を，制度的行政証明と慣行的行政証明に分けて掲げてみましょう。

ここに挙げたもの以外にも，市町村によって取り扱っているものがありますから，各市町村の条例等を調べておくことが必要です。

(1) 制度的行政証明

制度的行政証明とは，戸籍法，住民基本台帳法等の法律，又は印鑑条例等，市町村の条例に基づいて行う証明です。主なものとして次のようなものがあります。

① 住民票の写し

② 住民票記載事項証明書

③ 転出証明書，転出証明書に準ずる証明書

④ 戸籍の附票の写し

⑤ 戸籍の謄本（全部事項証明書）又は抄本（個人事項証明書）

⑥ 戸籍記載事項証明

⑦ 戸籍届出の受理（不受理）証明書

⑧ 戸籍届書の記載事項証明書

⑨ 印鑑登録証明書

第4　諸証明の作成と手数料　93

(2)　慣行的行政証明

　慣行的行政証明とは，行政先例に基づいて行われるもの，又は法律，条例，行政先例の定めはないが，市町村長の権限で広く行政サービスとして行う証明です。主なものとして次のようなものがあります。

①　不在住証明（不現住証明）

②　不在籍証明

③　身分証明

　主として証明が行われているものを挙げましたが，この他に，市町村では証明のできないものを他の証明に代えているものがあります。例えば，転居証明や同居証明は住民票の写しで，死亡証明は戸籍抄本又は住民票の写しで，無職無収入証明は非課税証明で代えることもできますから，このようなことも知っておく必要があります。

3　証明書の用途

　「運転免許証の住所変更には，住民票が必要でしょうか」等，しばしば窓口で聞かれると思いますが，あなたは発行した住民票の写しや戸籍抄本等がどんなところに使われているか知っていますか。

　ここでは，住民票の写し，戸籍の謄抄本，身分証明，印鑑（登録）証明について，どのようなことに利用されているのか例示します。

(1)　住民票の写し

　住民票の写しは，就学，就職，自動車の登録，運転免許証の取得，住宅ローンの貸借契約，月賦滞納者の住所調査などに利用されています。

(2)　戸籍の謄抄本

　戸籍の謄抄本は，相続等による所有権の移転登記，婚姻等の戸籍の届

94 第1編 窓口事務と接遇の知識

出，石綿健康被害の認定申請，老齢基礎年金の受給申請，パスポートの申請，扶養手当の請求，法定代理人の資格証明などに利用されています。

(3) 身分証明

身分証明は，就職，入札業者の指名願，教員免許状の授与申請，国家試験の受験などに利用されています。

(4) 印鑑（登録）証明

印鑑証明は，建物の表示登記，土地の売買による所有権の移転登記，自動車の新規登録，銀行・公庫からの借入手続，生命保険金の受取証書などに利用されています。

▌4 証明書作成にあたっての注意事項

(1) 証明書作成上の一般的な注意事項

住民票の写し等の交付請求（申出）を受けて住民票の写し等の交付を行う際，特別の請求（申出）のない限り，次の事項は省略してもよいとされています。

① 日本の国籍を有する者にあっては，法第7条第4号，第5号に掲げる続柄，戸籍の表示及び第9号から第14号までに掲げる事項の全部又は一部

② 外国人住民にあっては，法第7条第4号及び第10号から第14号（通称を除く。）までに掲げる事項，国籍・地域並びに法第30条の45の表の下欄に掲げる事項の全部又は一部

③ 任意事項及び法第7条に規定する記載事項以外の事項

④ 消除された従前の表示

法第12条（本人等請求）の請求に関して，①〜④の事項について記載を

求められる場合，これらを記載することができます。ただし，第13号に掲げる住民票コードに関して記載を求められた場合には，利用目的等に関して厳格な審査を行う必要があります。

　法第12条の2の請求（公用請求）に関して，①〜④の事項について記載を求められた場合，第13号に掲げる住民票コードを除いて記載することができます。

　法第12条の3の申出（いわゆる第三者請求）に関して，①〜④の事項について記載を求められた場合，原則として応じることができません。ただし，利用の目的を達成するため，住民票コード以外のその他の事項が必要である旨の申出があり，かつ当該申出を適当と認めた場合には，これらの事項を表示した住民票の写し等を交付することができます。

　このように交付には，三態様があることをまず理解することが必要となります。

　このうち，本人等請求である本人からの住民票の写しの請求から交付までの流れを例にとれば，請求を受け付けたときは，請求者が本人であることを確認し，該当する住民票を住民記録システムから検索し，請求書と照合して住民票の写しを改ざん防止用紙により，システムから電子公印を含めた出力により作成，電子公印でない場合は，白紙にて出力し，それに公印を押印して請求者に交付します。

　住民票を紙で作成している場合は，事務の効率化及び誤記の防止の見地から複写により作成し，請求者に交付することとなります。

　この他，自動交付機により交付する方法等もあります。

　住民票の写し以外の証明についても，請求を受け付けてから交付するまでの流れは，ほぼ同様です。では，次に証明書の交付に当たって，全体に共通する注意事項についてまとめておきます。

(a)　請求の受付に当たっては，必要事項が記入されているか，現に請求の任にあたっている者本人か，請求事由等が交付するに足る要件を満

たしているか，また，本籍等の表示を必要とする請求であるか等，請求（申出）書の内容を確認します。

(b) 帳票を複写するとき又は住民記録システムから出力するときなどは，請求の内容をよく確認し，請求と異なったものを出力しないように注意します（複写の場合も同様です。）。

(c) 住民記録システムから出力する場合は，証明対象に合わせて認証文が設定されているが，紙原本から複写する場合は，認証文（原本と相違ない旨を明記する文書）が証明対象と合っていることを必ず確認し，誤りのないように注意します。

(d) 紙原本から複写するときは，住民票，戸籍の原本を汚さないように注意するとともに，台帳へ戻すときは差し込み違いのないように注意します。

(e) 証明書を作成するに当たっては，住民票や戸籍の原本が正確であるかどうかに注意し，届出，通知等により処理すべきものを未処理のままにして，証明書の交付をしないように注意しましょう。

(f) 証明書が複葉にわたるときは，毎葉の綴目に職印を押すか，「契印用打抜機」による，せん孔によって処理します。ただし，改ざん防止用紙を使用し，各ページに，一意の発行番号，ページ番号及び総ページ数を印刷することなど，住民票の写し等の一体性を確保するための措置が講じられていればよいことになっています。

(g) 請求枚数等を請求（申出）書により再度確認して交付します。

(2) 証明書作成上の個別的な注意事項

　㋐　住民票の写し

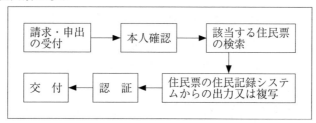

(a) 「本人等」からの請求か，「国又は地方公共団体の機関」からの請求か，「本人等以外の者」からの申出か，確認します。
(b) 申出の場合は，その必要性を判断します。
(c) 現に請求・届出の任に当たっている者の本人確認を行います。
(d) 「本人等以外の者」からの申出にて交付できる住民票の写し等の記載事項は，原則「基礎証明事項」（氏名（外国人住民にあっては，氏名及び通称）・出生年月日・男女の別・住民となった年月日・住所，住所を定めた年月日・届出年月日及び従前の住所）に限られています。

　　また，マイナンバーには，提供の求めの制限（番号法 15 条），提供の制限（番号法 19 条）等に係る規定が設けられている点，及び住民票コードには，告知要求の制限（法 30 条の 37），利用制限（法 30 条の 38）等に係る規定が設けられている点にかんがみ，マイナンバー及び住民票コードを記載した住民票の写しの交付請求については，本人又は本人と同一世帯に属する者からの請求により，これらの者に対してのみ交付することが適当であり，本人確認，利用目的・提出先等の確認をより慎重に行う必要があります。

(e) 特別な請求の場合に世帯主，続柄，本籍，筆頭者，マイナンバー，住民票コード等がその請求のとおりに表示されているか（ただし，本人等請求以外の場合は，住民票コードは含みません。），特別な

請求でない場合にそれらが省略されているか注意します。

　本人と同一の世帯に属する者以外の者が代理人等として請求の任に当たる場合には，代理権限を有することの確認を行い，適当と認められる場合には請求を受理する扱いとなりますが，この場合，マイナンバー及び住民票コードの性格をかんがみ，代理人に直接交付するのではなく，請求者本人の住所宛に郵便等により送付することができます。

(f)　世帯全員の写しと世帯一部の写しがあるので，認証文を間違えないように注意します。

(g)　消除された住民票，改製原住民票の写しのときは，認証文にその旨を表示しなければならないので，注意します。

(h)　消除された住民票，改製原住民票の保存期間は5年間ですから，その期間を経過し廃棄処分となったものについては，写しの交付はできません。

（広域交付住民票の場合）

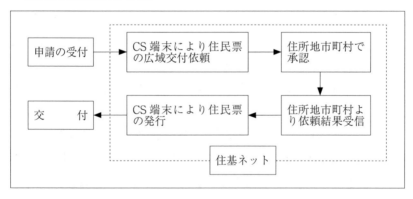

- 世帯全員か一部のみか注意します。
- 広域交付の場合は，本籍，筆頭者は省略されます。
- 続柄や住民票コード（外国人住民にあっては，併せて国籍・地域並びに法30条の45の表の下欄に掲げる事項）は，希望があれば記載

します。

(イ) **住民票記載事項証明**

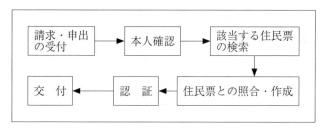

(a) 「本人等」からの請求か，「国又は地方公共団体の機関」からの請求か，「本人等以外の者」からの申出か，確認します。

(b) 申出の場合は，その必要性を判断します。

(c) 現に請求・届出の任に当たっている者の本人確認を行います。

　請求の任にあたる者は，国又は地方公共団体の機関の職員たる身分を示す身分証明書を提示しなければなりません。やむを得ない理由により身分証明書を提示できない場合には，マイナンバーカード等，旅券，運転免許書等の官公署が発行した写真付きの身分証明書，資格証明書等であって，現に請求の任にあたっている者が本人であることを確認するため，市町村長が適当と認める書類（有効期間の定めがあるものは，有効期間内のものに限る。）の提示を求めます（法12条の2第3項，住民票省令9条1号，2号）。

(d) 証明する事項と住民票を照合し，住民票の記載と相違がないかを確認します。

(e) 手書き又はタイプライターで作成する場合で誤記又は遺漏があるときはこれを修正し，欄外に○字訂正，○字加入，○字消除と明記して，職印を押します。

(f) 様式及び規格については，請求（申出）する者が持参した用紙に証明することを原則として，各市町村で用紙を用意しておき必要な

事項を証明します。

(g) 法令，市町村の条例等に基づいて，無料で証明を行う場合もありますので，取扱いには十分注意が必要です。

(ウ) **転出証明書**

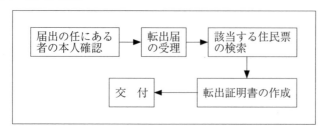

(a) 届出の任にある者の本人確認を行います。

(b) 届出の任にある者が同一世帯に属する者でない場合は，委任状等の確認が必要です。

(c) その世帯の全員が転出する「世帯（全部）転出」と世帯の一員が転出する「一部転出」があります。一部転出の場合で，世帯主が転出するときは世帯主の変更届に注意します。

(d) 転出証明書の作成に当たっては，住民記録システムからの出力による方法と，住民票の写しを用いて作成する方法又は転出届の写しを用いて作成する方法があります。

(e) 住民票を職権で消除した後に，転出証明書の交付を求められても転出証明書の交付はできませんので，転入届に添付すべき書類として発行した旨及び職権消除日を記載のうえ，「転出証明書に準ずる証明書」又は「消除された住民票の写し」を交付する取扱いになります。

(f) 国外へ転出する者及び転入届の特例の適用を受ける者には，転出証明書は交付しません。

㈤ 戸籍の附票の写し

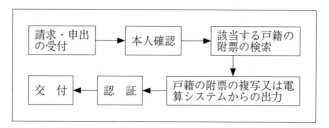

(a) 「本人等」からの請求か,「国又は地方公共団体の機関」からの請求か,「本人等以外の者」からの申出か,確認します。
(b) 申出の場合は,その必要性を判断します。
(c) 戸籍の附票全部の写しと一部の写しがありますので,認証文を間違えないように注意します。
(d) 消除された戸籍の附票,改製原戸籍の附票の写しを交付するときは,認証文にその旨を表示します。
(e) 消除された戸籍の附票,改製原戸籍の附票の保存期間は5年間ですから,その期間を経過し廃棄処分となったものについては,写しの交付はできません。

㈥ 戸籍の謄本及び抄本

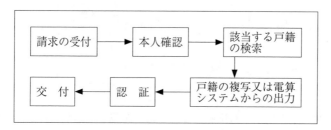

(a) 「本人等」からの請求か,「本人等以外の者」からの請求か確認します。
(b) 「本人等以外の者」からの請求は,「第三者」からの請求(戸籍法

10条の2第1項),「国又は地方公共団体」からの請求(同条2項),「弁護士等」からの請求(同条3項, 4項),「弁護士」からの請求(同条5項)に分けられます。

(c) 本人等請求の場合は, 請求事由を明示することは不要ですが, 本人等以外の者からの請求の場合には, 請求事由を明らかにさせることが必要です。明示された請求事由に基づき, 請求者について, 請求を行う資格がある者か否かを確認します。

(d) 現に請求の任に当たっている者の本人確認を行います。

(e) 現に請求の任に当たっているのが, 代理人である場合, 委任状等で代理権限の確認を行います。

(f) 戸籍の原本の内容を全部複写する「謄本」と原本の一部を複写する「抄本」とがあります。請求書をよく確認して間違えないようにしましょう。

(g) 市町村長は, 自己又はその配偶者, 直系尊属若しくは直系卑属に関する証明を行うことはできません(戸籍法2条)。この場合には, 職務代理者(副市町村長等)が処理を行うこととなります。

(カ) 戸籍記載事項証明

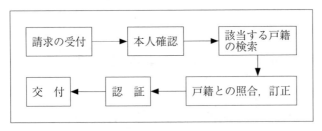

(a) 証明する事項と戸籍を照合し, 戸籍の記載と相違がないかを確認します。

(b) 本籍, 氏名等を誤って書き写したような場合には, 欄外に○字加入, ○字訂正, ○字消除と表示し, 職印を押します。

(c) 法定された様式，その他の様式もありますので，証明を求められている事項をよく確認します。
(d) 法令，市町村の条例等に基づいて，無料で証明を行う場合もありますので，取扱いには十分注意します。

(キ) 戸籍の届受理証明

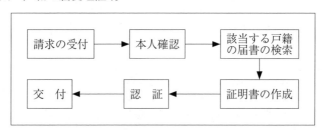

(a) 申請書と戸籍の届書を照合，確認のうえ，証明する事項を戸籍の届書のとおり書き写します。
(b) 証明書の様式は法定されていますから，届書を複写し，それに認証して代えることはできません。
(c) 届出を受理していなかったときは，その理由を明示して不受理証明を行うことができます。
(d) 一般的には，婚姻届の受理について一番多くの請求があります。

(ク) 戸籍の届書記載事項証明

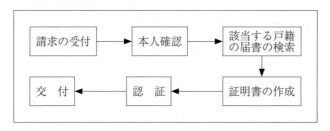

(a) 戸籍の届書記載事項証明として交付する証明書は，一般的に「死亡診断書の写し」といわれるものが最も多く，他の届書に関しては

ほとんど請求がありません。
(b) 死亡診断書の写しは，死亡の届書の右半分が死亡診断書（死体検案書）になっていますから，その部分を複写し作成します。
(c) 特別な理由がある場合に限り，死亡した者の親族等その者と利害関係がある者は，証明書を請求することができます。ただし，特別な理由がないにも関わらず，偽り等，不正な手段により交付を受けたときは罰せられます。

(ケ) 身分証明

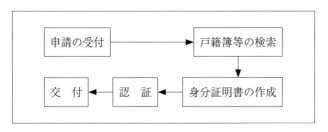

(a) 申請は原則として本人が行い，代理人が申請するときは，本人の承諾書等を必要とする市町村もあります。
(b) この証明は本籍地の市町村長が行います。
(c) この証明は，原則として，本籍を有する者に係る民法（明治29年法律第89号）及び後見登記等に関する法律（平成11年法律第152号）の規定による，制限行為能力者に関する通知（禁治産又は準禁治産の宣告の通知）並びに破産法（平成16年法律第75号）の規定による，破産宣告又は破産手続開始決定の通知の有無についての証明のことです。

(コ) **印鑑登録証明**

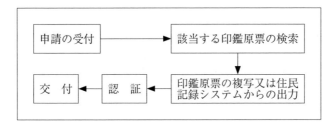

(a) 印鑑登録証明書申請書に必要事項を正確に記入してもらい，申請を受け付けます。

(b) 必ず印鑑登録証を提示してもらい，申請書に記入された番号と照合・確認します。印鑑登録証を忘れた等の理由で提示できないときは，申請を受け付けることはできません。

(c) 申請書と印鑑登録原票等を照合・確認し，印鑑登録システムからの出力，または原票を複写します。このとき，住所，氏名等に相違があれば申請者に確認します。

(サ) **埋火葬許可証**

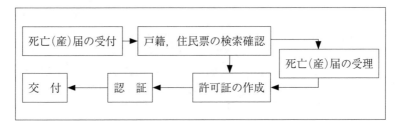

(a) 死亡届又は死産届を受理した市町村長が発行します。

(b) 火葬場に提出し，火葬が終わると所定の事項が記入されて返却されます。

(c) 土葬のできない地域と土葬の可能な地域がありますので，許可証の区分を行います。

(シ) 不在住証明（不現住証明）

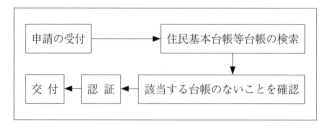

(a) 不在住証明願いの内容を確認し，現在台帳に保管されている住民票，消除された住民票と照合し，その証明願いの内容について，記載のないことを確認のうえ証明します。
(b) 不動産の登記に関係して使用されることが多いので，証明に当たっては十分な注意が必要です。
(c) 市町村で行う証明は，台帳等に基づいて行うのが原則ですが，この証明は台帳に記載がされていないことを証明するもので，一般的な証明とは異なっています。

(ス) 不在籍証明

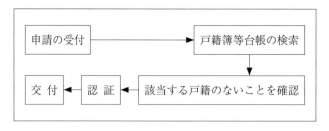

(a) 不在籍証明願いの内容を確認し，現在戸籍簿に保管されている戸籍，除籍と照合し，その証明願いの内容について記載のないことを確認のうえ証明します。
(b) その他の取扱いについては，前記(シ)不在住証明の取扱いに準じて行います。

第4 諸証明の作成と手数料　107

5　手数料

(1)　手数料の意義

　住民票の写しや戸籍謄本の交付に当たっては，手数料を徴収します（地方自治法 227 条）。「手数料」は，特定の者に提供する役務に対しその費用を償うため又は報償として徴収する料金です。「特定の者のためにする」事務とは，住民票の写し，印鑑証明，公簿の閲覧等，一私人の要求に基づき主としてその者の利益のために行う事務をいい，その事務は一私人の利益又は行為（作為，不作為）のため必要となったものであることが必要です。もっぱら普通地方公共団体自体の行政上の必要のためにする事務については手数料は徴収できません。しかし，手数料を徴収することができるのは，証明書の発行や公簿の閲覧のように特定個人が積極的利益を受けることが明らかな場合だけではなく，営業許可，製品検査等，一般には許可又は検査を受けなければ，営業を禁止され販売を制限されているような場合でも，その禁止を解除する行為もまた，これにより当該個人は反射的利益を受けることとなりますので，特定個人のためにする事務として手数料を徴収することができます。

(2)　手数料の決め方

　手数料の額は，その事務に要する経費とその事務により受ける特定の利益とを考慮して決められます。手数料は，事務の内容により，地方自治法第 227 条，第 228 条において各市町村の条例で定めるよう決められています。

　手数料の決め方については，一般的には原価主義が採られていますが，ここでは，住民票に限定して，その算定の仕方について触れておきます。

(ア)　算定の仕方についての一般原則

　(a)　住民票の写しの交付に要する経費を原価計算により算出します。

108　第1編　窓口事務と接遇の知識

(b)　近隣の市町村の手数料額とのバランスを考えます。

(c)　上位団体及び他の手数料とのバランスをも考えます。

(d)　消費者物価指数の動向などをも勘案します。

(e)　市町村としての手数料改定についての方針を定めます。

　以上が算定の仕方についての一般原則です。

(3)　手数料の徴収の方法

　手数料の徴収の方法には，現金による方法と証紙による方法があります。現金徴収の場合には，一般的にはキャッシュレジスターによって処理している市町村が大部分ですが，まれには担当課出納員の領収書により現金徴収を行っているところもあります。

　証紙による場合は，窓口に証紙の自動販売機をおいて，それにより処理しているところもありますが，一般的には，証紙を出納窓口で販売し，それを各窓口に持って行き処理しています。

　収納した手数料は，市町村の収入となり，自主財源として使用されます。

(4)　手数料の無料の扱い

　官公庁の公用請求などの場合には，手数料免除扱いとすることがあります。官公庁の場合でも官公署の長が「所属職員の人事管理の便宜上戸籍謄本の交付を請求する」場合は手数料を免除することはできません（昭和29.11.5民事甲第2314号回答）。

　このように，手数料無料の取扱いについては，各種の法律，地方公共団体の手数料の標準に関する政令，先例通達及びそれぞれの市町村の条例などにより一定の取扱方が定められますが，その基準を明確に示したものはありません。

　各市町村において無料取扱いの根拠を条例などにより定めなければなりません。

第5 住民基本台帳の閲覧

1 閲覧制度の変遷

　住民基本台帳法は，市町村において住民の居住関係の公証，選挙人名簿の登録その他の住民に関する事務処理の基礎となるものです。加えて，住民の住所に関する届出等の簡素化を図るため，住民に関する記録を正確かつ統一的に行う住民基本台帳制度を定め，それをもって，住民の利便の増進，国及び地方公共団体の行政の合理化を図ることを目的としています（法1条）。

　法制定時において，住民基本台帳の公開の原則がとられていたことには，次のような理由があるとされています。

(1)　住民の日常生活上，住所，世帯等の居住関係について公の証明を必要とすることが少なくないことから，住民基本台帳を何人にも公開するものとして，住民の居住関係を地方公共団体が公に証明し，住民の利便の増進及び地方公共団体の行政のために活用されることを予定していたこと。

(2)　住民登録法（昭和26年制定の前身法）においても，住民票は公開とされており，また，戸籍も原則として公開されていたこと。

(3)　住民票の記載事項の中には，基本的には個人の秘密に属するような事項は含まれないと考えられていたこと。

　しかしながら，時代の変化とともに個人情報に関するプライバシー保護の要請が強まっている中で，次のような問題点が指摘されてきました。

　①　住民票の記載事項の中には，本籍，世帯主との続柄の記載等，場合によってはみだりに公開されることが不適当であると考えられる事項があること。

　②　住民基本台帳の閲覧等によって知り得た事項を利用して市町村の住

110 第1編　窓口事務と接遇の知識

民名簿を作成し販売するような遺憾な事件の発生が見受けられたこと。

このような状況の中で，自治省（現・総務省）から昭和56年の通知を始めとする法の運用により，プライバシー侵害や差別的事象につながるおそれがあると認められるような場合において一定の公開制限を行ってきましたが，昭和60年6月に法改正が行われ，閲覧の制限が法律上明確にされました。

昭和60年の法改正により，法律的にも目的外利用禁止や利用目的の制限などの規制がされましたが，公開の原則は変わらず，営利目的の閲覧請求も許可せざるを得ませんでした。この間，各市町村においては，法の範囲内で業者による大量閲覧の抑制を図るための方策として，請求者の本人確認の実施，疎明資料の提示・提出等に係る条例・規則等の制定，閲覧に係る手数料の値上げ等を行うところもありましたが，依然として業者による大量閲覧があり，住民の個人情報の流出に歯止めをかけることは困難な状態でした。

そのような中，平成16年に，ドメスティック・バイオレンス及びストーカー行為等の被害者を保護するため，被害者に係る閲覧を制限する措置がとられました。

さらに，平成18年6月15日，住基ネットの稼動や個人情報保護法の施行等による国民の個人情報に対する意識の高まりを反映し，閲覧制度の抜本的変更を主とする住民基本台帳法の一部を改正する法律が公布されました。これにより，閲覧できる主体と目的が大きく制限されたほか，偽りその他不正の手段による閲覧に対する罰則も強化された等，個人情報に十分留意した制度として再構築されました。

また，平成24年には，児童虐待等の被害者を保護するため，被害者に係る閲覧を制限する措置が追加されました。

第5 住民基本台帳の閲覧 111

2 閲覧制度の概要

(1) 閲覧できるもの

住民基本台帳に記載された情報のうち，氏名・住所・生年月日・性別の基本4情報のみが閲覧の対象とされています（法11条1項）。法改正に伴い，外国人住民も閲覧の対象となりました。外国人の通称がある場合，通称も閲覧の対象となります（令30条の26第7項）。

昭和60年の法改正まで閲覧することができた，消除された住民票や戸籍の附票は現在閲覧の対象ではありません。なお，市町村長は閲覧の対象に係る部分を記載した住民基本台帳の写しを作成するとともに，その内容に変更があったときにおける改製・修正の手続・時期等を定めることとなっています（令14条）。

(2) 閲覧できる主体と目的

閲覧を行える者及び目的は法第11条及び第11条の2の規定により，次のように規定されています。

① **閲覧請求**（法11条1項）

　　国又は地方公共団体の機関が法令で定める事務の遂行のために閲覧する場合

② **閲覧申出**（法11条の2第1項）

　　個人又は法人が次に掲げる活動を行うために閲覧することが必要である旨の申出があり，かつ市町村長が当該申出を相当と認める場合

　ⅰ　統計調査，世論調査，学術研究その他の調査研究のうち，公益性が高いと認められるものの実施

　ⅱ　公共的団体が行う地域住民の福祉の向上に寄与する活動のうち，公益性が高いと認められるものの実施

112 第1編 窓口事務と接遇の知識

iii 営利以外の目的で行う居住関係の確認のうち，訴訟の提起その他
特別の事情による居住関係の確認として市町村長が定めるものの実
施

なお，iについては，公益性告示（平成18年総務省告示第495号）にお
いて，公益性についての判断基準が定められており，それに基づいて判断
を行うことになります。

(3) 閲覧請求の方法

国又は地方公共団体の機関が閲覧請求を行う場合には，法第11条第2
項及び住民票省令第1条の規定により次に掲げる事項を公文書により明ら
かにしなくてはなりません。

① 閲覧請求の主体となる国又は地方公共団体の機関の名称

具体的には，「○○省」「△△市長」などと明記します。

② 請求の事由

閲覧を請求する理由を具体的に示します。それが明確でない場合に
は，必要に応じて請求者に対して質問等を行い確認します。確認した事
項に関しては，請求書の余白等に記録しておくことが適当です。ただ
し，当該請求が犯罪捜査に関するものである等，請求事由を明らかにす
ることが性質上困難なものである場合には，法令で定める事務の遂行の
ために必要である旨，当該法令の名称及び請求事由を明らかにすること
が困難な理由を示すことで，請求事由を明らかにすることに代えること
ができます。

③ 閲覧者の職名及び氏名

④ 請求に係る住民の範囲

町・字の区域等により可能な限り限定する必要があります。

⑤ 法令で定める事務の責任者の職名及び氏名

閲覧請求を行う国又は地方公共団体の内部組織の長が該当し，具体的

には「△△市□□課長」などと明記させることが適当です。

なお，これらの事項は，原則として，公文書の記載・公印等により確認すれば足りるとされますが，記載されている事項に疑わしい点がある場合は，当該請求に係る機関に電話等により照会することが必要です。当該確認を行った場合には，請求書の余白等に確認した事項についての記載を行います。

⑷ 閲覧申出の方法

個人又は法人が閲覧申出を行う場合には，法第11条の２第２項及び住民票省令第２条の規定により次に掲げる事項を文書により明らかにしなくてはなりません。

①　申出者の氏名及び住所（申出者が法人の場合には，その名称・代表者又は管理人の氏名及び主たる事務所の所在地）

氏名については，申出の意思を明らかにさせるため，自署又は押印を求めることが適当です。

②　閲覧事項の利用目的

閲覧を申し出る理由を明らかにさせ，それが明確でない場合には，必要に応じて質問等を行い確認します。確認した事項に関しては，請求書の余白等に記録しておくことが適当です。

③　閲覧者の氏名及び住所

④　閲覧事項の管理方法

閲覧事項の保管方法及び廃棄の方法・時期等を明らかにさせます。

⑤　閲覧事項を取り扱う者の範囲

申出者が法人の場合には，「○○部」「□□課」などの形で明らかにさせる必要があります。部署名を記載することが適当ですが，個人名を列挙しても差し支えありません。

⑥　調査・研究の成果物の取扱い

114　第1編　窓口事務と接遇の知識

　統計調査，世論調査，学術研究等を目的とする閲覧申出の場合に必要です。それらの調査研究の成果を公表するか否か，公表する場合には，その方法等を明らかにさせます。

⑦　申出に係る住民の範囲

　町・字の区域等により可能な限り限定する必要があります。

⑧　調査研究の実施体制

　統計調査，世論調査，学術研究等を目的とする閲覧申出の場合に必要です。それらの調査研究を行う部署名，人数等を明記させます。

⑨　委託者の氏名又は名称及び住所又は所在地

　委託を受けて閲覧の申出を行う場合に必要です。

　なお，申出書に記載された事項を明らかとするため，市町村長の判断により以下のような書類を申出書に添付させるとすることが適当であるとされます。

・当該申出者である法人等の概要の分かる書類（法人登記，事業所概要等）

・閲覧事項の利用目的の真実性を証明する書類（大学の委員会又は学部長による証明書，調査・研究等に係る資料等）

・個人情報保護法を踏まえた事業者の対応の分かる書類（プライバシーマークが付与されていることを示す書類，プライバシーポリシー等）

・閲覧事項を，申出の際に明らかにした利用の目的以外に利用しないこと等を規定した誓約書

(5)　本人確認の実施

①　閲覧請求の場合

　閲覧請求を行うに当たって，閲覧者は国又は地方公共団体の職員たる身分を示す証明書を提示しなければなりません（住民票省令1条3項）。なお，本人確認を行う場合には，必要に応じ，口頭による質問で補足をする等慎重に行うことが適当であるとされます。

第5 住民基本台帳の閲覧 115

　また，提示された身分証明書に顔写真が貼付されていない場合や，口頭による補足質問が不十分な場合など，閲覧者が申請書に記載された閲覧者本人であることに疑わしい点があるときは，当該請求の主体である国又は地方公共団体に電話で照会する等の方法により確認を行うことが必要です。

② 閲覧申出の場合

　閲覧申出を行うに当たって，閲覧者は次に掲げるいずれかの書類を提示しなければなりません（住民票省令2条3項）。

  i マイナンバーカード又は旅券，運転免許証その他官公署が発行した免許証，許可証若しくは資格証明書等（本人の写真が貼付された有効期限内のもの）

  ii 閲覧者が本人であることを確認するため，郵便その他市町村長が適当と認める方法により，当該閲覧者に対して文書で照会した回答書及び健康保険の被保険者証，各種年金手帳等市町村長が適当と認める書類

なお，本人確認を行うに当たって，特に必要と判断される場合には，書類の提示のほか口頭での質問等を行うなど慎重な対応が必要です。

(6) その他の事項

① 閲覧事項取扱者

　申出者が個人である場合には，通常，申出者と閲覧者のみが閲覧事項を取り扱うことができます。しかし，それ以外の者に閲覧事項の取扱いをさせる必要がある場合には，申出者が個人閲覧事項取扱者を指定することができます。その際申出者は，その者の氏名及び住所を明らかにして閲覧申出の際に市町村長に申し出なければなりません。当該申出に相当の理由があると認める時は，市町村長はこれを承認することとなります（法11条の2第3項，4項）。

116 第1編 窓口事務と接遇の知識

なお，申出者が法人である場合，閲覧申出を行った際に明らかにした閲覧事項取扱者以外には，閲覧事項を取り扱わせることはできません（法11条の2第5項）。

② 申出者の適正管理義務

申出者に対しては，閲覧者，閲覧事項取扱者による閲覧事項の漏えいの防止その他の閲覧事項の適切な管理のために必要な措置を講ずる義務が課されています。また，本人の事前の同意を得ることなしに，利用目的以外の目的に利用したり，他者に提供したりすることはしてはならないとされています（法11条の2第6項，7項）。

③ 市町村長による勧告

偽りその他不正の手段による閲覧，目的外利用・第三者提供の禁止に対する違反があった場合，法第51条の規定により過料が科されます。その状態が放置されたり，さらなる違法行為が行われたりするおそれがあるときなど，個人の権利利益を保護するために必要があると認めるときには，市町村長は当該違反行為をした者に対して，閲覧事項が不正に取り扱われないようにするための措置を講ずることを勧告することができます。なお，勧告の対象には，当該違反行為をした者の他申出者も含まれます（法11条の2第8項）。

④ 市町村長による命令

勧告に正当な理由なくして従わない場合であって，個人の権利利益が不当に侵害されるおそれがあると認めるときは，市町村長はその者に対し，当該勧告に係る措置を講ずることを命ずることができます（法11条の2第9項）。当該命令は，勧告を経る時間的余裕がない場合などで，個人の権利利益を守るために特に必要と認められるときは，勧告を経ることなく直ちに発することができます（法11条の2第10項）。なお，この命令に違反した場合は，6か月以下の懲役又は30万円以下の罰金に処せられます（法46条）。

第5　住民基本台帳の閲覧　117

⑤　報告徴収

　市町村長は，閲覧事項の適切な管理がなされていないおそれがあるとき，目的外利用，第三者提供がなされているおそれがあるとき，勧告を行う前において現状を確認するとき，勧告に従ったかどうか確認するとき，命令を行う前において現状を確認する必要があるときなどにおいては，申出者に対して必要な報告を求めることができます（法11条の2第11項）。

　なお，この報告をせず，若しくは虚偽の報告をした場合には，30万円以下の罰金に処せられます（法47条）。

⑥　制裁措置

　偽りその他不正な手段により住民基本台帳の閲覧を行った者，当該閲覧事項を利用目的以外の目的に使用した者及び当該閲覧事項を申出者，閲覧者，閲覧事項取扱者以外の第三者に提供した者は，30万円以下の過料に処せられることとなります（法51条）。

⑦　公　　表

　市町村長は，毎年少なくとも1回，閲覧（犯罪捜査等に係るものを除く。）の状況について，次に掲げる事項を公表しなくてはなりません。

　　i　閲覧請求の場合（法11条3項，住民票省令3条）
　　　•当該請求をした国又は地方公共団体の機関の名称
　　　•請求事由の概要
　　　•閲覧の年月日
　　　•閲覧に係る住民の範囲
　　ii　閲覧申出の場合（法11条の2第12項，住民票省令3条）
　　　•申出者の氏名
　　　•利用目的の概要
　　　•閲覧の年月日
　　　•閲覧に係る住民の範囲

118 第1編 窓口事務と接遇の知識

3 ドメスティック・バイオレンス及びストーカー行為等の 被害者への支援措置

近年増加しているドメスティック・バイオレンス及びストーカー行為等の被害者の保護を図る観点から，平成16年5月31日住民票省令，戸籍の附票省令及び住民基本台帳事務処理要領の一部が改正され，平成16年7月1日より被害者保護のための措置が講じられることとなりました（以下被害者を「支援対象者」という）。

(1) 加害者からの閲覧申出

ドメスティック・バイオレンス及びストーカー行為等について，申出に基づきあらかじめ把握し加害者とされている者からの支援対象者に係る閲覧申出（閲覧者，閲覧事項取扱者の中に加害者が含まれている場合も含みます。）については，法第11条の2第1項に掲げる活動に該当しないとして申出を拒否することとし，支援対象者の保護を図ります。

(2) 支援対象者本人からの閲覧申出

支援対象者本人からの閲覧申出については，対象となる住民が氏名等により特定されているものであるため，閲覧ではなく住民票の写しを交付することとするのが適当です。

(3) その他の第三者からの閲覧申出

加害者によるなりすましによる申出等を防ぐため，厳格な本人確認を行います。加えて，加害者の依頼を受けたものからの閲覧を防ぐため，利用目的等について十分留意し，厳格な審査を行うことが適当です。なお，加害者が国又は地方公共団体の職員になりすまして閲覧請求を行うことも考えられるため，閲覧請求の場合であっても閲覧者については厳格に本人確

第5 住民基本台帳の閲覧 119

認を行うことが適当です。

⑷ 閲覧台帳からの支援対象者の除外

市町村長は，その判断により，閲覧申出において特段の事情のない限り支援対象者を除く申出であるとみなし，支援対象者にかかる部分を除外した住民基本台帳の一部の写しを閲覧に供することとすることができます。

なお，この場合には，備付けの閲覧申出書等にその旨を明記する等により，あらかじめ申出者に明らかにする必要があります。

ただし，このような取扱いをする場合でも，国又は地方公共団体の機関による請求の場合，及びその他の者からの支援対象者に係る閲覧を求める特別の申出がある場合には，閲覧を申し出る理由等に関する厳格な確認を行ったうえで，上記⑴～⑶の例により取り扱うこととなります。

第6 住民票の写し等の交付

1 写し等の交付制度の変遷

　市町村が行う事務の多くは，当該自治体の住民を対象として行われています。よって，住民に関する正確な記録を整備しておくことは，住民を対象とする行政を適正に行い，また，住民の正しい権利の行使を保証するのに欠かせないものであり，市町村経営の基礎ともいえるものです。

　昭和42年に公布・施行された住民基本台帳法は，それまで各種の行政ごとに個々に定められていた住民の届出に関する制度を，統一的に行うことをもって，住民の届出等に関する制度の簡素化を図り，住民に関する記録の正確性の確保に資するものです。

　住民票の写し等の交付制度については，法制定時から，前述した閲覧制度と同じく，公開の原則がとられており，何人でも住民票の写し等を請求できることとなっていました。

　しかし，時代とともに，住民の個人情報保護に関する意識は高まりをみせ，それを受けて昭和60年の法改正が行われました。それによる住民票の写し等の交付制度に係る改正は次のとおりです。

　第1に，住民票の写し等の交付請求を行う場合には，請求事由，請求者の氏名・住所，及び請求に係る住民の住所・氏名を明らかにする必要があるとされました。

　第2に，住民票の写し等の交付請求が不当な目的によることが明らかなときには，請求を拒否できるようになりました。

　第3に，住民票の記載事項証明書が法制化されました。

　第4に，住民票の写し等の交付に際して，個別行政事項（国民健康保険，国民年金等に関する資格の有無等に関する事項）の他，続柄・本籍も特別の

122　第1編　窓口事務と接遇の知識

請求のない限り省略して交付できることとなりました。

　また，平成16年には，住民基本台帳事務処理要領が改正され，「配偶者からの暴力の防止及び被害者の保護に関する法律」及び「ストーカー行為等の規制に関する法律」に基づき，加害者による被害者の住民票の写しの請求については，不当な目的によるものとして拒否する扱いとなりました。

　さらに，平成19年6月6日には，住民票の写し等の交付制度の抜本的変更を主とする住民基本台帳法の一部を改正する法律が公布されました。それによる住民票の写し等の交付制度に係る主な改正点は次の通りです。

　第1に，①自己又は自己と同一世帯に属する者からの請求，②国・地方公共団体の機関による請求，及び③自己の権利行使や義務の履行等に必要な者からの申出の3つの類型のみを認めるものとされました。

　第2に，住民票の写し等の交付請求（申出）時の本人確認書類の提示・提出が法制化されました。

　第3に，代理人等が交付請求（申出）の任に当たる場合には，請求（申出）者が自署又は押印した委任状の提出等により代理権の確認を行うことが義務付けられました。

　これにより，法制定時からの何人でも住民票の写し等の交付請求を行えるという原則は廃止され，個人情報の保護により留意した制度として再構築されました。

　そして，平成24年の法改正により，それまで外国人登録法による外国人登録原票の記載事項証明の交付を受けていた外国人のうち，住民基本台帳に記載されることとなった者については，住民票の写し等の交付を受けられることとなりました。

　また，平成25年5月24日に番号法，整備法を含む番号法関連4法案が可決，成立し，同年5月31日に同法が公布され，「マイナンバー制度」が導入されました。

第6　住民票の写し等の交付　123

　これにより，①行政の効率化，②国民の利便性の向上，③公平・公正な社会の実現を目的とした，社会保障・税・災害対策の3分野について分野横断的な共通の番号が導入されることとなりました。

　それ以前は，各行政機関内で住民票コード，基礎年金番号，健康保険被保険者番号など，それぞれの番号で個人の情報を管理しており，機関をまたいだ情報のやり取りをする際には，氏名・住所などで個人の特定に時間と労力を要していました。

2　住民票の写し等の交付制度の概要

(1)　住民票の写し等

　住民票の写し等とは，法第7条各号に規定される事項を記載した住民票の写し，及び住民票の記載事項中，住民から記載してほしいと要望のあった事項のみを記載して証明する住民票記載事項証明書の2つを指します。

(2)　住民票の記載事項

　法第7条の規定により住民票には，氏名，生年月日，男女の別，続柄，戸籍の表示，住民となった年月日，住所，住所を定めた年月日，転入等をした者については，その届出の年月日，従前の住所，個人番号の基本事項のほか，選挙人名簿に登録された旨，国民健康保険，後期高齢者医療，介護保険，国民年金の資格の有無，児童手当，米穀の配給の受給の有無（緊急時のみ）の個別事項及び住民票コードが記載されることになっています。加えて外国人住民については国籍・地域，外国人住民となった年月日，法第30条の45の表の下欄に掲げる事項（中長期在留者，特別永住者，一時庇護許可者又は仮滞在許可者，出生による経過滞在者又は国籍喪失による経過滞在者の在留期間，在留期間の満了日，在留カード又は特別永住者証明書番号），通称，通称の記載及び削除に関する事項が記載されます。

124　第1編　窓口事務と接遇の知識

(3)　交付の対象

　住民票のほか，除住民票，改製原住民票についても写し等の交付の対象
とされています。除住民票と改製原住民票については，法律上交付の対象
ではありませんが，住民票の取扱いに準じて取り扱うことが適当であると
されています（事務処理要領第2－4－(5)）。

(4)　写し等の種類

　①　世帯全員の写し
　　世帯全員の写しとは，交付請求（申出）のあった世帯内の全員につい
　ての写しをいいます。
　②　世帯一部の写し
　　世帯一部の写しとは，交付請求（申出）のあった世帯内の特定の者に
　ついての写しをいいます。
　③　記載事項証明書
　　法第7条各号の規定により，住民票の記載事項とされている事項のう
　ち，住民から記載してほしいと要望のあった事項のみを記載して証明す
　るものをいいます。

(5)　交付請求（申出）の主体と目的

　住民票の写し等の交付請求の主体（行える者）及び目的は法第12条，
第12条の2及び第12条の3により，次のように規定されています。
　①　自己又は自己と同一世帯に属する者（以下「本人等」という。）に係
　　る住民票の写し等の交付請求を行う場合（法12条）
　②　国又は地方公共団体の機関が法令で定める事務の遂行のために行う
　　住民票の写し等の交付請求を行う場合（法12条の2）
　③　①②以外の者（以下「本人等以外の者」という。）が次の理由により

住民票の写し等の交付申出を行う場合（法12条の3）

　　ⅰ　自己の権利を行使し，又は自己の義務を履行するために住民票の記載事項を確認する必要がある

　　ⅱ　国又は地方公共団体の機関に提出する必要がある

　　ⅲ　その他住民票の記載事項を利用する正当な理由がある

▌3　交付請求（申出）の手続

(1)　明らかにすべき事項

　①　本人等による交付請求の場合

　本人等に係る住民票の写し等の交付請求を行う場合には，法第12条第2項及び住民票省令第4条の規定により次に掲げる事項を請求書により明らかにしなくてはなりません。

　　ア　請求者の氏名及び住所

　　請求者の氏名については請求の意思を明らかにさせるため自署又は押印を求めることが適当です。ただし，代理人等（代理人・使者等，請求者とは異なる者を指す。以下同じ。）が請求の任に当たっている場合には，代理人等が記載しても差し支えありません。

　　イ　現に請求の任に当たる者の氏名及び住所

　　現に請求の任に当たっている者が，請求者の代理人等であるときに必要です。自署又は押印を求めます。

　　ウ　請求に係る住民の氏名（外国人住民にあっては，氏名又は通称）

　　住所に関しては，請求者の住所と請求の対象となる住民票の住所が同一である場合は省略することが可能ですが，請求の対象となる住民票が除票・改製原住民票である場合等，請求者の現住所と請求の対象となる住民票に記載された住所が異なる場合には，住所を明らかにすることなしには対象となる住民票を特定できないため，住所に関して

126　第1編　窓口事務と接遇の知識

も明らかにさせることが適当です。また，対象となる者の氏名に加え
索引の便に供するため，世帯主の氏名も明らかにさせることが適当で
す。

　エ　請求の事由

　　本人等からの請求の場合，原則として請求事由の記載は必要ありま
せんが，請求の対象となる者が，ドメスティック・バイオレンス及び
ストーカー行為等の被害者であり，支援措置の対象となっている場合
等，法第12条第2項第4号及び住民票省令第4条第2項第1号の規
定により請求を拒否するか否かを判断する必要がある場合には，請求
事由を明らかにさせることが必要です。

②　国又は地方公共団体の機関による交付請求の場合

　国又は地方公共団体の機関が住民票の写し等の交付請求を行う場合
は，法第12条の2第2項及び住民票省令第8条の規定により次に掲げ
る事項を公文書である請求書により明らかにしなければなりません。

　ア　請求をする国又は地方公共団体の名称

　　具体的には，「○○省」「△△市長」などと明記させます。

　イ　請求の任に当たる者の職名及び氏名

　ウ　請求に係る住民の氏名（外国人住民にあっては，氏名又は通称）及
び住所

　エ　請求の事由

　　遂行する法令で定める事務が何であるか等，住民票の写し等を請求
する理由を具体的に明らかにさせます。それが明確でない場合には，
必要に応じて請求の任に当たる職員に対して質問等を行い確認しま
す。確認した事項に関しては，請求書の余白等に記録しておくことが
適当です。ただし，当該請求が犯罪捜査に関するものである等，請求
事由を明らかにすることが性質上困難なものである場合には，請求事
由を明らかにすることが困難な理由，法令で定める事務の遂行のため

に必要である旨及び根拠となる法令の名称を明らかにさせます。

③　本人等以外の者からの交付申出の場合

　本人等以外の者が，住民票の写し等の交付の申出を行う場合は，次に掲げる事項を申出書により明らかにしなくてはなりません（法12条の3第4項）

　ア　申出者の氏名及び住所

　　氏名については，申出の意思を明らかにさせるため，自署又は押印を求めることが適当です。ただし，代理人等が申出の任に当たっている場合には，代理人等が記載しても差し支えありません。

　　申出者が法人等（法人登記をしていないその他の団体等も含む。以下同じ。）である場合には，その名称，代表者又は管理人の氏名及び主たる事務所の所在地（申出に係る業務の主体となるものの意味であり，本社の他，支社・営業所等が含まれる。）を明らかにし，申出の意思を明らかにさせるため，代表者印等の押印を求めることが適当です。

　イ　現に申出の任に当たる者の氏名及び住所

　　現に申出の任に当たっているものが，請求をするものの代理人等であるときに必要です。自署又は押印を求めます。

　ウ　申出に係る住民の氏名（外国人住民にあっては，氏名又は通称）及び住所

　エ　利用の目的（申出の事由）

　　単に，「○○のため」といった抽象的な記述ではなく，住民票の写し等の記載事項中どの部分を何の目的のために利用するかに関しての記述が必要です。利用の目的が法第12条の3第1項各号に該当すると認められる場合としては，例えば，次のようなものがあります（事務処理要領第2－4－(3)－①－ア－(ア)－D）。

　　・債権者が債権の回収のために債務者本人の住民票の写しを取得する場合

128 第1編 窓口事務と接遇の知識

- 債務者が債務の履行のために債権者本人の住民票の写しを取得する場合
- 相続・訴訟等の手続の必要書類として住民票の写しを取得する場合
- 特殊法人が法令による事務を円滑に遂行するため住民票の写しを取得する場合
- 学術研究等を目的とする機関が，公益性の観点からその成果を社会に還元するために，疫学上の統計データを得る目的で，ある母集団に属する者を一定期間にわたり本人承諾等の下で追跡調査する必要がある場合
- 弁護士等が法令に基づく職務上の必要から，自らの権限として住民票の写しを取得する場合

　なお，申出事由の真実性等の確認のため必要と認める場合には，当該申出事由に係る疎明資料の提示・提出を求めることができます（住民票省令10条1項）。また，国又は地方公共団体の機関に提出する必要がある場合は，提出すべき機関及び提出する理由を明らかにさせます。

(2) 本人確認

① 本人等からの交付請求及び本人等以外の者からの交付申出の場合

　住民票の写し等の交付請求（申出）を行うに当たって，請求（申出）者は次に掲げるいずれかの書類を提示しなければなりません。請求の任に当たる者が代理人等の場合には，代理人等について同様の書類を提示する必要があります（法12条3項，12条の3第5項，住民票省令5条1号，2号，11条1号）。

　ア　マイナンバーカード又は旅券，運転免許証等の官公署が発行した写真付き免許証，許可証若しくは資格証明書等（本人の写真が貼付された有効期限内のもの）。

イ　アの書類を何らかの理由で提示できない場合は，健康保険証，年金手帳等，官公署が発行した写真付きでない書類及び民間会社の社員証，本人名義の預金通帳等，請求（申出）者が本人であることを確認するため市町村長が適当と認めるもの。この場合には，市町村長の判断により複数の提示を求めることも考えられます。

なお，上記証明書の提示がない場合でも，当該請求（申出）を直ちに不受理とするのではなく，口頭による質問等を行い請求（申出）者の本人確認に努めるものとします。上記証明書等の提示があった場合でも必要と判断されるときは，住民票の記載事項に関して口頭で説明をさせる等，適宜，質問を行って確認をすることが適当であるとされます。

さらに，これらの本人確認に併せて，特に必要と認められる場合には，現に請求（申出）の任に当たっている者が当該市町村の住民の場合，当該市町村の住民基本台帳と照合する，代理人等で当該市町村の住民でない場合，住基ネットの本人確認情報を利用する等の方法により，請求者等（現に請求（申出）の任に当たっている者を含む。以下同じ。）の本人確認に努めるものとします。

②　国又は地方公共団体の機関による交付請求の場合

住民票の写し等の交付請求を行うに当たって，請求の任に当たるものは，国又は地方公共団体の職員たる身分を示す身分証明書を提示しなければなりません。やむを得ない理由により身分証明書を提示できない場合には，マイナンバーカード，運転免許証，旅券等官公署が発行した写真付き証明書の提示を求めます（法12条の2第3項，住民票省令9条1号，2号）。

なお，請求者の記載等から職員の職名に疑わしい点がある場合等，特に必要と認められる場合には，当該請求の主体である国又は地方公共団体に電話で照会する等の方法により確認を行うことが必要です。

申出・請求どちらの場合でも，本人確認を行った際には，本人確認が

130　第1編　窓口事務と接遇の知識

行えた旨の記録を行うことが適当です。記録は，本人確認書類の写しを添付する，本人確認書類の種別を申請書の余白に控える等，任意の方法によります。

(3)　代理権の確認

請求（申出）の任に当たる者が，代理人等である場合には，請求者からの委任の事実を確認する必要があります（法12条4項，12条の3第6項）。

①　法定代理人の場合

請求の任に当たる者が，親権者，成年後見人等の法定代理人である場合には，戸籍謄本，登記事項証明書等，資格を証明する書類を提示・提出することにより確認を行います（住民票省令6条1号，12条1号）。

②　任意代理人又は使者の場合

請求の任に当たる者が，任意代理人，使者である場合には，請求者の自署又は押印のある委任状等を提出させる方法により確認を行います（住民票省令6条2号，12条2号）。

やむを得ない事情により，委任状等を提示・提出できない場合には，代理人等である旨を確約する書類を作成させ提出させたうえで，電話等により請求者に委任の事実を確認する等，代理権の確認に努める必要があります。

加えて，特に必要と認められる場合には，請求者本人に係る本人確認書類の提示を求めることもできます。

また，従来認められてきた，使者による請求に関しては，現在の法令においても否定されていませんが，なりすまし防止の観点から，代理人の場合と同様の点に留意する必要があります。

なお，交付請求者本人からの指定の事実が疑わしい場合において，委任状の提出，請求者本人への電話等による確認を市町村長が求めたにもかかわらず，これに応じないときは，住民票の写し等を交付することは当然に

第6 住民票の写し等の交付 131

不適当であり，これを拒否する扱いとなります。

(4) 写し等の交付

　住民票の写し等の交付請求（申出）を受けて住民票の写し等の交付を行う際，特別の請求（申出）のない限り，基礎証明事項（氏名（外国人住民の通称を含む。），生年月日，性別，住所，住民となった年月日（外国人住民については外国人住民となった年月日），住所を定めた年月日，届出年月日及び前住所）のみを表示した住民票の写し等を交付し，次の事項は省略してもよいとされています。

①　法第7条第4号，第5号に掲げる続柄，戸籍の表示及び第9号から第14号までに掲げる事項の全部又は一部

②　外国人住民にあっては，法第7条第4号及び第10号から第14号（通称を除く。）までに掲げる事項，国籍・地域並びに法第30条の45の表の下欄に掲げる事項の全部又は一部

③　任意事項及び法第7条に規定する記載事項以外の事項

④　削除された従前の表示

　法第12条の請求に関して，①～④の事項について記載を求められた場合，これらを記載することができます。

　法第12条の2の請求に関して，①～④の事項について記載を求められた場合，法第7条第13号に掲げる住民票コードを除いて記載することができます。

　法第12条の3の申出に関して，①～④の事項について記載を求められた場合，原則として応じることができません。ただし，利用の目的を達成するため，住民票コード以外のその他の事項が必要である旨の申出があり，かつ当該申出を適当と認める場合には，これらの事項を表示した住民票の写し等を交付することができます。

なお，住民票コードを記載した住民票の写しについては，交付請求を行

132 第1編　窓口事務と接遇の知識

えるのが，本人又は同一世帯員に限られており，その他の者からの請求
（申出）には応じることができません。ただし，それ以外の者が代理人等
として請求の任に当たる場合で，代理権の確認が行える場合には当該請求
を認めることができます。この場合，住民票コードの性格にかんがみて代
理人等に直接交付するのではなく，本人の住所あて郵便にて交付すること
が適当です。

　また，本人等からの請求であっても，住民票コードについては，告知要
求の制限（法30条の42），利用制限（法30条の43）等に係る規定が設けら
れており，特に民間部門が住民票コードを利用することはかたく禁じられ
ています。したがって，住民票コードの記載を請求された場合には，利用
目的，提出先等に関して特に慎重に確認を行う必要があります。

(5) 特定事務受任者からの住民票の写し等の交付申出

　従来，弁護士等の有資格者から，職務の遂行のために必要として住民票
の写し等の交付請求があった場合，請求事由を明らかにすることなく写し
等を取得することが可能でしたが，この制度を悪用した事件が発生したた
め，平成20年5月の法改正によって有資格者による職務上の請求という
枠組みは廃止され，第三者からの申出の一形態と捉えられるようになりま
した（法12条の3第2項）。

　市町村長は，弁護士（弁護士法人を含む。），司法書士（司法書士法人を含
む。），土地家屋調査士（土地家屋調査士法人を含む。），税理士（税理士法人
を含む。），社会保険労務士（社会保険労務士法人を含む。），弁理士（特許業
務法人を含む。），海事代理士又は行政書士（行政書士法人を含む。）の特定
事務受任者から，受任している事件又は事務の依頼者が法第12条の3第
1項に該当することを理由として，住民票の写し等の交付申出が行われた
場合で，当該申出を相当と認めるときは，住民票の写し等を交付すること
ができます。

第6　住民票の写し等の交付　133

　特定事務受任者が交付の申出を行う場合には，(1)③ア～エに掲げる事項のほか，受任している事件又は事務についての資格及び業務の種類並びに依頼者の氏名又は名称を明らかにする必要があります。

　ただし，受任している事件又は事務が，裁判又は裁判外手続における民事上若しくは行政上の紛争処理・政争処理の手続についての代理業務などの令第15条の2各号に定める事務に該当する場合，当該事件又は事務についての資格及び業務の種類を明らかにすれば，申出に際して依頼者の氏名や名称を明らかにすることを要しません。これは，令第15条の2各号に定める事務に紛争処理としての性格が認められるため，申出に際して依頼者の氏名や名称を明らかにすることにより，業務の遂行に支障が生じる，依頼者の保護すべき情報の存在が類推されてしまう等のおそれがあるためです。また，事件又は事務の性質上，依頼者の権利行使の意思は明確であり，関係する第三者に係る住民票の記載事項を利用して対外的に証明する必要性があることが明白であるからです。

　また，申出の任に当たる者に関して，下記のいずれかの書類を提示し，所属する会の発行した統一用紙に職印を押したものによって申し出ること等により申出書に記載された本人であることの確認を行う必要があります（法12条の3第5項，住民票省令11条2号）。

①　マイナンバーカード，住基カード，旅券，運転免許証その他官公署が発行した写真付きの免許証，許可証若しくは資格証明書等

②　特定事務受任者若しくはその補助者であることを証明する写真付き身分証明書（氏名，登録（会員）番号，事務所の名称及び所在地，発行主体等が記載された有効期限内のもの）

　弁護士による申出の場合で，①②の書類を提示できない場合には，弁護士記章（バッジ）による確認も適当と認める必要がありますが，その場合には，当該申出に当たる弁護士の氏名及び事務所の所在地が弁護士会のホームページにより確認できることが要件となります。

134　第1編　窓口事務と接遇の知識

4　住民票の写しの交付の特例

　住民票の写しの交付の特例とは，本来，住所地市町村長に対して行う住民票の写しの交付請求を，住所地市町村長以外の市町村長に対して行うことをいいます（法12条の4）。当該交付請求に基づき発行された住民票の写しを一般に，広域交付住民票といいます。当該請求の受理及び当該請求に基づく住民票の写しの作成，交付を行う場合には，次の点に注意しなければなりません。

(1)　写しの記載事項

　広域交付住民票の記載事項は，住所地市町村で発行される住民票の写しとほぼ同様ですが，戸籍の表示を記載することはできません。平成25年7月より広域交付住民票に記載されることとなった外国人住民についても，住所地市町村発行の住民票と同じように，国籍・地域，在留資格，在留カード等の番号等の外国人特有の記載事項を記載することができます。

(2)　請求の主体

　自己又は自己と同一世帯に属する者のみが，広域交付住民票の交付請求を行うことができます。ただし，本人以外の世帯員が本人の代理人として窓口に来庁し請求を行う場合は，本人のマイナンバーカード等を預かってきており，かつ，暗証番号の確認が行えた場合にのみ受理できる点に注意する必要があります（窓口に来庁した者が，旅券・運転免許証等の証明書を提示した場合は，その者を請求者として取り扱います。）。その他の代理人による請求，国又は地方公共団体の機関による請求及び本人等以外の者からの申出は受理することができません。

(3)　明らかにすべき事項

広域交付住民票の交付請求時に明らかにしなくてはならない事項は，次のとおりです。

　ア　請求者の氏名及び住所

　　請求者の氏名については請求の意思を明らかにさせるため自署又は押印を求めることが適当です。

　イ　請求者の住民票コード又は請求者の生年月日及び性別

　ウ　請求に係る住民の氏名（外国人住民にあっては，氏名又は通称）及び住所

　　住所に関しては，請求者の住所と同一であるため省略することが可能です。

(4)　**本人確認**

　広域交付住民票の交付請求を行う場合，請求者は下記のいずれかの書類の提示をする必要があります（法12条の4第1項，規則4条2項）。

　ア　マイナンバーカード等（様式はいずれのものでも可）。有効期間内で，カード運用状況が運用中であるもの。

　イ　旅券，運転免許証その他官公署が発行した免許証，許可証又は資格証明証等（有効期間内で本人の写真が貼付されたものに限る。），在留カード等であって，当該請求者が本人であることを確認するため市町村長が適当と認める書類。

　アの場合には，マイナンバーカード作成時にあらかじめ本人により設定された暗証番号の照合を行うことにより，本人確認を行います。

5　住民票の写し等の交付請求（申出）に係る支援措置

　近年増加しているドメスティック・バイオレンス及びストーカー等被害者の保護を図る観点から，平成16年5月31日住民票省令，戸籍の附票省令及び住民基本台帳事務処理要領の一部が改正され，前述の閲覧制度と同

じく住民票の写し等の交付に関しても，平成16年7月1日より被害者保護のための措置が講じられることとなりました。

市町村長は，支援対象者に係る住民票の写し等及び戸籍の附票の交付について，次のように取り扱います。

(1) **加害者が判明しており，加害者から請求（申出）がなされた場合**

法第12条第6項に基づき不当な目的があるものとして，若しくは法第12条の3第1項の申出に該当しないとして，これを拒否します。

ただし，請求（申出）事由を厳格に審査した結果，請求（申出）に特別の必要があると認められる場合には，交付する必要がある機関等から直接請求（申出）を受ける，加害者の了解を得て交付する必要がある機関等に直接交付する，又は支援対象者本人から交付請求を受けるなどの方法により，加害者に交付せず目的を達成するようにします。

(2) **支援対象者本人から請求がなされた場合**

加害者が支援対象者になりすまして請求を行うことを防ぐため，より厳格に本人確認を行います。また，加害者に依頼された者からの不正な請求（申出）を防ぐため，代理人若しくは使者による請求については，原則認めないこととします。支援対象者より，どうしても必要との申出があった場合には，あらかじめ支援対象者との間で代理人等となるべき者について取り決めをする，支援対象者に確認を取る等の措置が必要です。

(3) **その他の第三者から請求（申出）がなされた場合**

加害者が第三者になりすまして請求（申出）を行うことを防ぐため，本人確認及び請求事由の確認をより厳格に行うことが必要です。

6 罰則の新設

(1) 過料から罰則へ

従来，偽りその他不正の手段により住民票の写し等の交付を受けた者への制裁は，10万円以下の過料に処するというものでした。これは，平成19年の法改正により，30万円以下の罰金に処されることとなり制裁措置が強化されました（法46条2号）。

第7　郵送事務

　郵送事務が多いのも住民課の事務の特徴です。

　一つは，住民の住所の異動や戸籍の届出等に伴う市町村間の通知事務があります。

　次に，住民や官公庁・各種企業からの郵送による住民票の写しや戸籍謄抄本等の請求も相当あります。

1　発送文書及び到達文書の種類

(ア)　法に基づく通知

　転入通知（法9条1項），住民票記載事項通知（法9条2項），戸籍の附票記載事項通知（法19条1項），戸籍照合通知（法19条2項），本籍転属通知（法19条3項），選挙人名簿の登録に関する通知（法10条，15条2項），職権記載等通知（令12条4項），在外選挙人名簿の登録及び抹消の通知（法17条の2第2項）。

　なお，転入通知（法9条1項）及び戸籍の附票記載事項通知（法19条1項）は，電気通信回線を使用し，送信されます（法9条3項，法19条4項）。

(イ)　届出書の送付及び到達

　戸籍の届出書については，他の市町村長が戸籍の記載をすべきときに送付したり，送付されてきたりします。

(ウ)　一般文書の連絡

　法務省（法務局），総務省等からの通知や一般事務に関わる文書の連絡。

(エ)　その他

　住民票の写しや戸籍謄抄本，各種証明等の依頼文書到達，これに対する送付・回答。

140 第1編　窓口事務と接遇の知識

2　発送文書及び到達文書の処理方法

　発送の方法は，それぞれの市町村により取扱い方法は異なりますが，一般的には，郵送担当課等で総括され，交換便又は郵送により処理されます。

　返送料が同封されている場合には，直接担当課より郵送処理されます。

(1)　送付されてくる文書の処理

　通知文及び届出書は，書類の到達日をもって処理するので，到達日を受付印等により正しく明らかにすることが必要です。文書は，一般通知文，戸籍，住民票，附票等に区分しそれぞれの担当に回覧あるいは配布し，処理します。

(2)　送付依頼のあった証明書等の処理

　住民基本台帳法・戸籍法上の証明，不在住・不在籍証明，身分証明は郵送で請求できますが，印鑑証明書は郵送では本人の意思が確認できないため請求に応じることができません。

(ア)　転出証明書の請求があった場合

　依頼書に住所，転出する者の氏名，世帯主名，転出年月日及び転出先の住所が明示されていることが必要です。

　また，その者が国民健康保険の被保険者で，この転出届に被保険者証の添付がない場合には，被保険者証を返還するよう連絡することが必要です。

(イ)　戸籍謄抄本，住民票の写し等の請求があった場合

　本人等請求，公用請求，第三者請求により必要な書類が異なります。まず，窓口での請求と同様の書類の写しが送られてきているかの確認が必要です。

第7　郵送事務　141

　次に，戸籍謄抄本では本籍，筆頭者，必要な人の氏名（抄本のとき），
住民票の写しでは，住所，世帯主，必要な人の氏名（一部の写しのとき）
及び続柄・戸籍の表示の有無等が明示されているかどうかを確認し，何
を必要としているかを確実に把握しなければなりません。特に，マイナ
ンバー，住民票コード記載の住民票の写しの請求については，本人又は
同一世帯の者からの請求であることを，送付された本人確認資料の写し
等で確実に確認する必要があります。

　また，市町村長は，弁護士（弁護士法人を含む。），司法書士（司法書士
法人を含む。），土地家屋調査士（土地家屋調査士法人を含む。），税理士
（税理士法人を含む。），社会保険労務士（社会保険労務士法人を含む。），弁
理士（特許業務法人を含む。），海事代理士又は行政書士（行政書士法人を
含む。）の特定事務受任者から受任している事件又は事務の依頼者が法
第12条の3第1項各号に該当することを理由として，基礎証明事項の
みを表示した住民票の写し等の交付申出が行われた場合で，当該申出を
相当と認めるときは，住民票の写し等を交付ができるとされています。

　さらに，送付先が，本人の住所等と異なる場合，請求者に直接手交し
た場合と同様の評価ができる場所に限り送付可能ですので，このことを
含め，疑義がある場合には，適宜，電話等で質問するなど内容を補足し
ます。こうした確認をした後，戸籍謄抄本，住民票の写し等を発行しま
す。

　なお，申出者から利用の目的を達成するため，マイナンバー，住民票
コードを除く基礎証明事項以外の事項を表示してほしい旨の申出があ
り，市町村長が当該申出を相当と認めるときは，当該事項を記載した住
民票の写し等を交付することができます。

(3)　手数料及び郵送料の処理

　手数料は原則として，定額小為替によりますが，返送料は切手でもかま

142　第1編　窓口事務と接遇の知識

いません。地方自治法施行令第156条では，歳入の納付に使用することができる証券は，納付金額を超えないものに限る，とされています。送付されてきた金額が手数料より多い場合の扱いは，定額小為替手数料と小為替の額面金額との関係も有り，一律の整理はできません。個別事案の性格等を勘案し，対応することとなります。

　請求者が，返信用切手では，証明書送付用郵送代が不足することを懸念し返送料充当用として，手数料より多い金額の定額小為替を送ってきた場合，その分は郵送料なので切手でお返しもできます。定額小為替手数料を節約する意図であれば，上記自治法施行令により，再度，手数料相当額の定額小為替を送付されるよう連絡を取るという方法を選択しなければならない場合もあるでしょう。

　逆に金額が不足する場合は，電話等で連絡し不足分の送付依頼をするか，もう一度請求するように連絡した後，返送します。

第2編
住民記録Q＆A

第二編

第1	住民基本台帳ネットワーク関係	145
第2	住民票と戸籍	182
第3	住民基本台帳の閲覧と住民票の写し等の交付	195
第4	届出	214
第5	転出・転入・転居	220
第6	国外への転出と国外からの転入	266
第7	世帯の変更	271
第8	職権処理	278
第9	通知	287
第10	戸籍の附票	292
第11	マイナンバー	303
第12	罰則	309
第13	雑則	314

第1　住民基本台帳ネットワーク関係

Q1
平成14年より住民基本台帳ネットワークシステムが始まりましたが，どのような経緯で構築されたのですか？

A　平成11年の改正住民基本台帳法に基づき，市町村の区域を越えた住民基本台帳に関する事務の処理や国の行政機関等に対する本人確認情報の提供を行うための全国規模のネットワークシステムである住民基本台帳ネットワークシステムが構築されました。

　住基ネットは，デジタル・ネットワーク社会（高度情報化社会）の急速な進展の中で，住民負担の軽減・住民サービスの向上，国・地方を通じた行政改革のため，行政の高度情報化の推進が必要不可欠であるとの要請に応えるため，基礎となる本人確認情報の提供を全国規模で効率的に行うシステムです。また，個人情報の保護を最も重要な課題としています。そのため，個人情報保護の国際的な基準を踏まえたうえで，制度面，技術面及び運用面などあらゆる面で対策を行っています。平成14年8月5日から住基ネット第1次稼働としてすべての国民に住民票コードが付番されました。また，法令等で定められた事務において，本人確認情報（氏名，住所，生年月日，性別，住民票コード，これらの変更情報）を利用することにより，行政手続の中で住民票の写しの提出が省略されるなど効率的な行政運営が可能になりました。

　また，平成15年8月25日からの住基ネット第2次稼働により，住基ネットを利用して，どこの市町村でも住民票の写しが受け取れる広域交付，住基カードの交付，また，住基カードを利用した転入転出手続の特例など市民サービスの向上も図られました。

146　第2編　住民記録Q&A

　さらに，平成24年7月9日から住基カード保有者が転出及び転入を行う際は原則，転入届の特例を受けることになりました。市町村をまたいだ異動を行った場合も原則住基カードを継続して利用できることになりました。加えて，平成25年7月8日から，外国人住民について，住基ネット，住基カード等の規定が適用されることになりました。

　平成27年10月5日に，①行政の効率化，②国民の利便性の向上，③公平・公正な社会の実現のため，個人番号法が施行されました。

　日本に住民票を有するすべての人にマイナンバーが付番され，通知カードにより住民それぞれマイナンバーが通知されました。

　また，平成28年1月1日より，マイナンバーの利用が開始され，マイナンバーカードの交付，マイナンバーを利用した転入・転出手続の特例が可能となりました。

〈住民基本台帳ネットワークシステム構築の経緯〉

平6〜　　　住民記録システムのネットワークの構築等に関する研究会
平7.3　　　同研究会中間報告
平8.3　　　同研究会最終報告
平8.7　　　住民基本台帳ネットワークシステム懇談会
平8.12　　同懇談会意見概要の公表
平9.6　　　「住民基本台帳ネットワークシステムの構築について（住民基本台帳法一部改正試案）」公表，意見募集
平10.2　　「法律案の骨子」公表，意見募集
平10.3　　「住民基本台帳法の一部を改正する法律案」国会提出
平11.8　　**「住民基本台帳法の一部を改正する法律」公布**
平11.10　　制度実施に必要な事項について施行
平11.11　　指定情報処理機関の指定
　　　　　　（財団法人地方自治情報センター（LASDEC）現：地方公共団体情報システム機構（J-LIS））

第1　住民基本台帳ネットワーク関係　147

平12.9　　住基ネット基本設計完了

平13.12 ～ 14.3　総合運用テスト

平14.5 ～ 7　データ整備

平14.8.5　**住基ネット第1次稼働**

　　　　　→住民への住民票コード通知開始

　　　　　→行政機関への本人確認情報提供

平14.12.13　行政手続オンライン化三法公布

平15.1.31　住民基本台帳法施行令（政令）一部改正

平15.5.12　住民基本台帳法施行規則（省令）一部改正

平15.8.25　**住基ネット第2次稼働**

　　　　　→住民票の写しの広域交付

　　　　　→住基カードの交付

　　　　　→転入転出特例

平24.7.9　**住基ネット利用拡大**

　　　　　→転入届の特例

　　　　　→市町村をまたいだ住基カードの継続利用

平25.7.8　**住基ネット等の規定を外国人住民に適用**

平27.10.5　番号法施行

　　　　　→通知カードによるマイナンバーの通知

平28.1.1　マイナンバーの利用開始

　　　　　→マイナンバーカードの交付

Q2

住民基本台帳ネットワークシステムとは，どのようなものでしょうか？　（住民基本台帳ネットワークシステム，住民票コード）

A　1　住民基本台帳ネットワークシステム

　住基ネットは，平成11年8月18日の住民基本台帳法の改正をうけ，平

148　第2編　住民記録Q＆A

成14年8月5日に稼働しました（第1次稼働）。住民票の記載事項に住民票コードを加え，市町村が行う各種行政の基礎である住民基本台帳のネットワーク化を図ることで，全国共通の本人確認を実現する地方公共団体共同のシステムで，電子政府・電子自治体を実現するための基盤となります。住基ネットから提供される本人確認情報（氏名・出生の年月日・男女の別・住所の基本4情報及び住民票コードと，これらの変更情報）は，専用回線や媒体による「一括提供方式」または「即時提供方式」で，公的機関における住民基本台帳法で規定された事務において利用されています。

　平成15年8月25日には第2次稼働として，住民票の写しの広域交付（法12条の2），転入転出の特例処理（法24条の2），住基カードの交付のサービスや，転入通知の電気通信回線を通じた送受信（法9条3項）が始まり，住民の利便性の向上や事務の効率化が図られています。

　また，平成24年7月9日から住基カード保有者が転出及び転入を行う際は原則，転入届の特例を受けることになりました。市町村をまたいだ異動を行った場合も原則住基カードを継続して利用できることになりました。さらに，平成25年7月8日から，外国人住民について，住基ネット等の規定が適用されることになりました。

　その後，番号法が施行され，平成28年1月1日からマイナンバーの利用が開始されました。マイナンバーの利用に伴い，マイナンバーカードの交付によりこれまでの「住基カード保有者」が受けることができた各種届出（特例等）のサービスが，マイナンバーカード保有者についても同様に受けられるようになりました。

2　住民票コード（法7条13号）

　住民票コードとは，住民基本台帳に記録されているすべての者に付番されている11桁の数字で，無作為に作成された10桁の数字と，1桁の検査数字の組み合わせとなっています（規則1条）。平成14年8月5日の住基ネット稼働と併せて，一斉に住民票に記載されました。また，それ以降，

出生等で新たに住民基本台帳に記録される者には，随時付番を行い，住民票への記載を行っています（法30条の2第2項）。平成25年7月8日からは，外国人住民についても住民票に記載されるようになりました。

　市町村長が，住民票に記載することができる住民票コードは，それぞれの市町村長ごとに，都道府県知事から指定の通知を受けています（法30条の7第1項）。都道府県知事は，指定する住民票コードがすでに指定されていたり，他の都道府県知事が指定しようとしているものと重複しないよう，調整を図ります（法30条の7第2項）。また，市町村長が，新たに住民票コードを付番し，住民票に記載する場合，その住民票コードは，都道府県知事から指定された住民票コードのうち，すでに他の住民票に記載されている住民票コードとは異なる，いずれか1つを選択します（法30条の2第2項）。

　そのため，住民基本台帳に記録されている人は，一人一人が異なる住民票コードをもち，重なることがありません。住民票コードは，全国規模の住基ネットにおいて，誤りなく個人を特定できるという，優れた性質をもっているのです。また，住民票コードは本人からの申請により，理由のいかんを問わず変更することができます（法第30条の3第1項）。

Q3

住民基本台帳カードの有効期間は，交付した日から10年間ではないのでしょうか？　（住民基本台帳カードの発行）

A　1　住民基本台帳カードの有効期間

　住基カードの有効期間は，住基カードの交付の日ではなく，発行の日から10年間になります（交付については，平成27年12月で終了しています。）。

　住基カードを即日で交付する場合等，発行日と交付日が同日になる場合もありますが，交付申請者等が，住基カードに暗証番号を設定したときか

150　第2編　住民記録Q&A

らの起算ではありませんので，注意が必要です。

　ただし，外国人住民（永住者，特別永住者を除く。）については，次のようになります。

- 中長期在留者：在留期間満了日まで
- 一時庇護許可者・仮滞在者許可者：上陸期間又は仮滞在期間経過まで
- 経過滞在者：出生又は国籍喪失から60日を経過する日まで

Q4

住民基本台帳カードの交付を受けた後，転居等異動をした場合には，届出が必要でしょうか？

A　1　記録事項の変更届出

　住基カードの交付を受けた者が，転居届，戸籍届出等をしたことにより，住基カードに記録されている事項に変更が生じた場合（住民票コードを除く。）は，住基カードを添えて，交付市町村長に届け出なければなりません。記録されている事項で，住民票コード以外のものは，表面記載事項となりますので，届出は，表面記載事項の変更届となります。

　転入届の特例を受けている者が，最初の転入届を受けた市町村長に住基カードの提出を行うことがなく，最初の転入届をした日から90日を経過しないうちに，住基カードを提出した場合も同様の処理になります。

2　変更届の記載事項等

　住基カード表面記載事項変更届には，次の事項を記載し，住基カードを添えて，提出してもらいます。

① 　住基カードの表面記載事項の変更内容
② 　氏名
③ 　住所
④ 　通称の記載／削除

　また，転居届等に住基カードの表面記載事項の変更届出を行う旨を記載

第1　住民基本台帳ネットワーク関係　151

することにより，変更届の提出に代えることもできます。

　変更届は，本人もしくは同一の世帯に属する人が，本人の住基カードを添えて行うのが適当とされています。

3　変更届が提出されたときの記載方法

　変更届が提出されたときは，届出の年月日及び変更後の内容を裏面の追記領域に記載し，「転居」，「職権修正」又は「転入」と明記して，これに職印を押します。

（具体例）

●このカードを他人に貸与または譲渡することはできません。
●このカードの暗証番号は他人に知られないようご注意ください。
●このカードを紛失したとき，または盗難にあった場合は，直ちに届け出てください。
●このカードは折り曲げたりすると使用できなくなる場合がありますので，大切にお取扱いください。
●このカードを拾得された方は，ご面倒でも表の連絡先までご連絡ください。

転居	東京都高尾市東町１丁目６番地
平成16年10月1日 印	

　転居を複数回繰り返した後に変更届が提出された場合等は，途中の経過は省略し，最新の履歴のみ記載することとなっています。

Q5

カードロックがかかった住民基本台帳カードを回復するには，どうしたらよいでしょうか？

また，暗証番号を変更することはできるでしょうか？　（住民基本台帳カードの暗証番号再設定，暗証番号変更）

A　1　カードロック

暗証番号を忘れてしまったとき，暗証番号の照合が正常にできるまで

152　第2編　住民記録Q＆A

に，規定回数（3回）以上暗証番号の入力を誤った場合は，住基カードはカードロックの状態になります。カードロックとは，暗証番号の照合が実施できず，暗証番号の照合を必要とする処理が，実施できないようになることです。このため，住基ネットにおいて，住基カードを利用した本人確認を行うことができません。

　カードロックを解除するためには，交付市町村で，暗証番号の再設定の手続をする必要があります。また，カードロックされていない住基カードでも，暗証番号を忘れてしまったときは，同様に再設定の手続を行います。

2　暗証番号の再設定

　暗証番号の再設定をする場合は，再設定申請者に，住基カードを添付した，暗証番号再設定申請書を提出してもらいます。申請は，再設定申請者及び法定代理人のほか，市町村の判断により，任意代理人でも行うことができます（任意代理人の申請は，交付の際と同様取り扱わなくてもよい）。15歳未満の者及び成年被後見人の場合は，法定代理人が申請を行います。15歳以上20歳未満の者の申請は，再設定申請者，法定代理人のどちらでも行えます。

(1)　暗証番号再設定申請書の記載事項

　暗証番号再設定申請書には，次の事項を記載して，提出してもらいます。

① 氏名

② 住所

また，再設定申請者又は法定代理人の署名又は記名・押印も必要です。

(2)　本人確認及び暗証番号再設定

　再設定申請者又は法定代理人が暗証番号再設定の申請を行っている場合は，再設定申請者又は法定代理人の本人確認を住基カードの交付に準じて行ってから，新暗証番号を住基カードに，自ら設定してもらいます。

第1　住民基本台帳ネットワーク関係　153

　また，再設定申請者の任意代理人が暗証番号再設定の申請を行っている
場合は，任意代理人の本人確認を住基カードの交付に準じて行ってから，
暗証番号の再設定を行います。この場合，郵送等により，再設定申請者に
対して文書で照会したその回答書等に，再設定申請者によって，数字4桁
からなる新暗証番号を記載し，届出をしてもらい，市町村職員が，新暗証
番号の設定を行います。

　暗証番号の設定に関する注意事項等は，住基カードの交付に準じます。

3　暗証番号の変更

　暗証番号の変更をする場合は，変更申請者の住基カードを添付した，暗
証番号変更申請書を提出してもらいます。申請は，変更申請者及び法定代
理人のほか，市町村の判断により，任意代理人でも行うことができます
（任意代理人の申請は，交付の際と同様取り扱わなくてもよい。）。15歳未満の
者及び成年被後見人の場合は，法定代理人が申請を行います。15歳以上
20歳未満の者の申請は，変更申請者，法定代理人のどちらでも行えます。

(1)　暗証番号変更申請書の記載事項

　暗証番号変更申請書には，次の事項を記載して，提出してもらいます。

①　氏名

②　住所

　また，変更申請者又は法定代理人の署名又は記名・押印も必要です。

(2)　暗証番号変更

　変更申請者又は法定代理人が暗証番号変更の申請を行っている場合は，
旧暗証番号及び新暗証番号を住基カードに，自ら設定してもらいます。

　また，変更申請者の任意代理人が，暗証番号変更の申請を行っている場
合は，任意代理人の本人確認を住基カードの交付に準じて行ってから，暗
証番号の変更を行います。この場合，郵送等により，変更申請者に対して
文書で照会したその回答書等に，変更申請者によって，数字4桁からなる
旧暗証番号及び新暗証番号を記載し，届出をしてもらい，市町村職員が，

154 第2編 住民記録Q&A

暗証番号の変更を行います。

　暗証番号の変更に関する注意事項等は，住基カードの交付に準じます。

Q6

住民基本台帳カードを紛失してしまったときは，届出が必要でしょうか？　（住民基本台帳カードの一時停止）

A　1　住民基本台帳カードの一時停止

　住基カードの交付を受けている者が，住基カードを紛失してしまったときは，直ちに，交付地の市町村長に届け出なければなりません。届出を受けた場合は，その住基カードの運用状況を「一時停止」とし，住基ネットにおけるカード利用を一時停止状態とします。

　住基カードは本人確認書類であり，紛失してしまった場合，その保護は緊急に行う必要があるため，窓口はもちろん，電話での口頭による届出も受理することができます。また，任意代理人による届出も受理することとなっています。15歳未満の者及び成年被後見人の場合は，法定代理人が届出を行います。15歳以上20歳未満の者の届出は，本人，法定代理人のどちらでも行えます。

(1)　届出事項等

　住基カードの交付を受けている者の，氏名，住所，出生の年月日及び男女の別等の申告を求め，本人確認を行います。

　任意代理人による届出の場合は，本人確認と合わせて，住基カードの交付を受けている者との続柄等の申告を求め，代理権を授与した事実の確認を行います。

(2)　記録簿を作成する

　一時停止の届出は，電話等口頭での届出が主となりますので，申出者側の詐称や，受付職員側の過失等のトラブルを防止するために，電話応対等の記録簿又は申請書を作成し，管理します。記録簿の形式は特に定めがあ

第1 住民基本台帳ネットワーク関係 155

りませんので，市町村の判断で作成します。

2 紛失した住民基本台帳カードを廃止したいとき

　住基カードを紛失した場合は，住基カードの返納届を行うことはできません。通常は，一時停止届により対応をすることになります。しかし，住基カードは，いつでも返納することができるとされていますので，交付を受けている者から希望があった場合は，カード運用状況を「一時停止」ではなく，「廃止」とすることもできます。この場合は，一時停止届に「廃止」と記載をして，届出をしてもらいます。住基カードの回収は行われていませんので，カード回収情報は，「未回収」のままとしておきます。

　廃止は一時停止と違い，住基カードが発見されたとしても，カード運用状況を「運用中」に戻すことはできないため，再度利用することはできません。また，一時停止は，電話等の口頭による届出が認められていますが，廃止については，口頭による届出が適当でないため，必ず，「廃止」と記載したカード一時停止届を提出してもらうようになります。

3 一時停止されている住民基本台帳カードが利用されたとき

　一時停止中の住基カードが利用されたときは，利用者に対し，運転免許証等の提示を求め，また，基本4情報等により本人確認を行います。本人と確認された場合は，運用ミスと考えられるので，住所地市町村において，一時停止解除申請を行うように指導します。本人以外と見られる場合は，住基カードの不正利用とみなされますので，その者に対して，利用されたカードの返納を要求します。この場合，刑法第246条（詐欺罪：10年以下の懲役）に該当することも考えられますので，告発を行う等の対応をとります。

156 第2編 住民記録Q&A

Q7

紛失した住民基本台帳カードを発見したときは，どのような届出が
必要になりますか？ （住民基本台帳カードの一時停止解除）

A 住基カードを紛失した旨の届出をした者は，届出を行っていた住基
カードが発見されたときは，その旨を交付市町村長に届け出なければなり
ません。届出を受けた交付市町村は，その住基カードの運用状況を「運用
中」とし，住基ネットにおけるカード利用の一時停止状態を解除します。

1 一時停止解除届

一時停止解除の届出は，住基カードの交付を受けている本人及び法定代
理人のほか，市町村の判断により，任意代理人でも行うことができます
（任意代理人の届出は，交付の際と同様取り扱わなくてもよい。）。15歳未満の
者及び成年被後見人の場合は，法定代理人が届出を行います。15歳以上
20歳未満の者の届出は，本人，法定代理人のどちらでも行えます。

届出の際は，一時停止解除届に発見された住基カードを添えて，提出し
てもらいます。一時停止解除届の届出事項は特に定まっていませんが，住
所，氏名，住民票コード又は出生の年月日及び男女の別等が考えられま
す。

2 本人確認

一時停止解除届が提出されたら，届出人の本人確認を，住基カードの交
付に準じて行います。この場合，発見された住基カードが，規則別記様式
第1に規定されるものであるときは，その住基カードを，本人確認書類と
することは適当ではありません。規則別記様式第2に規定される住基カー
ドの場合は，表面記載事項で本人確認を行います。

第1 住民基本台帳ネットワーク関係　157

Q8

住民基本台帳カードが失効するのはどのようなときでしょうか？
その場合，住民基本台帳カードを返してもらう必要はあるのでしょ
うか？　（住民基本台帳カードの失効，住民基本台帳カードの返納）

A　1　住民基本台帳カードの失効

住基カードは次のいずれかに該当するときに，その効力を失います。

(1) 有効期限が満了したとき

(2) 国外に転出したとき

(3) 転出届をした後，最初の転入届を行うことなく，転出届により届け
出た転出の予定年月日から30日を経過し，又は転入をした日から14
日を経過したとき

(4) 住基カードの交付を受けている者が転出届をし，最初に転入届をし
た市町村に住基カードを提出することなくその転入日から90日経過
したとき又はその市町村からさらに転出したとき

(5) 死亡したとき

(6) 法の適用を受けない者となったとき

(7) その他住民票が削除されたとき（国外転出でない転出届により住民票
が削除されたとき又は日本の国籍を取得もしくは喪失したときを除く。）

(8) 住民票コードの修正が行われたとき

(9) 住基カードが返納されたとき

(10) 返納を命ぜられた住基カードにあっては，返納を命ずる旨を通知
し，または公示したとき

(11) マイナンバーカードの交付を受けるとき

2　住民基本台帳カードの返納

住基カードが失効するときは，原則的に，住基カードに返納届を添え，
交付市町村長に返納してもらいます。

158　第2編　住民記録Q&A

返納届に記載する事項は，次のとおりです。

① 　住基カードを返納する事由

② 　氏名

③ 　住所

　ただし，他の届出等と合わせて，住基カードの返納があったときは，その届出等に，住基カードを返納する旨を記載することにより，返納届の提出に代えることができます。また，郵便等又は代理人による住基カードの返納についても，その受理を行うことができます。

3　住民基本台帳カードの返納命令

　交付市町村長は，錯誤に基づき，又は過失により，住基カードを交付した場合で，住基カードを返納させる必要があると認めるときは，住基カードの交付を受けている者に対し，その返納を命ずることができます。

　住基カードの返納を命ずることを決定した場合は，返納を命ずる住基カードの交付を受けている者に対して，書面によりその旨を通知しなければなりません。通知を受けるべき者の住所及び居所が明らかでないとき，その他通知をすることが困難なときは，その通知に代えて，その旨を公示することができます。

4　返納された住民基本台帳カードの廃棄

　住基カードの返納を受けたときは，その住基カードのICチップの裁断等の措置を講じたうえで，物理的に廃棄をします。

Q9

住民基本台帳カードが失効し返納を求めた際に，市町村の独自利用サービスのため，引き続き，カードを使用したい旨の申出があった場合はどうすればよいのでしょうか？　（失効後の住民基本台帳カードの保有について）

A　1　独自利用サービスに係る利用について引き続き使用する場合

第1　住民基本台帳ネットワーク関係　159

　住基カードの独自利用サービス（法30条の44第12項）に係る利用について，住基カードの運用状況に連動させるかどうかは，市町村で判断をしてよいこととなっています。そのため，住基カードが失効した場合でも，独自利用サービスに係る利用が引き続き可能であるとき，又は可能と認められるときは，住基カードの継続使用を認めることができます。この場合，ICチップ部，アンテナ部等を避けて，ICカードにパンチで穴を開けること等により，住基カードの表面記載事項が，不正に利用されることのないようにします。また，カード運用状況は「回収」とはせず，「廃止」とします。

　さらに，有効期限切れの住基カードについても，同様に取り扱うことが可能です。

2　住民基本台帳カードを記念品として保有する場合

　独自利用サービスに係る利用がない住基カードでも，失効したときに，返納せず記念品として保有したい等の希望があった場合は，それを認めることができます。

　記念品として保有する場合は，住基カードを使用することがありませんので，ICチップ部等にパンチで穴を開ける等の処理をします。また，その住基カードの運用状況は，「回収」とはせず，「廃止」とします。

Q10

住民票の写しの広域交付は，従来の住民票の写しの交付とどのように違うのでしょうか？　（住民票の写しの広域交付：法12条の4）

A　住民票の写しの広域交付は，住所地市町村以外の市町村において，請求者及び同一の世帯に属する者に係る住民票の写しを交付できるサービスです。例えば，勤務先や遠隔地において，住民票の写しが必要になったときに，わざわざ住所地市町村の窓口に住民票の写しを取りに行かなくても，最寄りの市町村の窓口で住民票の写しを取ることができます。ただ

160　第2編　住民記録Q&A

し，住民票の写しの広域交付で発行される住民票の写しは，記載内容や請求できる者が，住所地で交付するものよりも制限されていますので，注意が必要です。

1　記載内容

　住民票の写しの広域交付では，請求者及び同一の世帯に属する者に係る次の事項が記載された住民票の写しが交付されます。住所地市町村で交付される住民票の写しとほぼ同様の内容となりますが，戸籍の表示は記載されません。

　(1)　氏名（通称が住民票に記載されている外国人住民にあっては，氏名及び通称）

　(2)　出生の年月日

　(3)　男女の別

　(4)　世帯主・続柄

　(5)　住民となった年月日（日本人住民に限る。）

　(6)　住所を定めた年月日

　(7)　住所を定めた旨の届出の年月日及び従前の住所

　(8)　外国人住民となった日（外国人住民に限る。）

　(9)　マイナンバー

　(10)　住民票コード

　(11)　外国人住民にあっては，国籍・地域，法第30条の45規定区分，在留資格，在留カード等の番号，在留期間，在留期間満了日

　(4)及び(9)(10)(11)は特別な請求がない場合，省略することができます。特に(9)のマイナンバー及び(10)の住民票コードの記載の請求があった場合は，マイナンバーには，提供の求めの制限，提供の制限等に係る規定のあること，並びに住民票コードには告知要求制限，利用制限等に係る規定のあること，秘密保持義務により保護されていること等を説明し，請求者の理解を求め，できる限り省略することが適当です。

また，(7)の従前の住所は転入前住所をさしており，転居前住所は含まれません。住所地市町村が，転居前住所を従前の住所として取り扱っていて，転入前住所をシステムが把握できない場合は，従前の住所の欄は空欄となります。

2　交付請求

(1)　交付請求者

　住民票の写しの広域交付は，請求者本人又は請求者と同一の世帯に属する者のみ請求することができます。そのため，世帯の異なる者の請求，公用での請求や特定事務受任者からの申出は受理することができません。

(2)　申請書

　住民票の写しの広域交付の請求があった場合は，請求者に次の事項を記載した請求書を提出してもらいます（規則4条1項）。

　　①　住民票の広域交付の請求である旨

　　②　請求者の氏名（自署又は押印を求める）及び住所

　　③　請求者の住民票コード又は出生の年月日及び男女の別

　　④　請求に係る者の氏名（外国人住民にあっては，氏名又は通称）及び住所

　ただし，請求者がマイナンバーカードもしくは住基カードを提示し，暗証番号を照合した場合は，住民票コードを記載する必要はありません。マイナンバーカードもしくは住基カードから読み出した住民票コードを，市町村職員が記載しておきます。

(3)　本人確認書類

　請求書の提出を受けたら，請求者に次のいずれかの書類を提示してもらい，本人であることを確認します。

　　①　マイナンバーカード又は住基カード（有効期間内で，カード運用状況が運用中であるもの。暗証番号を照合し取得した本人確認情報と，請求書に記載された事項を照合することにより，本人確認を行う。）

162　第2編　住民記録Q&A

② 旅券，運転免許証等官公署が発行した免許証，許可証又は資格証明書等（本人の写真が貼付されたものに限る。）で，本人であることを確認するため市町村長が適当と認めるもの（有効期間の定めがあるものは，有効期限内のものに限る。）（規則4条2項）。

(4)　発行・交付

交付地市町村長は，提示された書類で本人確認を行った後，住民票の写し広域交付請求通知を住所地市町村長に電気通信回線を通じて通知します（法12条の4第2項，第5項，令15条の3第1項，令30条の31，規則5条）。

この通知を受けた住所地市町村長は，住民票の写しの記載に必要な事項の情報を，電気通信回線を通じて，交付地市町村長に通知します（法12条の4第3項，第5項，令15条の3第2項，令30条の26第7項，令30条の31，規則5条，**Q14**参照）。通知を受けた交付地市町村長は，CSの端末機画面等により，請求書内容の審査を行い，プリンタから打ち出した書類を認証して交付します（法12条の4第4項，令15条の4）。

Q11

転入届の特例とは何ですか？

A 転入届の特例は，転出地市町村が，転出証明書に係る情報を電気通信回線を通じて転入地市町村へ通知することで，転出証明書の添付を省略して，転入の手続が行えるサービスです。転出証明書に係る情報を転入地市町村で取得する際には，マイナンバーカードもしくは住基カードによる暗証番号の照合が必要となりますので，マイナンバーカードもしくは住基カードの交付を受けていない者は，その特例の適用を受けることはできません。

特例の適用を受けた場合，転入時の転出証明書の添付は省略されますので，転出地市町村の窓口へ行くことなく，手続を行うことができますが，事前に郵送等で，転出地市町村へ転出届をしておく必要があります。

第1　住民基本台帳ネットワーク関係　163

1　転入届の特例の適用を受ける者からの転出届の受理

(1)　転入届の特例の適用を受ける者

ア　マイナンバーカード又は住基カードの交付を受けている者（転出
届出時点で有効期間であって，カード運用状況が運用中のものに限る。）

イ　マイナンバーカード又は住基カードの交付を受けている世帯主と
併せて転出届をする場合，同一世帯に属するマイナンバーカード又
は住基カードの交付を受けていない者

なお，この場合の世帯主については，転出をし転入をする際には
往々にして世帯主の変更があること等にかんがみ，同一世帯に属す
る者の全部又は一部が同時に転出をする場合でそのうちマイナン
バーカード又は住基カードの交付を受けている者がある場合には，
その交付を受けている者を世帯主とみなし転出届を受理してもかま
いません。

ただし，転出届を受ける市町村長は，マイナンバーカード又は住
基カードの交付を受けていない者から転出届があった場合は，同時
に転出する同一世帯の者にマイナンバーカード又は住基カードの交
付を受けている者がいたとしても，転入届の特例を適用せず，転出
証明書を交付しても差し支えありません。その際には，転入届の際
にマイナンバーカード又は住基カードの交付を受けている者のマイ
ナンバーカード又は住基カードを提示し，継続利用の手続が必要で
ある旨を説明します。

(2)　届出方法

転出地市町村長は，転入届の特例の適用を受ける者に対して，転出
証明書の交付を受ける必要はないが，転入届時にマイナンバーカード
又は住基カードを提示し，暗証番号を入力する必要があることを説明
します。

また，市町村判断により郵便又は電子情報処理組織にて届け出た者

に対して，転出届を受理した旨を通知します。

　ア　郵便等による届出

　　　マイナンバーカード又は住基カードの交付を受けている旨，転出

　　届をする者の連絡先電話番号等を届出書において明らかにさせま

　　す。

　イ　電子情報処理組織を使用して行う届出

　　　入力する事項についての情報に電子署名を行わせ，電子証明書と

　　併せてこれを送信させます（情報通信技術利用法3条1項，総務省関

　　係法令に係る行政手続等における情報通信の技術の利用に関する法律施

　　行規則3条，4条1項，2項）。

　　　この場合，マイナンバーカード又は住基カードの交付を受けてい

　　る旨，転出届をする者の連絡先電話番号等を請求者の使用に係る電

　　子計算機から入力して明らかにさせます。

(3)　転出証明書情報の登録・保持

　　転出届受理後直ちに，住民異動処理に基づき，転入地市町村長に通

　知する事項を住民記録システムから電気通信回線又は磁気ディスクを

　介して（住民記録システムを有しない市町村にあっては，手入力により）

　CSに入力します。

　　その情報は，転出の予定年月日から60日間保持することが適当で

　す。

(4)　その他

　　次の場合は通常の転出届として処理します。

　ア　転出をした日から14日を経過した日以後に届出があった場合

　イ　転出をする者のうちにマイナンバーカード又は住基カードの交付

　　を受けている者がいない場合

　ウ　マイナンバーカード又は住基カードの運用状況が運用中でない場

　　合又は有効期間内でない場合

第1　住民基本台帳ネットワーク関係　165

　なお，転出届をする者が転出証明書の交付を希望する場合，相当な理由がある場合（※）や同時に転出する同一世帯の者にマイナンバーカード又は住基カードの交付を受けている者がいるが，届出を行う者がマイナンバーカード又は住基カードの交付を受けていない場合は，転出証明書を交付しても差し支えありません。

　※　相当な理由とは，転入届時にマイナンバーカード又は住基カードの交付を受けている者が海外出張等で出国する予定で，転入地市町村にマイナンバーカード又は住基カードを持参できない場合などが考えられる。

2　転入地市町村長への通知

　転出地市町村長は，転入地市町村長から転出届後最初の転入届があった旨通知を受けた場合，直ちに次の事項（転出証明書情報）をCSにより通知します。

(1)　氏名（通称が住民票に記載されている外国人住民にあっては，氏名及び通称）

(2)　出生の年月日

(3)　男女の別

(4)　世帯主についてはその旨，世帯主でない者については，世帯主の氏名及び世帯主との続柄

(5)　戸籍の表示（外国人住民を除く。本籍のない者及び本籍の明らかでない者についてはその旨）

(6)　マイナンバー

(7)　住民票コード

(8)　転出前の住所

(9)　転出先，転出の予定年月日及び転出届をした年月日

(10)　国民健康保険，後期高齢者医療の被保険者又は退職被保険者等である者については，その旨

(11)　介護保険の被保険者である者については，その旨

166　第2編　住民記録Q&A

⑿　国民年金の被保険者である者については，国民年金の被保険者の種
　　別及び基礎年金番号

⒀　児童手当の支給を受けている者については，その旨

⒁　マイナンバーカードの交付を受けている者については，当該マイナ
　　ンバーカードの発行日，有効期間満了日，カードが真正であることを
　　確認するための符号その他マイナンバーカードの管理のために必要な
　　情報

⒂　住基カードの交付を受けている者については，当該住基カード管理
　　情報

⒃　国籍・地域（外国人住民に限る。）

⒄　法第30条の45の表の下欄に掲げる事項（外国人住民に限る。）

⒅　通称の記載及び削除に関する事項（通称の記載及び削除に関する事項
　　が住民票に記載されている外国人住民に限る。）

3　最初の転入届の受理

　最初の転入届とは，転出届後最初に行う転入届であって，マイナンバー
カード又は住基カード（届出時点でカード運用状況が運用中又は一時停止で
あるものに限る。）を添えて行われるものをいい，転出証明書の添付は不要
です。

　なお，マイナンバーカード又は住基カードの交付を受けている世帯主と
併せてマイナンバーカード又は住基カードの交付を受けていない同一世帯
に属する者が転出届をした場合，世帯主が最初の転入届に併せて同一世帯
に属する者の最初の転入届を行うことができます。

　(1)　届出事項

　　　法第22条第1項に掲げる事項のうち，住民票コードについては，
　　暗証番号を照合したうえでマイナンバーカード又は住基カードから住
　　民票コードを読み出すので明らかにさせることを要しない。同時に転
　　入する同一世帯に属する者についても，転出証明書情報通知から住民

第1　住民基本台帳ネットワーク関係　167

票コードが明らかとなるので，同様に取り扱う。

(2)　届出方法

ア　本人による届出の場合

　　マイナンバーカード又は住基カードを提示させ，暗証番号を照合したうえで本人確認情報を取得し，届出書に記載された事項と照合することにより，最初の転入届をする者が本人であることを確認します。ただし，マイナンバーカード等の機能の不具合等により本人確認を行うことができない場合は，その表面記載事項等に基づき本人確認情報を取得し，届出書に記載された事項と照合すること等により行うものとします。

イ　本人以外の者による届出の場合

　　本人のマイナンバーカード又は住基カードを提示させ，委任状等を提出させることにより，代理権の授与等がなされていることを確認できた場合又は代理権の授与等がなされていることを本人の住基カードの暗証番号の照合により確認することができた場合（同一世帯に属する者又は法定代理人に限る。）については，この届出を受理しても差し支えありません。

(3)　転出届後の最初の転入届として受理できない場合

ア　転出届がされてから最初の転入届がされるまでの間において，いずれかの市町村の住民基本台帳に記録されたことがある場合

イ　転出届に係る者のうち一部の者が最初の転入届をした後，最初の転入届をしなかった者が転入届をする場合

ウ　転出届により届け出た転出の予定年月日から30日を経過した日又は転入をした日から14日を経過した日のいずれか早い日以後に，最初の転入届をする場合（ただし，転出地市町村長から転出証明書情報の通知を受けることができる場合は，転出証明書の添付を不要とすることとして差し支えない。）

エ　マイナンバーカード及び住基カードの運用状況が運用中又は一時
　　停止でない場合

オ　マイナンバーカード及び住基カードの提出がなかった場合

4　転出地市町村長への通知

　転入地市町村長は，最初の転入届を受けた場合，直ちに転出地市町村長
へ次の事項を CS により通知します。

(1)　住民票コード

(2)　氏名

5　転入処理

　転出地市町村長から転出証明書情報を受信し，それに係る端末機画面又
はプリンタ等から打ち出された書類を転入届と照合し，転入処理を行いま
す。

6　マイナンバーカード・住基カードの継続利用処理

(1)　マイナンバーカード又は住基カードは，最初の転入届と同時に提出
　　させます。

　　　転入地市町村長は，転入する者のマイナンバーカードの表面の追記
　　欄，あるいは住基カードの裏面の追記領域等に，届出の年月日及び新
　　たな住所で記載し「転入」と明記してこれに職印を押します。

　　　また，マイナンバーカード又は住基カードの表面記載事項の変更に
　　伴い，暗証番号の入力を経て，内部記録事項を変更します。

　　　こうした措置を講じたうえで，転入者にカードを返還します。

(2)　転入地市町村長は転入した者のうち，(1)の処理がされていないマイ
　　ナンバーカードあるいは住基カードがあることを知った場合は，速や
　　かに当該カードの交付を受けている者に対し，転入届をした日から
　　90 日を経過したときは当該カードが失効する旨を伝え，当該処理を
　　行うために転入地市町村の窓口へ出頭することを求めます。

第1　住民基本台帳ネットワーク関係　169

Q12

住民票コードの通知書を紛失した者が，住民票コードを確認したいと申し出てきたときは，どうすればよいのでしょうか？　（住民票コードの記載された住民票の写しの交付：法12条）

A　1　住民票コードを確認するには

　住民票コードは，新たに付番された場合，変更した場合，修正した場合のいずれのときも，その記載に係る者に，その旨や新たに記載された住民票コード等を通知することになっています（法30条の3第3項，令30条の4第4項）。通知の受取人がその通知を紛失した場合，市町村の判断により，通知を再発行してもかまいませんが，一般的には，住民票の写しに住民票コードを記載し交付することで，確認をしてもらうようになります。

　ただし，住民票コードについては，法第30条の37及び法第30条の38において，告知要求の制限，利用制限等に係る規定が設けられているため，住民票コードを記載した住民票の写し等の交付は，慎重に取り扱うことが適当です。

2　住民票コード記載の住民票の写し

　住民票コードが記載された住民票の写しは，同住所でも世帯の異なる者の請求や，特定事務受任者からの申出，公用での請求等は認められておらず，本人又は同一の世帯に属する者のみが，請求をすることができます。そのため，住民票コードが記載された住民票の写しの交付請求があった場合は，次のいずれかの書類を提示してもらい，本人確認を行ったうえで，住民票コードが記載された住民票の写しを交付します。

(1)　マイナンバーカード（カード運用状況が運用中であるもの）又は旅券，運転免許証，その他，官公署が発行した免許証，許可証若しくは資格証明書等であって，請求者が本人であることを確認するため，市町村長が適当と認めるもの（有効期限があるものは，有効期限内のものに限る。）

170　第2編　住民記録Q&A

(2)　(1)に掲げる書類をやむを得ない理由により提示することができない場合は，請求者が本人であることを確認するため，市町村長が適当と認める書類。

　市町村長が認める書類とは，(1)の書類が更新中の場合に交付される仮証明書等，地方公共団体が交付する敬老手帳，健康保険の被保険者証，年金手帳等，官公署が発行した写真付きでない書類，民間企業の社員証，本人名義の預金通帳等です。この場合には，市町村長の判断により複数の提示を求めることも考えられます。必要に応じて，口頭で質問を行い補足する等の対応を行います。

　郵送等で，住民票コードが記載された住民票の写しの請求があった場合は，(1)(2)の書類（コピーを含む。）等を添付してもらい，本人確認を行います。また，必要に応じ，電話等により質問を行い補足する等の対応を行うことが適当です。送付されてきた書面の記載のみでは，請求事由等が具体的に明らかにならない場合等，これらの事項に疑義がある場合は，交付を行わないこととします。

Q13

住民票コードは変更することができるのでしょうか？　（住民票コードの記載の変更請求：法30条の4）

A　住民票コードは一度付番され，住民票に記載が行われると，転出入等の異動を行った場合でも，自動で変更されることはありません。住民票コードの記載が変更されるのは，本人から住民票コードの記載の変更請求があった場合のみとなります。

1　変更請求書

　変更請求は，本人が記録されている住民基本台帳を備える市町村の市町村長に対し行われます（法30条の4第1項）。変更請求があった場合には，変更請求をする者に，次の事項が記載された変更請求書を提出してもらい

ます（法30条の４第２項，規則10条）。

① 住民票コードの記載の変更請求をする旨

② 氏名

③ 住所

④ 住民票コード

　請求者がマイナンバーカード又は住基カードを提示した場合は，住民票コードをカードから読み出すため，④の記載は必要ありません。読み出した住民票コードを市町村職員が記載しておきます。

２　本人確認

　変更請求書の提出を受けたら，次のいずれかの書類を提示してもらい，本人確認を行います（令30条の３，規則９条の２）。

(1) マイナンバーカード（有効期間内で，カード運用状況が運用中であるもの。）又は運転免許証，健康保険の被保険者証，その他，法律若しくはこれに基づく命令の規定により交付された書類であって，請求者が本人であることを確認するため，市町村長が適当と認めるもの（住民票の写しや戸籍謄本等，本人以外の者でも取得可能な書類は含まない。）

(2) (1)に掲げる書類をやむを得ない理由により提示することができない場合は，請求者が本人であることを確認するため，市町村長が適当と認める書類

　　市町村長が適当と認める書類とは，(1)の書類が更新中の場合に交付される仮証明書等，地方公共団体が交付する敬老手帳等，申請者本人であることを確認するため，郵送その他市町村長が適当と認める方法により，申請者に対して文書で照会したその回答書，その他，市町村長が総合的に勘案して，請求者本人であると判断できるものです。（必要に応じ，口頭で質問を行い補足する等の対応を行う。）

３　住民票コードの変更と通知

　本人確認を行った後，住民票に記載されている住民票コードを新たな住

民票コードに変更し，住民票には併せて，住民票コードの記載の変更をした旨，及び記載の変更をした年月日を記載します。

新たな住民票コードは，都道府県知事から指定された住民票コードのうち，既に他の住民票に記載されている住民票コードとは異なるいずれか一つを選択します（法30条の3第2項）。また，記載されていた住民票コードと同様に，無作為に作成された10桁の数字と1桁の検査数字の組み合わせとなりますので，変更したからといって，請求者の希望の番号が記載されるわけではありません。

新たな住民票コードを記載したら，変更請求者に対して，住民票コードの記載の変更をした旨，及び新たに記載された住民票コードを書面により，速やかに通知します（法30条の3第3項）。

4 郵送等による変更請求

郵送等で，住民票コードの変更請求があった場合は，本人確認書類（コピーを含む。）等を添付してもらい，本人確認を行います。また，必要に応じ，電話等により質問を行い補足する等の対応を行うことが適当です。

5 法定代理人による請求

未成年や成年被後見人の法定代理人は，本人に代わり住民票コードの記載の変更請求を行うことができます。この場合，戸籍謄本等でその資格を確認し（本籍地が管内の場合は省略も可能），また，法定代理人の本人確認を行います。本人確認書類は，本人が変更請求した場合と同様となります。

6 マイナンバーカード及び住基カードの廃止及び回収

マイナンバーカードもしくは住基カードの交付を受けている者から，住民票コードの記載の変更請求を受けた場合は，返納届（又は変更請求書にカードを返納する旨を記載することにより返納届に代えてもよい），を添えてカードを返納してもらいます。また，カードの運用状況を，「廃止」及び「回収」とします。

第1　住民基本台帳ネットワーク関係　173

　なお，カードの返納がなかった場合は，住民票コードの記載の変更処理
と連動して，カード運用状況を「廃止」とします。

Q14

住民基本台帳ネットワークシステムを利用して，電気通信回線で送
信する通知には，どのようなものがあるのでしょうか？　（電気通
信回線を通じた通知）

A 市町村において，住基ネットの電気通信回線を通じて送信される通知
の送信の方法に関する技術的基準については，電気通信回線を通じた送信
又は磁気ディスクの送付の方法並びに磁気ディスクへの記録及びその保存
の方法に関する技術的基準において，定められています。

1　転入通知（法9条1項，3項，規則2条）

　市町村長は，他の市町村から，自市町村の区域内に住所を変更した者に
ついて住民票の記載をしたときは，遅滞なく，CSを介して，その旨を転
出地市町村に通知します。

2　転出確定通知（令13条3項，4項，規則3条）

　転入通知を受けた市町村長は，速やかに，CSを介して，転出確定通知
を都道府県に通知することとなっています。通知を受けた都道府県知事
は，その旨を，都道府県サーバに保存されている本人確認情報に付記しま
す。

　転出確定通知では，おおむね次の事項を通知します。

　①　該当者の住民票コード

　②　転出したという事実

　③　異動年月日

3　住民票の写し広域交付請求通知（法12条の4第2項，5項，令15条の
　3第1項，規則5条）

　請求書により，住民票の写しの広域交付の請求があった場合には，交付

174 第2編 住民記録Q&A

地市町村長は，マイナンバーカード等により本人確認を行い，CSを介して，住所地市町村長に，住民票の写し広域交付請求通知を通知します。

住民票の写し広域交付請求通知では，次の事項を通知します。

① 住民票の写しの広域交付の請求があった旨

② 請求者の氏名及び住民票コード

③ 住民票の写しに記載する者（「本人又は本人と同一の世帯に属する者」）

④ 世帯主，続柄，マイナンバー，住民票コードの記載の請求の有無

⑤ 国籍・地域，法第30条の45規定区分，在留資格，在留カード等の番号，在留期間，在留期間満了日の記載請求の有無（外国人住民に限る。）

4　住民票の写し広域交付通知（法12条の4第3項，5項，令15条の3第2項，規則5条）

住民票の写し広域交付請求通知を受けた住所地市町村長は，請求内容を必要に応じて審査し，住民記録システムから，電気通信回線又は磁気ディスクを介して（住民記録システムを有しない市町村では，手入力により），住民票の写し広域交付通知をCSに入力し，これを交付地市町村長に通知します。

住民票の写し広域交付通知では，住民票の写しに記載する者に係る次の事項を通知します。

① 氏名（通称が住民票に記載されている外国人住民にあっては，氏名及び通称）

② 出生の年月日

③ 男女の別

④ 住民となった年月日（日本人住民に限る。）

⑤ 住所及び住所を定めた年月日

⑥ 新たに市町村の区域内に住所を定めた旨の届出の年月日及び従前の住所

⑦　外国人住民となった年月日（外国人住民に限る。）

⑧　世帯主の氏名及び世帯主との続柄

⑨　マイナンバー

⑩　住民票コード

⑪　国籍・地域，法第30条の45規定区分，在留資格，在留カード等の
　番号，在留期間，在留期間満了日（外国人住民に限る。）

なお，⑧〜⑪については，記載の請求があった場合のみ通知します。

5　転出証明書情報請求通知（法24条の2第3項，5項，規則7条）

最初の転入届（法24条の2第1項）を受けた市町村長は，その旨をCS
を介して，転入届の特例による転出届を受けた市町村長に通知します。

転出証明書情報請求通知では，最初の転入届をした者に係る次の事項を
通知します。

①　住民票コード

②　氏名

6　転出証明書情報通知（法24条の2第4項，5項，令24条の3，規則7
条，7条の2）

転出証明書情報請求通知を受けた転出地市町村長は，転出証明書情報を
転入地市町村に通知します。

通知事項等，その他の詳細に関しては，**Q11**を参照してください。

7　都道府県知事への本人確認情報の通知（法30条の6，令30条の5，規
則11条，12条）

市町村長は，住民票の記載，消除，又は氏名（通称が住民票に記載されて
いる外国人住民にあっては，氏名及び通称），出生の年月日，男女の別，住
所，マイナンバーもしくは住民票コードについての記載の修正を行った場
合には，翌運用日の業務開始までに，住民記録システムから，電気通信回
線又は磁気ディスクを介して（住民記録システムを有しない市町村では手入
力により），本人確認情報をCSに記録し，都道府県知事に電気通信回線を

176 第2編 住民記録Q&A

通じて送信します。

　通知する本人確認情報は，次のとおりです。

①　氏名（通称が住民票に記載されている外国人住民にあっては，氏名及び通称），出生の年月日，男女の別，住所及び住民票コード

②　住民票の記載，消除，又は記載の修正を行った旨

③　記載，消除，又は記載の修正の事由

④　その事由が生じた年月日

　③の事由については，記載の際には，「転入等」，「出生」又は「職権記載等」，消除の際には，「転出」，「死亡」又は「職権消除等」，マイナンバー及び住民票コードを除く記載の修正を行った際には，「転居」又は「職権修正等」，マイナンバーの記載の修正をした際には，「マイナンバーの変更請求」，「マイナンバーの職権修正」又は「マイナンバーの職権記載等」，住民票コードの記載の修正をした際には，「住民票コードの記載の変更請求」又は「住民票コードの職権記載等」とします。

　また，マイナンバー及び住民票コードの記載の修正をした場合は，記載の修正前に記載されていたマイナンバー及び住民票コードも通知します。

8　マイナンバーカード運用状況通知

　市町村長は，マイナンバーカードを交付した場合，マイナンバーカードを紛失した旨の届出を受けた場合，紛失したマイナンバーカードを発見した旨の届出を受けた場合，マイナンバーカードが失効したことを知った場合又はマイナンバーカードの返納を受けた場合には，都道府県知事に対して，住基ネットを通じて，発行したマイナンバーカードの運用状況が，運用中，一時停止又は廃止の状況にあることを通知します。

　カード運用状況通知では，次の事項を通知します。

①　マイナンバーカードの運用状況

②　マイナンバーカードの交付を受けている者の住民票コード

9　戸籍の附票記載事項通知（法19条1項，19条4項，規則5条の2）

第1　住民基本台帳ネットワーク関係　177

　平成 24 年 7 月 9 日より，戸籍の附票記載事項通知は，法第 19 条第 4 項に基づき住所地市町村から本籍地市町村に電気通信回線を通じて送信することになりました。

　ただし，電気通信回線の故障その他の事由により電気通信回線を通じた送信ができない場合は，この限りではありません。

Q15

住民基本台帳ネットワークシステムと公的個人認証サービスの関係は，どのようなものですか？

A　1　公的個人認証サービスとは

　平成 13 年 6 月 26 日高度情報通信ネットワーク社会推進戦略本部（IT 戦略本部）において決定された「e-Japan2002 プログラム〜平成 14 年度 IT 重点施策に関する基本方針〜」の中で「行政の情報化及び公共分野における情報通信技術の活用の推進」の一つとして，「公的個人認証サービスの構築（総務省）に必要な制度の整備及びシステムの構築を行うこと」が挙げられ，これを受け総務省に設置された「地方公共団体による公的個人認証サービスのあり方検討委員会」による報告書が，平成 14 年 2 月 28 日発表されました。この検討結果を踏まえて，「電子署名に係る地方公共団体の認証業務に関する法律」（以下「公的個人認証法」という。）が平成 14 年 12 月 13 日に公布，平成 16 年 1 月 29 日施行されています。

　この公的個人認証法の施行により，インターネット等によるオンライン手続において，なりすまし，改ざん等の危険性を防ぐための確かな本人確認手段といえる電子署名を，地理的条件等による利用格差が生じないよう住民基本台帳に記録されている全国の住民に対して提供する公的個人認証サービスが開始されました。

2　住民基本台帳ネットは公的個人認証サービスを支える基盤

　住基ネットは，この公的個人認証サービスに不可欠な基盤であり，住基

178 第2編 住民記録Q&A

ネットの保有する情報が, ①住民の電子証明書の発行時の本人確認, ②受付窓口端末への基本4情報の提供, ③電子証明書の失効リスト作成, に利用されています。

また, 公的個人認証サービスで提供される電子証明書と秘密鍵（利用者署名符号）の格納媒体として住基カードが利用されています。

3 法的根拠

電子証明書の発行時に, 住基CS端末から基本4情報を受付窓口端末に送られます（告示3条1項）。

異動等情報の提供を住基ネットから受けることにより, 失効情報の作成を行います（公的個人認証法12条, 法30条の8第3項）。また, マイナンバーカードに電子証明書等を格納します（公的個人認証法3条4項）（次頁の「マイナンバーカードに格納される公的個人認証サービスについて」参照）。

※告示：公的個人認証法第58条（技術的基準）の規定により総務大臣が定めた「認証業務及びこれに附帯する業務の実施に関する技術的基準」（平成15.12.3総務省告示第706号）をいう。

Q16
外国人住民に係る住民基本台帳カードにはどのような特徴がありますか？

A 1 外国人住民に係る住民基本台帳カードの記載事項

住基カードの表面記載事項として, 住民票に通称が記載されている外国人住民には, 氏名に加えて, 通称が記載されます。表面に記載可能な文字数を超過する場合には, 続きを裏面に追記します。これは住所についても同様です。生年月日は西暦で表示されます。

また, 住基カード交付後, 住民票に新たに通称を記載したり, 削除した場合は, 住基カードの表面記載事項の変更届出をさせ, 住基カードの裏面にその旨を記載する必要があります。

第1 住民基本台帳ネットワーク関係 179

出典：総務省ホームページ

180　第2編　住民記録Q&A

【住民基本台帳カードの表面記載イメージ
　　（住民票に通称が記載されている場合の例)】

Aバージョン　　　　　　　　　Bバージョン

 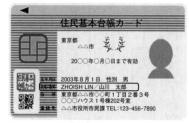

【住民基本台帳カードの裏面記載イメージ】

氏名がカード表面記載可能文字数を超過している場合(通称あり)

住基カードの交付を受けている外国人住民に係る住民票に通称の記載又は通称の削除を行う場合

2　外国人住民に係る住民基本台帳カードの有効期限

　永住者及び特別永住者は，カード発行日から10年間になります。永住者以外の中長期在留者は，カード発行日から在留期間の満了の日までになります。一時庇護許可者又は仮滞在許可者は，カード発行日から上陸期間又は仮滞在期間を経過する日までになります。出生による経過滞在者又は国籍喪失による経過滞在者は，カード発行日から出生した日又は日本の国籍を失った日から60日を経過する日までになります。

3　有効期限内の住民基本台帳カードの取扱いに関する留意事項

(1)　住基カードの有効期間満了前に，在留期間の経過又は在留資格の取消し等に伴う法務大臣からの通知があった場合，住民票を消除し，カード運用状況を廃止にします。

(2)　住基カードの交付を受けている外国人住民について，在留期間の更新又は在留資格の変更（3月以下の在留期間が決定された場合及び短期滞在等の在留資格へ変更された場合を除く。）に伴う法務大臣からの通知があった場合には，住基カードの有効期間は，住基カードの発行時点の有効期間から変更されません。

(3)　住基カードの交付を受けている外国人住民から国外への転出届があった場合，転出届の際に，返納届を提出させ，住基カードを返納させます。なお，転出届に住基カードを返納する旨を記載することにより，返納届の提出に代えることができます。

182 第2編 住民記録Q&A

第2 住民票と戸籍

Q17
住民票と戸籍の関連はどうなっているのでしょうか？ （住民票と戸籍）

A 1 住民票と戸籍の関連

　住民票は，その市町村の区域内に住んでいる住民について，その者の住所や，世帯構成等，居住関係を記録してある帳票であって，個々の住民票をもって構成される住民に関する記録の公簿が住民基本台帳です。この住民票は，血縁には関係がなく，居住と生計をともにしている者を一世帯として，世帯ごとに編成されています。

　これに対して戸籍は，居住には関係なく，その市町村の区域内に本籍を有する者について，その者の出生年月日，出生事項，親子関係等，身分関係について記載をしてある公正証書です。これをつづって帳簿としたのが戸籍簿です。この戸籍は，夫婦と未婚の子の単位で編製され，たとえ子の1人が両親とは別に生活をしていても，1つの戸籍に記載されます（また，外国人と婚姻した者又は配偶者のない者について新たに戸籍を編製するときは，その者及びこれと氏を同じくする子ごとに編製します。）。

　このように，住民基本台帳は，人の居住関係を公証する唯一の公簿であり，戸籍簿は，人の身分関係を公証する唯一の公簿です。

　つまり，住民票と戸籍は，日本国籍を有する同一人を上記居住関係と身分関係の2つのそれぞれ異なった面から記録・公証する公正証書ということができます。

　そこで，住民票の記載事項中，本人の氏名，出生の年月日，男女の別，本籍及び筆頭者の氏名は，戸籍に記載がされているものについて正確に記

載をすることとされています。このため，市町村長は当該市町村に本籍を有する者のすべてについて，戸籍の附票を作成し，これに，(1)戸籍の表示

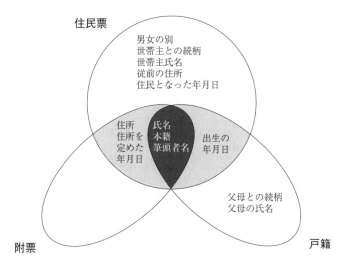

(2)氏名，(3)住所，(4)住所を定めた年月日を記載することにより，相互の連携を保つようにしています。これにより，同一人を異なる面から記録している両者の正確性を保ち，また，住民が二重・三重に記録されることや，逆に記載漏れ，誤記等を防ぐなど，住民基本台帳の正確性を確保することができます。

また，戸籍の届出の催告や戸籍訂正などの通知が戸籍の附票に住所があることによって容易に行えるなど，戸籍制度の業務に役立つことも多くあります。

2 住民票と戸籍との関連のさせ方

住民票と戸籍とを常に相互に関連させるためには，市町村長間の通知が必要になることがあります。例えば，転入届を受け取った市町村長は，これにより住民票を作成することとなりますが，それだけでは住民票と当該本人の戸籍との結びつきは生じません。そこで住所地の市町村長は，本籍地市町村長へ，戸籍の附票記載事項通知を送付することとなります。

184　第2編　住民記録Q&A

　同様に，戸籍に関する届出を受けた市町村長は，これにより住民票に記載する事由が生じた場合には，住所地市町村長に住民票記載事項通知をしなければなりません。

(1)　**住所地から本籍地への通知**（法19条1項）

　次のような場合には，住所地の市町村長は，本籍地の市町村長に通知をします。

　㋐　転入・転居の届出を受けたとき

　㋑　転出先が国外の転出届を受けたとき

　㋒　住民の届出がないことを知り，住民票を職権で記載等をしたとき

　㋓　虚偽の届出や錯誤の届出であることがわかり，住民票の記載等を職権で行ったとき

　㋔　市町村合併や行政区画変更，土地の名称変更，住居表示の実施などにより住所の地番等が変更した場合

　㋕　実態調査などにより住民票の職権消除をした場合

　㋖　転出により住民票を消除した後，転入通知が送られてこない（転入通知未着）場合で職権消除した場合

(2)　**本籍地から住所地への通知**（法19条2項）

　次のような場合には，本籍地の市町村長から，住所地の市町村長へ通知をします。

　㋐　職権で戸籍の記載をしたとき

　㋑　住所地の市町村長から，戸籍の附票の記載を修正するための通知を受けたが，戸籍の記載に合わない事項があるとき

　なお，出生届については出生した地の市町村で，死亡届は死亡した地の市町村でも受理できますので，通知は，受理地の市町村長からも送付されることがあります。

3　戸籍の附票の記載方法

　住所地の市町村長から，戸籍の附票記載等，記載事項通知を受け取った

第2　住民票と戸籍　185

本籍地市町村長は，次の方法により，通知された戸籍の附票の記載等をすべき人と，住民票に記載がされている人との同一人性を確認します。

(1)　通知に記載されている本籍と筆頭者の氏名をもとに，該当者の戸籍を取り出し，これと照合します。

　　住民票に記載がされている氏名，出生年月日，本籍及び筆頭者の氏名は，戸籍の記載と一致しなければなりません。

(2)　戸籍の附票に記載がされている最終住所と，通知の旧住所（前住所）を照合します。

　　戸籍の附票には最終住所の記載がされていますので，前住所が未届等の場合は別ですが，通知に記載されている旧住所（前住所）と一致しなければなりません。

　以上の結果，「同一人である」と判断したときは，戸籍の附票の記載の修正等を行います。

　「同一人ではない」と判断したときには，通知に該当者が見当たらない旨の付箋を貼付し，住所地の市町村へ返送します。

　「同一人である」と判断しても，通知と戸籍を照合し，通知に記載された事項が，戸籍の記載内容と合致しない場合には，その旨を住所地の市町村長に通知します。

　戸籍の附票の最終住所と，通知に記載されている旧住所が一致しない場合や新住所と旧住所の住定日に不都合が生じる場合には，違っている理由を明らかにし，適切な事務処理をする必要があります。

Q18
本籍と住所はどう違うのでしょうか？　（本籍と住所）

A　1　本籍と住所

　本籍とは，人の戸籍上の所在場所をいいます。いったん，本籍が定められますと，その人について戸籍の届出がどこでなされても，すべて本籍と

定められた場所のある市町村に送付されて，そこで戸籍に記載されることになります。このことから，本籍は戸籍の所在する市町村を明らかにすると同時に，筆頭者の氏名とともに，その戸籍を表示する役割を持っている，ということができます。

これに対して，住所とは，民法第 22 条で「各人の生活の本拠をその者の住所とする。」と規定されているように，その人の生活の本拠，すなわち実際に生活をしている中心地をいいます。住民基本台帳法上では，住所は 1 か所とされており，市町村長は住所の認定にあたっては，その者の客観的居住の事実を基礎とし，これにその者の主観的な意思を総合して決定することとなります（法 4 条）。

さて，この本籍と住所は，明治初期には同一の地とされていました。すなわち，明治 4 年の戸籍法では，本籍の表示方法について住居地登録を建前としており，それゆえ本籍は，人の生まれてから死ぬまでの安住の地，先祖代々の墳墓の地であり，また同時に，現実に生活をしている住所地でもありました。

しかし，時代の移り変わりと文化の発展に伴い，次第に本籍を離れて実生活を営む者が増えてくると，本籍と住所は不一致を来たすようになり，現在では，本籍は，単に身分関係を登録する戸籍の所在場所を示すものとされるにいたっています。

2　本籍をどこに設けるか

前述のとおり，現在では本籍は単に戸籍の所在場所を示すにすぎませんから，日本の統治権の及ぶ国内であれば，干拓地などのいまだいずれの市町村に属するかその行政区画の定められていない場所を除いては，どこにでもこれを定めることができます。例えば，皇居内や，他人の居住している場所，あるいは他人が本籍を定めている場所であっても一向に差し支えありません。

また，本籍は，住所と違って転籍届によって，いつでも，どこにでも，

また何回でも，他の地に移すことができるとされています。ただし，転籍によって，その人の身分事項を転籍地の新しい戸籍に移記する場合には，移記不要とされている事項もあり，その人の身分関係を証明する必要が生じた場合に，転籍前の戸籍が当然に必要となりますので，みだりに本籍を移すと不都合が生じる場合があります。

3　市町村とのかかわり

　新たに市町村の区域内に住所を定め，その者より転入届が出された場合，あるいは，出生の届出により住民としての地位を得た者がある場合には，市町村長はその者につき，住民票を世帯ごとに編成して，住民基本台帳を作成することとされています。

　この住民基本台帳は，住民に関する事務の処理の基礎とされ，これにより住民は，選挙権の行使，就学その他の住民としての権利と，納税等の義務をあわせ持つこととなります。

　一方，新たに市町村の区域内に本籍が定められますと，市町村長は，その者につき，夫婦又は氏を同じくする親子ごとに，戸籍を編製する責務を負うこととなります。ところが本籍は，実生活と無関係で，単に戸籍の所在場所を示すにすぎませんから，これによりその地の市町村長との間には，各種行政上の権利義務はなんら発生しないことは当然です。

4　住所と本籍の表し方

　通常，住所及び本籍は行政区画，土地の名称，地番で表示されます。しかし，従来，住所と戸籍が同一の地番の表示であった所でも，住居表示に関する法律の施行に伴い，住居表示制度を実施した場合には，住所は街区符号及び住居番号で表示されます。しかし，本籍はそのまま変わりません。

（具体例）

　　住所—東京都高尾市豊田1丁目1234番地

　　本籍—東京都高尾市豊田1丁目1234番地

（住居表示実施後）

　　住所—東京都高尾市豊田１丁目１番１号

　　本籍—東京都高尾市豊田１丁目 1234 番地

　また，住居表示制度を実施している地区において，居住場所に本籍を設けることもできますが，その場合の表示は，次のように異なります。

　　住所—東京都高尾市豊田３丁目４番８号　第１小林アパート７号

　　本籍—東京都高尾市豊田３丁目４番

　つまり，この場合は本籍は土地を特定する番号により表示されるのに対して，住居表示制度を実施している地区の住所は建物を特定する番号によって表示されます。

Q19

世帯主と筆頭者はどう違うのでしょうか？　（世帯主と筆頭者）

A　1　世帯主と筆頭者の違い

　世帯主は住民票で用いられる名称であるのに対し，筆頭者は戸籍で用いられる名称です。その意味は全く違うので注意が必要です。

　世帯主とは，世帯を構成する者のうちで，その者が主として生計を維持しているか，あるいはその世帯を代表する者として，社会通念上認められるものであるかどうかの事実関係に基づいて認定されます。戸籍の筆頭者であるからといって，必ずしも世帯主となるものではありません。

　一方，筆頭者とは，本籍とともに戸籍の検索を容易にするための見出しのようなもので，新たに戸籍が編製されたときに，冒頭に登載される者のことをいいます。戸籍をみますと，本籍を書いてある欄の下部に「氏名」という欄があり，ここに氏名を書かれている者が，その戸籍の筆頭者です。

　そして，この筆頭者は婚姻の際，夫の氏を称する婚姻のときは夫，妻の氏を称する婚姻のときは妻と，婚姻の届出の時点で決定し，筆頭者となっ

(参考) 世帯主が死亡した場合の住民票，筆頭者が死亡した場合の戸籍のひな形

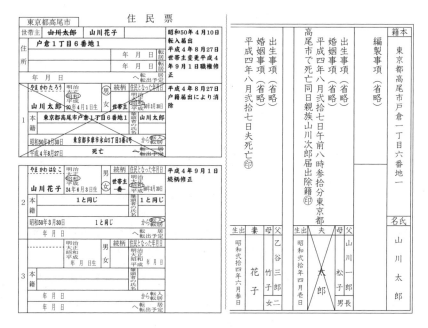

た者が死亡しても，変更されることはありません。

　例えば，両親の戸籍に入っている長男が，勉学のため1年以上寮に居住するようなときは，長男については寮の住所で住民票が作成され，その長男も世帯主となりますが，戸籍はなお両親と一緒ですから，筆頭者は父又は母のまま変わりません。

　また，父母とその長男夫婦が1つの世帯を構成していて，父が世帯主の場合，戸籍は夫婦を単位として編製されますので，父母とその長男夫婦の戸籍は別々で，戸籍の筆頭者は各夫婦ごとに1名ずつ，計2名になります。そして，世帯主である父が死亡した場合は，住民票では，残された世帯を構成する者のうちで，その世帯を主宰する者が新たに世帯主となりますが，父母の戸籍では，筆頭者が父である場合においてその筆頭者氏名は死亡した父のままで変わりません。

190 第2編 住民記録Q&A

2 世帯主と筆頭者の権利義務上の差違

戸籍の筆頭者は，戸籍編製の技術上から設けられたもので，実体法上の権利関係には全く影響がありません。

それに対して世帯主は，住民票上の届出について，世帯員に代わってすることができ，世帯員ができない場合には，代わって届出をしなければならない義務があります（法26条）。

Q20

なぜ，住民票の氏名は，戸籍の氏名と同一の文字でなければいけないのでしょうか？　（氏名）

A 住民票と戸籍は，同一人を一方はその居住関係から，一方はその身分関係から，広く公に証明する公正証書ということができます。

すなわち，この2つの公簿によって，「どこどこに，誰々と住んでいる誰々さんは，いつ，どこどこで生まれ，その家族関係はこうこうだ」というようなことが，明らかにされるわけです。

ところで，もし，住民票と戸籍の氏名が違う字体であったり，一方が誤字であるというような場合には，はたして両者を「同一人である」と，判断することができるでしょうか。住民票と戸籍は，同一人を特定するための車の両輪のようなものであり，人の相続，不動産の売買その他多くの面で重要な役割を担っています。

したがって，戸籍上の文字と住民票の文字は同一の文字でなければいけないのです。特に初任者としては，「塚」と「塚」，「隆」と「隆」，「吉」と「吉」など非常に細かい違いにも注意してください。

1 住民票の氏名

転入，転居，転出等の届出があったとき，又は，本籍地から出生届や死亡届等があったという通知を受けたとき等には，住民票の記載，消除，記載の修正等を行います。この場合，氏名については特に注意を払います。

第2　住民票と戸籍　191

そして，住民票の氏名は戸籍上の正しい氏名に従って記載をし，芸名，筆名等は記載をしません。

2　戸籍に誤りがある場合

戸籍に誤りがあるため，住民票の氏名，出生年月日，戸籍の表示の記載が違っている場合には，戸籍を訂正したうえで住民票の記載を修正します。

3　戸籍に記載をした氏名の文字

戸籍には手書きで記載された文字があり，その文字が「誤字」や「俗字」の場合があります。戸籍の氏又は名の文字の「誤字や俗字の解消」を目的として，平成2年10月20日民二第5200号通達が出され，「誤字」である氏又は名の文字は，新たに戸籍に記載する際は「正字」に直して記載することになりました。

しかし，「俗字」については，平成6年11月16日民二第7005号通達により，「俗字はそのままの文字で記載する取扱い」に変更となり，「正字」への訂正は本人からの申出が必要となりました。

さらに，平成16年9月27日民一第2665号通達では，戸籍に誤字又は俗字で記載されている氏名の文字を，これに対応する字種及び字体による正字等で記載するときの対応関係を明らかにする「誤字俗字・正字一覧表」が整理されました（参照：平成16.10.14民一第2842号通達「氏又は名の記載に用いる文字の取扱いに関する『誤字俗字・正字一覧表』について」）。

戸籍に記載された氏名の文字が訂正されたときは，届出の受理地あるいは本籍地からの通知によって，住民票を修正します（法9条2項）。

4　訂正と更正

住民票に記載がされている事項に変更が生じた場合に，いままでの記載を消除し，正しい記載をすることを「修正」といいますが，戸籍に記載がされている事項に誤りや真実と合致しない記載があった場合に，真実に合致した記載にする手続が「訂正」であり「更正」です。

192　第2編　住民記録Q＆A

　戸籍訂正は，戸籍の記載の完了後（市町村長の認印を押すことにより完了する）に誤りを発見した場合，その誤りを正しく訂正するものです。訂正の趣旨及び事由を戸籍事項欄又は身分事項欄に記載し，その記載の文末に認印を押すことになっています（誤記の訂正の処理とは異なります。）。

　これに対して，更正は，戸籍の記載がその記載当時には正しいものであったのに，その後に発生した原因により，事実と反することになったためにそれを正しくするものです。例えば，氏名について，常用漢字の原字を常用漢字の通用字体に更正する場合，あるいは行政区画，土地の名称又は地番号の変更等があります（戸規45条，46条。平成2.10.20民二5200号通達第3）。

┌─**Q21**─────────────────────
│　住民票の続柄欄には，どう記載をしたらよいのでしょうか？
└──────────────────────────

A　1　続柄の決め方

　住民票には，「世帯主についてはその旨，世帯主でない者については世帯主の氏名及び世帯主との続柄」について記載をするように規定されています（法7条4号）。

　世帯を構成する者のうち，生計の中心者であり，世帯を代表する者として，社会通念上，妥当と認められる人が世帯主となります。世帯主でない者の続柄については，次のような考え方を基準にして決めます。

(1)　世帯主からみて，どんな関係にあたるのか。妻，子，子の子，妻の子等のように，具体的な続柄で表示します。また日常生活では使っている続柄でも，住民票では使うことのできない続柄もあります。

　　住民票の続柄は，世帯主を中心に表わされていますので，世帯主変更届があれば，住民票の続柄も変わります。

日常使っている続柄	住民票で使う続柄
甥	兄の子，弟の子等
伯母	母の姉，父の姉
祖父	父の父，母の父
孫	子の子
義母	妻の母，夫の母

(2) 住民票の続柄は，戸籍の続柄に基づいて記載します。仮に実際上夫婦関係にあるものでも，他に戸籍上の妻がいれば「妻（未届）」とはならず，「縁故者」と住民票に記載をする等のように，戸籍の記載内容によって続柄を区別する場合もあります。

(3) 戸籍とは異なる続柄もあります。また，戸籍の編製は，夫婦とその子の単位でできておりますので，子の妻（嫁）や子の子（孫）たちが，一緒の戸籍に記載がされることはありません。しかし，住民票は，血縁関係にある人はもちろんのこと，血縁関係や姻族関係がない人でも，同じ家に住み，生計も一緒の生活をしていれば，同じ世帯となります。住民票の続柄は，世帯主と世帯員との身分上の関係を記載するので，このような人たちの続柄は，戸籍にはない「妻（未届）」「同居人」「縁故者」等という続柄になります。

(4) 養子や嫡出でない子の続柄については，近年におけるプライバシー意識の高揚等社会情勢の変化に即し，世帯主の嫡出子，特別養子及び養子並びに世帯主である父に認知されている嫡出でない子のいずれであっても，住民票における世帯主との続柄の記載の区別をせずに，一律に「子」と記載し，嫡出子についても「長男」，「長女」等の記載は行わないことになっています（平成6.12.15自治振233号通知）。

194　第2編　住民記録Q＆A

住民票における世帯主との続柄の記載例

区　分	改正前	改正後
嫡出子	長男，二女等	子
特別養子	長男，二女等	子
養子	養子	子
嫡出でない子（世帯主である父に認知されている場合）	子	子
嫡出でない子（世帯主である父に認知されていない場合）	妻（未届）の子	同左
妻の連れ子（世帯主が夫である場合）	妻の長男，二女等	妻の子
夫の連れ子（世帯主が妻である場合）	夫の長男，二女等	夫の子
事実上の養子	縁故者	同左

出典：平成6年12月15日自治振第233号

(5)　例えば，世帯主が孫と養子縁組した場合，血縁関係から見て「子の子」，養父（母）養子との関係から「子」と2つの続柄が考えられる場合は，原則として世帯主に最も近い関係として「子」と記載します。

2　住民票に記載をする順序

　住民票が世帯票を使用しているときの，世帯員の記載順序は，この続柄によることが適当です。また，転出等により既設の世帯に入る者については，末尾に順次記載します。

(1)　第1順位—世帯主，配偶者，世帯主の子のうち配偶者や子のいない者。

　　①　世帯主，②　配偶者，③　長女，④　二男，⑤　二女

(2)　第2順位—配偶者や子のいる世帯主の子と，その一団。

　　⑥　長男，⑦　長男の妻，⑧　長男の長男

(3)　第3順位—世帯主の家族（夫婦とその子の一団に属さないもの）。

　　⑨　母，⑩　姉，⑪　弟，⑫　祖母

(4)　第4順位—世帯主の家族以外の者。

　　⑬　同居人，⑭　家事使用人

第3　住民基本台帳の閲覧と住民票の写し等の交付　195

第3　住民基本台帳の閲覧と住民票の写し等の交付

Q22
住民基本台帳の閲覧の制度はどのように変わりましたか？

A 昭和60年の法改正では，主に，閲覧の請求手続，閲覧請求の拒否理由，並びに閲覧の対象となる住民票の記載事項の3点について従来と異なる取扱いが行われることとなりました。

平成11年の法改正では，「住民基本台帳の閲覧」が「住民基本台帳の一部の写しの閲覧」と改められました。

平成16年7月の省令及び事務処理要領の改正により，ドメスティック・バイオレンス及びストーカー行為等の被害者の保護のため，加害者からの請求は，「不当な目的」があるとして閲覧させないこととなりました。また，市町村長の判断で，被害者に係る部分を除外したものを，閲覧に供することもできるようになりました。

そして，平成18年の法改正により，従来，何人でも閲覧できるとされていたものを，閲覧できる主体と目的を大きく制限するとした，閲覧制度の抜本的変更がなされました。

これにより，従来法第11条により規定されていた住民基本台帳の一部の写しの閲覧は，国又は地方公共団体の機関の請求による閲覧（法11条）と，個人又は法人の申出による閲覧（法11条の2）に分けられました。

また，法第11条の閲覧（犯罪捜査等に係る請求を除く。），法第11条の2の閲覧の双方について，閲覧状況の公表に関する規定（法11条3項，法11条の2第12項）が設けられ，それに加えて，法第11条の2の閲覧に関しては，閲覧情報の扱いに関する市町村長による是正勧告（法11条の2第8項），勧告に従わない場合の命令（法11条の2第9項）に関する規定が設

けられ，不正な手段による閲覧等への制裁措置の強化など，個人情報の保
護により留意した制度となりました。

　また，平成24年には，児童虐待等の被害者を保護するため，被害者に
係る閲覧を制限する措置が追加されました。

1　閲覧請求（申出）の手続

　法第11条の閲覧請求の場合は，請求の主体となる国又は地方公共団体
の名称，請求の事由（犯罪捜査に関するものその他特別の事情により請求事由
を明らかにすることが事務の性質上困難であるものにあっては，法令で定める
事務の遂行のために必要である旨及びその根拠となる法令の名称），閲覧者の
職名及び氏名，請求に係る住民の範囲，法令で定める事務の責任者の職名
及び氏名を公文書により明らかにしなくてはなりません。加えて，閲覧者
は，国又は地方公共団体の職員たる身分を示す身分証明書を提示する必要
があります。

　法第11条の2の閲覧申出の場合は，申出者の氏名及び住所（法人の場
合には，その名称・代表者又は管理人の氏名及び主たる事務所の所在地），閲覧
事項の利用目的，閲覧者の氏名及び住所，閲覧事項の管理方法，閲覧事項
を取り扱う者の範囲，閲覧の成果物の取扱い，申出に係る住民の範囲，調
査研究の実施体制，委託者の氏名又は名称及び住所又は所在地を文書によ
り明らかにしなくてはなりません。加えて，閲覧者は，マイナンバーカー
ド又は旅券，運転免許証その他官公署が発行した免許証・許可証若しくは
資格証明書等（本人の写真が貼付されたものに限る。）か，閲覧者が本人
であることを確認するため，郵便その他市町村が適当と認める方法により
当該閲覧者に対して文書で照会したその回答書及び市町村が適当と認める
書類（住民票省令2条3項）を提示する必要があります。

2　閲覧請求の拒否理由

　市町村長が閲覧の請求を拒否できる場合として，従来は，執務に支障が
ある場合その他正当な理由がある場合ということで，原則として物理的な

第3 住民基本台帳の閲覧と住民票の写し等の交付　197

支障がある場合等に限られていましたが，昭和60年の法改正により，請求が不当な目的によることが明らかなとき又は閲覧により知り得た事項を不当な目的に使用されるおそれがあること等請求を拒むに足りる相当な理由があるときは，市町村長は当該請求を拒むことができるものとされました。ここにいう「不当な目的」とは，他人の住民票の記載事項を知ることが社会通念上，相当と認められる必要性ないし合理性がないにもかかわらず，その記載事項を探索したり，暴露したり，他人に知られたくないと思われる事項をみだりに探索し，これを公表するなどプライバシーの侵害につながる場合など，住民基本台帳の公開の趣旨を逸脱して不当な目的で利用することをいうものです。

　また，平成16年に住民基本台帳事務処理要領が改正されたことに伴い，配偶者からの暴力の防止及び被害者の保護に関する法律及びストーカー行為等の規制等に関する法律で，加害者からの被害者の住民基本台帳の閲覧請求を「不当な目的」があるとして，拒否することになりました。

　さらには，平成18年の法改正により，閲覧できる主体と目的が大きく制限され，国又は地方公共団体の機関が法令に定める事務の遂行のために行うもの，及び個人又は法人が，(1)調査研究等のうち公益性が高いと認められるためのものを行うため，(2)住民の福祉の向上に寄与する活動等のうちで公益性が高いと認められるものを行うため，又は(3)営利以外の目的で行う居住関係の確認のうち，訴訟等特別の事情によるもので市町村長が定めるものを行うため以外は住民基本台帳の一部の写しの閲覧を行うことができなくなりました。

3　閲覧の対象となる住民票の記載事項

　個人情報保護を徹底するという観点から，閲覧の対象は，住民基本台帳自体，原本又は全体の写しではなく，法第11条第1項に規定されている，氏名・生年月日・男女の別，住所の基本4情報に限定されています。

　これを住民基本台帳の一部の写しとして，閲覧に供します。同条同項で

198　第2編　住民記録Q&A

は，住民票を磁気ディスクで調製しているか否かにかかわらず，閲覧に供する情報は，書類での作成が想定されています。

　したがって，電子計算機のディスプレイ装置（表示装置）の画面（基本4情報が写し出されたもの）による閲覧については，法上の閲覧にはあたりません。

　また，「行政手続等における情報通信の技術の利用に関する法律」では，主務省令の定めにより，書面等の閲覧に代えて電磁的記録に記録されている事項での閲覧が認められていますが，「総務省関係法令に係る行政手続等における情報通信の技術の利用に関する法律施行規則」でも，適用範囲に住民基本台帳法の閲覧が含まれていないことによります。

　ただし，請求者に異議のない場合には，そのような取扱いをしても差し支えないとされています。なお，氏名，生年月日，性別，住所の基本4情報以外の事項については画面に表示しないこととすることや，外部記憶媒体への保存ができないようにするなど，住民記録の保護には特に留意する必要があります。

Q23
平成16年の省令改正等により住民基本台帳の閲覧が制限された理由は何でしょうか？　（被害者保護）

A　いわゆる個人情報保護法の国会審議の中で，住民基本台帳の閲覧制度に絡み，ドメスティック・バイオレンス及びストーカー行為等の被害者の方についての対策が大きな論点となりました。総務省では，「ドメスティック・バイオレンス，ストーカー被害者保護のための住民基本台帳閲覧，写しの交付に係るガイドライン研究会」を開催し，この結果を踏まえ，被害者の保護対策として，加害者からの閲覧請求を拒否する等，閲覧制度に制限を加える改正を行ったものです。

Q24

平成18年の法改正により閲覧できる主体と目的が大きく制限された理由は何でしょうか？

A 昭和60年の法改正以降，法律的にも目的外利用禁止や利用目的の制限等の規制が行われてきましたが，「何人も閲覧請求できる」という公開の原則がとられている以上，営利目的の閲覧請求も許可せざるを得ず，個人情報の流出に歯止めをかけるのは困難な状況でした。

そのような中で，閲覧制度を悪用した遺憾な事件が多発したこと，住基ネットの稼働及び個人情報保護法の施行等により，住民の個人情報に関するプライバシー保護の要請は高まりを見せていること等を受けて平成18年の法改正が行われ，閲覧を行える場合が，次のように限定されました。

① 国又は地方公共団体の機関が法令に定める事務の遂行のために行うもの

② 個人又は法人が下記に該当することを理由として行うもの

　ア 調査研究等のうち公益性が高いと認められるためのものを行うため

　イ 住民の福祉の向上に寄与する活動等のうちで公益性が高いと認められるものを行うため

　ウ 営利以外の目的で行う居住関係の確認のうち，訴訟等特別の事情によるもので市町村長が定めるものを行うため

加えて，閲覧請求（申出）を行う際の手続も，従来の手続に比べてより多くの事項を詳細に明らかにする必要が生じた他，閲覧者の本人確認の実施も必須となり，偽りその他不正の手段による閲覧に対する罰則も強化された，法第11条の2の閲覧に関して是正勧告・命令を行えるようになった。閲覧状況の公表（犯罪捜査等に関するものを除く。）が義務付けられた等，個人情報の保護に十分留意した制度として再構築されました。

Q25

本人やその家族以外の者から住民票の閲覧や写し等の交付請求が出されても受けることができるでしょうか？

また，住民票の記載内容に関する照会を電話で受けた場合，これに応じることはできるでしょうか？

A 住民基本台帳の閲覧や住民票の写し等の交付は，本人等が請求するもの，国又は地方公共団体の機関が職務において請求するものの他，法第11条の2及び法第12条の3の規定により，本人等以外の者からの申出についても認められています。そのような申出があった場合，市町村長は，当該申出事由（申出者）が，法第11条の2第1項及び法第12条の3第1項に該当するかどうかについて慎重に判断を行い，必要と認める場合には，住民基本台帳の閲覧を認めること，住民票の写し等の交付をすることができます。

したがって，たとえ住民が窓口に来庁して「本人以外には，住民票の閲覧や写し等の交付をしないでほしい」旨の申し立てがなされた場合でも，本人等以外からの申出が，法第11条の2第1項，法第12条の3第1項に該当すると認められる場合には，市町村長は当該申出を認める形となります。

また，住民票の記載内容を電話で照会された場合ですが，これには原則として応じることはできません。しかし，住民基本台帳及び戸籍事務に携わる市町村職員や警察署などの職員が，職務上緊急に必要であるとして電話照会があった場合には，これに応ずることができます。ただし，この場合には，担当者は電話照会しなければならない理由，連絡先等を聞いたうえで，いったん電話を切り，本当に官公署からの電話であったのかどうかを市町村役場便覧等により確認した後で，電話をかけ直して回答するのが適当です。

なお，住民基本台帳事務以外での照会については，緊急な場合を除き，文書請求により回答する，緊急の場合でも，後日，請求の文書を頂き，回答事実を残しておく等の対応を検討すべきです。刑事訴訟法第197条第2項に基づく照会についても同様です。

Q26
住民票の写し等の交付の制度と住民票の記載事項（法7条）はどのように変わりましたか？

A まず昭和60年の法改正では，次のように改正されました。

第一に，住民票の写し又は住民票記載事項証明書の交付を請求する場合には，原則として写しの交付を必要とする請求事由，請求者の氏名及び住所，そして，請求にかかる住民の氏名及び住所を明らかにしなければならないものとされました。

第二に，市町村長が請求を拒否できる場合として，法改正前は業務に支障がある場合その他正当な理由がある場合に限られていましたが，法改正後は不当な目的によることが明らかなときにもこれを拒否できるものとされました。不当な目的による場合とは，住民基本台帳の閲覧の場合と同様です（**Q22**参照）。

第三に，法改正前は，法の運用によって事実上行われていた住民票記載事項証明書についてこれを法定化することにより，その活用を図るものとされました。

第四に，市町村長は，住民票の写しの交付に際して，法第7条第9号から第12号までに掲げる個別事項のほかに，法改正後においては不当な目的に利用される可能性のある法第7条第4号，第5号に掲げる世帯主との続柄，戸籍の表示等の記載事項についても，特別な請求がない限り省略できるものとされました。

続いて，平成9年の法改正により，介護保険の資格（法7条10号の3）

202 第2編 住民記録Q&A

が住民票の記載事項として追加されました。

さらに，平成11年の法改正では住民票コード（法7条13号）が住民票の記載事項に追加されました。この住民票コードを記載した住民票の写し等の交付請求については，本人又は同一世帯に属する者からの請求に限られており，国もしくは地方公共団体の職員による職務上の請求又は弁護士（弁護士法人を含む。），司法書士（司法書士法人を含む。），土地家屋調査士（土地家屋調査士法人を含む。），税理士（税理士法人を含む。），社会保険労務士（社会保険労務士法人を含む。），弁理士（特許業務法人を含む。），海事代理士又は行政書士（行政書士法人を含む。）による職務上の請求であっても認められないものであることから，市町村長は，住民票コードを記載した住民票の写し等の交付に当たっては，慎重に取り扱うことが必要であるとされています。

平成15年8月の住基ネット第2次稼働により，本人及び同一世帯員の住民票の写しが，全国どこの市町村でも受け取ることができる「住民票の写しの広域交付」が可能になりました。

また，平成16年に住民基本台帳事務処理要領が改正され，「配偶者からの暴力の防止及び被害者の保護に関する法律」及び「ストーカー行為等の規制等に関する法律」に基づき，加害者による被害者の住民票の写しの請求については，住民基本台帳の閲覧と同様に，不当な目的によるものとして拒否することになりました。ちなみに加害者の代理人による請求も加害者本人からのものと同視し，同様に取扱います。（平成30.3.28総行住58号）

さらに平成19年の法改正により，従来，何人でも住民票の写し等の交付を請求することができる，とされていたものが，①自己又は自己と同一世帯に属する者からの請求，②国・地方公共団体の機関による請求，及び③自己の権利行使や義務の履行等に必要な場合の申出，の3つの類型のみを認めるとする交付制度の抜本的変更がなされました。

第3　住民基本台帳の閲覧と住民票の写し等の交付　203

　また，本改正により，住民票の写し等の交付請求（申出）時の本人確認書類の提示も義務付けられました。

　平成24年には，児童虐待等の被害者を保護するため，加害者による被害者の住民票の写しの請求について，不当な目的によるものとして拒否することが追加されました。

　平成25年の法改正ではマイナンバー（法7条8号の2）が住民票の記載事項として追加されました。

Q27

住民票の写しの交付において省略できる事項に世帯主との続柄及び戸籍の表示が追加された理由はどうしてでしょうか？

A　前問の答で触れたように，昭和60年の法改正により法第7条第4号（世帯主との続柄）並びに第5号（戸籍の表示）についても，特別な請求がない場合には，これを省略することができることとされました。

　これは，世帯主との続柄により嫡出でないことが知られたり，本籍の記載を手掛かりとして出身地が知られるなど，場合によっては，個人のプライバシーの侵害等不当な目的に利用されるおそれが考えられること，また一般的には，住民票の写しは居住関係の公証のために利用されることが多いことなどから，特別な請求がない限り省略できる事項に追加されたわけです。

Q28

住民票記載事項証明書が制度化された理由は何でしょうか？

A　1　住民票記載事項証明書とは

　住民票記載事項証明書とは，市町村長が住民からの請求を受けて，住民票の記載事項のうち証明を求める者が必要とする事項について，その事項が住民票に記載をされていることを証明するものです。

204 第2編 住民記録Q&A

かつては，市町村長が住民に対して行う行政サービスの一つとして，「慣行的行政証明」とされていました。

2 法定化の意図

この住民票記載事項証明書は，請求者の請求目的において必要とされる事項のみの証明を行うことから，住民票の写しと比べ，第三者が知り得る住民票の記載事項をあらかじめ限定することになるという点で，昭和60年の法改正の目的（住民記録の適正な管理）にそった形での証明ができるものとして，制度化されることになったわけです。

ただし，住民票記載事項証明書の様式及び規格については法定されておりませんので，市町村において住民の利便を考慮し，また実際の事務の取扱いがしやすいよう，工夫されています。

Q29
住民票の写し等の交付請求手続について教えてください。

A 住民票の写し等の交付請求の主体については，以下の3つに分けられます。

① 自己又は自己と同一世帯に属する者に係る請求（法12条の請求）

② 国又は地方公共団体の機関による請求（法12条の2の請求）

③ 本人等以外（①・②以外）の者からの申出（法12条の3の申出）

1 請求（申出）の方法

①の請求を行う際には，請求者の氏名，住所及び請求に係る住民の氏名（外国人住民にあっては，氏名又は通称）を文書により明らかにする必要があります。加えて，実際に請求の任に当たる者が，代理人等であるときは，代理人の氏名及び住所も明らかにしたうえで，請求者の依頼により，又は法令の規定により当該請求の任に当たるものであることを明らかにする書類を提示・提出しなければなりません。

②の請求を行う際には，請求をする国又は地方公共団体の名称，請求の

任に当たる者の職名及び氏名，請求に係る住民の氏名（外国人住民にあっては，氏名又は通称）・住所，請求の事由を公文書により明らかにする必要があります。ただし，請求の事由については，当該請求が犯罪捜査に関するものである等，請求事由を明らかにすることが性質上困難なものである場合には，(1)法令で定める事務の遂行のために必要である旨，(2)当該法令の名称，及び(3)請求事由を明らかにすることが困難な理由を示すことで，請求事由を明らかにすることに代えることができます。

③の申出の主体となれるのは，次のいずれかに該当すると市町村長が認めるものに限られます。

ア 自己の権利を行使し，又は自己の義務を履行するために住民票の記載事項を確認する必要がある者

イ 国又は地方公共団体の機関に提出する必要がある者

ウ その他，住民票の記載事項を利用する正当な理由がある者

ア〜ウに該当するとされたものが，申出を行う際には，申出者の氏名及び住所，申出に係る住民の氏名（外国人住民にあっては，氏名又は通称），住所及び利用の目的を明らかにする必要があります。加えて，当該申出の任に当たるものが，申出者の代理人等であるときは，代理人の氏名及び住所を明らかにしたうえで，申出者の依頼により，又は法令の規定により当該請求の任に当たるものであることを明らかにする書類を提示・提出しなければなりません。

2 本人確認の実施

法第12条及び法第12条の3に係る住民票の写し等の交付請求（申出）を行うにあたって，請求（申出）者は次に掲げるいずれかの書類を提示しなければなりません。請求（申出）の任に当たっているものが，請求（申出）者の代理人であるときは，代理人について同様の書類を提示又は提出する必要があります（住民票省令5条）。

① マイナンバーカード又は官公署が発行した免許証，許可証もしくは

206　第2編　住民記録Q＆A

資格証明書等。

②　その他，民間会社の社員証，住民名義の預金通帳等，届出人が本人
　　であることを確認するため市町村長が適当と認めるもの。この場合に
　　は，市町村長の判断により複数の提示を求めることも考えられます。

　なお，法第12条の2の請求の場合には，国又は地方公共団体の職員た
る身分を示す身分証明書を提示する必要があります。なお，やむを得ない
理由で提示できない場合は上記①または②の書類を提示する必要がありま
す（住民票省令9条）。

3　住民票の写し等の交付

　住民票の写し等の交付請求（申出）を受けて住民票の写し等の交付を行
う際，特別の請求（申出）のない限り，次の事項は省略してもよいとされ
ています。

①　法第7条第4号，第5号に掲げる続柄，戸籍の表示及び第9号から
　　第14号までに掲げる事項の全部又は一部

②　外国人住民にあっては，法第7条第4号及び第10号から第14号
　　（通称を除く。）までに掲げる事項，国籍・地域並びに法第30条の45
　　の表の下欄に掲げる事項の全部又は一部

③　任意事項及び法第7条に規定する記載事項以外の事項

④　消除された従前の表示

　法第12条の請求に関して，①～④の事項について記載を求められた場
合，これらを記載することができます。ただし，法第7条第13号に掲げ
る住民票コードに関して記載を求められた場合には，利用目的等に関して
厳格な審査を行う必要があります（法30条の36，30条の37）。

　法第12条の2の請求に関して，①～④の事項について記載を求められ
た場合，法第7条第13号に掲げる住民票コードを除いて記載することが
できます。

　法第12条の3の申出に関して，①～④の事項について記載を求められ

た場合，原則として応じることができません。ただし，利用の目的を達成するため，住民票コード以外のその他の事項が必要である旨の申出があり，かつ当該申出を適当と認める場合には，これらの事項を表示した住民票の写し等を交付することができます。

法第7条第8号の2に掲げる個人番号については，番号利用法第15条及び第19条において，提供の求めの制限，提供の制限等に係る規定が設けられていること等から，請求者が特別の請求を行った場合であっても，これらの規定の趣旨を請求者に十分説明し，これらの規定に抵触するおそれがある場合は，個人番号の記載を省略した住民票の写しを交付することが適当です。

Q30
平成19年の法改正により弁護士・行政書士等からの職務上請求の方法がどのように変わったか教えてください。

A 従来，弁護士・行政書士等の有資格者から，職務の遂行のために必要として住民票の写し等の交付請求があった場合，請求事由を明らかにすることなく住民票の写し等を取得することが認められていましたが，この制度を悪用した事件が発生したため，この法改正によって有資格者による職務上の請求という枠組みは廃止され，特定事務受任者（平成19年改正住基法における弁護士（弁護士法人を含む。），司法書士（司法書士法人を含む。），土地家屋調査士（土地家屋調査士法人を含む。），税理士（税理士法人を含む。），社会保険労務士（社会保険労務士法人を含む。），弁理士（特許業務法人を含む。），海事代理士又は行政書士（行政書士法人を含む。）の総称）による住民票の写し等の交付申出として第三者による申出の一形態と捉えられるようになりました（法12条の3第2項，第3項）。

市町村長は，特定事務受任者から，受任している事件又は事務の依頼者が法第12条の3第1項各号に該当することを理由として，住民票の写し

等の交付申出が行われた場合で，当該申出を相当と認めるときは，住民票の写し等を交付することができます。

その場合には，受任している事件又は事務についての資格及び業務の種類並びに依頼者の氏名又は名称等を明らかにする必要があります。ただし，訴訟等の紛争解決手続の代理業務を遂行するために住民票の写し等を必要とする場合には，依頼者の氏名等を具体的に明らかにすることが困難であるため，当該事件についての資格及び業務の種類を明らかにすれば足りるとされています（法12条の3第4項5号）。

また，申出の任に当たる者に関しての本人確認も法制化されました（法12条の3第5項）。特定事務受任者から住民票の写し等の交付申出があった場合，市町村長は，申出の任に当たるものに関して，マイナンバーカード，旅券，運転免許証等の官公署が発行した写真付き免許証等，許可証若しくは資格証明書又は特定事務受任者もしくはその補助者であることを証明する写真付き身分証明書を提示させ，所属する会が発行した統一用紙に職印が押されたものによって申し出る方法等により申出書に記載された申出者本人であることの確認を行う必要があります。

Q31

住民票の写し等を取得する方法として，窓口へ来庁して申請する，郵送にて申請する以外の方法としてはどのようなものがありますか？

A **1 ファクシミリによる請求**

市町村長が住民票の写し等の請求を行えるものとしてあらかじめファクシミリを指定している場合には，当該請求を受理することができます。この場合には，以下の要件を満たす必要があります。

 ア 自己又は自己と同一世帯に属する者に係る住民票の写し等に関して行われた請求であること

イ　請求書において，(1)請求者の氏名及び住所，(2)請求の対象となる住民の氏名が明らかにされていること

ウ　手数料が確実に納入されること

エ　ファクシミリによる請求のもととなった書類を市町村長が受け取ることができること

交付は，住民票に記載された請求者の住所あて郵便等にて行うことを原則とします。

2　請求者識別カードによる請求

請求者識別カードによる請求とは，「自動交付機」を用いた請求のことをいいます。市町村長は，請求者が自己又は自己と同一世帯に属する者に係る住民票の写し等について行った，市町村の電子計算機と電気通信回線で接続された端末機（自動交付機）に請求者識別カード及び暗証番号を使用して入力することによる請求を受理することができます。交付は，端末機からの出力によります。

番号法第18条により，当該市町村の条例において，マイナンバーカード及び住基カードを当該者識別カードとして利用できる旨を規定している場合には，マイナンバーカード及び住基カードを請求者識別カードとして利用できます。交付は全国の約53,000店舗のコンビニエンスストア等のキオスク端末（マルチコピー機）からの出力によって行われます。

3　電子情報処理組織を使用した請求（申出）

電子情報処理組織を使用した請求とは，いわゆる「住民票の電子申請」のことをいいます。市町村長は，電子情報処理組織を使用して行われた住民票の写し等の交付請求（申出）が下記の要件を満たすものである場合これを受理することができます。

ア　請求（申出）時に明らかにすべき事項が，請求（申出）者の使用に係る電子計算機からの入力により明らかにされている

イ　請求（申出）者の意思確認を行うため電子署名を行わせ，当該電子

210 第2編 住民記録Q&A

署名を行った者を確認するために必要な次に掲げるもののいずれかが付与されている

(ア) 電子署名に係る地方公共団体の認証業務に関する法律第3条第1項に規定する電子証明書

(イ) 電子署名及び認証業務に関する法律第8条に規定する認定認証事業者が作成した電子証明書

(ウ) 商業登記法第12条の2第1項及び第3項の規定に基づき登記官が作成した電子証明書

ウ 手数料が確実に納付されること（マルチペイメント等による支払いも含む。）

交付は，請求（申出）者の住所あて郵便にて行います。

4 電話による交付請求

電話による写しの交付請求は，原則として応じないこととするのが適当であるとされています（昭和61.2.4自治振12号通知第1）。ただし，土曜閉庁の導入に伴い，住民サービスの維持向上を図る観点から，開庁時に電話により住民票の写しの交付の予約を受け付けて，閉庁時に受け取るという方式も考えられますが，この場合には次の点に留意する必要があります。

ア 予約を受け付ける際には，住民票の記載事項を漏らすことのないよう住民のプライバシーの保護を図ること

イ 予約は請求とは異なるものであるから，交付の際に請求書への記入を求めること

ウ 電話予約の対象となる住民票は，本人又は同一世帯の者に限定すべきであり，交付する際には本人確認を十分に行うこと

エ 必要な範囲で取扱い要領を定めること

第3　住民基本台帳の閲覧と住民票の写し等の交付　211

Q32

消除された住民票の写しは交付できるでしょうか？　（消除された住民票の写しの交付：法 12 条，12 条の 2，12 条の 3，昭和 42.10.4 自治振 150 号通知）

A　1　消除された住民票の写しの交付

　消除された住民票の写しの交付については，法律上は，何の定めもありません。しかし過去の居住関係の公証等社会的になおその必要性が認められることなどから，先例では，住民票の取扱いに準じて写しの交付の請求に応じることが適当であるとされています（昭和 42.10.4 自治振 150 号通知）。したがって，すでに住民票の全部又は一部が消除された住民票について，写しの交付の請求（申出）があった場合には，交付することができます。

2　住民票が消除される場合

　住民票は，原則として，転出，死亡等の届出に基づいて消除されます。しかし，届出がなくとも市町村長は，定期的に，又は必要に応じて随時実態調査を行い，不現住，虚偽の届出等で，その住所に居住していないことがわかったときは，届出義務者に届出を催告する等，必要な措置を行ったうえで，職権で住民票を消除することができます。

(1)　不現住とは，虚偽の届出とは

　不現住とは，住民票に記載がされている住所から，届出をしないまま他の住所へ異動し，現在居住していない状態をいいます。

　虚偽の届出とは，実際にはその住所に居住していないにもかかわらず，運転免許証の取得，越境入学，銀行ローン，家屋の登記等をするために，事実に反する届出をすることをいいます。

(2)　住民票の処理

　市町村長は，虚偽の届出であることが確認されれば，その届出は無効

212　第2編　住民記録Q&A

であるため，虚偽の届出によって記載をした住民票は，虚偽であったことを明記のうえ，職権で消除します。

　また，実態調査により不現住であることがわかったときは，職権記載書を作成し，住民票に実態調査を行ったことを明記のうえ，職権で消除します。

　以上のように，消除の事由等が住民票に記載をされるため，第三者にも居住関係がわかるので，職権消除された住民票も写しの交付をすることができます。

　なお，消除された住民票の閲覧については，これに応じる必要はありません。

Q33
転入，転居，転出等の届出書は閲覧できるでしょうか？　（届出書の閲覧）

A　1　届出書の閲覧制限

　転入，転居，転出，世帯主の変更等があったときは，書面で届出をしなければなりません。この届出された書類を「届出書」といいます。

　届出書は，住民票と違って公簿ではなく，住民票等を事実に合ったものにするための資料であるという性格をもっています。記載される事項も住民のプライバシー等を侵害するような事項も含まれていますので，利害関係人以外の者から届出書の閲覧申請があった場合には，特別に定めのある場合を除いては，制限をしています。

　利害関係人とは，法律上直接の利害関係を有する者であり，主として，第三者の行為又は公的機関が行う処分によって，自己の権利又は利益に影響を受ける者をいいます。届出人，届出の事件本人，事件本人の親族及び官公吏がこれにあたります。

　したがって，保険会社や単に財産上の利害関係にある者からの閲覧の請

求には応じられないと考えられています（昭和22.4.8民事甲277号通達，昭和23.9.9民事甲2484号回答）。

　ここにいう利害関係人を具体的にいえば，本人，父母，祖父母，夫，妻，子，孫等があげられます。

2　住民票の届出書の記載内容

　住民票の記載事項については，令第6条の2により，住民基本台帳の閲覧や住民票の写しあるいは住民票記載事項証明書の交付の請求により，個人の秘密を侵すおそれがないと認められる事項を記載できると規定されていますが，届出書については，住民の住所に関する届出の簡素化を図る目的で記載されていますので，住基法に規定されている届出事項だけではなく，各種行政のために必要とする他の情報が盛り込まれています。このような届出書を閲覧させた場合には，住民のプライバシーを侵害するおそれがあります。

214　第2編　住民記録Q&A

第4　届　　出

Q34

住所を変更した場合には，届出をしなければならないのでしょう
か？　（届出の必要性：法3条，21条，52条2項）

A　1　届出の重要性と届出の義務

　住所を変更したとき，あるいは世帯に変更があったときは，その事実を
届け出なければなりません。

　住所を変更するということは，その人の権利や義務にも変更があるから
です。例えば，いままでA市に住んでいた人が，新築したことにより新た
にB市に住所を変更するということは，A市ではその人の住民票が消除さ
れるとともに，その人の選挙人名簿の抹消，国民健康保険への加入資格の
喪失をはじめとして，様々な権利・義務が消滅します。他方，B市では，
その人の住民票が作成されるとともに，選挙人名簿への登録，国民健康保
険への加入資格の取得をはじめとする，様々な権利・義務が発生します。

　つまり，住所を変更した場合の届出は，権利や義務に結びつく重要な届
出であることから，より効率的・合理的に仕事が行われるためにも，ま
た，住所を変更した事実を早く正確に知るためにも，届出の期間を設けて
住民に届出を義務付けているのです。

2　住所を変更した日と権利義務

　住所を変更した場合に届け出る事項のなかでも，住所を変更した日は，
権利や義務に関連して，次のように重要な意義をもっています。

(1)　転出した日から4か月を経過すると，いままで住んでいた市町村では
　　選挙人名簿から抹消され，新しい住所の市町村では転入届をした日から
　　引き続き3か月以上住民基本台帳に記録されていますと，選挙人名簿へ

の登録資格が発生します。

⑵　転入した日から，その市町村の国民健康保険への加入資格を取得し，転出した日の翌日にその資格を喪失します。

⑶　1月1日現在に住んでいる市町村で，その年度の都道府県民税，市町村民税が課税されます。

　その他にも住民基本台帳に基づいて学齢簿が編成されています。また公営住宅の応募資格として，その都道府県又は市町村の住民であることが，その一つになっている等住民の住所の異動に関する記録である住民基本台帳は，住民の権利や義務に結びつく重要な意義をもっています。

3　届出と罰則

　このように，住所を変更したときの届出が重要な意義をもっていることから，届出期間内に届出を怠った者については，簡易裁判所へ通知し，そこで5万円以下の過料に処せられます（法52条2項）。

　また，越境入学，運転免許証の取得，不動産の登記等，ある目的のために住民票の記載事項について，偽りの届出をしたときは刑法（157条・公正証書原本不実記載等）公務員に対し虚偽の申立てをして，権利若しくは義務に関する公正証書の原本に不実の記載をさせ，又は権利若しくは義務に関する公正証書の原本として用いられる電磁的記録に不実の記録をさせた者は，5年以下の懲役又は50万円以下の罰金に処する。）により罰せられることになります。

Q35

住所を変更したときの届出の方法は，どうなっているのでしょうか？（届出の一般原則：法21条〜30条，30条の46，30条の47，30条の48）

A　住所を変更したときは，転入届（法22条），転居届（法23条），転出届（法24条），中長期在留者等が住所を定めた場合の転入届の特例（法30

条の46）又は住所を有する者が中長期在留者等となった場合の届出（法30条の47）を，世帯に変更が生じたときは，世帯変更届（法25条）を，世帯主と世帯員がともに外国人住民であるとき，その続柄に変更があったときは，外国人住民の世帯と続柄の変更の届出（法30条の48）を行わなければなりませんが，ここでは，これらの届出に共通することがらについて説明します。

1 届出は本人が行う―届出人と代理人―

届出は本人が行うのが原則です。しかし世帯主は，世帯員に代わって届出を行うことができます。

成年後見人，親権者等の法定代理人が届出の任に当たる場合には，登記事項証明書，戸籍謄本等，法定代理人であることを確認できる書類を提示・提出する必要がある。

任意代理人が届出の任に当たる場合には，本人の自署又は押印のある委任状等，資格を確認できる書類を提出する必要がある。ただし，任意代理人が本人と同一世帯に属する者である場合には委任状等の提出は要しない。

また，親族や本人と同一住所ではあるが別世帯の者による届出については，口頭で質問を行い，これに対して陳述させた結果，市町村長において，同一の世帯に属する者と同様に取り扱うことができると認めた場合には，必ずしも委任状の提出を求めなくてもよい。

これらの届出は住民の権利・義務となる重要なものです。同時に付帯事務についても手続が行われますので，代理人は届出すべき本人の居住の事実について十分知っている者に事実上限定されることになります。

また，届出の際は厳格な本人確認を行い，本人確認ができなかったときは，後日届出を受理した旨の通知を本人あてに送ります。代理人が届出をした場合にも本人あてに通知します。

使者による届出に関しても，任意代理人の場合と同様の点について確認

を行う必要がある。

2 届出は14日以内に行うのが原則

(1) 各届出と届出期間

届出は，それぞれ次の期間内に行わなければなりません。

① 転入届は，転入した日から14日以内に転出証明書を添えて（転入届の特例を除く。）行います。転出証明書をとった日から14日以内ではありません。

② 転居届は，転居した日から14日以内に行います。

③ 転出届は，転出することが決まった日から転出する日までの間に行います。ただし，急に引っ越しが決まったため事前に届出をすることができなかったときは，転出した日から14日以内に行います。

④ 中長期在留者等が住所を定めた場合の転入届の特例は，転入をした日から14日以内に行います。

⑤ 住所を有する者が中長期在留者等となった場合の届出は，中長期在留者等となった日から14日以内に行います。

⑥ 世帯変更届は，世帯に変更を生じた日から14日以内に行います。ただし，世帯主が死亡・転出等により，新たに世帯主となる者が1人しかいないときは，届出の必要はありません。

⑦ 外国人住民の世帯と続柄の変更の届出は，続柄に変更を生じた日から14日以内に行います。

(2) 届出期間を過ぎた届出

これらの期間内に届出をすることができなかった場合にも，住民にはなお届出をする義務があり，早急に届出を行う必要があります。しかし，窓口では，こうした届出期間を過ぎた届出を受理したときには，「届出期間経過通知書」を作成し，簡易裁判所へ通知します。届出が遅れた住民は，最高5万円の過料に処せられます。

(3) 長期間届出をしないとき

218　第2編　住民記録Q&A

　　　　届出期間を経過し，長期にわたり届出をしていないことが判明した
　　　場合には，期間を区切ってその者に対して届出の催告を行います。そ
　　　の後，届出があれば上記(2)のように処理し，届出がないときは，事実
　　　調査をして市町村長の職権で住民票の記載等を行います。

3　届出は各市町村で定めた様式で行う

　届出は，書面に必要事項を記入して行わなければなりません。したがっ
て，この書面はそれぞれの市町村で，「住民異動届」等として様式が定め
られています。電話や窓口での口頭による届出は認められません。ただ
し，届出人が何らかの理由で記入できないときは，職員が代筆して届出書
を作成することもできます。

　この場合には，届出書には，届出人の住所，届出年月日を記入し，届出
人に署名をさせるか又は記名押印をさせなければなりません。

4　郵送による届出

　郵送による届出は，原則として受け付けることはできません。ただし，
転出届だけは郵送によるときも受付することができます。

　この場合には，市町村で定めた様式以外の便箋等に，必要事項を記入し
て届出が行われますので，本人確認を適宜の方法で行い，届出書に必要事
項が記入されているかどうか十分な注意・点検を行うことが必要です。

Q36

外国人住民特有の届出（住所変更等）は，どのようなものがあるの
でしょうか？

A　外国人住民特有の届出には，①中長期在留者等が住所を定めた場合の
転入届の特例（法30条の46），②住所を有する者が中長期在留者等となっ
たときの届出（法30条の47），③外国人住民の世帯と続柄の変更の届出
（法30条の48），④法施行日に現に外国人住民である者の届出（法附則5
条）があります。

第 4 届　出　219

1　中長期在留者等が住所を定めた場合の転入届の特例（法 30 条の 46）

　中長期在留者等が国外から転入をした場合には，法第 22 条の規定にかかわらず，転入をした日から 14 日以内に在留カード等を提示して市町村長に届け出なければなりません。

2　住所を有する者が中長期在留者等となったときの届出（法 30 条の 47）

　日本の国籍を有しない者（法 30 条の 45 の表の上欄に掲げる者を除く。）が中長期在留者等となった場合には，中長期在留者等となった日から 14 日以内に在留カード等を提示して市町村長に届け出なければなりません。

　いずれの市町村の住民基本台帳にも記録されていないことについて，

　　1　中長期在留者等が住所を定めた場合の転入届の特例（法 30 条〜 46 条）

　　2　住所を有する者が中長期在留者等となったときの届出（法 30 条〜 47 条）

の届出については，住基本人確認情報検索を必ず行い，住民票コード及びマイナンバーが付番されていないかについても確認する。

3　外国人住民の世帯と続柄の変更の届出（法 30 条の 48）

　外国人住民について，外国人住民である世帯主との続柄に変更があった場合には，変更が生じた日から 14 日以内に世帯主との続柄を証する文書を添えて市町村長に届け出なければなりません。

4　法施行日に現に外国人住民である者の届出（法附則 5 条）

　法施行日に現に外国人住民である場合（外国人住民となった日及び住所を定めた日が改正住民基本台帳法施行日である平成 24 年 7 月 9 日より前の場合）は，在留カード等を提示して市町村長に届け出なければなりません。

220　第2編　住民記録Q&A

第5　転出・転入・転居

Q37

他の市町村から引っ越してきた人の受付は，どうしたらよいでしょうか？　（転入届：法22条，令22条）

A　1　転入とは

　転入とは，新たに市町村の区域内に住所を定めることをいいます。転入には，次のような場合があります。

(1)　他の市町村から住所を移してきた場合

(2)　国外から住所を移してきた場合

(3)　いずれの市町村の住民基本台帳にも記録されていなかった者が，新たに住所を定めた場合

2　転入届の届出事項等

　転入した者は原則として転出証明書を添えて転入届を行います。

　ただし，転出後15日以上過ぎてから届出があった者や，すでに職権消除された者は転出証明書の交付を受けられないので，「転入届に添付すべき書類として発行した」旨の記載がある「転出証明書に準ずる証明書」又は除住民票の写しを添付させます。

　また，国外からの転入の場合にはパスポートを提示させます。国外からの転入者，どこの市町村の住民票にも記載がされていなかった者には，上記の証明書に代えて戸籍の附票の写し及び戸籍謄本等を添付させます。本人確認情報検索を必ず行い，いずれの市町村の住民基本台帳にも記録されていないことや住民票コード及びマイナンバーが二重に付番されないかを確認します。

　マイナンバーカード又は住基カードの交付を受けている者は，転出届

（転入届の特例の適用を受ける者からの転出届に限る。）をしている者はマイナンバーカード又は住基カードを提示し，暗証番号の入力が必要となります。

〈事前に確認すること〉

(1) すでに住んでいるかどうかを確認します。

(2) 届出人が転出証明書を所持しているかどうかを確認します。

(3) 転出証明書を添付することができない者については，それに代わる書類を添付しているかどうかを確認します。

(4) 転入地が住所として認定できるかどうかを確認します。

(5) 転入届の特例による異動については，転出届（世帯員に関する転出届を含む。）をしてから最初の転入届がされるまでの間において，いずれの市町村の住民基本台帳にも記録されていないことを確認します。また，異動日が転出の予定年月日から30日を経過していないか又は転入をした日から14日を経過していないかを確認します。

(6) 代理人が届出の任に当たっている場合は，本人からの委任の旨を証する書類を添付してもらいます。

(7) 外国人住民においては，在留カード又は特別永住者証明書を提出できるかどうかを確認します（みなし住居地の届出：入管法19条の9第3項，入管特例法10条第5項）。

(8) 既存の世帯（世帯主が外国人住民の場合）に外国人住民が記載される場合は，世帯主との続柄を証する文書（戸籍法に基づく受理証明書や結婚証明書その他の外国政府機関等が発行した文書）及び外国語によって作成されたものについては翻訳者を明らかにした訳文が添付されているかどうかを確認します（法30条の49，規則49条）。

〈届出書記入上の注意〉

(1) 異動日は，転入住所地に住み始めた年月日を記入してもらいます。

(2) 転入住所地は，現在住んでいる所を正確に記入してもらいます。

222　第2編　住民記録Q＆A

(3)　世帯主の氏名は，転入住所地における世帯主の氏名を記入してもら
　　います。

(4)　転入する者全員の氏名，出生年月日，男女の別，従前の住所とその
　　世帯主の氏名を，転出証明書のとおりに記入してもらいます。

(5)　届出年月日，異動年月日は，必ず届出人に記入してもらいます。

〈届出書受理上の注意〉

　届出書が提出された場合は，届出書に記入されている事項が転出証明書
等の添付書類と一致しているかどうか確認するとともに，次の諸点も確認
したうえで受理します。

(1)　届出日及び異動日を確認します。

(2)　住民となった年月日について

　①　原則的には，転出証明書の転出予定年月日と同じです。

　②　転入年月日が転出証明書の転出予定年月日と異なる場合は，届出
　　人に事情を聞き，実際の転入年月日を記入してもらい，備考欄に転
　　入年月日が異なった理由を記入してもらいます。

(3)　転入者が既存の世帯に入るのか，新たに世帯を設けるのかを確認し
　　ます。

(4)　一部転入で既存の世帯に入る場合は，既存の世帯の住民票を確認し
　　ます。

(5)　転出住所地の世帯が同じ構成のまま転入した場合は，転出証明書と
　　同じなので確認します。

(6)　一部転入の場合，続柄は転入住所地の世帯主との続柄を記入しても
　　らいます。

(7)　転入者の中に戸籍の表示が異なる者（例えば，夫婦とその父母等）が
　　ある場合は，その者の戸籍の表示が備考欄に記入されているかを確認
　　します。

(8)　転出証明書に記載されている本籍，氏名，出生年月日等に間違いが

ある旨の申出があった場合は，その旨を備考欄に記入し，本籍地へ戸籍照合の依頼をします。

(9) 外国人住民について，転出証明書に記載のある在留期間の満了の日が，転入届のあった時点で既に経過している場合等には，在留カード等の提示を求め，在留期間更新等許可申請中であることを確認する等の方法により，住民票の作成対象者であることを確認します。

(10) 住所に疑義があるときは，公図又は既存の住民票により地番を確認します。

(11) 方書がある場合は，その方書が正当であるか否かを，方書一覧等で確認し，新築の建物に関しては不動産屋等に確認します。

(12) 転入届出に伴い，法第7条第9号から第11号の2の個別事項の変更がなされることもあるので，同時に附帯事務の処理を行います。

① 異動者が国民健康保険，後期高齢者医療，国民年金及び介護保険の被保険者としての資格があるか否かを確認し，記入します。

② 国民健康保険加入世帯に一部転入をする者が被保険者となる場合は，その世帯の被保険者証又は被保険者資格証明書を添付してもらいます。

③ 異動者が後期高齢者医療の被保険者であるときは，負担区分証明書を添付してもらいます。

④ 異動者が国民年金加入者については，年金手帳を添付してもらいます。

⑤ 異動者が介護保険の被保険者であるかどうかを確認します。

⑥ 児童手当の受給資格の有無を確認します。

⑦ 異動者の中に学齢児童生徒がいる場合には，転入学に必要な添付書類の持参の有無を確認し，所定の手続をとります。

⑧ 年齢満18歳以上の異動者については，法第15条第2項に基づく選挙管理委員会への通知のために，所要事項を記入します。

224　第2編　住民記録Q&A

⒀　転入の届出期間は，転入日の翌日から起算して14日以内となって
　　いますので，届出期間を経過して届出を行った届出義務者には，「届
　　出期間経過通知書（理由書）」を記入させ，簡易裁判所に，それを送
　　付します。

⒁　虚偽の届出等を防止する観点から，届出の任に当たっている者の本
　　人確認を行います。ただし，本人確認できない場合でもそれだけを
　　もって届出を拒むことはできませんので，受理する際は届出人に対
　　し，従前の住所地へ届出受理通知を送付します。

Q38

まだ引っ越してきていない人から，新しい住所での住民票が必要な
ので届出をしたい，と申出があった場合はどうしたらよいでしょう
か？　（事前の転入届出）

A　**1　届出の原則**

　住民票には，住んでいない人について記載をすることはできませんか
ら，実際に引っ越しをする前の届出（事前の届出），実際には生活をしてい
ない人の届出（居住の事実のない届出）は受け付けることができません。

　転入では，実際に住所を移した日の翌日から起算して，14日以内に届
出をすることになっています。

2　受付できない理由

　住民票は，住民の居住関係を公に証明するものですから，正確でなけれ
ばなりません。

　事前の届出の場合は，あくまでその新しい住所に引っ越しをするであろ
うという予定であり，実際には予定の変更により他の住所に引っ越しをす
ることもあり得ます。また引っ越しをする前に本人が死亡してしまうとい
うこともあり得ることですので，事前の届出により住民票が作成されてし
まったときには，本人がそこに住んでいないのに住民票があったり，生活

をしている住所と住民票上の住所が異なっていたりして,「正確性の確保」という住民基本台帳の趣旨と矛盾が生じてしまいます。

また,住民の住所というのは,地方自治法第10条の住民の住所と同一であり,「各人の生活の本拠」,つまり「その者の全生活の中心」をいうのですから,居住していない所が全生活の中心となることはあり得ないのです。

そして,届出日により市町村の行う事務が発生するものもあります。その住所で発生する権利・義務は,人と住民票の所在が一致していませんと正しく行使できませんし,各種の業務や行政サービスの適正な処理をも妨げることにもなり,住民基本台帳法の目的そのものと相反するからなのです。

3　受け付ける際の注意点

転入の場合,通常,住民となった年月日(その市町村に住み始めた年月日)は,転出証明書の転出の予定年月日と一致します。

しかし,転出予定年月日が新しい住所での転入届の届出日よりも先付けとなるようなときには,実際にはまだ住んでいない場合があるので注意が必要です。

事情をよく聞いたうえで,転入予定の変更により,実際にその住所に既に住んでいるのであれば受け付けます。しかし,まだ住んでいないことがわかった場合には,転入届を受け付けることはできませんので,実際に住み始めてから14日以内に改めて転入届をするように指導します。

4　居住の事実がないことがわかったとき

また,実際に住んでいない人の転入届を受け付けてしまい,後日その事実がわかったときは,実態の調査をして職権で住民票を消除します(**Q70**参照)。

悪意をもって偽りの届出をした人は,「公正証書原本不実記載」の罪で罰せられることがあります。

226 第2編 住民記録Q&A

5 新住所にまだ住んでいないのに住民票が要求されるとき

まだ住んでいない住所で住民票が必要な例としては，次のようなものがありますので，十分注意をする必要があります。

(1) 不動産所有権の保存又は移転の登記申請

(2) 学生等の休暇期間中における自動車等の運転免許の申請

(3) 住宅資金等銀行ローンの借り受けのため

(4) 越境入学等転入学手続のため

6 届出期間を過ぎた転入届出

事前の届出はできないのですが，反対に届出期間を過ぎてしまったときは，どうなるのでしょうか。

届出期間を過ぎたので，その後，届出ができないということではなく，住民は届出をしなければならない義務があり，市町村役場もこれを受理する義務があります。さらに，住民は届出期間が過ぎた後に届出をしたからといっても，届出懈怠の責任がなくなりませんから，法第52条第2項の規定による罰則が適用されます。

Q39

他の市町村から引っ越してきた人の転入届は，郵送でも受け付けることができるでしょうか？　（郵送による転入届）

A 1 郵送に関する法的根拠はない

転入届が郵送されてきた場合は，実務上からみて受け付けません。郵送による届出は，原則的には転出届に限られます。

住民基本台帳に関する届出については，戸籍法のように郵送によって提出することもできる（戸籍法47条）との規定もありません。

ただ，法の4つの届出（転入，転居，転出，世帯変更）のうち，例外的な処理として，転出届が郵送されてきた場合には，転出証明書を届出人に交付すべきであるとされています（昭和43.3.26自治振41号通知問18）。

2 郵送による取扱制限

転入届は、その市町村に既に住んでいる人が届出をするのですから、本人が届出に来ることのできない理由はありません。

何らかの不可抗力で本人が届出できない場合には世帯主が代行し、世帯主も来ることのできないときは、代理人による届出も認められています。

また、届出期間の14日を過ぎたとしても、住民は届出をしなければならず、市町村長もこれを受理する義務を負っています。

以上のことから転入届を郵送で行わなければならない理由はありません。

さらに、市町村に住所を定めることにより、その市町村と住民の間に納税や選挙等の権利・義務が発生する以上、本人が直接窓口に来れば、直接に本人の主観的意思の確認をすることができ、間接的に居住の事実の確認を行うこともできますが、届出書が郵送で行われた場合には、確認をすることができません。また、届出事項等に不備があったときにも、窓口に直接来られた場合にはその場で補完することができますが、郵送ですとそうはいきません。

そのうえ、転入届は各種附帯事務の届を兼ねており、これらの届出事項についても確認がとれません。

これらのことから、郵送による転入届は理論的には可能でも、実務的には不備な点が多いので制限されています。

なお、転出届は郵送でも可能です。それは急に引っ越しが決まり、「あらかじめの届出」に来られないことや、その市町村以外の遠方へ行き、届出に来られないことが十分あり得るからです。

3 郵送された転入届の処理

では、もし転入届が添付書類をそえて郵送されてきた場合はどうしたらよいか、次にあげてみましょう。

(1) 届出書を一時預かり、本人に連絡をし、直接窓口に来るように指導

228 第2編 住民記録Q&A

します（届出の催告：法14条）。

(2) 窓口に来た際は，改めて通常の転入届を行います。

Q40

他の市町村から転出証明書に準ずる証明書を持参して届出にきた場合，転入届はどのように受付をすればよいでしょうか？（転出証明書に準ずる証明書を添付した転入届：昭和43.3.26自治振41号通知問19）

A 1 転出証明書に準ずる証明書

転出証明書に準ずる証明書は，住民票を市町村長の権限（職権）で消除した後に，転出の届出があった場合には，転出届として受理できないため，転出証明書に代えて交付される転入届に添付すべき書類です。

窓口では，住民が転出届をしないまま他市町村へ引っ越しをした場合は，その事実を調査等で確認し，職権で住民票を消除します。

また，転出届は「あらかじめ」届け出なければならないため，転出後15日以上経過して届出がなされた場合は，これを転出届として受理できず，したがって，転出証明書を交付することはできません。そこで，転出証明書のかわりに「準ずる証明書」を交付します。

2 受付上の注意

通常は，転出証明書の場合と受付上の注意は同じです。

しかし，転出後相当日数が経過している場合には，その準ずる証明書を発行した市町村と，転入の届出にきた市町村との間に，実際に住んでいたのに法律上の届出をしていない他の住所があった場合も考えられます。その場合，その住所がどこであったのか，また，現在の住所に住み始めた年月日（その市町村の住民となった年月日）は，いつであったのか等を明確にする必要があります。

そのようなことから，「転出証明書に準ずる証明書」を持参したときの

第5 転出・転入・転居 229

転出証明書に準ずる証明書

<table>
<tr>
<td colspan="9" align="center">□ 転 出 証 明 書
☑ 転出証明書に準ずる証明書</td>
</tr>
<tr>
<td>届 出 日</td>
<td>平成30年10月1日</td>
<td>異 動 日</td>
<td>平成30年10月3日</td>
<td>異動事由</td>
<td colspan="2">全 部 転 出</td>
</tr>
<tr>
<td>新 住 所</td>
<td colspan="3">東京都深大寺市北山町1丁目5番10号</td>
<td>世 帯 主</td>
<td colspan="2">山川 太郎</td>
</tr>
<tr>
<td>旧 住 所</td>
<td colspan="3">東京都高尾市東町1丁目6番地1</td>
<td>世 帯 主</td>
<td colspan="2">山川 太郎</td>
</tr>
</table>

	氏 名	生 年 月 日	性別	続柄	住民票コード	個人番号
1	山川 太郎	昭和55年4月1日	男	世帯主	12345678901	111122223333

本 籍 東京都高尾市東町1丁目6番地1　筆頭者 山川 太郎

国民健康保険	後期高齢者医療	介護資格	国民年金 種別	基礎年金番号	児童手当	備 考
有	無	無	1	1234-567890	有	

	氏 名	生 年 月 日	性別	続柄	住民票コード	個人番号
2	山川 花子	昭和57年6月3日	女	妻	23456789012	222233334444

本 籍 東京都高尾市東町1丁目6番地1　筆頭者 山川 太郎

国民健康保険	後期高齢者医療	介護資格	国民年金 種別	基礎年金番号	児童手当	備 考
有	無	無	1	4321-098765	無	

□ 上記の者は，当市から転出する旨の届出があったことを証明します。
☑ この書類は，転入届に添付すべきものとして発行したものです。

平成 ○○ 年 ○○ 月 ○○ 日

東京都高尾市長 ○○○○ 印

受付上の注意点は，「住民となった年月日（転入した年月日）」「従前の住所」の2点です。

(1) 住民となった年月日

　　原則としては，準ずる証明書の転出日と一致します。ただし，他市町村に実際に住んでいたのに転入届をしていなかった場合には，未届

230　第2編　住民記録Q&A

地から引っ越してきた年月日となります。

(2) 従前の住所

　　原則としては，準ずる証明書の住所と一致します。ただし，準ずる証明書に書かれた転出（予定）先と現在の住所とが異なる場合等，転入届をしなかった他市町村が住所と認められれば，そこが従前の住所（未届）となります。

3　その他の注意

　準ずる証明書を添えた転入届出の場合は，法で定められた届出期間を過ぎていることが多いので，その場合は簡易裁判所に届出期間経過の通知書を送付します。

　また，「再交付」による準ずる証明書（紛失等により転出証明書の再交付の申請をしても，既に転出予定日を経過している場合には，準ずる証明書として発行されます。）を添えた転入届出は，二重に住民票が記録される危険がありますので，本人確認情報検索を行い，本籍地に戸籍の附票の確認をする必要があります。

┌─ **Q41** ───────────────────
│ 転入届は，従前の住所の住民票の写しでできるでしょうか？　（住
│ 民票の写しを添付した転入届：法22条，令23条）
└──────────────────────────

A　1　転入届の添付書類

　転入届には，転出証明書を添えて出すことになっています（法22条，令23条）。

　そこで，住民票の写しでは，「転入届に添付すべき書類として発行した旨」の記載がある場合を除き，転入届を受け付けることはできません。

2　二重記録の防止

(1) 住民票の写しの場合

　　住民票は，住民の「居住関係を証明する」ものです。現在，住民票の

住所欄に書かれている市町村内に住所があり，そこにその人が住んでいるということを公に証明しています。

　もし，従前の市町村で転出届をせず，他市町村でその住民票の写しによる転入届が受け付けられますと，従前市町村，現市町村というように二つ以上の市町村に住民票が作成されることになり，二重に記録されることとなります。

　そこで，住民票の写しを添えて転入届をしに来られた人には，前の住所地の市町村役場で「住所を移す手続をした」ことを証明する転出証明書を取得するよう指導しなければなりません。

(2) 除住民票の写しの場合

　それでは，消除された住民票の写し（除住民票の写し）なら，その住所地で既に住民票がないことを証明しているのですから，新住所地で転入届をしてもよいのではないか，という疑問が生じます。

　しかし，「転入届に添付すべき書類として発行した旨」の記載がある場合を除き，やはり二重記録防止のため受け付けることはできません。

　「転入届に添付すべき書類として発行した旨」の記載は，住民票が消除された後，転出証明書の交付を求められた場合にされますので，転出証明書と効果はかわらないのです。

　除住民票の写し（「転入届に添付すべき書類として発行した旨」の記載がないもの）を持参してきたときは，住民票が消除されるには何らかの事由がありますので，それをまず判断したうえで，次のような指導をします。

　①　その除住民票が保管されている市町村役場に改めて転出届を出し，「転入届に添付すべき書類として発行した旨」を記載のうえ，交付し直してもらいます。

　②　住民票の消除事由欄をみて，どこか他の住所に住民票が記録されている場合には，そこから転出証明書を持参してもらいます。

232　第2編　住民記録Q & A

③　その除住民票の発行年月日が古く，現在，住民票・除住民票とも
なくなっている場合には，本籍地から戸籍謄本等と戸籍の附票の写
しを取り寄せ，転入届に添えて出してもらいます。

Q42

転出証明書がないときは，どのように転入届をするのでしょうか？

（転出証明書に代わる書類：令22条，昭和42.10.4自治振150号通知）

A　1　転出証明書に代わる書類

転入届は転出証明書を添えてするのが原則ですが，それに代わるものと
しては，「転出証明書に準ずる証明書」，「旅券」，「戸籍謄本等と戸籍の附
票の写し」，「住基カード」，「マイナンバーカード」があります。

(1)　転出証明書に準ずる証明書

法第34条の調査や，転出後15日以上経っているため，住民票が市町
村長の職権で消除された後に転出証明書の交付を求められた場合には，
そもそも住民票が既に消除されていますので転出証明書を交付すること
はできません。こうした場合には，これにかわり，「転入届に添付すべ
き書類として発行した旨」を記載したうえ，転出証明書に準ずる証明書
を発行します（転入届に添付すべき書類として発行した旨を記載したうえで
発行された消除された住民票の写しと同様。昭和43.3.26自治振41号通知問
19）。

これは，転出証明書と同等の効果を持っています。

(2)　旅券

旅券は，国外から転入した人に適用します。本人の氏名，出生の年月
日，出国及び帰国の年月日がこれにより確認できます。しかし，戸籍の
表示等が正確でない場合や，住民記録が二重にされる危険もあるため，
本籍地市町村に確認をとることや本人確認情報検索を行う必要がありま
す。

⑶ 戸籍謄本等と戸籍の附票の写し

いずれの市町村の住民票にも記載がされていない人，転出地の市町村の庁舎が，災害等やむを得ない理由によって，転出証明書の交付を受けられなかった人（平成7.1.20自治振4号通知），国外から転入をしてきた人で旅券を添えて出せない人に適用されます。

⑷ マイナンバーカード等

平成15年8月25日の住基ネット第2次稼働により，マイナンバーカード等の交付を受けている人は「転入届の特例」の適用を受けることができるようになりました。これにより転出をする人は，転入時に転出証明書の添付が不要になりました（かつての付記転出届）。

転出をする人（転入届の特例の適用を受ける者）はあらかじめ郵送等で転出届を行う必要があり，最初の転入届をするときにマイナンバーカード等が必要になります。したがって，申請者は転入時に市町村の窓口に1回出向くだけで済みます。

⑸ 在留カード等

国外から転入した中長期在留者等に適用します。

また，在留カードが即日交付されなかった人については，後日在留カードを交付する旨の記載を受けた旅券を提示してもらう必要があります。

2 添付書類等がない場合

上記の資料によって記載事項等を確認して，住民票が作成されるわけですから，いずれの資料も添付がない場合は，本人の氏名，出生の年月日，戸籍の表示等を確認することができませんので，そのまま転入届を受け付けることはできません。

ただし，本籍が分明でない者等，特別の場合には，転入届を資料として，記載をすべき事実を確認のうえ，職権で住民票の記載をすることもできます。

234 第2編 住民記録Q&A

また，1(3)戸籍謄本等と戸籍の附票の写しの場合，戸籍を照会・照合することで事実が確認できる場合は届出を受理することも可能です。

なお，この際，転出証明書等の提出を求めても応じない人については，法第52条の規定の適用があるものと解されています。

この場合，通常は転出証明書等を持参しなおすように指導します。

Q43

転入届出の際に，転出証明書の氏名が戸籍の氏名と違うことがわかった場合，どのように受付をすればよいでしょうか？　（転入届の際，氏名等に誤りがあったときの処理：昭和42.10.4自治振150号通知）

A 1　戸籍との照合が必要

転出証明書は転入届出の際，いままでの住所地で転出届が出されたことを証明し，本人の氏名，出生の年月日，本籍，戸籍の筆頭者，いままでの住所，転出先，転出予定年月日，その他の確認のための資料となっていますので，氏名等に誤りが発見されたときには，戸籍との照合をし，正確な記載で受け付けなければなりません。

2　戸籍との照合の方法

(1)　本籍地と同一市町村へ転入した場合

本籍地と同一市町村へ転入して来たのであれば，戸籍と照合し，誤りがあったときは，転入の届出書に正しい表示を記載します。しかし，転出証明書には一切手を加えません。

(2)　転入した市町村と本籍地が異なる場合

転入した住所地と本籍地が異なるときは，誤りが明らかだと思われる場合を除き，転出証明書のとおり転入届を受け付け，法第19条第1項の通知を本籍地に出して戸籍との照合を依頼します。

転入の届出書の記載事項に誤りが発見されれば，本籍地からその転入

した住所地へ法第19条第2項により，例えば，「戸籍の筆頭者名を修正せよ」という通知が返送されますので，それに基づき住民票を修正します。

しかし，出生の年月日など誤りが明らかだと判断できる場合には，電話等により本籍地へ確認し，転入の届出書に正しい表示を記載したうえで転入届を受け付けます。

その際，戸籍謄本等を後日送付してもらうなど，照合が確実に行われるような処理方法を工夫する必要があります。なお，届出書の備考欄等には，戸籍と照合した旨を記載しておくのが適当です。

Q44

今まで住んでいた所で転入届をしないまま引っ越しをしてきた人の転入届は，どのように受付をすればよいでしょうか？（未届地からの転入：昭和43.3.26自治振41号通知問9）

A 1 未届とは

住所の異動の事実があったにもかかわらず，そのままにし，転入，転居等の届出をしなかったことを，その住所地では「未届」であったといいます。

2 未届の場合の受付方法

A市で転出届をし，B市に実際に住み生活をしたのに，転入届をしないままC市に転入して来た場合を「未届地からの転入」といいます。この場合の転入届は次のように受け付けます。

(1) A市で発行されたB市あての転出証明書によりC市では転入届を受け付けます。

(2) 転入届の従前の住所は，B市における住所を記載し，その末尾に「未届」と記載します（2か所以上の住所を転々としていた場合でも，転入する直前の未届地及び未届期間を記載します。）。その際，B市に住所

236　第2編　住民記録Q＆A

地として認定できるか確認します。

(3)　未届地の他に，最終的に住民票に記載がされていたA市（最終住民
記録地）及びそこでの世帯主の氏名並びに未届期間も備考欄等に記入
します。

3　未届の場合の受付上の注意

(1)　受付に際して，転入の届出期間を過ぎているときには，届出期間経
過の理由を書いてもらい，簡易裁判所にそれを通知します。転入地の
市町村で届出期間を過ぎていない場合でも，未届地に代行して期間経
過をとることができます。

(2)　未届地は「B市○町○丁目○番○号」「B市○町○番地」のように
家屋番号や地番までわかっている場合はその住所を「未届」としま
す。市町村名のみ，町名のみなど住所の一部しかわからない場合は，
住所として認められないため「住所不明」とします。

4　今まで住んでいた市町村への通知

未届地からの転入届があった場合，転入地の市町村は，次の通知を出し
ます。

(1)　転入地の市町村（C市）は，未届地（B市）と最終住民記録地（A
市）へ転入通知情報を送信します。

第5 転出・転入・転居 237

住 民 異 動 届						

東京都高尾市長 殿

□ 申出書　□ 職権記載書

（※届出人本人による署名の場合、押印は必要ありません。）

届出年月日	平成 20 年 10 月 1 日
異動年月日	平成 20 年 9 月 25 日

●住民票コードは、転入時のみ記入して下さい。
●太枠内の事項をボールペン等ではっきりと記入、○印をして下さい。

全部　1 2 3 4 5 6 7 8
一部　転 転 転 世 職 職 職 職
　　　入 居 出 帯 権 権 権 権
　　　　　　　変 記 消 修 回
　　　　　　　更 載 除 正 復

届出人

①本人 2.世帯主 3.代理人（　　）
フリガナ ヤマカワ　タロウ
氏名 山川 太郎 ㊞
住所（代理人のみ）
電話（自宅）・呼出・勤務先・携帯
042 - 123 - 4567

これからの住所	東京都道府県 高尾郡市区 戸倉1丁目6番地1	これからの世帯主	フリガナ 山川　太郎
いままでの住所	東京都道府県 多摩郡市区 永山5丁目3番4号（未届）	いままでの世帯主	フリガナ 山川　太郎
本籍（※）	東京都道府県 高尾郡市区 戸倉1丁目6番地1	筆頭者	フリガナ 山川　太郎

	氏　名	生年月日	性別	続柄	住民票コード	備考
1	フリガナ ヤマカワ　タロウ 山川 太郎	明・大・昭・平 30・4・1	男 女	世帯主	12345678901	最終住民記録地 東京都国立市 東3丁目4番5号 世帯主：山川太郎 未届期間 H19.11.5～H20.9.24
2	フリガナ	明・大・昭・平 ・・	男 女			
3	フリガナ	明・大・昭・平 ・・	男 女			
4	フリガナ	明・大・昭・平 ・・	男 女			
5	フリガナ	明・大・昭・平 ・・	男 女			

（※）本籍欄以外の方がいる場合には、備考欄にその方の本籍地番と筆頭者名を記入して下さい。

　なお，転入通知を受けた未届地（B市）では，その人に対する課税，国保の給付等において実益がなければ事務処理の簡素化のため，住民票を作成する必要はありません。

　しかし，住民票を作成する必要が生じた場合には，実際に住んでいたかどうかの実態調査を行い，そのうえで氏名，出生の年月日，男女の別，戸籍の表示等基本的な事項を，その通知に基づいて職権で記載をし，ただちに消除することになります。

(2) C市からは，本籍地にも戸籍の附票記載事項通知を出しますが，B市の住所は未届であることを表示しておきます。

5　従前の住所とは

　住民票の記載事項である従前の住所とは，その市町村の区域内に住所を定める前の住所をいいます。原則としては転出証明書に記載されている住所と一致します。

238 第2編 住民記録Q&A

しかし，転出証明書を発行した市町村と転入届を受理した市町村との間に，未届のまま，事実上他の市町村に住所を有していた場合には，その事実上の住所が従前の住所となります。

Q45

転出した人が短期間のうちに，また同じ住所に戻ってきた場合，転入届はどのように処理したらよいでしょうか？ （再転入：昭和43.11.5自治振179号通知）

A 1 再転入とは

ある市町村（A市）から，他の市町村（B市）に引っ越しをし，短期間のうちにもとの市町村（A市）に戻ってきた場合を，A市からみて再転入といいます。B市で転入届をしていた場合としていない場合とがあります。

2 B市で転入届をしていた場合の処理

転入地の市町村（A市）では，短期間に戻ってきた人については，B市への転出が事実であったかどうかの確認をしたうえで，転入届を受理しなければなりません。

(1) 事実の場合

実際にA市を出て，B市で生活をしたのち，たまたま何らかの事情で短期間のうちにA市に戻ってきた場合には，通常の転入届と同様に受理します。

(2) 虚偽の場合

B市への転出及び転入が虚偽で，実際にはA市にそのまま住んでいたことがわかった場合には，A市では転入届として受理できません。

A市では，転出の事実がないことをB市に連絡し，B市は事実調査等により虚偽による転入取消しを行います。この処理終了後，A市に連絡を行い，A市で転出届を無効とし，市長の権限（職権）で住民票を回復

第5　転出・転入・転居　239

します。このように住民票の二重登録とならないような方法にて対応します。

　B市で転出証明書を出すときには，当然，次の処理がされていなければなりません。

　あまりにも短期間のうちに従前の住所地に戻るような転出届があった場合，B市への転入届が事実に基づいて行われたものなのか，それとも登記や登録のため住民票だけを動かした虚偽の届出であったのか，その確認を行います。もし虚偽の届出であることがわかったときは，転入届自体が無効になり，はじめからB市には住民票がなかったことになりますから，転出証明書は発行できません。

3　B市で転入届をしていない場合の処理

　転入届をしないまま戻ってきた場合は，「未届転入」の一形態とみることができますから，**Q44** を参照してください。

　なお，ここでいう再転入は，転出証明書をとった後，転出予定の変更により，どこにも住所を移さなかった場合の「転出取消し」とは異なるので注意が必要です。

　以上により，虚偽の届出であることがわかった場合は，法第52条第1項又は刑法第157条により罰せられることがあります。

Q46

住所を転々としていたので，以前に住んでいた所が住所として認められないような人や，全く覚えていない人が転入届にきた場合，どのように受付をすればよいでしょうか？　（住所不明）

A 1　添付書類

　このような場合の受付を，一般的に「住所設定」による転入届といいます。

　いずれの市町村の住民基本台帳にも記録されていなかった人や，以前に

240　第2編　住民記録Q&A

住んでいた所を全く覚えていないという人の場合には，転出証明書や転出証明書に準ずる証明書を添えて転入届をすることができない場合があります。

　そこで，それらに代わるものとして戸籍謄本等と戸籍の附票の写しを本籍地より持参してもらい，現在どこにも住民票がないことを確認し，本人の氏名，出生の年月日，戸籍の表示等についてそれにより記載をします。

2　住所不明とは

　住所を転々としていて，それぞれ住んでいた所が住所とは認定しがたい場合や，以前に住んでいた所を全く覚えていないとか，わからないような人が転入の届出にきた場合は，従前の住所の欄は「住所不明」，「住所設定」等と記入します。

　今までの所が住所として認定されないわけですから，転入届出に来て初めて今度の所が住所と認定され，正式に住所と呼べるものが始まるわけです。

3　受付上の注意

　住所不明として転入の届出を受けるときの注意は，次のようなものがあります。

(1)　添付書類等が添えられているか，本籍地への照会などの方法も含め戸籍の附票が空欄で不明か又は最後の住所（最終住民記録地）が職権消除されているか，そこでの住民票の保存期間が過ぎて相当期間が経過しているか，また，附票記載の最終住所と添付書類の住民登録地が一致しているかを確認します。

　　いずれの市町村の住民基本台帳にも記録されていないことについて，本人確認情報検索により確認します。

(2)　届出書のいままでの世帯主の氏名の欄は斜線を入れます。

(3)　住民となった年月日は，その新しい住所の市町村に引き続き住み始めるようになった年月日を記載します。

第5　転出・転入・転居　241

(4) 従前の住所欄は，転入する直前の住所を記載することはできません
から，「住所不明」，「住所設定」等と記載します。

(5) 既存住基システムでの処理を始める前にマイナンバー生成要求を行
う必要がある場合もあります。

Q47

家族全員が同じ住所に引っ越しをする予定で転出証明書をとりまし
たが，その後，家族の一部は別の市町村に住むことになりました。
このような場合，転入届はどのように受付をすればよいでしょう
か？　（転出証明書交付後，家族の一部が行き先を変更した場合の処理）

A 1　原則的処理

全員の予定でとった転出証明書は，転出の変更により実情とは異なるも
のとなっていますから，原則としては，転出証明書を発行した市町村で取
り直してもらいます。

2　便宜的処理

上記の原則的処理は，住民からみれば不便なので，便宜的に次のような
方法で処理します。

(1) 先に転入届を受け付けた市町村は，転出証明書の複写をとります。

(2) その市町村では，転出証明書の写しを転入届にそえて保管しておき
ます。

(3) 転出証明書は転入済みの者を朱線により消除し，例えば「何某につ
いては○○市（町村）には転入せず，○○市へ転入する」等の転入届
出の有無を書いた付箋をつけて，市町村長印を押したうえ届出人に返
します。

(4) そして，その転出証明書を他の家族が転入する市町村へ持参させま
す。

① 考え方

242 第2編 住民記録Q&A

なぜ上記のような処理ができるかといいますと，転出証明書はいままでの住所地において転出届が行われたことを証明し，新しい住所地において，氏名，出生の年月日，戸籍の表示，従前の住所等，住民票の記載をするうえでの資料となっています。

そこで，最初の転入予定の住所地においては，その転出証明書の写しでも確認の資料となり，本来の役目を果たすと考えられます。そして，次の住所地においても，もちろん転出証明書は，氏名，出生の年月日，戸籍の表示等の資料となるほか，最初の予定の住所地における転入届出の有無を，付記により確認することができますので，住民票が二重に作成されることはないからです。

② 注 意

しかし，一度発行された転出証明書を多数の市町村で扱うことになりますので，住民票が二重に作成されることがないよう，本人確認情報検索による確認，附票の最終住所，当初の届地への照会など各市町村で十分配慮した処理をすることが必要です。

Q48

同居人として住民票に加える場合，同居先の家族に確認する必要はあるでしょうか？ （同居人としての転入：昭和36.9.8民事甲2189号回答）

A 1 確認の必要性

住基法では，「同居人」とは同じ世帯に住む世帯主の家族以外の人のうち，縁故者でもない人をいいます。

住民の居住関係を公に証明する住民票は，世帯ごとに編成し，管理されていますので同居人という続柄で住民票に加える場合は，正確性の確保のため家族等に確認をする必要があります。

2 世帯主等が同行した場合の届出

その同居先の世帯主又はその世帯員（家族）が，同居する人とともに市町村役場へ出向くか，世帯主が代理で届出に来たときは，転入するその世帯で了承する意思があることを確認できますので，住民票に加えることができます。

3　転入した人自身による届出

転入してきた人自身が，何某の住民票に「同居人」として入れてほしいということで，転入の届出をした場合は，世帯主の全く見知らぬ人が，知らないうちに，勝手に住民票に入ってしまうようなことにもなりかねません。

住民基本台帳の正確性からみても，実際に居住していない人が住民基本台帳に記録されることにもなり問題になります。

確認方法としては，その転入した人とのやりとりや，既にある住民票との照合等で総合的に判断し，事実に反する疑いがあるときには世帯主に電話等の簡便な方法で確認をとるか，法第34条第2項の調査を行います。

そして実態又は事実の確認をしたときは，これを受理し，住民票の記載をします。

4　世帯を別にする指導

実際にそこに住み，生活をしているが，世帯主の家族とは生計を別にしている場合には，世帯を別にしていると認められますから，何某方という方書をつけたうえで，住民票は別にするように指導します。

Q49

養護施設に入所する児童の住民票は，どのように処理したらよいでしょうか？　（養護施設への転入：昭和43.3.26自治振41号通知）

A　1　受付の仕方

養護施設とは，児童福祉施設のうちの一つをいい，社会福祉事業として乳児を除いて現に保護者のない児童，虐待されている児童，その他環境

上，養護を必要とする児童を入所させている施設です。入所している児童は，家庭的環境のなかでの生活，学習，運動などの指導を受けたり，小・中・高校への通学，職業訓練校，専門学校などへの通学をしています（児童福祉法7条，41条）。

市町村内の養護施設に引っ越しをしてきた場合は，いままでの住所からの転出証明書を添えて転入の届出をしてもらいます。

住所は施設の所在地となり，新しい世帯主の氏名及び続柄の欄は，施設管理者が同居していないときは空欄にしておき，事実上の世帯主としての施設管理者氏名は必要があれば記入します。

また，管理者が同居しているときは，施設管理者を世帯主として，続柄は児童それぞれを同居人として入れます。

2 児童の住所の認定

養護施設に入所する児童の住所は，1年以上にわたって施設に居住することが予想される場合は，施設の所在地を住所として認定します（昭和46.3.31自治振128号通知問8）。

すなわち，その施設に単に通園・通所するのではなく，入所し1年以上にわたって居住する場合には，施設における生活が児童の一般的生活関係の中心である，とするのが最も妥当だからです。

3 児童の住民票

養護施設に居住している児童の住民票の取扱いと記載方法は，特別の事情のない限り，同一世帯を構成しているものとして取り扱い，施設管理者が同居していないときは，住民票の世帯主の欄は何も書かず空欄にしておきます（昭和43.3.26自治振41号通知問6）。

養護施設に居住する児童については，施設を私的生活の中心場所として共通に使用し，生活にかかる費用等については，施設により一括して賄われ，つまり居住と生計をともにするので，同一世帯として取り扱うことが適当です。しかし，児童には，世帯の中心となり自分たちをまとめて養

い，常識的にみて，その世帯の代表者として認められる人がいませんから，住民票の世帯主の欄に記載をせず，そのまま空欄にしておきます。

しかし，施設管理者が一緒に生活している場合には，その施設管理者を世帯主とし，児童を同居人として入れることができます。

Q50

転入届と婚姻届が一緒に出された場合，住民票には新しい氏で記載されるのでしょうか？　（婚姻届による氏の変更）

A 1　転入届と同時に婚姻届を出した場合の新住所の住民票に記載される氏

住民票には旧氏で記載されるのか，新しい氏で記載されるのか，という問題を説明する前に，婚姻した後の夫婦の氏について簡単にふれておきます。

婚姻すると，夫婦のどちらの氏を名のるかは，お互いの間で自由に決めることができます。婚姻届を出すときに，届書の「婚姻後の夫婦の氏・新しい本籍」欄に夫の氏，妻の氏のいずれかを表示することによって決まります。この欄に「夫の氏」を表示すれば，夫婦の新しい戸籍は，夫を筆頭者として作成され，妻となる人の氏は夫の氏に変更することになります。

ここでは夫の氏を名のる婚姻届を出した場合，妻の住民票はどのように修正されるのか，ということで説明します。

婚姻に伴って，いままで住んでいた市町村から，新居となる市町村に住所が変わった場合，転入届と婚姻届を同時に出したときは，新住所の住民票には妻は新しい氏で記載されます。

婚姻届は出したが新住所へ転入届を出すのを忘れていたような場合，婚姻の届書にいままでの住所が記入されていれば，いままでの住所の住民票で妻になる人の氏が修正されていますから，新住所の住民票は新しい氏で記載され，旧氏は表示されません。

246　第2編　住民記録Q&A

　転出証明書をとってから転入届を出すまでの間に婚姻届を出した場合は，新住所の市町村で転入届を出すときに，婚姻届を出した事実を確認することができないときがあります。このような場合には，婚姻届受理証明書等，婚姻した事実を確認するための書類が必要になることもありますから，受付のときに注意が必要です。

2　住民票に記載がされている氏や本籍等の婚姻届に基づく修正

　婚姻届が住所地と同じ市町村に出された場合は，届書に基づいて修正されます。住所地以外の市町村に出された場合は，婚姻届を受理した市町村からの通知に基づいて，住民票に記載がされている氏や本籍等が修正されます。これは，住民が二重の届出をしなくてすむように負担の軽減を図るとともに，戸籍と住民票の記載の一致を図るためのものです。

　このほかにも，出生，死亡，転籍，養子縁組，離婚等，戸籍の届出はありますが，これらの届出があったときは，それに基づいて，出生なら新たに住民票に記載がされ，死亡の場合は住民票から消除され，他の届出の場合には氏名，本籍等が修正されます。

3　結婚に伴って住所を変更するときは，婚姻届とともに住所変更の届出も必要

　婚姻届を提出すると，それに伴って新しい住所地で自動的に住民票が作成されると思い，住所変更の届出をしない人がいます。住民票と戸籍はそれぞれ別の届出に基づいて処理されていますから，上記2のような処理はされても，住所の変更に伴う住民票の処理はされません。

　したがって，婚姻届に基づいて住民票が新住所で自動的に作成されることはありませんので，結婚に伴って住所を変更するときは，婚姻届とともに住所変更の届出も必要になります。

Q51

同じ市町村のなかで住所を変更したときは，どのような手続が必要でしょうか？ （転居届：法23条）

A 1 転居の定義

同一市町村の区域内において住所を変更することを転居といいます。

この場合の住所の変更とは，居住の場所を移動するとともに，住居の表示が変わることです。ただし，指定都市のなかで，ある区から別の区へ住所を変更した場合は，転居の処理ではなく，転入・転出の取扱いがされます。その市の住民であることには変わりありませんので，「住民となった年月日」に変更はありません。

2 届出事項

転居をした者は，転居した日から14日以内に，次の事項を届け出なければなりません（法23条）。

(1) 氏名

(2) 住所

(3) 転居をした年月日

(4) 従前の住所

(5) 世帯主の氏名とその続柄

3 事前に確認すること

(1) 転居なのか住所の錯誤による修正なのかを確認します。

(2) 転居届を予定で行おうとする者に対しては，その場合には，転居後14日以内に届出を行うよう指導します。

(3) 転居先が住所として認定できるかどうかを確認します。

(4) 住居表示の実施，分筆などによる地番号の変更等については，職権修正となるので，転居届は不要です。

(5) 世帯変更届か，転居届かを確認します。

248　第2編　住民記録Q&A

(6)　外国人住民においては，在留カード又は特別永住者証明書を提出でき
　　るかどうかを確認します（みなし住居地の届出：入管法19条の9第3
　　項，入管特例法10条第5項）。

4　届出書記入上の注意

(1)　住所を定めた年月日は転居後の住所に住み始めた年月日を記入して
　　もらいます。

(2)　転居した者全員の氏名を記入してもらいます。

(3)　届出年月日，異動年月日及び届出人の署名は必ず届出人に記入して
　　もらいます。

5　届出書受理上の注意

(1)　転居したのが世帯全員か，世帯の一部の者なのかを確認します。

(2)　新住所に家族等世帯を同じくする者がいないかどうかを確認しま
　　す。

(3)　転居で既存の世帯に入る場合は，入るべき世帯の住民票を確認しま
　　す。

(4)　新住所は住民票や公図等で確認します。

(5)　方書きがある場合は，その方書きが正当であるか否かを，同一の住
　　所の他の住民票等で確認します。

(6)　届出書と住民票を照合し，世帯主及び世帯員の氏名，出生年月日，
　　性別，続柄，本籍，筆頭者，旧住所等について，住民票の記載内容と
　　同一かどうかを確認修正し，必要とあれば，住民票の記載内容に関し
　　て本籍地に照会します。

(7)　戸籍の表示が世帯主と異なる者については，備考欄にその者の戸籍
　　の表示を記入します。

(8)　続柄は，新住所の世帯主からみての続柄を記入します。

(9)　既存の世帯（世帯主が外国人住民の場合）に外国人住民が記載される
　　場合は，世帯主との続柄を証する文書（戸籍法に基づく受理証明書や結

第5 転出・転入・転居 249

婚証明書その他外国政府機関等が発行した文書）及び外国語によって作成されたものについては翻訳者を明らかにした訳文が添付されているかどうかを確認します（法30条の49，規則49条）。

⑽ 転居届と同時に世帯主変更を伴う場合は，所定の手続を行います。

⑾ 転居届出に伴い，法第7条第9号から第11号の2の個別事項の変更がなされることもありますので，同時に附帯事務の処理を行います。

① 異動者が国民健康保険，後期高齢者医療，国民年金及び介護保険の被保険者としての資格があるか否かを確認し，記入します。

② 国民健康保険加入者については，被保険者証若しくは被保険者資格証明書を添付させます。

③ 異動者が後期高齢者医療の被保険者であるときは，後期高齢者医療被保険者証を添付してもらいます。

④ 介護保険加入者で，介護保険の被保険者証の交付を受けている者については，被保険者証を添付させます。

⑤ 児童手当の受給資格の有無を確認します。

⑥ 異動者の中に学齢児童・生徒がいる場合には，所定の手続をとります。

⑦ 年齢満18歳以上の異動者については，法第15条第2項に基づく選挙管理委員会への通知のために，所要事項を記入します。

⑿ 転居の届出期間は，転居日の翌日から起算して14日以内となっていますので，届出期間を経過して届出を行った届出義務者には，「住民基本台帳届出期間経過通知書（理由書）」を記入してもらい，簡易裁判所に送付することになりますので，注意します。

⒀ 虚偽の届出等を防止する観点から，届出の任に当たっている者の本人確認を行います。ただし，本人確認できない場合でもそれだけをもって届出を拒むことはできませんので，受理する際は届出人に対

250　第2編　住民記録Q&A

し，従前の住所地へ届出受理通知を送付します。

Q52

同じアパートのなかで，101号室から202号室に部屋替えをした場合でも，住所変更の届出は必要でしょうか？　（部屋替えをしたときの転居届：昭和34.11.6民事甲2474号回答）

A　1　同一市町村内で住所が変わった場合の転居届

　同じ市町村のなかで住所を変更したときは，転居届をしなければなりません。また，同じアパート内での部屋替え，同一地番内での住所変更も，原則として，転居届が必要です。

　住所は，行政区画，土地の名称，地番等により表示されますが，アパート・マンション等に住んでいるため，これらの表示だけでは住所が明らかでないときは，アパート・マンション等の名称及び居室番号までを表示します。また，間借りをしているようなときには，「○○方」までを表示します。したがって，住所を変更したことにより，これらの表示が変わる場合は，届出が必要です。

2　どんなときに届出が必要か

(1)　アパート・マンション等に住んでいるため，住民票にこれらの名称及び居室番号までが住所として記載をされている場合には，同一建物内で部屋替えをしたときにも転居届が必要です。

　　ただし，部屋に定まった番号がなく，住民票の住所が建物の名称までしか表示されていない場合には，同一建物内で部屋替えをしても，転居届は省略することができます。

(2)　同一地番内に数十，数百の世帯があるために，市町村で便宜的に区域を設けているときは，その区域の名称等について住民票に記載をしますから，名称の異なる区域へ住所を異動した場合は，転居届が必要です。

第5　転出・転入・転居　251

(3)　行政区画，土地の名称等に変更を生じた場合は，市町村長の職権により住所の表示を修正しますから，届出は不要です。

(4)　転入・転居の届出の際に住所を誤って届け出た場合，又は住所は異動しないがアパート・寮等の名称が変更したときは，市町村長の職権又は本人からの申出により，正しい表示に修正します。

Q53
転勤のため他の市町村へ引っ越しをするときには，どのような手続が必要でしょうか？　（転出届：法24条，24条の2）

A　1　転出とは

転出とは，いままで住んでいた市町村の区域外へ住所を移すことをいいます。1年以上の長期にわたり国外へ住所を移す場合，1年以内でも国内に生活の本拠がなくなる場合もこれに含まれます。

また，指定都市のなかで，ある区から別の区へ住所を変更した場合は，転居の処理ではなく，転出・転入の取扱いになります。

2　届出事項

転出する者は，あらかじめ，その氏名・転出先及び転出予定年月日を市町村長に届け出なければなりません。

3　届出期間

「あらかじめ」とは，転出することが確定した後その住所を去るまでの間をいい，急に引っ越しをすることが決まり，その住所を去るまでの間に届出をする暇がないような場合は，転出後14日以内に届出をした者も含まれます。

4　事前に確認すること

(1)　転出と転居を混同して届出する場合がありますので確認をします。

(2)　国外へ転出する場合は，転出証明書の交付を要しないなど，事務処理が異なるので確認をします。

252　第2編　住民記録Q＆A

(3)　短期間の入院，1年未満の海外出張，改築，出産等による一時的な異動は，届出を要しないので確認をします。

(4)　越境入学，運転免許証の取得，不動産登記等を目的とした，偽りの届出は受け付けることができないので確認をします。

(5)　同一の世帯に属する者の全部又は一部が同時に転出をする場合であって，そのうちにマイナンバーカード又は住基カード（届出時点で有効期間内であって，カード運用状況が運用中であるものに限る。）の交付を受けている者が転出届を行う場合は，当該転出をする者は転入届の特例の適用を受けるので確認をします。

5　届出書記入上の注意

(1)　住所，転出先及び各々の住所での世帯主氏名を正確に記入してもらいます。

(2)　転出する者全員の氏名，出生年月日，性別，世帯主との続柄，戸籍の表示等を住民票記載のとおり記入してもらいます。

(3)　異動年月日

①　転出予定であらかじめ届出に来た場合，その予定年月日を記入してもらいます。

②　既に転出した者が届出に来た場合，異動年月日は実際に転出した日を記入してもらいます。

(4)　転出届と同時に戸籍に関係する届出がされている場合は，その届出が受理されたものとして，戸籍の表示等は変更後のものを記入してもらいます。

6　届出書受理上の注意

(1)　届出書と住民票を照合し，住所，氏名，出生年月日，性別，世帯主との続柄，戸籍の表示等の誤記・記入漏れがないか確認します。

(2)　転出（予定）年月日と届出年月日との関係で交付する証明書が異なりますので，転出予定年月日（転出日）には，特に注意します。

第5 転出・転入・転居　253

(3)　転出する者のなかに戸籍の表示の異なる者がいる場合には，備考欄に明記します。

(4)　転出後15日以上経過している者から届出があった場合は，備考欄に同日職権消除した旨を記入します。

(5)　既に職権消除されている者から届出があった場合は，備考欄に消除された年月日等を記入します。

(6)　異動区分（全部転出か，一部転出か）を確認します。

(7)　市内で未届のまま転居していた者は，転居届の処理後，転出届をしてもらいます。

(8)　世帯主の転出により世帯主変更を伴う場合は，世帯主変更による続柄修正欄にその旨を記入します。

(9)　戸籍の届出が同時にされた場合は，戸籍の届書等と照合し，確認をします。

(10)　なお，転出届は郵送によることもできます。届出人の身分証明書等の写しを同封してもらい，本人確認を行います。ただし，同封されていなかった場合もそれだけをもって届出を拒むことはできませんので，住所地へ送付することで本人確認を行ったものとみなします。既に転出済で転出証明書を転出先に送付した場合は，これまでの住所に住民異動届受理通知を送付します。

7　転出証明書

　市町村長は，転出届があったときは，転出証明書を交付しなければなりません（国外へ転出する者，マイナンバーカード等の交付を受けている者で転入届の特例の適用を受ける者からの転出届をしている者を除く。）。

　転出証明書とは，転出するまでの間，及び転出後14日以内に届出された転出届に基づいて，転出地の市町村長が作成した住民の異動に関する文書をいいます。

8　転出証明書の作成

254　第2編　住民記録Q&A

　転出証明書の作成にあたっては，正確かつ簡便な方法で作成することとされています。一般的には端末で入力し，転出証明書を作成しますが，次の方法で作成することもできます。

　(1)　届出書の複写を用いる方法——転出届が受理された時点で，転出証明書に必要な事項がすべて記入されていますので，この複写を用います。

　(2)　住民票の写しを用いる方法——届出書に基づき住民票に転出先，転出予定年月日等の記載あるいは消除する等の処理を行った後，行政欄も含めた住民票の写しを作成し，それを用います。

　いずれの方法にしても，転出証明書には，転出証明書である旨を表示するとともに，その末尾もしくは裏面，又は別紙に転出届出があった旨を記載し，市町村長の記名・押印をします。

9　転出証明書に準ずる証明書

　転出後15日以上経過している人，又は既に住民票が除かれている人から転出の届出があった場合には，これを転出届として受理することができませんので，転出証明書の交付もできません。

　この場合，転出証明書に代えて「転入届に添付すべき書類として発行した旨」を記載のうえ，「転出証明書に準ずる証明書」を交付します。

10　転出証明書の再交付

　転出証明書を失くしたり，汚したり，破いたりしたときは，その再交付を受けることができます。この場合，発行日以外は，転出証明書の内容に手を加えずに交付します。

　転出証明書の再交付をすることができるのは，転出届出の日から転出予定年月日までの間であり，住民票を消除後は，転出証明書の再交付はできません。この場合には，「転出証明書に準ずる証明書」を交付します。

　再交付にあたっては，再交付されたものである旨を表示します。

11　転入届の特例

第5　転出・転入・転居　255

　平成15年8月25日の住基ネット第2次稼働により，住基カードの交付を受けている人は付記転出届ができるようになりました（現在でいう転入届の特例の適用を受ける者からの転出届）。

　平成28年1月からマイナンバーカードの交付が開始され，交付を受けている人は，転入届の特例により転入時に転出証明書の添付が不要です。

　郵便等による転出届（転入届の特例の適用を受ける者からの転出届に限る。）を受理する場合は，マイナンバーカード等の交付を受けている旨，転出届をする者の連絡先電話番号等を届出書において明らかにさせる必要があります。

　また，転出地市町村長は，転入届の特例の適用を受ける者に対して，転出証明書の交付を受ける必要はないが，転入地市町村の窓口においてマイナンバーカード等を提示し，暗証番号を入力する必要があることを説明する必要があるため，届出書にその旨を記載しておく等の措置を講ずるとともに，転出地市町村長の判断により，届出者本人に対して転出届を受理した旨を通知します。

　なお，転出届をする者が転入届の特例を受けることができない相当な理由がある場合は，転出証明書を交付します。

　転出証明書に係る情報を電気通信回線を通じて転入地市町村長に通知することにより，転出をする者は転入時に転出証明書の添付が不要になりました。

　最初の転入届（転出届をした日後その者が最初に行う転入届であって，その者のマイナンバーカード等を添えて行われるものをいい，法24条の2第2項に規定する最初の世帯員に関する転入届を含む。）をするときはマイナンバーカード等の提示と暗証番号の入力が必要になります。

12　住民票の消除

　事前に転出の届出があったものは，転出予定年月日をもって消除し，同日若しくは転出後に届出があったものは，届出年月日をもって消除しま

す。

　個人票及び全部転出の世帯票は，転出届出日から転出予定日までの間は一時保管します。

13　附帯事務処理

　転出届出に伴い，法第7条第9号から第11号の2の個別事項の変更がなされることもありますので，同時に附帯事務の処理も行います。

(1)　異動者が国民健康保険，後期高齢者医療，国民年金及び介護保険の被保険者としての資格があるか否かを確認し，記入します。

(2)　異動者が国民健康保険の被保険者である場合は，被保険者証又は被保険者資格証明書を添付してもらいます。

(3)　異動者が後期高齢者医療の被保険者であるときは，被保険者証を添付してもらいます。

(4)　介護保険加入者で，介護保険の被保険者証の交付を受けているものについては，被保険者証を添付してもらいます。

(5)　児童手当の受給資格の有無を確認します。

(6)　異動者のなかに学齢児童・生徒がいる場合には，所定の手続をとります。

(7)　年齢満18歳以上の異動者については，法第15条第2項に基づく選挙管理委員会への通知のために，所要事項を記入します。

(8)　転出届は郵送によることもできますが，この場合，その者が国民健康保険の被保険者であり，かつ転出届に被保険者証の添付がない場合，届出人に転出証明書を交付する際，被保険者証の返還を求めるなど，必要な措置を講じなければなりません。

第5 転出・転入・転居 257

Q54

転出証明書は，郵送でもとることができるでしょうか？ （郵送に
よる転出証明書の交付：昭和43.3.26自治振41号通知問18）

A 1 転出届は郵送でもできる

届出は，市町村の窓口に出向いて行うのが原則ですが，転出届の場合に
は郵送でも行うことができます。郵送のときは，市町村で定めた様式以外
のものでも届出ができます。

本来，各市町村で届出書の様式を定めていますから，それを用いて届出
をするのが原則です。しかし，郵送のときは，届出書に記入することがで
きませんので，便箋等を用いて届出に必要な事項を記入し，いままで住ん
でいた市町村に送り，届出を行います。

転入届の特例の適用を受ける者からの転出届については，**Q53**－A 11
「転入届の特例」（254頁以下）を参照してください。郵送のときは，窓口
と違い口頭の確認や補完ができないため，届出に必要な事項の記入漏れ
等，不備が生じやすいので，事前に電話で問合わせがあったときは，必要
な事項について確認し，不備のないように注意を促すことが必要です。

2 届出の受理と交付する証明書

本人確認を適宜の方法で行い，郵送された書類から必要な事項を届出書
に書き写したうえで届出を受理し，転出証明書の作成，関係課への通知等
を行います。

郵送された書類が市町村役場に到達した日，つまり，市町村役場の収受
印が押された日をもって届出を受理します。あらかじめ届出を受理したと
きは，転出証明書を交付し，それ以外の者からの届出を受理したときは，
転出証明書に準ずる証明書を交付します。

3 届出に必要な事項

(1) 法に定められた届出事項

258　第2編　住民記録Q&A

(2)　住所，世帯主の氏名等，転出する者の住民票をとり出すために必要な事項

(3)　国民健康保険への加入の有無等，転出届に附記することにより，同時に届出があったものとして処理する事項

(4)　その他，市町村で個別的に必要な事項

Q55

世帯主である夫が転出する場合，住民票の世帯主はどうなるのでしょうか？　（世帯主変更を伴う転出届）

A　1　世帯主変更をして新たな世帯主に

　世帯主の転出に伴って，残った世帯のなかで世帯主の変更を生じるときは，転出届と世帯主の変更届を合わせて行い，住民に二重の負担を課すことのないような取扱いをします。この場合，転出届と同一の届出書を用いて届出をすることができます。

　世帯主の変更の日は，実際にいままでの世帯主が転出した日です。

　実質的に世帯主の変更が生ずる年月日，つまり，世帯主の転出（予定）年月日をもって，新たな世帯主への変更を行います。したがって，転出に伴う世帯主変更の場合は，事前に届出を受けて，転出予定年月日付で（先付け）処理を行うという変則的な届出になります。

2　残った者が1人の場合

　残った世帯で，新たに世帯主となり得る者が複数いるときは，世帯主変更の届出が必要となりますが，世帯主である夫が転出したことにより，妻1人となったときは，妻が世帯主になります。

第5 転出・転入・転居 259

Q56
交付後２週間以上経過した転出証明書は有効でしょうか？ （転出証明書の有効期間）

A 1 転出証明書の有効期間は

住基法では，転出証明書の有効期間は定められていません。しかし，転入届は転入した日から14日以内に届け出なければならないと定められているところから，この期間が転出証明書の有効期間であり，転出証明書をとった日から14日以内に転入届をしなければ，転出証明書は無効になってしまうと思っている人もいるようです。このような場合には，転出証明書の有効期間と転入届の届出期間との違いを説明し，正しい届出が行われるようにします。転出の予定年月日，転出先が変更しても，転出証明書はそのまま使用することができます。

転出証明書を交付した後に，転出予定年月日，転出先が変更しても，その転出証明書は有効なものとして使用することができます。したがって，転出予定年月日，転出先に変更が生じた旨の申し出があったときには，このことを説明するとともに，転入届の際，転出届の後に変更が生じたことを申し添えるよう説明します。

2 交付されてからかなりの期間を経過したとき

先に述べたように，転出証明書の有効期間は定められていませんが，交付されてからかなりの期間を経過している転出証明書を添付した転入届を受理したときは，戸籍の届出による戸籍の表示等の変更，再交付により二重に記録される可能性があります。

このような場合には，変更等がないかを確認するとともに，必要があれば転出地，本籍地に照会する等の方法により，事実の確認をしたうえで届出を受理します。

ただし，ここにいう「かなりの期間」を３か月，半年，１年などと具体

260　第2編　住民記録Q&A

的に決定するのは，各市町村の判断によります。

Q57

転出証明書をなくした場合，もう一度発行することはできるでしょうか？　（転出証明書の再交付：令24条2項）

A　1　転出証明書の再交付

　転出証明書をとった後で転出証明書をなくしてしまった，汚してしまった，あるいは破けてしまったようなときは，転出証明書の再交付を受けることができます。

　しかし，転出証明書の再交付ができるのは，転出届をした日から転出の予定日までの間です。転出届をした者の住民票は転出の予定日をもって消除されますから，転出の予定日を経過した後は，転出証明書の再交付はできません。住民票が消除された後に転出証明書の再交付を求められた場合は，転出証明書に代わるものとして「転出証明書に準ずる証明書」（**Q40**参照）を交付します。

2　再交付の処理方法

　転出証明書の再交付を求められたときは，上記のように，転出の予定日を境に再交付する証明書が異なりますから，そのことに注意して，次のように処理します。

　(1)　転出する者の氏名，転出先，転出の予定年月日等は，最初の届出のとおり申出書に記入させ，再交付の請求があったことを表示します。

　(2)　作成する証明書は，先に交付した転出証明書と同じ内容を記載し，再交付である旨及び再交付の年月日を表示します。

　(3)　転出届に基づいて住民票に記載がされている転出先，転出の予定日には一切手を加えません。

　(4)　郵送でも再交付の請求をすることができます。

　　　ただし，その住民票に転入通知を受理した旨の記載がされている場

第5　転出・転入・転居　261

合は，既に他市町村の住民票に記載がされていますから，再交付の申
請を受けることはできません。

　他の市町村に住民登録されていないことを確認するために，本人確
認を行います。

Q58

引っ越しをする日がまだはっきり決まっていない人からの転出届
は，受け付けることができるでしょうか？　（引っ越し前の転出届：
法24条）

A　1　転出届は引っ越しする予定の日付で届け出る

　転出の予定年月日は，届出の時点で引っ越しを予定している年月日を届
け出ます。例えば，新築等で引っ越すことになり，引っ越し先の住所はわ
かっているが，引っ越しをする日がはっきりわからないようなときには，
運送の手配，荷作り等の事情を聞き，引っ越しをしようと考えている日を
届け出ることになります。

　転出届は事前に届け出るのが原則ですから，届出をした後に何らかの事
情によって引っ越しをする日が変更されることもありますが，交付した転
出証明書は，有効なものとして，そのまま使用することができます。

　引っ越しが終わった後に届出があったときは，引っ越し先の住所に住み
始めた年月日を届け出ることになります。

2　転出先の住所はわかる範囲で届け出る

　転出先についても，届出の時点で引っ越しを予定している住所を届け出
ます。この場合，転出先の住所の表示（方書がある場合は，方書まで）がわ
かっていれば，それを届け出ることになりますが，はっきりわからないよ
うなときは，字名まで，丁目まで等，わかる範囲で届け出ることになりま
す。

　ただし，わかる範囲とはいえ，少なくとも最小行政区画である市町村名

262　第2編　住民記録Q＆A

までは届け出るようにします。また，転勤等の都合で転出先が複数予想され，そのいずれになるか判明しないようなときは，便宜的にそのうちの一つを選択して届け出ることになります。

　転出届をした後に転出先が変更した場合でも，交付した転出証明書は，有効なものとしてそのまま使用することができます。

Q59

実際に引っ越しはしないで，区域外の学校に入学させるために住民票だけを他の市町村に移す転出届は，受け付けることができるでしょうか？　（越境入学のための転出届：昭和46.1.12自治振6号回答）

A **1　虚偽の届出は受け付けられない**

　実際に住所は異動しないにもかかわらず，越境入学，運転免許証の取得，銀行・金融公庫からの融資，不動産の登記等のために住民票だけを移すことはできません。

　したがって，届出を受け付けるときに，このようなことを目的とした転出届であることが判明した場合は，その転出届を受理することはできません。

　また，転出届を受理し，その届出に基づいて住民票の処理を行った後に虚偽の届出であったことが判明した場合は，実態調査等により確認をした後，市町村長の職権で住民票の処理を行います。

2　虚偽の届出をした者には罰則がある

　住民票は，住民の権利義務に関する公正証書の原本にあたりますから，虚偽の届出をした者に対しては，刑法第157条に基づいて公正証書原本不実記載・電磁的公正証書原本不実記録などの罪，同未遂罪が適用され，懲役又は罰金の刑を科せられることがあります。

　虚偽の届出であることが判明したときは，市町村では事案の性質，軽重等を考慮のうえ，告発するかどうかを決定します。

第5　転出・転入・転居　263

Q60

住民票が既に消除されている場合，転出証明書は発行できるでしょうか？　（住民票を消除された後の転出証明書の交付：昭和43.3.26自治振41号通知問19）

A　1　転出証明書に代わる証明書の発行

住民票が既に消除されている者から，転出証明書の交付を求められても，転出証明書を交付することはできません。

このような場合には，転出証明書に代わるものとして，転入届に添付すべき書類として発行した旨を記載した「転出証明書に準ずる証明書」又は，「消除された住民票の写し」を交付します。

2　住民票の消除

住民票は，転出，実態調査，死亡等により消除されます。転出届に基づいて消除された場合は，既に転出証明書を交付していますから，本人確認を行いその転出証明書により他の市町村へ転入届を行っていないかどうかを確認のうえ，「転出証明書に準ずる証明書」又は，「削除された住民票の写し」を交付します。

実態調査に基づいて消除された場合は，消除された理由により取扱いが異なります。

(1)　転出届をしないまま，他の市町村へ引っ越してしまったために職権消除された場合には，「転出証明書に準ずる証明書」又は，「削除された住民票の写し」を交付します。

(2)　誤った届出，又は虚偽の届出をしたことにより職権消除をされた場合には，「転出証明書に準ずる証明書」を交付することはできません。そのかわりに「戸籍謄本等及び戸籍の附票の写し」を添付して転入届を行わせる等，事例によって処理が異なります。この場合は，取扱いは慎重に行うよう注意が必要です。

264　第2編　住民記録Q&A

(3)　死亡，国籍喪失等により消除された場合は，他の市町村へ転入届を行うことはありませんから，「転出証明書に準ずる証明書」の交付も必要ありません。

　消除された住民票の保存期間は5年間となっています（令34条）。この期間を過ぎると，保存されていた除住民票は廃棄されてしまうために，転出証明書に代わる証明書を交付することはできなくなります。

　このような者から転出証明書等の交付を求められても，交付することができませんから，これに代えて「戸籍謄本等及び戸籍の附票の写し」を添付して転入届を行うよう適切な説明が必要です。

Q61

引っ越しをする予定で転出の届出をしたのち，予定が変更になり同じ住所に引き続き住むことになったときは，どのような手続が必要でしょうか？　（転出の取消し：昭和43.3.26自治振41号通知問17）

A　1　引っ越しが中止になったときの転出の取消し

　転出の届出をした後に予定が変更し，転出することが中止になり，引き続き同じ住所に住むことになったときは，転出の取消しをします。転出の取消しを受け付ける際には，転出届に基づいて交付した転出証明書は回収します。

2　転出の取消しに伴う住民票の処理

(1)　転出の届出後，転出の予定年月日までの間に転出の取消しがあった場合は，申出書を作成し，転出届に基づいて住民票に記載がされている転出先，転出の予定年月日，転出の届出年月日を消除し，備考欄に転出の取消しがあった旨の記載をします。

(2)　転出の予定年月日を経過した後に転出の取消しがあった場合は，転出した事実のないことを確認したうえで同様の処理をします。

　　ただし，住民票は転出届に基づいて転出予定年月日で消除されてい

ますから，備考欄に転出の取消しに基づいて回復した旨の記載をします。

(3) 既に転出した旨を届け出た者からの転出の取消しはありません。つまり，転出届を行うときは，既に他の市町村へ引っ越してしまったと届け出た者が，その後，転出はしていないので，その取消しをしてほしいということは事実に反することですから，転出届そのものが誤っていた，いつわりであった，又はいったん転出した後に再び同じ住所に転入してきたかのいずれかになります。

したがって，このような場合には，転出の取消しを申し出ている者から事情を聞くとともに，電気，ガス，水道料金の領収書等により，事実の確認を行ったうえで，錯誤の届出若しくは虚偽の届出として住民票を回復するか，又は未届地からの再転入として，新たに住民票を作成するか判断し処理します。また，疑いがある場合等，処理にあたって必要と認めるときは，実態調査を行うことができます。

266　第2編　住民記録Q&A

第6　国外への転出と国外からの転入

Q62

外国に長期出張するときは，届出は必要でしょうか？

また，海外旅行をするときはどうでしょうか？　（外国への出張と海

外旅行：法24条，令24条）

A　**1　1年以上外国に行くときの転出届**

　日本から国外へ行く場合は，いままで住んでいた市町村の区域外に住所
を移すことになりますから，国外への転出届をしなければなりません（法
24条）。

　海外旅行又は1年未満の海外出張等，外国での滞在期間が短期間で，い
ままで家族とともに生活をしていた者は，家族のもとに住所があるものと
して取り扱いますから，国外への転出届を行う必要はありません。しかし，
その後の事情で外国での滞在期間が1年以上にわたるようになったときは，
その事実が判明した時点で国外への転出届を行います。また，国外へ転出
する者については，転出証明書は交付する必要がありません（令24条）。

　ただし，日本国内に生活の本拠となる場所が全くなくなる者について
は，期間が1年未満であっても届出が必要です。

2　届出事項

　国外へ転出する場合は，次の事項を届け出ます。

(1)　国外へ行く者全員の氏名

(2)　日本から出国する予定の年月日

(3)　外国の住所（わかっている範囲で記載）

3　国外への転出届をした後の住民票

　国外への転出届に基づいて，住民票に外国の住所，出国の予定年月日に

ついて記載をし，出国の予定年月日をもって住民票を消除します。ただ
し，既に国外に行ってしまった者から届出があった場合は，届出の年月日
をもって住民票を消除します。

　同時に，戸籍の附票にも国外へ転出した旨の記載をしますが，本籍地が
住所地市町村以外のときは，当該市町村へ国外への転出届があった旨を通
知します。

4　国外へ行った人の日本での印鑑登録

　国外へ転出した者の住所は，その者が実際に住んでいる外国にあります
から，日本で印鑑登録をすることはできません（昭和49.2.1自治振10号
通知）。

　国外へ転出した者が，日本で不動産等の処分のために印鑑証明が必要に
なったときは，それに代わるものとして，外国にある日本の大使館，公使
館，領事館等でサイン証明等をとることができます。

5　マイナンバーについての案内と事務処理

　国外に転出すると通知カード，マイナンバーカードを返納してもらう必
要があります。ただし，国外転出後にも自身のマイナンバーを確認できる
ようにするため，カード追記欄へ「国外転出による返納」があった旨を記
載した後に本人へ還付します。

　通知カード保有者については，通知カード管理簿にも国外転出による返
納の有無を記録します。

Q63

外国で生活をしていた人が帰ってきたとき，届出は必要でしょう
か？　（国外からの転入：法22条，令22条）

A　1　転入届の必要性

　外国に住んでいた人が帰国して，日本に住所を定めた場合には，新たに
市町村の区域内に住所を定めること（転入）になるわけですから，転入届

268　第2編　住民記録Q＆A

をしなければなりません（法22条）。

2　添付書類

　国外から転入した人は，転出証明書を添付できませんから，本籍地以外に転入届のあった場合には，次のような方法で，その事実を確認し，住民票の記載を行います。

(1)　旅券

　本人の氏名，出生の年月日，帰国年月日が確認でき，その市町村に住み始めた年月日及び未届地の有無の判断がしやすくなります。しかし，戸籍の表示，住民票が消除されているかどうかが確認できませんから，本籍地等に照合を依頼する必要があります。

(2)　戸籍謄本等と戸籍の附票の写し

　本人の氏名，出生の年月日，戸籍の表示，住民票が消除されているかどうかの確認ができます。

3　届出事項

　国外から転入した場合には，次の事項を届け出ます。

(1)　氏名（国外から転入した者全員の氏名）

(2)　住所

(3)　その市町村に住み始めた年月日

(4)　今までの住所（帰国する直前の外国の住所）

(5)　世帯主についてはその旨，世帯主でない人については世帯主の氏名及び世帯主との続柄

(6)　出生の年月日

(7)　男女の別（性別）

(8)　本籍及び戸籍の筆頭者

4　受理上の注意

　届出書を受理する場合，住民票が二重に記録されることがないよう特に注意します。戸籍の附票で最終住民登録地を確認するほかに，住基ネット

の本人確認情報を利用し，ほかの市町村に住民登録がないかを確認する必要があります。その際に平成14年8月5日以降に国外に転出した者については，住民票コードを確認し，平成27年10月5日以降に国外に転出した者については，マイナンバーも確認します。

新たにマイナンバーが付番される者には，当該マイナンバーが通知されることを案内します。付番後に国外に転出した者であれば，通知カードの再交付申請の案内をするなどの必要があります。

国外転出日	住民票コード	マイナンバー
平成14年8月5日より前	新規付番	新規付番
平成27年10月5日より前	付番済	新規付番
平成27年10月5日以降	付番済	付番済

また，その市町村の住民となった年月日及び今までの住所がケースごとに次のように異なりますので，注意しなければなりません。

	住民となった年月日	いままでの住所
帰国後直ちに住所を定めた場合及び妻子等が転入先に残っている場合	帰国年月日	外国の住所
帰国後，一定の日数を経てその間が住所として認定できる場合	その市町村に住み始めた日	転入する直前の国内の住所（未届）とする
帰国後，一定の日数を経てその間が住所として認定しがたい場合	その市町村に住み始めた日	外国の住所

5 一時帰国

国外へ転出し，その後，印鑑登録等のため一時的に帰国し，再び国外へ戻るような場合には，国外に住所があるものとして扱いますので，転入の届出があっても受け付けることはできません（昭和49.5.11山口県地方課あて電話回答）。

270 第2編 住民記録Q&A

それに代わるものとして，外国にある日本の大使館，公使館，領事館等でサイン証明等をとることができます。

Q64

11，10年前に海外へ転出していたので届出をしたいという場合，どのように受付をすればよいでしょうか？

A 遡及しての届出の受付には，本人からの疎明資料が必要です。

国外転出の場合には一般的には旅券の出入（帰）国記録又は法務省入国管理局の出入（帰）国証明がその事実を確認できる資料になります。旅券の有効期間（10年又は5年）の関係でその記録が残されていない可能性もありますが，遡及転出が確認できた場合には，消除日は海外への転出日となります。なお，正当な理由がなく転出届をしなかった場合には，法第52条の罰則の対象（5万円以下の過料）となるため，届出期間経過通知書を提出させ，簡易裁判所に通知する必要があります。

第7 世帯の変更　271

第7　世帯の変更

Q65

住所は変わらないのですが，家族のなかで変更があったとき，どのような届出が必要でしょうか？　（世帯変更届）

A 1　世帯変更とは

住所の異動を伴わずに，その属する世帯に変更のあった場合，及び世帯主に変更のあった場合を世帯変更といいます。

2　世帯変更の種類

世帯変更には，次のようなものがあります。

(1)　世帯分離…甲世帯の一部の人が住所を異動せず，結婚などの理由により，新しく乙世帯を設けた場合。

(2)　世帯合併…甲世帯の全員が住所を異動せずに，扶養家族になったなどの理由により，乙世帯に入り，一つの世帯を構成した場合。

(3)　世帯（構成）変更…甲世帯の一部の人が住所を異動せずに，養子縁組等の理由により，乙世帯に属するようになった場合。

(4)　世帯主変更…甲世帯の世帯主Aが死亡したり，家族を残して引っ越しをした場合，又はAが長男Bの扶養家族になったような理由により，いままでその世帯に属していたBが世帯主となった場合。

3　届出事項

世帯に変更のあった者は，変更のあった日から14日以内に，次の事項を届け出なければなりません（法25条）。

272　第2編　住民記録Q＆A

(1)　変更があった人の氏名

(2)　変更があった事項（例えば，世帯主変更，世帯合併など）

(3)　変更があった年月日

4　事前に確認すること

(1)　世帯分離，世帯合併，世帯（構成）変更は，転居と間違いやすいので，転居届なのか，世帯変更届なのかを確認します。

(2)　世帯主の死亡等による世帯主変更で，その世帯に世帯員が複数いるときは，誰が新世帯主となるのかを，世帯主の認定基準に従い確認します。

(3)　世帯主の死亡等により，その世帯に世帯員が1人となった場合は，世帯主変更の届出をするまでもなく，職権で世帯主変更を行います。

5　届出書記入上の注意

(1)　変更の種類を明記します。

(2)　異動年月日は，世帯に変更のあった年月日を記入してもらいます。

(3)　住所は記入しますが，通常は戸籍の表示は記入する必要はありません。

(4)　新世帯主の氏名は，変更により新たに世帯主となった人，又は新たに属することになった世帯の世帯主の氏名を記入してもらいます。

(5)　旧世帯主の氏名は，変更前の世帯主の氏名を記入してもらいます。

(6)　世帯変更に該当する人全員の氏名を記入してもらいます。

(7)　続柄は，すべて新世帯主との続柄を記入してもらいます。

(8)　届出年月日，変更年月日及び届出人の署名については，特に届出人に必ず記入してもらいます。

6　届出書受理上の注意

(1)　届出書に所定の事項が記入されており，住民票の記載と違っていないかどうかを確認します。

(2)　届出書に届出人の住所及び届出年月日が記入され，届出人が署名又

第7 世帯の変更 273

は記名・押印しているかどうかを確認します。

(3) 事実，世帯に変更があったかどうか，世帯の意義（昭和42.10.4自治振150号通知第1－4）及び世帯主の認定例（昭和43.3.26自治振41号通知問5ほか）等を参考に判断します。

(4) 虚偽の届出等を防止する観点から，届出の任に当たっている者の本人確認を行います。ただし，本人確認できない場合でもそれだけをもって届出を拒むことはできませんので，受理する際は届出人に対し，住民異動受理通知を送付します。

7 戸籍の届出との関連

(1) 出生の場合は，住民票は出生届に基づき記載がされますので，別に世帯変更の届出を行う必要はありません。

(2) 死亡の場合は，死亡届に基づいて住民票は消除されますので，世帯員については，別に世帯変更の届出を行う必要はありません。

しかし，死亡した人が世帯主であった場合は，残された個々の世帯員又は新たに世帯主となった者が世帯変更届を行う必要があります。

(3) 婚姻，養子縁組，離婚等の場合は，戸籍法に基づく届出と世帯の実態とが必ずしも一致するとは限らず，別個に世帯変更の届出を行う場合があります。

Q66

今まで住民票は別々にしていて両親と一緒に住んでいた人から，今度住民票も一緒にしたいという申出がありました。どうしたらよいでしょうか？

また，反対に住民票を別々にするにはどうしたらよいでしょうか？

（世帯合併，世帯分離，世帯（構成）変更：法25条）

A 世帯に変更がありますと届出が必要です。

住民票は世帯ごとに編成しますので，その世帯に変更があった場合は，

すべて住民基本台帳法に基づいて届け出なければなりません。

1 世帯合併

甲世帯の全員が乙世帯に入った場合，つまり別々であった世帯が住所を異動せずに，新たに一つの世帯を構成することを「世帯合併」といいます。この場合には，世帯変更届に変更の事由を世帯合併と記入して届け出ます。

届け出られた全員が一つの世帯を構成すると認められる場合には，世帯合併の届出は受け付けられます。そのための要素としては，次の二つがあります。

① 居住を共通にしている

② 生計を共通にしている

つまり，俗にいう「一つ屋根の下で同じ釜の飯を食う」関係にその人たちがあることが必要です。

住民票が別々になっている者から婚姻届が出された場合，それによって住民票も一緒になると考えている人がいるようです。窓口では世帯合併の届出もあわせて行うよう指導する必要があります。

2 世帯分離

両親と一緒に住んではいますが，婚姻をしたので独立して住民票を別々にしたいといったように，一つの世帯のなかの世帯員が住所を異動しないで，新たに別の世帯をつくることを「世帯分離」といいます。世帯変更届に変更の事由を世帯分離と記入して届け出ます。

世帯分離の際には，それぞれの生計が別々であるということを基準として判断します。同じ一つの家に住んでいても，世帯主家族と生計を別にするに至った場合は，世帯を別にしていると認められますので，分離は可能とされています（昭和49.4.18東京都行政部指導課あて電話回答）。

3 世帯（構成）変更

ある世帯の世帯員の一部が住所の異動をせずに，他の世帯の世帯員に

なった場合，例えば，長男夫婦の扶養家族であった母親が同じ住所の二男夫婦の扶養家族になった等の場合を「世帯（構成）変更）」といいます。そのような場合には，世帯変更届に変更の事由を世帯（構成）変更と記入したうえで届け出ます。

この場合も前述のように，ある世帯と生計を別にし，他の世帯で居住と生計を共通にするようになった場合に認められます。

4 世帯に変更のあった年月日

世帯の観念は実質的観念であって，これを認定するのに，形式的標準はありません。個々の場合に生活の実質的関係に基づき，世帯合併なら居住と生計を共通にし始めた日，世帯分離なら居住又は生計を別にした日等を総合的に判断しますが，特別な理由がない限り原則として届出の日とします。

5 個人票と世帯票との処理の相違

これらの届出がされた場合，個人票と世帯票では，住民票の記載等の処理が異なります。

個人票の場合は，その者の住民票の世帯主の氏名と続柄の記載の修正をし，修正の事由を記入したうえで，新たな世帯に編入しますが，世帯票の場合には，新世帯における住民票の末尾にその者の記載をするか，又は新たに住民票を作成し，記載又は作成の事由を記入します。そして，旧世帯におけるその者の記載を消除の事由を記入したうえで消除します。

Q67

世帯主が転出して1人だけ残った場合，どのように住民票を処理したらよいでしょうか？　（職権による世帯主変更：令25条）

A 1 世帯主変更届

世帯主に変更があったときは，世帯主変更の届出により住民票を処理するのが原則です。

しかし，次のように届出がなくとも，職権で世帯主変更の処理をしても

276　第2編　住民記録Q＆A

よい場合があります。

(1)　**世帯主の転出等によりその世帯に属する者が1人になった場合**

　転出届等では，残された世帯の世帯主は届出事項とされていませんので，複数の世帯員が残った場合，市町村においては誰が新たな世帯主になるのかわかりません。したがって，残された世帯員は，個々の世帯員か又は新たに世帯主となった者がこれらに代わって，世帯主の変更の届出をしなければならないのです。

　ところが，数人の世帯において世帯員1人を除いて，他の人がすべて異動した場合には，その残った人が当然世帯主となることが明らかですので，届出の必要がなく，職権で世帯主の変更を行います。

(2)　**複数の世帯員が残っても，そのなかに意思能力のある者が1人の場合**

　また，世帯主の転出等により，複数の世帯員が残るような場合でも，その残った世帯員のなかに意思能力のある者が1人だけ残ったような場合は，その者が一般的にみて世帯主として認められるかを判断したうえで，職権で世帯主の変更をすることができます。

　例えば，世帯主である夫が転出し，妻と幼少の子どもが残るような場合，世帯主の認定基準からみても，妻が新世帯主となることが明らかなので，届出がなくとも職権で妻を世帯主とします。

2　処理の仕方

(1)　世帯主の認定

　職権で世帯主変更を行う場合には，その残った人が世帯主として認められるかどうか，注意しなければなりません。

　世帯主となれる者は独立して居住しているか，又は独立して生計を営んでいなければならないのが実情ですから，おのずと年齢上の制約を受けます（昭和27.6.7民事甲811号通達）。

(2)　世帯主変更の年月日

　世帯主変更の年月日は，世帯主が死亡又は転出した年月日（事件発生

日）です。

　なぜなら，世帯には必然的に世帯主が存在すべきものであり，世帯の存在する限り，世帯主は常時存在すべきものであって，空白の期間があってはならないからです。したがって，世帯主が死亡又は転出した場合は，世帯員の協議によるまでもなく，客観的事実によって新世帯主が決定されるからなのです（昭和34.1.19民事甲31号回答）。

278　第2編　住民記録Q＆A

第8　職権処理

Q68

住民票の記載に間違いがあったり，記載漏れがあったりした場合
は，どうしたらよいでしょうか？　（住民票の記載事項の職権修正：
法8条，令9条，12条）

A　**1　住民票に誤りや漏れがあることがわかったとき**

　住民票に記載をされていることが誤っていたり，記載漏れがあることが
わかったときは，申出の有無にかかわらず，戸籍との照合又は前住所地の
住民票等との照合により，職権により正しく記載等を行います。

2　職権修正・職権記載の仕方

(1)　戸籍に関する事項が誤っている場合

　住民票に記載がされている出生年月日等が誤っている場合は，まず，
誤った記載をしたときの届書・転出証明書・通知書等を調べ，転記ミス
がなかったかどうかを確認します。もし，転記ミスが発見されたとき
は，直ちに職権で誤りを修正します。

　さらに，転記ミスではなかったときは，本籍地に照会し戸籍謄本等を
送ってもらい，職権記載書に記入して，出生年月日等を修正します。

　このように，氏名，出生年月日，本籍，筆頭者の記載が誤っている場
合には，これらの記載事項は，戸籍に基づいて記載がされますので，本
籍地に照会し戸籍謄本等を送ってもらったり，婚姻や出生等の受理証明
書を当人が持参していれば，その書類を提出してもらい，それに基づき
職権記載書を作成し，正しい記載内容に修正します。

(2)　出生届出済みの子が住民票に記載されていない場合

　届出地の市町村長は，戸籍の記載をした場合には，遅滞なくその旨を

住所地の市町村長に通知しなければなりません（法9条2項）。しかし，半年も前に出生届出がされているのに住民票に記載がされていないような場合には，何らかの事故があったと考えざるを得ません。この原因としては，①届出地の市町村で出生した旨の通知の発送を忘れた，②住所地の市町村で通知は受けたが住民票の記載漏れがあったなどが考えられます。

　このような場合には，申出に基づき，まず，住所地の市町村では出生通知の有無を確認します。この通知が確認できないときには，届出地市町村に通知を出したのかどうかの問い合わせを行います。もし通知をまだ出していない場合には，早急にこの通知を出してもらいます。また，既に通知を郵送している場合には，本籍地に戸籍抄本を請求し，職権記載書に記入して職権でこの子の記載をします。また，母子手帳，出生届受理証明書を持っている場合には，事実が確認できるので職権でこの子について記載をします。

Q69

「離婚後300日以内に生まれた子どもは前夫の子どもと見なす」とした規定（民法772条2項300日規定）により，子どもが前夫の戸籍に入るのを避けようとして母親が出生届を出さず，無戸籍となっている子どもの住民票の記載について，母親から記載できないかとの相談を受けました。どのような対応ができるでしょうか？

（平成24.7.25総行住74号通知）

A　1　出生届の提出に至らない子に係る住民票の記載

　平成24年7月25日総行住第74号通知にて総務省より，出生届の提出に至らない子に係る住民票の記載について，地方自治法（昭和22年法律第67号）第245条の4第1項の規定に基づき助言がなされました。

　1点目として，民法第772条2項の関係で，出生届を出せないというこ

と。それから，2点目として，裁判や調停の手続を進めており，いずれ戸籍が作成される可能性が高いことが，外形的に判断をできること。これら2つの条件に該当する場合については，市町村長の判断で住民票を作成することができます。

2　住民票の記載を申し出る手続

出生届の提出に至らない子に係る住民票の記載に当たっては，住所地となる市町村に対して，本人又は母その他の法定代理人から，住民票の作成を書面により申出させることとして，当該申出においては，以下のような手続をとることが適当とされています。

(1)　申出は書面により行うこと。

(2)　申出書には，以下の事項を記載すること。

①　申出人の氏名及び住所

②　申出の趣旨

③　出生届の提出に至らない理由

④　住民票に記載を求める事項

イ　氏名（法7条1号）

ロ　出生の年月日（同条2号）

ハ　男女の別（同条3号）

ニ　世帯主の氏名及びその続柄（同条4号）

ホ　住所（同条7号）

⑤　母の氏名，生年月日及び戸籍の表示（母が外国人である場合にあっては，母の氏名，生年月日及び国籍・地域）

⑥　その他，住民票の記載のため市町村において必要と認める事項

(3)　申出書には，以下の書類を添付が必要です。

①　出生証明書

②　認知調停手続，親子関係不存在確認の調停手続などの手続を申し立てている旨を証する書類

③　その他，住民票に記載すべき事項を確認するため市町村において
必要と認める書類

3　市町村における住民票への記載及び事後の取扱い

住所地となる市町村は，2の申出を受けて，申出内容を審査の上，適当
と認める場合には，出生届の提出に至らない子に係る住民票を作成するこ
ととなるが，住民票の記載及びその後の取扱いは，以下のとおりです。

(1)　申出内容が確認できた場合に，申出内容に基づき，住民票を職権で
作成することとし，併せて，備考欄に，出生届が提出に至っていない
旨及び認知調停等の手続を申立中である旨を記載します。

(2)　認知調停等の手続が確定した場合においては，速やかに戸籍の届出
が行われることとなりますが，住所地市町村は，令第12条第2項第
1号の規定に基づき，職権で必要事項を記載（修正）します。

また，この場合においては，(1)により行った備考欄の記載を併せて
削除します。

(3)　(2)の場合において，認知調停等の手続の結果に応じた戸籍の届出が
速やかに行われず，住民票の記載が修正されないときは，住所地市町
村は，申出人に対し，必要な戸籍の届出を促すことなどにより，日本
の国籍を有する者にあっては，戸籍と住民票の連携・一致を図りま
す。

Q70

実態調査に基づいて，住民票を職権消除できるのは，どのような場
合でしょうか？　（職権消除の方法：法8条，34条，令12条）

A　1　住民票の職権消除

住民票に記載がされている住所に，その者が居住しているかどうかを調
査し，その住所に居住していないことを確認したときは，職権でその者の
住民票を消除することができます。

282　第2編　住民記録Q&A

　この場合，その住所から異動して何年以上経過していなければ消除できないということはありません。しかし，住民票を消除することは，その者の権利義務にもかかわることですから，実態調査は慎重に行う必要があります。

2　実態調査の方法

　実態調査は，定期的に，又は住民から届出のあった場合でその届出が事実に反する疑いのあるとき，もしくは市町村長がその事務を管理し執行するにあたり，又は委員会等他の行政機関から通知・通報を受けた場合で住民票の記載が事実に反する疑いのあるとき等，市町村長が必要と認める場合に行います。

　実態調査にあたっては，実態調査票を作成し，調査対象者に関する事項・調査経過等を記録するために実態調査票を作成し，処理の資料とします。また，実際に現地調査に出向く場合には，調査の誤り等を防ぐために，2人一組で行うことが適当です。

　法第34条第3項では当該職員は必要に応じ関係人に対し，質問し，文書の提示を求めることができるとされていますが，ここでいう「関係人」とは，本人，本人と同一の世帯に属する者，同居人，寄宿舎の管理人等当該調査の対象となる事実に関係を有するものを指し，単なる隣人はそれに含まれないと解されています。

　住民は調査に協力すべき責務を有するものと考えられますが，原則としてはあくまでも住民の協力に期待する任意の調査です。近年では個人情報保護を理由に協力が得られない事例も見られることから，関係人にその身分を示す証明書を提示し，住民基本台帳の正確性を確保するという実態調査の趣旨を説明するなどし，調査協力を求めるのが望ましいでしょう。

　実態調査により，その住所に居住していないことを確認したときは，次のように処理します。

　(1)　行き先が判明した場合には，速やかに届出を行うよう届出義務者に

催告します。

(2) 行き先が判明しない場合，催告しても，なお届出をしない場合には，職権で住民票を消除します。

3 住民票を消除した後の処理

住民票を消除したときは，このことを本人に通知しなければなりません。しかし，行き先等が判明しない場合は，この通知に代えて，住民票を消除した旨を公示することができます。

また，その者の本籍地の市町村にも住民票を消除した旨を通知します。

Q71

住民票を消除されていた者から，引き続き住んでいるとの申出があった場合は，どうしたらよいでしょうか？ （職権回復：法34条，令12条）

A 1 住民票の職権回復

住民票が転出届や職権によって消除された者から，引き続き住んでいる旨の申出があった場合は，事実関係を確認し，住んでいる事実が明らかになれば，住民票の消除を取消し，回復します。この場合，住民記録は，いったんは消除されたことになっていましたが，その消除された時点にさかのぼって引き続き住んでいたことになり，住民としての権利・義務を継続して有することになります。

住民票を回復するのは，次のような場合です。

2 転出取消しの申出があった場合

転出証明書を受け取った後に，何らかの事情により転出しなかった場合には，窓口でその間の事情をよく確認したうえで，疑いのある場合は実態調査を行い，転出した事実がないときには，転出証明書を回収した後，職権で住民票を回復します。

なお，転入住所地で転入届をせずに，再び転出住所地に転入してきた場

284　第2編　住民記録Q&A

合は，転出取消しではなく，未届地からの「再転入」（**Q45**）となります。

3　実態調査により職権消除された者から回復の申出があった場合

職権消除は実態調査により住んでいないことを慎重に確認したうえで行います。しかし，調査のときに入院，刑務所に入所，あるいは出張等であったなどの事実が後日判明した場合には，再度実態調査を行い，電気・ガス料金・家賃等の領収書，入院していた証明等の資料を提示してもらい，引き続き住んでいたという事実が確認できれば職権で住民票を回復します。

なお，この場合，病気で入院中とはおおむね1年未満の短期間の入院をいいます。

4　錯誤の届出によって消除されていた者から回復の申出があった場合

1年未満の海外出張，あるいは改築・出産等による一時的な異動を，住所の異動と誤って届け出た旨の申出があった場合には，実態調査を行って事実を確認したうえ，住民票を回復します。

5　虚偽の転出届であることがわかった場合

転出の事実が疑わしく，実態調査を行ったところ，引き続き住んでいることがわかった場合は，職権で住民票を回復します。この場合，転出証明書は返戻させます。また，既に他の市町村へ転入届を行ってしまっている場合には，まず，その市町村に連絡し，転入届を無効としてもらい，そのうえで，職権で住民票を回復します。虚偽の届出を行った者は，処罰の対象となります（法53条，刑法157条）。

Q72

住民票の旧住所を記入する欄が空欄になっている住民票がありますが，これはどうしてでしょうか？　（住民票の記載事由欄の空欄）

A　1　記載事由欄とは

住民票の旧住所を記入する欄を「記載事由欄」といいます。この欄に

第8　職権処理　285

は，住民票に記載をされる原因となった事由及びその事由の発生年月日が記載されます。

通常は，この問のように，住民票の法定記載事項である「従前の住所」と「住所を定めた年月日」について記載がされます。

2　記載事由欄が空欄になっている理由

住民票のなかには，この記載事由欄のうち住所を定めた年月日だけの記載がされ，従前の住所は記載されずに空欄となっているものがあります。

理由としては以下のものが考えられます。

(1) 住民登録法の施行当時から現在まで同一住所に引き続き住んでいる場合

(2) 平成24年7月9日に法附則第4条第1項により住民票が作成された外国人住民

(3) 住所を有する者が中長期在留者等となり，法第30条の47の届出をした場合

(4) 平成24年7月9日に現に外国人住民である者が法附則第5条の届出をした場合

Q73

帰化の届出により，日本人としての住民票を作成する場合，どのように記載がされるのでしょうか？

A　1　住民となった年月日（法7条6号）

外国人住民としての住民票に記載された「外国人住民となった年月日」を記載します。

2　住所を定めた年月日（法7条7号）

外国人住民としての住民票に「住所を定めた年月日」が記載されていた場合については，当該記載されていた年月日を記載します。

3　住所を定めた旨の届出の年月日（又は職権で住民票を記載した年月日）

（法7条8号）

日本人住民としての住民票を作成した年月日を記載します。

4　従前の住所（法7条8号）

外国人住民としての住民票に「従前の住所」が記載されていた場合については，当該記載されていた住所を記載します。

5　備考欄

「　年　月　日帰化。　年　月　日戸籍届出による記載」と記載する。

第9 通知

Q74
法第9条と法第19条に規定されている通知の事務の流れは，どのようになっているのでしょうか？

A 1 転出・転入に基づく場合

　旧住所地市町村において転出届出が行われ，新住所地市町村において転入届出が行われた場合の市町村長間の通知は，次のようになされます。

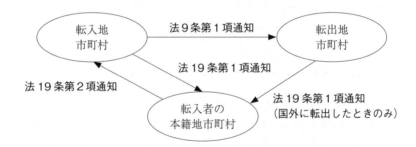

2 戸籍の届出に基づく場合

　戸籍の届出がなされた場合の市町村長間の通知は，次のようになされます。

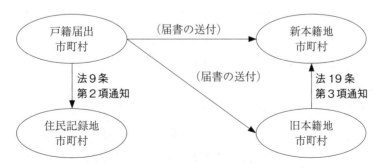

288　第2編　住民記録Q&A

(1)　法第9条第1項通知（転入通知）

　法第9条第1項通知は，「転入通知」といわれています。転入地市町村長は，他の市町村からの転入者につきその転入届等により住民票の記載をしたときは，速やかに転出地市町村長に対してその旨を通知しなければならないとされています。この転入通知は，転出地の市町村において，転出した者の転出の事実を確認するためのもので，通知書には，おおむね転入をした者の氏名，出生年月日，性別，転入地の住所，転入をした年月日，及び転出地の住所，並びに住民票コードを記載します。

　なお，住基ネットに接続している市町村間においては，平成15年8月25日（第2次稼働）より，電気通信回線を通じて，転入地市町村の電子計算機から，転出地市町村の電子計算機へ転入通知情報を送信することにより，法第9条第1項に定めるところの通知を行うことになりました（法9条3項，令13条，規則2条）。

(2)　法第19条第1項通知（戸籍の附票記載事項通知）

　法第19条第1項通知は，「戸籍の附票記載事項通知」といわれています。住所地市町村長は，転入や転居の届出，職権によって住民票を記載又は，消除等により，本籍地市町村において戸籍の附票の記載の修正をすべきときは，速やかに当該修正すべき事項を本籍地の市町村長に通知しなければならないとされています。これは，本籍地と住所地が異なる場合に，附票の記載事項である住所について変更が生じた場合にも，本籍地市町村では知り得ないため，住所地の市町村長に対して通知の義務を課したものです。通知書にはおおむね，住所を変更した者の氏名，本籍及び戸籍の筆頭者の氏名，新住所とその住所を定めた年月日，旧住所を記入します。

　なお，転出届に基づき住民票の消除をした場合にあっては，国外に転出をした者についてのみ通知すればよいこととなっています。

　そして，平成24年7月9日より，法第19条第1項通知は，法第19条第4項に基づき住所地市町村から本籍地市町村に電気通信回線を通じて送

信することになりました。

(3)　**法第19条第2項通知（戸籍照合通知）**

　法第19条第2項通知は，「戸籍照合通知」といわれています。本籍地市町村長は，上述の「戸籍の附票記載事項通知」を受けた場合に，その通知事項が戸籍の記載事項と合致しないときは，速やかにその旨を住所地市町村長に通知しなければならないとされています。これは，戸籍の附票記載事項通知とともに，住所地市町村と本籍地市町村とを相互に連絡を持たせることによって，住民票の記載の正確性を保とうとするものです。この通知書には，おおむね本人の氏名，本籍及び筆頭者の氏名，住所，照合の結果を記入します。

(4)　**法第9条第2項通知（住民票記載事項通知）**

　法第9条第2項通知は，「住民票記載事項通知」といわれています。市町村長が，その市町村以外の住民につき戸籍に関する届出を受理し，あるいは職権により戸籍の記載をした場合で，その者につき住所地の市町村で住民票を記載又は消除，若しくは修正をすべき事由が発生したときには，届出受理市町村長又は本籍地市町村長は速やかに住所地市町村長に対してその旨を通知しなければなりません。例えば，転籍により住民票中の本籍について修正が必要となった場合，あるいは出生や死亡の届出の場合，氏名の変更があった場合などがあります。

(5)　**法第19条第3項通知（本籍転属通知）**

　法第19条第3項通知は，「本籍転属通知」といわれています。従前の本籍地市町村長は，本籍が他の市町村へ転属したときは，速やかに戸籍の附票に記載されている事項を新本籍地の市町村長に通知しなければならないとされています。

　転属通知には，おおむね本人の氏名，住所及び住所を定めた年月日，在外選挙人名簿に登録された人についてはその旨及び登録している市町村名を記入します。

290 第2編 住民記録Q&A

Q75

転出先の市町村からの転入通知が届かない場合，転出した人の住民票はどのように処理されるのでしょうか？ （転入通知未着の場合の住民票の処理：法9条）

A **1 転出届に基づいて消除する場合**

転出届に基づいて住民票を消除する場合は，転出予定地の住所及び転出届出（予定）年月日の記載をし，転出年月日をもって消除します（ただし，転出後の届出にあっては転出年月日。令13条1項）。現行法上はそこまで要求されていませんが，転入届出期間及び転入通知事務等に要する期間等を考慮したうえで転入通知のないものについては，転出先の市町村へ照会通知を出すのが適当と思われます。

なお，場合により，CS端末による本人確認情報検索も活用することが考えられます。

2 照会により転入通知があった場合

照会に対して，転入通知があった場合は，転出先及び転出（予定）年月日等を訂正した後，転入通知があった旨の記載をします（令13条2項）。

3 転入の事実が確認されない場合

転入の事実が確認されない場合は，その旨の記載をし，本籍地にも住民票を消除した旨を通知し，戸籍の附票と住民票の記録の一致を図るのが適当です。この場合，後日，転入通知のあったときは，前述のとおり処理します。

なお，前述のとおり転出先の市町村への照会通知は，現行法上法定されていませんが，転出した者が転入届をしない場合及び転入通知が届かない場合には，戸籍の附票は従前のままとなり，戸籍の附票と住民票との間に不一致が生じます。このため，市町村の現場より相当期間経過しても転入通知が未着の場合の照会通知について，この取扱いをするよう要望が出さ

れています。

> **Q76**
>
> 転入届の受付をした市町村長は，転入届をした者の従前の住所地が未届であった場合，未届の従前の住所地にも転入通知を送る必要があるでしょうか？　（未届地への転入通知：法9条）

A　1　従前の住所地が未届でも転入通知を出す

　転入届を受けた市町村長は，従前の住所地が未届であっても，転入通知を出さなければなりません。

　転入地の市町村長は，他の市町村から転入した者について，住民票の記載をしたときは，遅滞なくその旨をその者の転出地の市町村長に通知しなければなりません（法9条1項）。転出地とは，従前の住所地をいいますが，従前の住所地に記録がされていない場合（未届地）であっても，その住所地に通知しなければなりません。

　例えば，A市で転出届をし，B市に住所を移した後，転入届をしないままC市に住所を移し，転入届をした場合には，従前の住所地はB市となります。したがって，転入通知は未届地のB市とともに，最終的に住民基本台帳に記録されていたA市にも通知しなければなりません（B市からA市に通知できないため）。

2　制度の趣旨

　なお，住民基本台帳制度の趣旨からも，たとえ転入届をしていない者でも，住民に関する記録は必要です。しかし，国民健康保険や住民税等の関連で，住民票を作成する実益がない場合には，あえて住民票を作成する必要はありません。

292　第２編　住民記録Q＆A

第10　戸籍の附票

Q77

戸籍の附票に従前の住所が抜けている場合は，どのように処理するのでしょうか？

また，住所変更通知の新住所の住定年月日が，戸籍の附票に記載がされている従前の住所の住定年月日よりさかのぼる場合は，どうしたらよいでしょうか？　（附票の処理の仕方：法18条，19条）

A　1　通知に基づく戸籍の附票の処理

戸籍の附票には，住所と住所を定めた年月日の記載がされています。このため転入，転居，国外への転出の届出があったとき，職権で住民票の記載等（戸籍の届出に基づいて行うものは除く。）をしたときは，本籍地に通知しなければなりません（法19条1項，住基ネットで送信する場合は同条4項）。この通知を受けとった本籍地では，通知に記載されている戸籍の表示から，該当者の戸籍を取り出し，戸籍の記載内容と通知の記載事項を照合し，同一人かどうか判断します。このとき照合する事項は，戸籍の表示（本籍地・筆頭者），氏名，出生の年月日，男女の別です。

照合した結果，「同一人ではない」と判断した場合には，住所地から受けた通知に，該当者が確認できない旨の符箋を貼付し，住所地の市町村へ返送します。

また「同一人である」と判断した場合には，戸籍の附票の最終住所と通知に記載されている，いままでの住所を照合し，一致していれば，その通知に基づき戸籍の附票に新住所と，その住所に住み始めた年月日（住所を定めた年月日）の記載を（法16条2項の規定により磁気ディスクをもって調製する戸籍の附票にあっては記録）します。

第10 戸籍の附票 293

また，通知と戸籍を照合した結果，「同一人である」と判断できるが，氏名や出生の年月日等，照合した事項が違っている場合は，その旨を住所地の市町村長に通知し，住所地の市町村長は，この通知によって，住民票を修正します（法19条2項）。

2 従前の住所の記載がされていない場合，住所を定めた年月日に疑義のある場合の処理

住所地からの通知に記載されている従前の住所と，附票に記載がされている最終住所が違う場合は，通知に記載されているいままでの住所が附票から漏れていたことが考えられます。これは前住所へ転入した際の附票記載通知が未発送か，あるいは発送された附票記載通知に基づく附票の記載をしていないか等の原因によります。この場合，前住所から除住民票を取り寄せる等の確認を行った後に，従前の住所と新住所の記載をします。従前の住所が複数漏れている可能性もあるので，附票の最終住所と取り寄せた住民票の住所履歴を十分確認して新住所を記載します。その他，附票記載通知の従前住所の記載が誤っている，新住所地での住民記録自体が誤っている可能性が考えられるので，調査を行ったうえで新住所の記載をする必要があります。住民記録が誤っていた場合，新住所地の市町村に誤りを通知する必要があります。

また，本籍が他の市町村に移ったときは，従前の本籍地は附票の記載について新本籍地に通知しなければなりません（法19条3項）。しかし，何らかの事情により，従前の本籍地からの通知が到達せず，附票の住所が空欄になっている場合があります。従前の本籍地に照会するか，附票記載通知の前住所から除住民票を取り寄せる等の確認を行った後に，従前住所と新住所の記載をします。

さらに，新住所の住定年月日より，前住所の住定年月日が新しい日付である場合には，前住所の除住民票で住定年月日を確認し，住定年月日を修正します。新住所の住民記録の住定日が誤っている場合は，新住所地の市

294　第2編　住民記録Q&A

町村に誤りを通知する必要があります。

3　戸籍の附票の電算化について

　戸籍法及び住民基本台帳法の一部を改正する法律（平成6年法律第67号）が平成6年6月29日に公布され，住民基本台帳法（昭和42年法律第81号）の一部が改正されることとなり，戸籍法及び住民基本台帳法の一部を改正する法律の施行期日を定める政令（平成6年政令第323号）により平成6年12月1日から施行されることになりました。

　これに伴い，平成6年11月21日に「戸籍の附票に係る磁気ディスクへの記録，その利用並びに磁気ディスク及びこれに関連する施設又は設備の管理の方法に関する技術的基準」が，平成6年法務省・自治省告示第1号をもって制定，公布され，いずれも平成6年12月1日から施行されることになりました。

Q78

だれでも戸籍の附票や除かれた戸籍の附票を閲覧したり，写しの交付を請求できますか？

また，戸籍の附票の有効期限はどのように決まっているのでしょうか？　（戸籍の附票の閲覧，写しの交付，有効期限：法20条）

A　1　戸籍の附票の閲覧

　戸籍の附票の閲覧については，昭和60年6月の法改正により廃止されました。これは，戸籍の附票の本体である戸籍自体の公開に対する取扱い（昭和51年の戸籍法改正により戸籍簿の閲覧制度を廃止）とのバランスや，戸籍の附票の閲覧については従来からあまり利用されていないとの実態を考慮して廃止されたものです。

2　写しの交付

　戸籍の附票の写しの交付は，平成19年6月の住民基本台帳法の改正により，交付を請求できる者が限定されました。

「附票に記録されている者又はその配偶者，直系尊属・直系卑属」，あるいは「国又は地方公共団体等の機関」，「正当な理由がある申出者」，「特定事務受任者」により請求（申出）できることとなっています。

住民票の写しが，本人又は同一世帯の者が請求できるのに比べ，戸籍の附票は本人又は配偶者，直系尊属・直系卑属が請求できるとなっていること等の差異に注意が必要です。

また，なりすましの防止やドメスティック・バイオレンス及びストーカー行為等の被害者の保護，個人情報に対する意識の高まりに，的確に対応するため，本人確認の手続も厳格化されました。

〈平成19年6月の法改正による主な変更点〉

- 「何人も請求できる」とされていた請求者が，「戸籍の附票に記録されている者又はその配偶者，直系尊属又は直系卑属」「国又は地方公共団体の機関」「その他の申出」に分けられ，それぞれの請求及び申出について具体的な規定がおかれた。
- 請求及び申出を行う者の本人確認が義務付けられた。
- 代理人による請求の場合，委任状等により委任を受けた旨を明示することとなった。
- 改正前に請求と分類されていた第三者請求は，申出と名称が改められ，市町村長が申出が相当であると認める理由も限定された。

おおまかに変更点を挙げると以上のとおりですが，次の(1)～(4)において，法改正後の取扱いについて，条文にそって具体的に述べます。

(1) 戸籍の附票が請求（申出）できる者

　ア　戸籍の附票に記録されている者又はその配偶者，直系尊属又は直系卑属（法20条1項）

　イ　国又は地方公共団体の機関（法20条2項）

　ウ　上記ア・イのほか，次の要件を満たす申出者（法20条3項）

　　①　自己の権利を行使し，又は自己の義務を履行するために戸籍の

296 第2編 住民記録Q&A

附票の記載事項を確認する必要がある者

② 国又は地方公共団体の機関に提出する必要がある者（ただし，法令で定める事務の遂行のために必要な場合に限る。）

③ 上記①及び②のほか，戸籍の附票の記載事項を利用する正当な理由のある者

エ 上記ア・イのほか，上記ウ①～③に該当する者から依頼を受けたことを理由として請求する，法第12条の3に規定する「特定事務受任者」（法20条4項）

〈特定事務受任者とは〉

弁護士（弁護士法人を含む。），司法書士（司法書士法人を含む。），土地家屋調査士（土地家屋調査士法人を含む。），税理士（税理士法人を含む。），社会保険労務士（社会保険労務士法人を含む。），弁理士（特許業務法人を含む。），海事代理士又は行政書士（行政書士法人を含む。）

これらの特定事務受任者は，その職務の必要に応じて統一用紙によって申出を行います。

(2) 戸籍の附票に記録されている者又はその配偶者，直系尊属又は直系卑属が請求する場合

ア 請求にあたっては，次の事項を明らかにしなければならない（法20条5項（法12条2項の規定を準用））。

① 当該請求の対象とする者の戸籍の表示

② 当該請求の対象とする者の氏名

③ 当該請求をする者の氏名及び住所

④ 当該請求の任に当たっている者が，請求する者の代理人であるときその他請求をする者と異なる場合であるときは，当該請求の任に当たっている者の氏名及び住所

イ 請求に際して，請求者本人又は請求の任に当たっている者は，マ

イナンバーカード等を提示するなどにより本人であることを明らか
にしなければならない（法 20 条 5 項（法 12 条 3 項の規定を準用））。

ウ　請求に際して，当該請求の任に当たっている者が，請求する者の
代理人であるときその他請求をする者と異なる場合であるときは，
請求する者の依頼により又は法定代理人として請求の任に当たって
いることを明らかにする書類（例えば，任意代理の場合は委任状，親
権者等法定代理の場合はそれが確認できる戸籍謄本など）を提示し，又
は提出しなければならない（法 20 条 5 項（法 12 条 4 項の規定を準
用））。

エ　当該請求が不当な目的によることが明らかな場合は，市町村長は
請求を拒否することができる（法 20 条 5 項（法 12 条 6 項の規定を準
用））。

(3)　国又は地方公共団体の機関が請求する場合

ア　請求にあたっては，次の事項を明らかにしなければならない（法
20 条 5 項（法 12 条の 2 第 2 項の規定を準用））。

①　当該請求の対象とする者の戸籍の表示

②　当該請求の対象とする者の氏名

③　当該請求をする国又は地方公共団体の機関の名称

④　当該請求の任に当たっている者の職名及び氏名

⑤　請求事由（当該請求が犯罪捜査に関するものその他特別の事情に
より請求理由を明らかにすることが事務の性質上困難である場合，法
令で定める事務の遂行のために必要である旨及び根拠法令を明らかに
する。）

イ　請求に際して，請求の任に当たっている者は，国又は地方公共団
体の機関の職員であることを示す書類を提示するなどにより本人で
あることを明らかにしなければならない（法 20 条 5 項（法 12 条の 2
第 3 項の規定を準用））。

298 第2編 住民記録Q＆A

(4) 上記2(3)に掲げる要件を満たす申出者からの申出を受ける場合

　ア　申出者は申出に当たって次の事項を明らかにしなければならない（法20条5項（法12条2項の規定を準用））。

　　① 当該申出の対象とする者の戸籍の表示

　　② 当該申出の対象とする者の氏名

　　③ 当該申出をする者の氏名及び住所

　　④ 当該申出の任に当たっている者が，申出者の代理人であるときその他申出をする者と異なる場合であるときは，当該申出の任に当たっている者の氏名及び住所

　　⑤ 利用目的

　イ　申出者本人又は申出の任に当たっている者は，マイナンバーカード等を提示するなどにより本人であることを明らかにしなければならない（法20条5項（法12条の3第5項の規定を準用））。

　ウ　当該申出の任に当たっている者が，申出する者の代理人であるときその他申出をする者と異なる場合であるときは，申出する者の依頼により又は法定代理人として申出の任に当たっていることを明らかにする書類を提示し，又は提出しなければならない（法20条5項（法12条の3第6項の規定を準用））。

3 写しの交付方法

　戸籍の附票の写しの交付方法については，住民票の写しの交付方法に準じて取り扱います。したがって，その写しの交付の際の認証文は例えば，「この写しは，戸籍の附票の原本と相違ないことを証明する。」というようになります。

4 手数料

　市町村は，その条例の定めるところにより手数料を徴収することができます（地方自治法227条）。

　手数料の額については，その市町村における手数料との均衡を考慮し

第10　戸籍の附票　299

て，住民に負担を課することがないように決定すべきであるとされています（昭和 43.3.26 自治振 41 号通知問 14）。

5　戸籍の附票の写しの有効期限

住民基本台帳法上，有効期限の明確な規定はありません。したがって，あくまで附票の写しを提出する先の有効・無効の判断によります。

戸籍の附票の写しは主に住所の異動経過や最終住民登録地の確認に供用されますから，発行日から多少の月日が経過したものでも目的にかなうわけです。登記関係でも発行から 3 か月以内であれば有効とされているようですから，一般的にそれを一応の目安としてよいでしょう。

Q79

平成11年の在外選挙制度創設にかかる公職選挙法の一部改正に伴い，住民基本台帳法及び同法施行令，同法施行規則の一部が改正されたことにより，戸籍の附票の記載事項の特例として設けられたことは何ですか？

また，これにより，戸籍の附票の保存期間はどのようになりましたか？　（法 17 条の 2，令 34 条，事務処理要領第 3 - 1 -(3)，第 3 - 2 - (3)-ウ）

A　1　在外選挙制度とは

公職選挙法の一部が改正され（平成 10 年 5 月 6 日法律第 47 号），新たに在外選挙制度が創設されました。これに伴い，住民基本台帳法及び同法施行法，同法施行規則の一部が改正となりました（平成 11 年 5 月 1 日施行）。

在外選挙は，満 18 歳以上の日本国民で，海外に居住していて引き続き 3 か月以上その者の住所を管轄する領事館の管轄区域内に住所を有する者が，在外選挙人名簿の被登録資格を持つ対象者です。したがって，被登録資格を有する者は，管轄の領事館を経由して，市町村の選挙管理委員会に在外選挙人名簿の登録申請を行うことになりました。

300 第2編 住民記録Q＆A

そのため，平成6年5月1日以降に国外住所が最終住民登録地となった
（海外転出によって住民票が消除された）者であれば，国内の最終住民登録
地の市町村の選挙管理委員会が，それ以前（平成6年4月30日まで）に海
外に居住した者については，本籍地の市町村選挙管理委員会が在外選挙人
名簿を調整するので，住民基本台帳上の最終住所地を確認するのに，本籍
地の戸籍の附票を用いて照会確認を行うこととなりました。

また，平成30年6月より国内でも，国外転出予定者に対して在外選挙
人名簿の登録申請を行うことになりました（平成28年法律第75号）。

在外選挙人登録資格者が登録，移転又は抹消されると，当該選挙管理委
員会から本籍地へ通知されます（法17条の2第2項）。

改正法により，「戸籍の附票の記載事項の特例等」（法17条の2第2項）
として，本籍地の市町村長は，在外選挙人名簿に登録又は移転された市町
村名を附票に記載することになったのです。また，登録者の本籍地が他の
市町村に転属したときは，遅滞なく新本籍地に通知する必要があります
（法19条3項）。

在外選挙登録者の本籍地にあって，戸籍に関する届出や戸籍の附票の記
載消除，修正等があった場合（国内に住民登録，死亡，日本国籍喪失等）は，
登録地の選挙管理委員会に通知します（公職選挙法30条の13）。

2　法改正の趣旨

在外選挙制度においては，登録申請者の戸籍の附票を用いて，その者の
最終住所地を確認します。そのため，戸籍の附票の全部が消除された日は
改製された日から，5年間経過した後に在外選挙人名簿の登録申請があっ
た場合においても，最終住所地等を確認できるように，令第34条第2項
の規定が設けられました。

これにより，通常の保存期間が5年間であることにかんがみ，改正公職
選挙法施行の平成11年5月1日時点で保存されている平成6年5月1日以
後に附票の全部を消除又は改製したものについて，保存期間を5年間から

80 年間に延長され，さらに平成 22 年 6 月からは 150 年間に伸長されました。

3　在外者等と消除された戸籍の附票又は改製前の戸籍の附票の保存期間の延長について

　令第 34 条第 2 項において「戸籍の附票に住所の記載等の修正等によって国内における住所の記載をしていない者」を「在外者等」と定義しています。この定義のうち，「住所の記載の修正」とは，戸籍の附票自体を作成した後，記載事項である住所について変動があったため，その記載を消除及び新たな住所の記載を行うことを意味します。

　したがって，150 年間の保存期間となるものは次のものです。

〈在外者等に関する「記載をした」戸籍の附票〉

　これは，国内の最終住所地の記載と国外転出地が記載されているものであり，戸籍の附票に過去の住所の履歴等が記録されている国外在住者です。

〈在外者等に関する「記載の消除をした（＝戸籍の附票の一部消除）」戸籍の附票〉

　これは，戸籍の附票に住所の記載修正等によって国内の住所の記載がないもので，国外在住者だけでなく，現住所不明の者に関する記載（又は消除の記載）がされたものも対象となります。なぜなら，現住所不明の者についても，実態上国外に居住し，在外選挙人名簿の登録申請がなされる可能性があるからです。そこで，そのような場合を勘案し，最終住民登録地の確認をすることができるよう戸籍の附票の保存期間を延長することとし，在外選挙制度における選挙権の行使の機会を逸失させないよう配慮したことによるからです。

　ただし，死亡在外者等（死亡したことにより戸籍から除かれた在外者等）については，在外選挙人名簿の登録の申請はあり得ないことから，死亡在外者等に関する記載をした戸籍の附票にかかる保存期間は 150 年に延長する意義はないため，死亡在外者等以外の在外者等にかかる記載をした戸籍の附票でなければ，通常通り 5 年間の保存義務となります。

資料1　在外選挙人名簿登録後の本籍地市町村長からの通知について

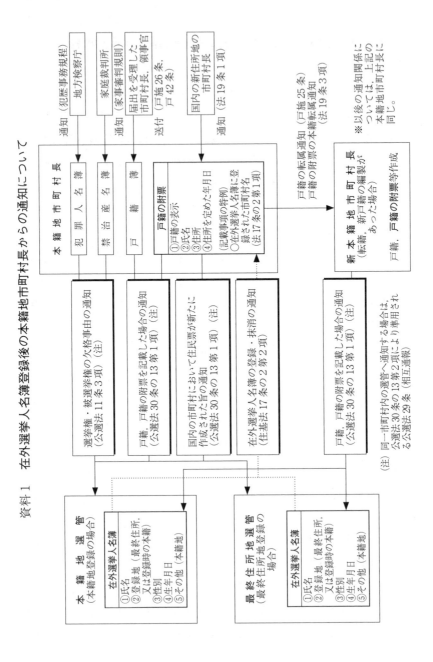

第11 マイナンバー　303

> ## 第11　マイナンバー

Q80

マイナンバーは，どのようなことに利用できるのですか？

A　1　マイナンバーとは

　住民基本台帳に記載されている者に対し，その者の申請により住所地市町村長が交付するカードで，券面やICチップ（半導体集積回路）に記録された情報や電子証明書により，公的な身分証明書として利用できるほか，住民票の広域交付や転入届の特例，条例で定める事務等に利用することができます（番号法17条1項，18条）。

2　マイナンバーの利用場面

　マイナンバーの利用範囲は，「社会保障制度」，「税制度」，「災害対策」に関する分野において利用されます。

　利用できる事務としては，番号法の別表に記載されている事務に限られ，それ以外の事務については，マイナンバーを利用することは原則としてできません（番号法9条1項）。ただし，別表に記載されていない場合であっても，社会保障・税・災害対策の事務やこれに類する事務については，各自治体の条例で定めることにより，マイナンバーを利用することが可能となります（番号法9条2項）。

3　市町村が条例で定めるマイナンバーカードサービスの提供

　マイナンバーカードのICチップ中，住基ネットで利用する領域から独立した空き領域や，表面裏面の余白部分等を利用して，市町村が条例で定める住民サービスを提供することができます。市町村長その他の執行機関が自ら提供するサービスはもちろん，他の市町村，都道府県，その他の機関が提供するサービスについて利用することも可能です。証明書自動交付

304 第2編 住民記録Q&A

機を利用した，住民票の写し，印鑑登録証明書，その他の証明書の交付を
受けるサービス等が考えられています。

4 公的な身分証明書としての利用

氏名（通称が住民票に記載されている外国人住民にあっては，氏名及び通
称），出生の年月日，男女の別，住所の記載があり，顔写真が貼付された
マイナンバーカードは，市町村長が交付する公的な身分証明書として，運
転免許証等と同様に，本人であることを確認するための書類として利用さ
れています。

Q81

マイナンバーとは何でしょうか？　そのメリットとデメリットにつ
いて教えてください。　（マイナンバーについて）

A マイナンバーとは，国民1人ひとりが持つ12桁の番号のことで，税
や年金，雇用保険等の行政手続に使用します。

メリットとしては，マイナンバーの利用により税や年金，雇用保険など
の行政手続に必要だった添付書類が削減され，これらの手続での利便性が
高まります。また，行政事務の効率化や，公平な各種給付の確保の実現に
つながります。

デメリットとしては，個人情報流出のリスクがあります。マイナンバー
を利用したくない場合，手続が煩雑になる可能性があります。

Q82

マイナンバーが入った住民票を取得するには，どうすればよいで
しょうか？　（マイナンバー入りの住民票の写しの交付について）

A 本人または同一世帯の方からの請求により取得できます。取得する場
合，来庁時に本人確認書類が必要になります。必要なものとしては，免許
証，健康保険証，年金手帳，旅券等，法令に基づき交付されたもの以外で

第11　マイナンバー　305

は取得できません。なお，質問票による発行はできません。さらに，使用
目的，提出先の記載が必要となります。代理人の場合は，委任状が必要と
なり，本人宛の封筒を用意してもらい，転送不要で送付することになりま
す。

Q83

郵送で弁護士等から住民票の写し交付の申出があり，マイナンバー
の記載を希望された場合，交付することは可能でしょうか？　（本
人等以外の者からの申出によるマイナンバーが記載された住民票の写し
の交付について）

A　代理人が本人及び同世帯の方からの委任を受け，申出にあたり委任状
を添付した場合は，同一の世帯に属する者以外の代理人（法定代理人。任
意代理人の別を問わない）であっても，代理権限を有することが確認でき
る書類を付して請求を行うことができるため申出に応じることになりま
す。

　この場合，マイナンバーの性格にかんがみ，代理人に対して直接交付す
ることは行わず，請求者本人の住所あてに郵便等により送付する方法が適
当です。

　特定事務受任者からの申出及び正当な理由が認められる第三者からの申
出で，委任状の添付がない場合は，マイナンバーの記載された住民票の写
しの交付はできません。

306 第2編 住民記録Q&A

Q84

本人等が帰省していて，その場所でマイナンバーが必要となり，マイナンバー入りの住民票の写しを帰省先に送付して欲しいとの請求があった場合，その帰省先に送付することは可能でしょうか？
（本人等の請求によるマイナンバーが記載された住民票の写しの郵送交付について）

A マイナンバー入りの住民票の写しは，住民票上の住所にしか郵送できないとしています。したがって，それ以外の住所を宛て先として，マイナンバー入りの住民票の写しを送付する事はできません。

Q85

国外転出の際に還付した通知カードが国内転入の際に提出された場合，当該通知カードに国内転入をした旨を追記してもよいでしょうか？　（国外転出により還付した通知カードの処理について）

A 還付した通知カードはすでに返納済みの通知カードとみなされるため，当該通知カードに追記することはできません。この場合，当該通知カードの返納を受けた上で，通知カードの再交付申請又はマイナンバーカードの交付申請を行わせることが適当です（平成27.9.29総行住139）。

Q86

同一世帯の者が，消除者のマイナンバーの記載のある住民票の取得はできますか？　（消除者の住民票の取得について）

A 死亡・転出にかかわらず取得することはできます。なお，世帯票には消除者が記載されますので，個人票でも同一世帯として発行します。

第11　マイナンバー　307

Q87

国外転出している者が，マイナンバーの記載のある住民票を取得することはできますか？　（消除者の住民票の取得について）

A 本人確認ができ，また国外の居所が明確であれば取得することはできます。しかし，通知カード，マイナンバーカードを自治体に返却している場合もあるので注意が必要です。

Q88

通知カードは，なぜ本人確認書類として使えないのでしょうか？
（通知カードの本人確認書類としての取扱い）

A 通知カードは，マイナンバーとともに基本4情報（氏名，住所，生年月日，性別）が記載されていますが，その役割は本人へのマイナンバーの通知及び確認のためです。

法に基づくマイナンバーの収集制限があることをかんがみれば，一般的な本人確認の手続において，通知カードを本人確認書類として取り扱うことは適当ではありません（平成27.8.28府番284号・総行住102号）。

Q89

マイナンバーの変更を行った場合，変更履歴や変更前と変更後のマイナンバーの記載がある改製原住民票を本人が請求した場合，交付することは可能でしょうか？　（本人からの申出によるマイナンバーの変更履歴が記載された住民票の交付について）

A 自身の住民票の記載事項ではありますが，変更前のマイナンバーについては，最新の記載事項内容ではなく，交付可能とする根拠法令もないことから，個人情報保護条例を参照するなど交付には慎重に対応する必要があります。

308　第2編　住民記録Q&A

Q90

マイナンバーが入った通知カードの送付先はどこになりますか？
また，住所以外の場所に一時的に滞在している場合などには，そち
らを送付先として指定することは可能でしょうか？

A　通知カードは，対象者の住民票上の住所に送付されます。なお，当該
世帯に含まれる世帯員分は，まとめて世帯主宛に送付することとされてい
ます。

　やむを得ない理由により住所地において通知カードの送付を受けること
ができない者は，居所（住民が現に居住している住所地以外の地）に通知
カードを送付するよう申請することができるとしています。対象者の例と
しては，①東日本大震災による被災者，②DV等被害を受けている者，③
長期間にわたって医療機関・施設等に入院・入所が見込まれる者，などが
挙げられます（平成27.7.27総行住78号）。

Q91

交付時来庁方式によりマイナンバーカードを申請した小学生が，マ
イナンバーカード受領のため法定代理人と来庁しました。交付通知
書の回答の記入が，本人の署名でした。この場合，法定代理人に書
き直してもらうのが賢明でしょうか？　（15歳未満にマイナンバー
カードを交付する場合）

A　「交付申請者」は，15歳未満や成年被後見人であっても本人を指し，
法定代理人のことを指すことはありません。そのため，交付申請者に送付
するマイナンバーカード交付通知書の回答書の「本人の住所」及び「本人
の氏名」欄も，交付申請者本人が署名又は記入押印すると考えられるた
め，法定代理人に書き直してもらう必要はないとしています。

第12 罰 則

Q92

届出期間を経過した者から過料をとるのはなぜでしょうか？

また，そのときの期間の算出方法はどうなっているのでしょうか？

（過料）

A 1 届出期間を過ぎてから届出をした者から過料をとる理由

本人が病気とか震災や風水害等，不可抗力により届出ができない場合等の正当な理由がなくて，転入，転居，転出，世帯変更の届出をしない者は，5万円以下の過料に処せられます（法52条2項）。これは，住民基本台帳法に基づく住民の住所の変更が，課税，選挙権の行使等，住民の権利・義務に大きくかかわっていますので，届出を怠った者に罰則を与えて，適正な届出を促し，住民基本台帳の正確性を高めようというものです。

なお，この罰則は，行政目的を円滑に履行させるための，いわゆる行政罰（過料）ですから，刑罰と違い前科がつくということはありません。

2 届出期間経過の起算方法

転入，転居，転出，世帯変更の届出の期間は，すべて14日以内ですから，その事由が発生してから14日以内に届出をしなくてはなりません。いつから数えて14日以内かといいますと，住基法に別段の定めがありませんから，民法第138条，第140条の規定により，期間の初日は算入せず，事由が発生した日の翌日から起算することになります。一方，届出期間の末日が休日であるときは，その翌日をもって期間を満了します。

例えば，4月1日に転入した者は，4月15日までに転入届をしなければなりませんから，4月16日から期間経過の対象となります。もし，4

310　第2編　住民記録Q&A

月15日が休日の場合は，4月16日が期間満了の日となり，4月17日から期間経過の対象となります。

Q93
届出期間を経過した者に，期間を経過した理由を書いてもらいますが，その後の処理はどうするのでしょうか？　（届出期間を経過した場合の処理。法52条2項）

A　1　理由書の記載事項

　届出期間を経過して届出を行った者に対しては，期間経過理由書を書いてもらいます。この理由書は，通常，「期間経過通知書」とともに1枚の用紙になっていますが，様式は各市町村で任意に定めてよいことになっています。この理由書には，届出を怠った者の住所と氏名，連絡先（電話番号），届出義務者の住所，氏名，届出の年月日，事由発生の日，懈怠期間，届出の種類，更に届出期間を経過した理由等を記載します。

2　理由書を書く人

　本人又は世帯主が理由書を書くのが原則ですが，代理人でもかまいません。理由書を書くのは義務違反者全員でなく，世帯主等代表者1名で足ります。なお，理由書を書くことを本人又は代理人が拒否した場合は，わかる範囲で調査をし，理由書にその調査の結果と拒否された旨を附記します。

3　理由書の確認

　窓口では，この理由書に誤記や記入漏れがないかどうかを確認するとともに，不明な点は本人又は代理人に確認します。書類に不備がなければ，これを住所地を管轄する簡易裁判所に送ります。

第12　罰　則　311

Q94

「虚偽の届出」とは，どういうことでしょうか？　（虚偽の届出：法52条1項，昭和46.9.11自治振336号）

A　1　虚偽の届出とは

「虚偽の届出」とは，転入，転居，転出，世帯変更届を行う際，事実に反した届出を行うことです。例えば，住んでいないのに転入届をしたり，異動をしていないのに住所を変えたりすることをいいます。

この場合，他の法令の規定により刑を科すべき場合を除いて，5万円以下の過料に処せられます。また，国民健康保険，後期高齢者医療保険，介護保険，国民年金，児童手当も住民票に記載すべき事項ですから，これらに関する虚偽の届出も処罰の対象となります。

なお，「他の法令により刑を科すべき場合」とは，例えば，虚偽の届出により住民票を作成させたり，事実に反する記載をさせれば，刑法第157条第1項の「公正証書原本不実記載罪」（磁気ディスクをもって調製している場合は「電磁的公正証書原本不実記録罪」）に該当しますし，選挙人名簿に登録させる目的で虚偽の転入届をすれば，公職選挙法第236条第2項の詐偽登録罪に該当するような場合です。

2　虚偽の届出であることが判明した場合の処理

転入・転居等の届出により，記載，消除，記載の修正を行った住民票も，その届が虚偽の届出であると確認されれば，その時点で職権消除等の処理が行われます。

例えば，その住所に住んでいないのに転入届をしたという連絡が，選挙管理委員会等からあったときは，担当者はその住所へ行き，その場所の様子や関係人（単なる隣人は含まれない。）に質問し，また，その結果，引っ越してきた様子もないと思われる場合には，前の住所地の市町村へ連絡をとり，前住所があったところを確認してもらうなり，本人から事情を聞く

などして，本当に転入届が正しかったかどうかの事実を確認します。もし，その結果，その転入届が虚偽の届出であったと判断されれば，市町村長の権限で，その異動届を取り消します。

虚偽の届出であると確認したときには，次のような処理をします。

(1) 転入届が虚偽であった場合

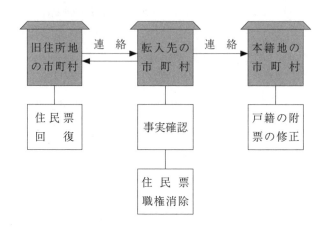

(2) 転居届が虚偽であった場合

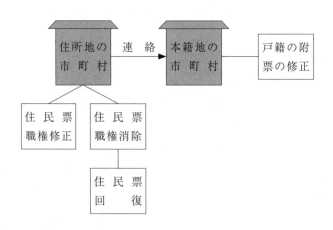

(3) 転出届が虚偽であった場合

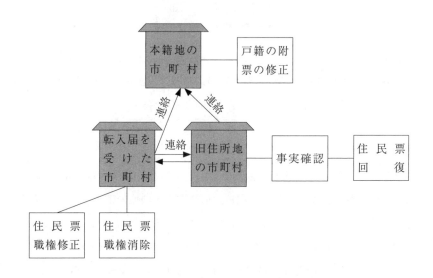

3 虚偽転入により消除された住民票の写しの交付請求について

　虚偽の転入であったことが後日判明したため，職権により消除した住民票について，写しの交付申請があった場合には，これに応ずるべきではないとされています（昭和62.7.15愛知県地方課あて電話回答）。

314 第2編 住民記録Q&A

第13 雑 則

Q95

消除された住民票，消除された戸籍の附票，届出書，通知書等の保存期限は何年でしょうか？ （保存期間：令34条）

A 1 保存期間

消除された住民票，戸籍の附票，改製前の住民票，戸籍の附票は，消除又は改製された日から5年間，届書，通知書，その他の書類は，その受理された日から1年間保存することになっています（令34条）。

消除された住民票，戸籍の附票は5年間保存することになっています。これは，国民年金の老齢年金の請求権が，満65歳になってから5年間とされていることや，税金の課税権が5年間までしかさかのぼれないこと等から決められています。除籍簿の保存期限が150年なのと比較すると，期間が短く感じられますが，これは比較的に長期間持続する身分関係を公証する戸籍と，短期間に変化が多い居住関係を公証する住民票との性格の違いによるものでしょう。

ただし，平成11年5月1日に施行された在外選挙制度の創設に伴う，公職選挙法の一部改正により，平成6年5月1日以降，最終住所地に国外の記載のある者の戸籍の附票については，その者から本人の海外住所を管轄する領事館を経由して，在外選挙人名簿の登録申請があった際に，住民基本台帳上の最終住民登録地を確認するために，本籍地の戸籍の附票を用いて照会確認を行うこととなりました。そのため消除された戸籍の附票又は改正された戸籍の附票のうち，最終住所地の確認のために必要となる一定のものについては，保存期間を5年から150年に延長することになりました。

第13　雑　　則　315

　また，届書等は住民登録法では，その年度の翌年より３年間保存することになっていましたが，住民基本台帳法では，受理された日から１年間保存すればよいとされています。

2　保存期間の延長

　なお，この保存期限は最低を定めたものであり，保存場所があればそれぞれ５年以上，１年以上保存してもかまいません。

Q96

閲覧，住民票の写しなどの手数料の額は，どのように決めるのでしょうか？　（手数料）

A　1　手数料とは

　「手数料」とは，特定の者に提供する役務に対して，その費用を償うため，又は報償として徴収する料金です。したがって，もっぱら地方公共団体自体の行政上の必要のためにする事務については，手数料を徴収することができません。

　手数料は，特定個人が積極的利益を受けるとき，営業許可などのように当該個人が反射的利益を受けるとき等に徴収することができます。このことを住民基本台帳事務についていいますと，転入，転居等の届出は，市町村が行う住民に関わる事務の基礎となる記録の正確性を確保するための事務といえます。

　このように，市町村が行政を行ううえで必要とされる事務については，手数料を徴収することはできません。

　しかし，住宅ローンの貸付，運転免許証の申請等に利用される住民票の写し，就職等に利用される記載事項証明書，統計調査，学術研究その他の調査研究などで公益性がある閲覧などは，ある特定の者の利益のために行う事務や，社会に還元されるとしても，直接には閲覧当事者の必要とするものであることから，このような場合には，手数料を徴収することができ

316　第2編　住民記録Q&A

ます。

2　手数料の額は市町村の条例で決める

　住民基本台帳事務は，市町村の固有事務であるとされていますから，住民基本台帳法では手数料の徴収についての定めはありません。手数料の徴収については，地方自治法第227条，第228条の規定に基づいて，市町村の条例でその額を定めることができます。

　この手数料の額は，戸籍手数料等，他の手数料との均衡，財政事情等を考慮し，決定すべきであるとされています。したがって，市町村により，手数料の額が異なっているわけです。

3　官公署から請求があったときは有料か無料か

　市町村の条例で手数料の徴収について定めている場合でも，税務署，警察署等の官公署の職員が，その職務上の必要から請求したときは，無料でその請求に応ずべきであるとされています（大正3.11.19民1608号回答）。

　無料の取扱いは，法令で定められているものもありますが，その他戸籍の取扱いに関する先例に準じて処理されています。

　官公署から請求があった場合でも，利用目的によっては有料とする場合もありますから，取扱いには注意が必要です。また，独立行政法人など，官公署に準ずるような機関は，原則として有料ですが，先例等により無料の取扱いを行っている場合もあります。

　無料の取扱いをするときは，官公署等の長の発行した書面を提出してもらうのが適当です。なお，手数料の徴収に関しては市町村の条例で定めていますから，無料の取扱いを全国的に統一することはできないとされています（昭和36.12.8民事甲3075号回答）。

第3編

実務用語解説

第1	基本的事項	319
第2	住民票	326
第3	届　出	351
第4	職権による処理	362
第5	戸籍の附票	373
第6	関連事務・関連法規	379
第7	マイナンバー	389
第8	罰　則	393

第1　基本的事項

1　住民基本台帳法

住民基本台帳法は，昭和42年7月25日法律第81号で制定され，同年11月10日から施行されました。

この法律の目的を，その条文からみますと，「この法律は，市町村において，住民の居住関係の公証，選挙人名簿の登録その他の住民に関する事務の処理の基礎とするとともに，住民の住所に関する届出等の簡素化を図り，あわせて住民に関する記録の適正な管理を図るため，住民に関する記録を正確かつ統一的に行う住民基本台帳の制度を定め，もつて住民の利便を増進するとともに，国及び地方公共団体の行政の合理化に資することを目的とする。」（法1条）とされています。

この法律の施行以前には，住民登録法が施行されていましたが，当時の市町村における行政は，住民登録，住民税，選挙，国民健康保険，教育，衛生等，それぞれの行政分野ごとに，住民に届出義務を課し，また，そのための台帳をそれぞれ作成しておりました。そこで，住民の利便の見地からも，また行政の近代化及び能率化の見地から

も，行政の見直し，改善が迫られていました。

そこで，これらの欠点を一気に解決するために定められたのがこの法律です。

これにより台帳の一元化が図られ，住民としては，住民の地位の変更に関する届出は，すべて一つの行為により行われることとなり，一方，市町村においても，住民に関する事務処理は，すべて住民基本台帳に基づいて行われることとなりました。

かくして住民はこの住民基本台帳をもとに，選挙権の行使，義務教育の就学，国民健康保険の加入及び給付等，住民としての権利を受けることができ，また住民税等の住民としての義務も賦課されることになります。

この住民基本台帳に記録される住民は，国籍法及び戸籍法の適用を受ける日本国民のみでしたが，平成24年7月9日から外国人住民（日本国籍を有しない者のうち中長期在留者，特別永住者，一時庇護許可者，仮滞在許可者，出生による経過滞在者，国籍喪失による経過滞在者であって市町村の区域内に住所を有する者）についても，

320　第3編　実務用語解説

住民票に記載されることとなりました。

2 住民基本台帳

住民基本台帳とは，その市町村の住民全体の住民票をもって構成されており，住民に関する記録を整備してある公簿をいいます。市町村長（特別区の区長を含む。以下同じ。）は，住民基本台帳法に基づき，その市町村に住所を有する個人について，氏名，出生の年月日，男女の別，戸籍の表示等，法に定める事項について記載をした個人単位の住民票（世帯単位の住民票にすることもできる。）を世帯ごとに編成して，住民基本台帳を作成することになっています。

ですから住民基本台帳は，住民の居住関係を公証する権利義務に関する公正証書の原本といえます。またこの台帳により，次のような住民の利便が増進され，国及び地方公共団体の行政の合理化が図られます。

(1)　正確な選挙人名簿の作成が容易にできます。

(2)　国民健康保険，国民年金，予防接種等の各種行政の対象者の把握が容易にでき，あらゆる行政事務を適正に処理することができます。

(3)　日常生活の中で必要となる，住所，世帯等の居住関係の証明が可能です。

(4)　住民が負担すべき税金等の賦課について，すべての住民に対し，公平かつ公正に行うことができます。

(5)　国及び地方公共団体等が行う人口を把握する各種統計調査等の資料が得やすくなります。

(6)　各種施策の企画立案等のために必要な住民に関する資料，統計等が得やすくなります。このように市町村が地方公共団体の構成員である住民に関する記録を常に正確に把握し整備しておくことは，健全な地方自治を運営するための本来的な任務なのです。

3 住民

住民には，「地方自治法上の住民」と「住民基本台帳法上の住民」とがあります。

〈地方自治法上の住民〉

地方自治法上の住民とは，市町村の区域内に住所を有するすべての者をいいます。地方自治法第10条第1項には，「市町村の区域内に住所を有する者は，当該市町村及びこれを包括する都道府県の住民とする。」と規定されています。この「市町村の区域内に住

所を有する者」には，自然人，法人の双方が含まれます。

また，国籍，人種，性別，年齢等は住民であることの要件ではありません。

〈住民基本台帳法上の住民〉

ここでいう住民とは，市町村内に住所を有する者をいいますが，これには前記自治法上の住民である法人は含まれません。また，法第30条の45の表の上欄に定める中長期在留者，特別永住者，一時庇護許可者，仮滞在許可者，出生による経過滞在者，国籍喪失による経過滞在者以外の外国人，及び天皇，皇族等の戸籍法の適用を受けない者も含まれません。

ただし，皇族の身分を離れた者にあっては，住民基本台帳に記録されることになります。

4 住　　所

住所とは，各人の生活に最も関係の深い一般的生活の場所，全生活の中心地をいいます。

住民基本台帳法上の住民の住所は，地方自治法第10条第1項でいう住所と同一であり（法4条），民法第22条と同様に，その市町村の区域内における各人の生活の本拠地をいいます。

なお，住所と類似の概念に居所があ

りますが，これは，人が多少の間継続して居住するが住所までには至らない場所をいいます。民法第23条には，居所について「住所が知れない場合には，居所を住所とみなす。」と規定されていますが，この規定は地方公共団体の住民の住所には適用されず，居所をもって住民基本台帳法上の住所とすることはできません。

また，住所に関し学説は複数認めるものもありますが，住民はその属する市町村において，選挙その他の権利を行使し，また住民税その他の義務を負担するものですから，単数に限られると解されています。

住所の認定については，あらゆる場合に該当する具体的な基準というものはありませんが，各般の客観的居住の事実を基礎とし，これに当該居住者の主観的居住意思を総合して決定することになります。

5 住所の表示

住所は，都道府県，郡，市区及び町村の名称，並びに市町村内の町又は字の名称，地番で表示するほか，住居表示の実施された区域においては，街区符号，及び住居番号（いわゆる街区方式），又は道路の名称及び住居番号（いわゆる道路方式）に

より表示します。

これら住所の表示は、時に変更される場合があります。

例えば、都道府県、市町村（特別区を含む）など「行政区画」の廃置分合、境界変更等に伴ってそれらの名称が変更される場合、

市町村内の町又は字などいわゆる「町名」の区域変更や名称変更がされる場合、

不動産登記法上の一筆ごとに附した土地の番号、いわゆる「地番」が、土地の分筆、合筆、区画整理等により変更される場合、

住居表示の実施若しくは変更に伴い住所の表示の変更がされる場合、

などがあげられます。

このように住所の表示が変更された場合は、市町村長は職権でこれら該当する住民票の表示の記載を修正することになります（令12条2項7号）。

なお、団地、アパート等の居住者については、上記表示では住所が明らかでないこともあり、より明確にするため、団地名、アパート名、居室番号までを表示します。

また、間借人については、「何某（間貸人氏名）方」まで表示します。

〔住居表示のしかた〕

〈街区方式〉

　　行政区画　　町名　　街区符号　住居番号
東京都○○区(市)　○○町○丁目　○番　　○号

〈道路方式〉

　　行政区画　　道路の名称　住居番号
福岡県○○市　○○通り　　○号

〈地番による表示のしかた〉

　　行政区画　　土地の名称　　地番
東京都○○区(市)　○○(町)○○　○○番

世帯とは、一つの屋根の下に住み、生計を共にする社会生活上の単位をいいます。

世帯を構成する要素として次の共通点が、原則として必要となります。

(1) 一緒に住んでいること。

(2) 生計が一緒であること。

〈世帯認定の参考例〉

(1) 一つ屋根の下で住んでいても、寮に生活する学生や単身者の場合は、それぞれ事情も異なると考えられますが、厳格にいえば、これらの者は、「住居は共通であるが、生活を共にしていない」状況にあるので、一つの世帯を構成するものでなく、各人それぞれ単独の世帯となります。

(2) 下宿人として、一つの家庭の中で、食事を一緒にしている場合で

第1　基本的事項　323

も，食費等の支払いをし生計が別である場合は別の世帯となります。

(3)　一つの家に親夫婦と子どもの夫婦が生活している場合で，生計を別にしていれば別の世帯となります。

(4)　同じ敷地内にある二つ以上の棟に生活していても，生計が一緒の親子は一つの世帯となり，当然，住所もどちらか一方で代表されます。

(5)　世帯の認定は，住所の認定の上に立ちますので，両者を統合した認定が必要です。

| 7 |
| 世 帯 主 |

世帯主とは，世帯を構成する者のうちで，その世帯を主宰する者をいいます。

その世帯を主宰する者とは，主として世帯の生計を維持する者であって，その世帯を代表する者として社会通念上妥当と認められるものをいいます。

したがって，認定にあたっては，その者が，主としてその世帯の生計を維持しているかどうか，及びその世帯を代表する者として，社会通念上認められるものかどうかの2点について事実を審査し，この2点を充足する者を世帯主として認定すべきであり，戸籍の筆頭者であるからといって必ずしも世帯主となるものではありません。

世帯主の認定　世帯主の認定は，当該世帯の構成員がどのように考えているかということ（主観的基準）と，社会的通念に照らしてどうかということ（客観的基準）によって定まってくるものであり，単なる収入の多寡等によって，便宜的に変更するような取扱いは不適当です。

〈世帯主認定の参考例〉

一般的な認定例としては，次のような例があります。

(1)　雇主と生計を異にする住み込みの使用人については，単独世帯を構成し，世帯主となります。

(2)　住み込みの見習い店員や，住み込みのお手伝いさん等については，月々の報酬が一定せず，通常一般の給与を受けているとは思われない場合には，独立の生計者とは認められないので，雇主の世帯構成員として扱われます。

(3)　寮，宿舎等に居住する者については，居住は共にするが，それぞれ生計を異にするので，各人が単独世帯を構成することになり，したがって各人が世帯主となります。

(4)　養護施設に居住する児童については，居住と生計を共にするので同一世帯として取り扱いますが，この児童の中には世帯を主宰する者，主と

して世帯の生計を維持する者で，その世帯を代表する者としての代表者がいませんので，施設長等が同居する場合は施設長等が世帯主，同居しない場合は，住民票の世帯主の欄はそのまま空欄にしておくことになります。

(5) 実際に世帯主となる者が住民基本台帳法の適用を受けない外国人である場合は，世帯員のうちで，世帯主に最も近い地位にある者を世帯主とし，実際の世帯主に相当する外国人の氏名は必要に応じて住民票の備考欄に記入しておきます。

**8
指定都市**

指定都市とは，一般的に「政令指定都市」といわれているように，政令で指定する人口50万以上の市をいいます。平成28年10月現在の指定都市は，札幌市，仙台市，さいたま市，千葉市，横浜市，川崎市，相模原市，新潟市，静岡市，浜松市，名古屋市，京都市，大阪市，堺市，神戸市，岡山市，広島市，北九州市，福岡市，熊本市の20市となっています。

地方自治法制定当初は，大都市は，都道府県の区域外に独立し，その事務及び権能は都道府県及び市をあわせ持つところの特別地方公共団体の一種である特別市に指定することが予定されていましたが，関係市と府県の利害，対立が激化したため，実施をみないまま廃止されることになり，それに代わって昭和31年の地方自治法の改正によって「大都市に関する特例」として設けられた制度です。

指定都市においては，一般に都道府県又は都道府県知事若しくは都道府県の委員会その他の機関の事務とされているもののうち，地方自治法第252条の19で掲げられている事務は，政令で定める範囲において，指定都市又はその市長あるいはその市の委員会その他の機関に属することになっています。

さらに指定都市においては，煩瑣な二重監督を除くため，一定の範囲で，都道府県の機関の監督を受けることを要しないものとし，又は直接主務大臣の監督を受けることとしています。指定都市は，市長の権限に属する事務を分掌させるため，条例で，その区域を分けて区を設け，区の事務所又は必要があるときは出張所を置くものとされています。

指定都市の区とは，その事務所の長として区長を置き，また，選挙管理委員会が置かれています。

第1 基本的事項　325

---

9 不服申立て

市町村長が行った処分に不服のある者は，その処分に対して，審査請求をすることができます。これを不服申立てといいます。

住民基本台帳法上の処分としては，住民票の職権記載，消除，修正，住民票の閲覧及び写し等の請求（申出）の拒否，転入，転居，転出，世帯変更届出の不受理等です。

不服申立てができる者は，処分により直接に自己の権利，利益を侵害された者であればよく，本人以外の第三者も含まれます。

申立て期間は，処分があったことを知った日の翌日から起算して3か月以内です。さらに，再審査請求は裁決があったことを知った日の翌日から起算して1か月以内と定められています。

〈市町村長の処分〉

(1) 住民票の記載事項のうち，氏名，出生の年月日，住民となった年月日及び職権で記載，消除及び記載の修正（法8条，ただし令12条2項・3項を除く。）。

(2) 住民基本台帳の一部の写しの閲覧の申出の拒否（法11条の2）

(3) 閲覧事項の不当利用等に対する個人情報保護措置の勧告に係る措置を講ずる命令（法11条の2第9項・10項）

(4) 住民票の写し等の交付請求の拒否（法12条6項）

(5) 住民票の写し等の交付申出の拒否（法12条の3）

(6) 戸籍の附票の写しの交付申出の拒否（法20条）

(7) 転入届の拒否（法22条）

(8) 転居届の拒否（法23条）

(9) 転出届の拒否（法24条）

(10) 転入届の特例の適用を受ける者からの転出届の拒否（法24条の2）

(11) 世帯変更届の拒否（法25条）

(12) 住民票コードの記載の変更請求の拒否（法30条の4）

〈都道府県知事の処分〉

(1) 自己の本人確認情報の開示請求の拒否（法30条の32）

第2　住民票

10　住民票

住民票とは，その市町村の区域内に住んでいる個々の住民について，その住民に関する事項について記載をしている帳票をいいます。この住民票は，政令で定めるところにより，磁気ディスク（これに準ずる方法により一定の事項を確実に記録しておくことができるものを含む。）をもって調製することもできます。

住民票には個人票と世帯票がありますが，原則的には個人を単位とし，市町村長が適当と認めるときには世帯を単位として，作成することになっています（法6条）。市町村長はこれら住民票を世帯ごとに編成した住民基本台帳を備えなければなりません（法5条，6条）。

住民がこの住民票に記載をされますと，その住民には，選挙権等の住民としての権利と，住民税等の義務が発生します。

〈居住関係の公証〉

戸籍簿が人の身分関係を公証する唯一の公簿であると同様に，住民基本台帳は住民の居住関係を公に証明する唯一の公簿です。人々が日常生活をしていくうえで，住民としての地位，住所，世帯構成等について公に証明された書類が必要になる場合がしばしばあります。その場合に，住民票の写しや，住民票に住所，氏名，出生年月日等について記載がされているという旨の証明（記載事項証明書）などを交付することにより，公証されることになります。

〈住民票の記載事項〉

住民票には，氏名，住所，出生の年月日など住民としての地位に関する基本的な事項と，選挙に関する事項，国民健康保険に関する事項など行政の事務処理等に利用されるおのおのの個別事項とが記載をされます。

11　住民票の様式と規格

〈住民票の様式〉

住民票（法6条3項の規定により磁気ディスクをもって調製される住民票を除く。）の様式は法定されていませんので，市町村において住民の利便を考慮しつつ，簡明かつ平易な様式を創意工夫することができます。

第2 住民票　327

日本の国籍を有する者に係る住民票の様式例

住　民　票

氏名	明大昭平 年月日生	男女	世帯主	続柄	世帯員数 ・・ ・・ 世帯員番	・・ ・・	世帯番号

住所		住民となった年月日	明大昭平 ・・	出生 転入	届出	昭平	住民票コード
		異動年月日	昭平 ・・ 昭平 ・・	転居 転居	年月日	昭平 昭平 ・・	個人番号
							備考

本籍		筆頭者	
前住所			
転出		昭平 ・・ 転出予定	届出 昭平 ・・

国民健康保険

記番号		

資格取得		資格喪失	
昭平 ・・		昭平 ・・	
昭平 ・・		昭平 ・・	
昭平 ・・		昭平 ・・	

退職被保険者又は被扶養者の別	当該年月日	非該当年月
退・被扶	昭平・・	昭平・・
退・被扶	昭平・・	昭平・・

備考

介　護　保　険

番号		

資格取得		資格喪失	
平 ・・		平 ・・	
平 ・・		平 ・・	
平 ・・		平 ・・	

備考

後期高齢者医療

番号	

資格取得		資格喪失	
平 ・・		平 ・・	
平 ・・		平 ・・	
平 ・・		平 ・・	

備考

国　民　年　金

基礎年金番号	

資格得喪・種別変更		
昭平・・	得・種変・喪	1・任
昭平・・	得・種変・喪	1・任
昭平・・	得・種変・喪	1・任
昭平・・	得・種変・喪	1・任

備考

選挙人名簿

登録	

児童手当

支給開始	支給終了
平 ・	平 ・
平 ・	平 ・
平 ・	平 ・
平 ・	平 ・

備考

(注)
1. 基本事項を記載する欄とその他の事項を記載する欄との区界を明確にすることが適当である。
2. 索引の便等を考慮し，氏名および世帯番号の欄は最上部におくことが適当である。
3. 個別事項の記載欄を縦に配列することも考えられる。
4. 外国人住民の様式中，法第30条の45の表の上欄に掲げる者の区分に応じ，当該外国人住民について記載事項とならない同条の表の下欄に掲げる事項については，空欄とすることで差し支えない。
5. 外国人住民の様式中，通称の記載の欄については，この例にならい，氏名の記載の欄と一体のものとして取扱うことが適当である。

328　第3編　実務用語解説

外国人住民に係る住民票の様式例

住　民　票

| 氏名 | | | | 年　　月　日生 | 男女 | 世帯主 | | 続柄 | 世帯員数 | ・・ | | ・・ | 世帯番号 |
| 通称 | | | | | | | | | 世帯員番 | | | | |

住所			外国人住民となった年月日	平成・・			届出	平成・・	住民票コード
			異動年月日	平成・・	転居	年月日		平成・・	個人番号
				平成・・	転居			平成	

| 国籍・地域 | | 在留資格 | | 在留カード等の番号 | | 備考 |
| 法第30条の45に規定する区分 | | 在留期間等 | | 在留期間の満了の日 | | |

	通称	記載市町村名	記載年月日	削除市町村名	削除年月日
通称の記載及び削除に関する事項					

| 前住所 | | | | | |
| 転出 | | | 平成・・ | 転出予定 | 届出 平成・・ |

国民健康保険

記号番号		
資格取得		資格喪失	
昭・平	・・	昭・平	・・
昭・平	・・	昭・平	・・
昭・平	・・	昭・平	・・
退職被保険者又は被扶養者の別	当該年月日	非該当年月	
退・被扶	昭・平・・	昭・平・・	
退・被扶	昭・平・・	昭・平・・	
備考			

後期高齢者医療

番号		
資格取得		資格喪失	
平	・・	平	・・
平	・・	平	・・
平	・・	平	・・
備考			

児童手当

支給開始	支給終了
平 ・	平 ・
平 ・	平 ・
平 ・	平 ・
備考	

国民年金

基礎年金番号			
資格得喪・種別変更			
昭平 ・・	得・種変・喪	1・任
昭平 ・・	得・種変・喪	1・任
昭平 ・・	得・種変・喪	1・任
昭平 ・・	得・種変・喪	1・任
備考		

介護保険

番号		
資格取得		資格喪失	
平	・・	平	・・
平	・・	平	・・
平	・・	平	・・
備考			

世帯票

住民票

世帯番号			
世帯主			
住所			

1

氏名	明・大・昭 　年　月　日生	男・女	続柄
	住民となった年月日		
本籍		筆頭者	
昭和・平成　　年　　月　　日　　から転入			
昭和・平成　　年　　月　　日　　転出予定・転居　　～			

2

氏名	年　月　日生	男・女	続柄
通称	外国人住民となった年月日		
国籍・地域 法第30条の45に規定する区分	在留カード等の番号	在留資格	
	在留期間等	在留期間の満了の日	
平成　　年　　月　　日　　から転入			
平成　　年　　月　　日　　転出予定・転居			

異動年月日・事由

異動年月日	事由
昭・平　年　月　日	転入
昭・平　年　月　日	転居
昭・平　年　月　日	転出
明・大・昭・平　年　月　日	

住民票コード　　　　　個人番号

通称の記載及び削除に関する事項

記載市町村名	記載年月日	削除市町村名	削除年月日

国民健康保険 被保険者証

		県	市
国民健康保険	資格取得	・	・・
	退・喪失　該当・非該当	・	・・
	番号	・	・・
	資格喪失		
後期高齢	資格取得		
	得・補変・喪　1　任		
	得・補変・喪　1　任		
	番号		
	資格喪失		
介護保険	資格取得		
	資格喪失		
国民年金	基礎年金番号		
	資格取得		
	資格喪失		
子ども手当	支給開始		
	支給終了		
選挙登録			

330 第3編 実務用語解説

原則として，個人又は世帯につき1葉とされることが望ましいのですが，法第7条第1号から第8の2号及び第13号に規定する事項（外国人住民にあっては，同条第1号から第4号，第7号，第8号，第8の2号及び第13号に規定する事項，通称，通称の記載及び削除に関する事項，国籍・地域，外国人住民となった年月日並びに法第30条の45の表の下欄に掲げる事項）（基本事項）及び同条第9号から第11号の2までに規定する事項（外国人住民にあっては同条第10号から第11号の2までに規定する事項）（個別事項）とを，それぞれ別葉にする等複葉にすることも，それが統合管理されているものである限り差し支えありません。

住民票には，個人を単位としたいわゆる「個人票」と，世帯を単位としたいわゆる「世帯票」とがありますが，原則として，市町村長は，個人を単位とする住民票を世帯ごとに編成して，住民基本台帳を作成しなければなりません（法6条1項）。

個人票が原則となっているのは，住民基本台帳を活用する行政事務が，選挙人名簿の登録，国民年金の資格取得及び喪失等のように，個人を対象としたものが多く，また事務処理の機械化に対応しやすいなどの理由によるもの

です。

しかし行政事務の中には，国民健康保険や生活保護に関する事務のように，世帯を単位とする行政事務も多くありますので，世帯票の方がその市町村の実態に合った行政を行うのに適当であると市町村長が認めるときは，住民票の全部又は一部につき世帯を単位とすることができることとされています。

〈住民票の規格〉

住民票（法6条3項の規定により磁気ディスクをもって調製される住民票を除く。）の規格についても，様式同様法定されていませんが，個人票は，日本標準規格で定めるA6判以上A5判以内が，その利用上及び管理上適当とされ，紙質は，その写しの作成方法との関連を考慮しつつ，できるだけ丈夫なものを用います。

また法第6条第3項の規定により住民票を磁気ディスクをもって調製する市町村における，当該住民票の仕様及び当該磁気ディスクの規格についても，特に法定されていませんので，市町村において，事務処理の合理化の観点から適当なものを用います。

市町村長は，事務処理の合理化を図る見地より住民票の様式もしくは規格又は住民票の仕様等を変更しようとす

る場合には，全部の住民票を一斉に改製することなく，新たに作成する住民票より逐次変更する取扱いとすることも差し支えありません。

12　住民票の記載事項

住民票に記載する事項には，「法定記載事項」と「任意事項」（法7条，法30条の45）とがあります。法定記載事項は「基本事項」と「個別事項」とに大別されます。

〈基本事項〉

基本事項とは，市町村の住民としての個人を特定し，あわせてその地位を明らかにする基本的な記載事項であり，住民に関する行政事務の処理のために共通的に利用されるものです。列挙すると次のとおりです。

(1)　氏名

(2)　出生の年月日

(3)　男女の別

(4)　世帯主についてはその旨，世帯主でない者については世帯主の氏名及び世帯主との続柄

(5)　戸籍の表示。ただし，本籍のない者及び本籍の明らかでない者については，その旨（外国人住民を除く。）

(6)　住民となった年月日

(7)　住所及びその市町村の区域内において新たに住所を変更した者については，その住所を定めた年月日

(8)　新たに市町村の区域内に住所を定めた者については，その住所を定めた旨の届出の年月日及び従前の住所

(9)　マイナンバー

(10)　住民票コード

(11)　国籍・地域（外国人住民に限る。）

(12)　外国人住民となった年月日（外国人住民に限る。）

(13)　法第30条の45の表の下欄に掲げる事項（外国人住民に限る。）

(14)　通称（外国人住民に限る。）

(15)　通称の記載及び削除に関する事項（通称の記載及び消除に関する事項が住民票に記載されている外国人住民に限る。）

〈個別事項〉

個別事項とは，それぞれ個別の行政事務の処理のために利用されるものであり，住民基本台帳法の制定により新たに記載事項とされたものです。

(1)　選挙人名簿に登録されている者については，その旨

(2)　国民健康保険の被保険者である者については，

ア　その資格を取得した年月日，又はその資格を喪失した年月日（令3条）

イ　退職被保険者又はその被扶養

332 第3編　実務用語解説

（以下「退職被保険者等」という。）にあっては，その旨並びに退職被保険者等となり，又は被保険者等でなくなった年月日

(3)　後期高齢者医療の被保険者である者については，その旨又は被保険者でなくなった年月日（令3条の2）

(4)　介護保険の被保険者である者については，その旨又は被保険者でなくなった年月日（令3条の3）

(5)　国民年金の被保険者（法7条11号に規定する国民年金の被保険者をいう。以下同じ。）である者については，

ア　国民年金の被保険者となり又は被保険者でなくなった年月日（令5条1号）

イ　国民年金の被保険者の種別及びその変更があった年月日（令5条2号）

ウ　基礎年金番号（令5条3号）

(6)　児童手当の支給を受けている者については，その支給が始まり，又は終わった年月日（令6条）

〈任意事項〉

　任意事項として記載ができる事項は，住民の福祉の増進に資する事項のうち，市町村長が住民に関する事務を管理し及び執行するために必要であると認められるもので，例えば，次のようなものがあります。

(1)　国民健康保険の被保険者については，被保険者証の記号及び番号

(2)　国民健康保険の被保険者でない者については，現に加入している他の医療保険制度の名称

(3)　後期高齢者医療の被保険者については，被保険者証の番号

(4)　介護保険の被保険者については，被保険者証の番号

(5)　国民年金（福祉年金を含む。）の受給者については，その受けている年金の名称

(6)　国民年金の被保険者でない者については，現に加入している公的年金の名称

　なお，住民基本台帳の正確性を保つために，選挙管理委員会等の委員会からの通報や実態調査等により，住民基本台帳に脱漏や誤載があることを知ったとき，又は住民票に誤記や記載漏れがあることを知ったときには，事実にあった正しい住民基本台帳になるよう住民票の記載等を行います。

┌─ 13 ─┐
│ 氏　名 │
└───────┘
　氏名とは，個人を特定するための呼称といえます。

　氏名は，文字からもわかるとおり，氏と名とから成り立っています。

第2 住民票 333

日本の国籍を有する者については，夫婦は婚姻の際，その定めるところに従い夫又は妻の氏を称します。

また子が出生しますと，その子は父母の氏を称することになります。ただし，嫡出でない子は母の氏を称します。そして戸籍法は，戸籍編製の単位として，夫婦及びこれと氏を同じくする子ごとに，これを編製すると規定しています。このようなことから戸籍法上の氏は単に戸籍編製の単位若しくは戸籍を同一にする夫婦及び子の総括的な表示手段にすぎないということができ，同氏であっても，祖父と孫の氏は別の氏ということになります。

住民票に氏名の記載をする場合には，戸籍に記載がされている氏名について記載をしなければなりませんが，その場合，字体も同一にする必要があります。世帯票の場合には，氏を同じくする世帯員が数人いる場合であっても，氏を省略することはできません。本籍のない者又は本籍の不明な者については，日常使用している氏名の記載をします。

外国人住民については，中長期在留者等については，在留カード等（在留カード，特別永住者証，一時庇護許可書，仮滞在許可書）に記載されている氏名を記載します。

出入国港において在留カードを交付されなかった中長期在留者にあっては，後日在留カードを交付する旨の記載がされた旅券のローマ字表記の氏名を記載します。

出生による経過滞在者又は国籍喪失による経過滞在者については，出生届，国籍喪失届又は国籍喪失報告に付記されているローマ字表記の氏名を記載します。ただし，これら戸籍の届出書等にローマ字表記の氏名の付記がない場合，住民票の氏名については，同届出書等に記載されたカタカナ又は漢字による表記の氏名を記載します。なお，これら経過滞在者が後日在留資格を取得した等として，法務大臣からの通知がなされた場合は，同通知に基づき氏名の記載を修正します。

また，氏名にはできるだけふりがなを付すことが適当ですが，その場合には，住民に確認を得る等，誤りがないように留意しなければなりません。

なお，戸籍の届出に基づいて氏又は名の変更があった場合は，当然に住民票の氏名にも反映されることになります。

14 出生年月日

日本の国籍を有する者については，戸籍に記載又は記録がされている出生の年月日を記載します。

外国人住民のうち，中長期在留者等については，在留カード等に記載のある生年月日を，出生による経過滞在者又は国籍喪失による経過滞在者にあっては，出生届，国籍喪失届又は国籍喪失報告に記載された出生の年月日に基づいて西暦により記載します。

15 続柄

続柄は，つづきがらと読みます。これは，住民基本台帳においては，同一世帯における世帯主と，世帯員との身分上の関係をいいます。したがって，世帯主と世帯員との関係は，親族関係に限定されることなく，世帯主と生活関係があるすべての者が含まれます。続柄は原則として，世帯主を中心として，妻，子，父，母，妹，弟，子の妻，妻（未届），妻の子，縁故者，同居人等と記載をします。また，外国人住民について，世帯主との続柄を証する文書の添付が必要な場合においては，同時に訳文の提出も求め，内容について確認します。

外国人住民の世帯主との続柄を証する文書としては，戸籍法に基づく届出に係る受理証明書，若しくは記載事項証明書又は結婚証明書若しくは出生証明書，その他外国政府機関等が発行した文書であって，本人と世帯主との続柄が明らかにされているもの等があります。

16 戸籍の表示

戸籍の表示とは，筆頭者の氏名及びその本籍をいいます。これは，個人を特定するために重要な役割を果たしています。

〈筆頭者〉

筆頭者とは，戸籍の最初に記載される人をいいます。同じ戸籍にいる人は全て同じ氏（苗字）であり，その氏は筆頭者欄に記載されている氏となります。

筆頭者が死亡，婚姻，養子縁組等によって，戸籍から除かれても，当該，戸籍の筆頭者は変更されません。

〈本　籍〉

本籍とは，戸籍のある場所をいい，当該土地の地番により表記されます。当該土地が住居表示地区内である場合は，街区符号を用いて表記することも可能です。日本国内であれば，自由に本籍を定めることができ，所有，居住の実態等は必要ありません。

戸籍事務の管掌者は市区町村長であり，その区域内に存する戸籍の管理を行っています。

戸籍の表示は，住民票にも記載をしなければならない事項の一つであり，また，戸籍の附票には，住所及び住所を定めた年月日を記載することとされています。これらは住民票と戸籍を結ぶ大切な役目をしています。

17 住民となった年月日

住民となった年月日とは，日本国籍を有する者について同一市町村に引き続き住むようになった，最初の年月日をいいます。

この日は，国民健康保険への加入など，住民と市町村との間に権利・義務の法律関係が発生する日です。

各市町村では，住民を対象としたいろいろな行政サービスを行っていますが，「住民となった年月日」は，これらを受けるための住民として，認められる日でもあります。

このように，市町村にとっても適正な行政を行っていくうえで基本になる年月日です。

以上のことから「住民となった年月日」は，この日から住民として取り扱われる日であり，住民票に記載をしなければならない事項の一つになっています（法7条）。

具体的には，次の日をもって住民となった年月日とされています。

(1) 転入をした人の「住民となった年月日」は，新たに住所を定めた年月日であり，出生した人については，出生の年月日です。

転居や世帯変更をした者については，同じ市町村に引き続き住むので，住民となった年月日の変更はありません。

(2) 市町村の廃置分合又は境界変更があった場合も，「住民となった年月日」は変わりません。

(3) 外国人住民が，日本の国籍を有することとなった場合における「住民となった年月日」については，外国人住民に係る住民票に記載された「外国人住民となった年月日」となります。

(4) 政令指定都市の行政区間での住所異動があった場合には，転出，転入の扱いがなされますが，その市の住民であることには変わりがありませんので，「住民となった年月日」は，そのままの年月日となります。

336　第3編　実務用語解説

18 住定年月日

住民となった年月日が，住所地市町村に住み始めた最初の年月日を指すのに対して，住定年月日とは，当該住所に住み始めた最初の年月日を指します。

よって，住所地市町村に転入をしてから，一度も転居をしたことがない人は，住民となった年月日と住定年月日が同一となりますが，転居をしたことがある人は，住民となった年月日と住定年月日は違うものとなります。

住定年月日は，法第7条第7号の規定により，住民票の記載事項とされている他，戸籍の附票の記載等に関しても法定記載事項となっています（法17条4号）。

19 届出の年月日及び従前の住所

転入届並びに法第30条の46及び法第30条の47に基づく届出により記載した者については，その届出の年月日，職権により記載した者については，その記載の年月日をそれぞれ記載します。また，転入をした者については，転出地の住所について記載します。従前の住所は，原則として，転出証明書に記載された住所と同一です。

なお，法第30条の46及び法第30条の47に基づく届出をした者については，従前の住所の記載の必要はありません。

20 住民票コード

住民基本台帳ネットワークシステムは，地方公共団体共同システムとして，全国共通の本人確認情報を提供していますが，そのシステムの基礎となっているのが，氏名・住所・生年月日・性別の基本4情報と，11桁の数字から構成される住民票コードです。平成14年8月5日の住民基本台帳ネットワークシステムの稼働に合わせて，個人ごとの住民票に新たに住民票コードが記載されました。それ以降，出生等で新たに住民基本台帳に記録される人には，随時付番を行い，住民票への記載を行っています。また，市町村長に申し出ることでいつでも住民票コードの変更は可能です。

住民票コードについては，厳格な利用制限が設けられています。民間部門には情報提供できないように提供先を公共部門に限定し，行政機関に提供する場合でも，提供先機関と利用事務が法律で具体的に列挙された者でなければ提供できないようになっています

（法 30 条の 6，30 条の 7，30 条の 8）。

21
国籍・地域

在留カード等に記載されている国籍・地域を記載します（無国籍含む）。なお，出生による経過滞在者の国籍・地域欄については空欄とし，後日，法務大臣から通知がなされたときに職権で記載します。

国籍喪失による経過滞在者の国籍・地域については，国籍喪失届や国籍喪失報告の記載を確認し，職権で国籍・地域の記載を行います。

22
外国人住民となった年月日

法第 30 条の 45 の表の上欄に掲げる者（日本国籍を有しない者のうち中長期在留者，特別永住者，一時庇護許可者，仮滞在許可者，出生による経過滞在者，国籍喪失による経過滞在者であって市町村の区域内に住所を有する者）となった年月日，又は住民となった年月日のうち，いずれか遅い年月日をさします。

23
法第 30 条の 45 の表の下欄に掲げる事項

日本国籍を有しない者のうち中長期在留者，特別永住者，一時庇護許可者，仮滞在許可者，出生による経過滞在者，国籍喪失による経過滞在者であって市町村の区域内に住所を有する者の区分に応じ規定する記載内容のことで，法第 30 条の 45 に規定する区分，在留資格，在留期間等，在留期間の満了の日等，在留カード等の番号などを記載します。

24
通　称

氏名以外の呼称であって，国内において社会生活上通用していること，その他の事由により居住関係の公証のために住民票に記載することが必要であると認められるものをいいます。外国人住民の様式中，通称の記載欄については，氏名の記載の欄と一体のものとして取扱い，通称にはできるだけふりがなを付すことが適当とされています。

338　第3編　実務用語解説

25 通称の記載及び削除に関する事項

　外国人住民に係る住民票に，通称を記載した場合，当該通称を記載した市町村名，及び年月日を記載します（令30条の27第1項第1号）。また，通称を削除した場合も，当該通称並びに通称を削除した市町村名及び年月日を住民票に記載します（令30条の27第1項第2号）。

26 住民票の記載等

　住民票の記載等とは，住民票の「記載」「消除」「記載の修正」をいいます。

　市町村長は，住所及び世帯に関する事項で法の規定による届出等があったときは，その届出等の内容が事実であるか否かを審査して，法の規定による住民票の記載等を行います。

〈記　載〉

　他の市町村から転入したとき，あるいは子が生まれたとき等，住民基本台帳に新たに住民を記録するために，その者に係る住民票を新たに作成したり，又は既に記載がされている世帯票中に当該者をその世帯に属する者として記載をすることをいいます。

　市町村長はこれらの事由が生じたと

きには，住民票を調製，又は住民票に記載をしなければなりません。

〈消　除〉

　住民が他の市町村へ転出したとき，あるいは死亡したとき等，住民基本台帳の記録から除くべき事由が生じたときに，住民に関する記録を全部抹消し，又は，その世帯に属さなくなった者に関する記載を消除することをいいます。

〈記載の修正〉

　住民票に記載がされている事項に変更があったときに，その住民票を修正することをいいます。

　例えば，転居によりその者の住所欄を修正したり，あるいは世帯主変更により世帯主欄及び続柄欄を修正したり，また，住民票の記載漏れ等が発見された場合に住民票の記載事項の一部につき新たに記載をするなど正確な内容に修正することなどがあります。

　帰化（又は国籍喪失）により，外国人住民（又は日本人住民）が日本人住民（又は外国人住民）となった場合は，その者の「日本人住民としての住民票」（又は「外国人住民としての住民票」）を作成し，「外国人住民としての住民票」（又は「日本人住民としての住民票」）を削除することとなります。

第2 住民票 339

〈住民票の記載等を行うとき〉

　住民票の記載，消除，記載の修正は，住民からの届出により行う場合と，市町村長の権限（職権）で行う場合とがあります。住民からの届出により行うときとは，転入届，転居届，転出届，又は世帯主変更，世帯分離，世帯合併等の世帯変更届があった場合に記載等をするときのことです。

　職権で行うときとは，出生や死亡等の戸籍届出があった場合，あるいは住民票に誤記や記載漏れ等が発見された場合，あるいは住所変更等があったのに届出がないことを知った場合など，令第12条第1項から第3項に該当する場合に記載等をするときのことです。この場合には，実態調査，戸籍確認等の方法により，住民票に記載等をすべき事実を十分確認してから行うことが大切です。

27
住民票の写し

　住民票の写しとは，住民票に記載がされている事項の写しのことをいいます。この住民票の写しは，住民の居住関係を証明するものとして，広く住民に利用されています。

　住民票の写しの交付請求（申出）を行えるのは，次のような場合です。

(1)　自己又は自己と同一世帯に属する者が住民票の写しの交付請求を行う場合（法12条）

(2)　国又は地方公共団体の機関が法令で定める事務の遂行のため住民票の写しの交付請求を行う場合（法12条の2）

(3)　(1)(2)以外の者が住民票の写しの交付申出を行う場合（法12条の3）

　この場合，交付申出が認められるのは，当該申出者が下記の者に該当すると認めるときのみになります（法12条の3第1項）。

　　ア　自己の権利を行使し，又は自己の義務を履行するために住民票の記載事項を確認する必要がある者

　　イ　国又は地方公共団体の機関に提出する必要がある者

　　ウ　その他住民票の記載事項を利用する正当な理由がある者

〈本人確認の実施〉

　住民票の写しに係る(1)の請求及び(3)の申出を行うにあたって，請求（申出）者は，住民基本台帳カード，免許証等の身分を証明できる書類を提示する必要があります。それらの書類をやむを得ない理由により提示できないときは，保険証，社員証等の書類を提示又は提出する必要があります。現に請求（申出）の任に当たっているのが，

340　第3編　実務用語解説

代理人であるときは，代理人について同様の書類を提示する必要があります。

また，(2)の請求を行うにあたっては，請求者は，国又は地方公共団体の職員たる身分を示す身分証明書を提示する必要があります。

また市町村長は，その請求（申出）が不当な目的によることが明らかなときは，これを拒むことができます。特に，ドメスティック・バイオレンス及びストーカー行為等の被害者に関しては，加害者とされる者からの請求（申出）については不当な目的によることが明らかとして拒否します（法12条6項）。交付申出についても，法第12条の3第1項に該当しないとして拒否します。

住民票の写しには，その世帯の住民票に記載がされている者全員についての「世帯全部」の写しと，住民票を必要とする者だけについての「世帯一部」の写しとがあります。

〈住民票の写しの作成〉

住民票の写しは，請求（申出）者から出された住民票の写しの交付申請書に基づいて作成します。

また，法第6条第3項の規定により住民票を磁気ディスクをもって調製している市町村において作成する，法第12条第1項及び第2項の請求に対して交付する住民票に記録されている事項を記載した書類の様式及び規格については，住民票の様式と規格に準じて取り扱うことが適当です。

当該複葉の住民票の一体性を確保することができるよう適切な措置を講じる必要があります。

作成するにあたっては，特に，その住民票が正確であるか否かについて留意する必要があります。

〈住民票の写しの交付〉

住民票の写しの交付にあたっては，その末尾に原本と相違ない旨を記載するとともに，作成の年月日を記入して記名・押印をします。ただし，世帯票の場合で空白の世帯員欄があるときは，末尾に記載された者の下に「以下余白」と記入することが適当です。

特別の請求（申出）のある場合を除いて，基礎証明事項（氏名（外国人住民の通称含む。），生年月日，性別，住所，住民となった年月日（外国人住民については，外国人住民となった年月日），住定年月日，住所を定めた届出の年月日，届出年月日及び前住所をいう。）のみを表示した住民票の写しを交付します。

住民票コードの記載を求められた場合には，住民票コードの記載された住

第2 住民票 341

日本の国籍を有する者に係る住民票の写しの様式例

出典：住民基本台帳事務処理要領第2－4－(2)を元に筆者作成

広域交付住民票

住　　所	
世 帯 主	

	氏　　名		住民票コード	
1			個人番号	
			生年月日	
	住所を定めた日		性別	続柄
	住所となった日		届出の年月日※	
	□□から転入※			

	氏　　名		住民票コード	
2			個人番号	
			生年月日	
	住所を定めた日		性別	続柄
	住所となった日			

	氏　　名		住民票コード	
3			個人番号	
			生年月日	
	住所を定めた日		性別	続柄
	住所となった日			

	氏　　名		住民票コード	
4			個人番号	
			生年月日	
	住所を定めた日		性別	続柄
	住所となった日			

1　枚中　1　枚目

　　この住民票の写しは，住所地市町村長から請求に係る住民票に記載されている（世帯全員）の事項が住民基本台帳法第12条の4第3項の規定により通知され，その通知に基づき作成されたものです。

平成　　年　　月　　日

△△△△長

○○　○○

印

※項目名を含め，出力しないことも可。

外国人住民に係る住民票の写しの様式例

広域交付住民票

住　　所				
世　帯　主				

1	氏　　　名		住民票コード		
			個人番号		
	通　　　称		生年月日		
	住所を定めた日		性別		続柄
	外国人住民となった日		届出の年月日		
	国籍・地域		30条の45規定区分		
	在留資格		在留カード等の番号		
	在留期間等		在留期間の満了の日		
	□□から転入				
2	氏　　　名		住民票コード		
			個人番号		
	通　　　称		生年月日		
	住所を定めた日		性別		続柄
	外国人住民となった日		届出の年月日		
	国籍・地域		30条の45規定区分		
	在留資格		在留カード等の番号		
	在留期間等		在留期間の満了の日		
3	氏　　　名		住民票コード		
			個人番号		
	通　　　称		生年月日		
	住所を定めた日		性別		続柄
	外国人住民となった日		届出の年月日		
	国籍・地域		30条の45規定区分		
	在留資格		在留カード等の番号		
	在留期間等		在留期間の満了の日		

1 枚中　1 枚目

この住民票の写しは、住所地市町村長から請求に係る住民票に記載されている世帯全員の事項が住民基本台帳法第12条の4第3項の規定により通知され、その通知に基づき作成されたものです。

平成　年　月　日

△△△△長

○○　○○

民票の交付請求を行えるのが本人，又は同一世帯員に限られていること，本人等からの請求であっても告知要求の制限（旧法30条の42），利用制限（旧法30条の43）等の規定が設けられていたことなどの点から，請求者の本人確認，利用目的，提出先等の確認を行い，慎重に取扱う必要があります。

　なお，続柄及び戸籍の表示を省略した場合には，空欄にしたままにするのではなく，省略したその欄の中に「省略」等の文言を記載することが適当です。

　住民票の写しの交付は，市町村長が必要と認める場合，請求者識別カードにより申請し交付することができます。この方法は，請求者が磁気カード又はICカードと暗証番号を使用して，電子計算機端末に入力することで，請求書による請求と同様の請求があったこととみなし，市町村があらかじめ作成したコンピュータプログラムに従って，その端末から住民票の写しを出力し交付するという，いわゆる住民票の「自動交付」といわれるものです。

〈住民票の写しの広域交付〉

　住民基本台帳ネットワークシステムの第2次稼働によって，全国どこの市町村においても「住民票の写し」を取得することが可能になりました。申請は本人又は同一世帯の方からの請求に限られ，本籍や筆頭者の記載が省略されたものになります。広域交付住民票の請求には，本人確認のための次のいずれかの書類が必要です。

(1)　住民基本台帳カード，マイナンバーカード

(2)　旅券，運転免許証その他官公署が発行した免許証，許可証，若しくは資格証明書等（顔写真付きのもので，有効期限内のものに限る。）

〈住民票の写しの有効期限〉

　写しの有効期限については，別段，住民基本台帳法上規定がありません。しかし，住民票の写しを取ってから長い期間が経ちますと，記載された内容が事実と変わるということもありますので，住民票の写しの提出を求めている所では，それぞれ有効期限を定めている場合が多いようです。

〈参　考〉

　旧住民登録法の下では，住民票の様式が世帯票のみであったため，「住民票の謄本又は抄本」という用語を用いていました。「謄本」とは，原本（住民票）の内容の全部を完全に写しとった書面をいい，その世帯に属する者全部の記載がなされていました。また，

344 第3編 実務用語解説

「抄本」とは，原本の一部を写しとった書面をいい，普通は世帯の中の一個人について記載がなされたものをいっていました。

しかし，現在の住民基本台帳法では，個人票と世帯票の双方があり，住民票の謄本，抄本という言葉は混乱をまねくため使わず，「住民票の写し」という用語が用いられています。

**28
住民基本台帳カード**

住民基本台帳カードは，平成15年8月25日の住民基本台帳ネットワークシステム第2次稼働から交付が始まったICカードです。これは，住民票に記載された氏名及び住民票コードその他の政令で定める事項が記録されたカードです。市町村の住民基本台帳に記録されている希望者に交付します。住民基本台帳カードの取得により，住民基本台帳ネットワークシステムを利用して各種の行政サービスを受けることが可能になりました。なお，マイナンバーカードの導入により，住民基本台帳カードは平成27年12月末日で発行終了となりました。それまでに発行されたカードは有効期限，若しくはマイナンバーカード交付前まで利用可能です。

住民基本台帳カードには次の2種類の様式があり，申請の際にどちらかを選び，住民基本台帳カードの発行の日から10年間有効です。ただし，永住者，特別永住者を除く外国人住民については，中長期在留者は，在留期間満了日まで，一時庇護許可者・仮滞在者許可者は上陸期間又は仮滞在期間経過まで，経過滞在者は出生又は国籍喪失から60日を経過する日まで，となっています。また，写真付きのものは本人確認のための公的身分証明書として利用できます。

〈住民基本台帳カードの様式〉

住民基本台帳カードの様式は，規則旧37条により，規則別記様式第1及び規則別記様式第2の2種類があります。一般に公的な身分証明書として利用できるカードは規則別記様式第2のカードであり，規則別記様式第1のカードは一般的な身分証明書としては利用できません。ただし，住民基本台帳ネットワークシステムで，住民基本台帳カードを利用して本人確認を行う場合は，どちらの様式でも同じように取り扱うことができます。カードの表面に記載される事項は様式ごとに異なります。

(1) 規則別記様式第1 氏名（通称が住民票に記載されている外国人住民

にあっては，氏名及び通称）のみ

(2) 規則別記様式第2　氏名（通称が住民票に記載されている外国人住民にあっては，氏名及び通称）・出生年月日・男女の別・住所

この他，表面には住民基本台帳カードである旨の表示，発行市町村の名称，有効期限等を表示します。また，規則別記様式第2のカードには写真を貼付します。

〈住民基本台帳カードの用途〉

住民基本台帳カードには，次の用途があります。

(1) 本人確認のための公的身分証明書（様式第2の写真付きカードの場合）

(2) 住民票の写しの広域交付

(3) 転入届の特例

(4) 公的個人認証サービス

(5) その他条例等による独自利用

29
住民基本台帳の一部の写しの閲覧

住民基本台帳の一部の写しの閲覧とは，住民票に記載をされた住民に関する記録の一部（氏名（通称が住民票に記載されている外国人住民にあっては，氏名及び通称）・生年月日・性別・住所）を閲覧させることをいいます。

住民基本台帳の閲覧は，次のような場合に行うことができます。

(1) 国又は地方公共団体の機関が法令で定める事務の遂行のために閲覧する場合

(2) 個人又は法人が次に掲げる活動を行うために閲覧することが必要である旨の申出があり，かつ市町村長が当該申出を相当と認める場合

① 統計調査，世論調査，学術研究その他の調査研究のうち，公益性が高いと認められるものの実施

② 公共的団体が行う地域住民の福祉の向上に寄与する活動のうち，公益性が高いと認められるものの実施

③ 営利以外の目的で行う居住関係の確認のうち，訴訟の提起その他特別の事情による居住関係の確認として市町村長が定めるものの実施

なお，①の公益性の有無に関しては，公益性告示（平成18年総務省告示第495号）において，判断基準が示されています。

〈本人確認の実施〉

(1)の閲覧請求を行うにあたって，閲覧者は国又は地方公共団体の職員たる身分を示す身分証明書を提示しなければなりません。

また，(2)の閲覧申出を行うにあたっては，閲覧者は次のいずれかの書類を提示する必要があります。

① 官公署が発行した免許証，許可証若しくは資格証明書等（写真が貼付された有効期限内のもの）。

② 閲覧者が本人であることを確認するため，文書で照会した回答書及び健康保険の被保険者証等市町村長が適当と認める書類。

〈閲覧状況の公表〉

市町村長は，毎年少なくとも1回，閲覧（犯罪捜査等の請求に係るものを除く。）の状況について，次の事項を公表しなくてはなりません。なお，公表の方法については，広報誌，掲示板等，適宜の方法でよいとされています。

ア 請求（申出）者の氏名

イ 請求事由の概要（法11条の閲覧の場合）

ウ 利用目的の概要（法11条の2の閲覧の場合）

エ 閲覧の年月日

オ 閲覧に係る住民の範囲

〈ドメスティック・バイオレンス及びストーカー行為等・児童虐待及びこれらに準ずる行為の被害者保護の支援措置〉

ドメスティック・バイオレンス及び

ストーカー行為等・児童虐待及びこれらに準ずる行為等の被害者に関しては，市町村判断により，あらかじめ閲覧リストからはずしておくことができます。ただし，このような扱いをする場合でも，市町村長が特に必要と認めた場合で国又は地方公共団体の機関による閲覧請求の場合及び支援対象者に係る特別の閲覧申出の場合には，被害者の記載のあるリストを閲覧に供するかたちとなりますが，加害者のなりすまし等による閲覧を防ぐため，請求（申出）事由に係る審査，本人確認等をより厳格に行う必要があります。

住民基本台帳の一部の写しを閲覧させるにあたっては，閲覧者が住民基本台帳の一部の写し（住民リスト表）を損傷し，又は散逸することがないように注意しなければなりません。

〈閲覧と縦覧〉

住民票を再製したときは，15日間縦覧に供さなければならないと定められているように，縦覧とは，利害関係人に対して特定の目的のために公開するものであり，閲覧とは性格が異なります。

一般的には，台帳，名簿等の正確性を確保するために，関係人に対して過誤の有無を検討させ，異議の申立て等の機会を与えることを目的として，公

開することをいいます。

30 記載事項証明

記載事項証明とは、市町村長が住民からの請求を受けて行う一般行政証明の一種であり、市町村で保管されている公簿等に基づいて、特定の事実又は法律関係の存否等について、これを認め、公に証明することをいいます。

ここでは、戸籍（除籍を含む。）記載事項証明と、住民票記載事項証明書とについて述べることとします。

〈戸籍（除籍）記載事項証明〉

この証明は、戸籍法第10条の規定による戸籍証明です。

行政証明には、大きく分けて、実定法の規定に従って行う「制度的行政証明」と、実定法の規定はないが、もっぱら行政先例に基づき住民サービスとして行われる「慣行的行政証明」とがありますが、この場合は法律の定める証明なので制度的行政証明であるといえます。

この戸籍記載事項証明は、謄抄本の交付にかえて、更にそれを簡素化した形式によって、必要とする記載事項のみをそのまま書き写す制度であり、したがって、市町村長が戸籍の記載から間接的に判断して得られる事項は、こ

の証明の範囲に属しません。

例えば、AとBは兄弟である旨、あるいはXには妻Y、子C、Dがある旨、などは戸籍の記載から間接的に判断することになり、このような証明を戸籍記載事項証明として交付する必要はありません。

なお書式については、戸籍法施行規則附録第17号書式により法定されています。

〈住民票記載事項証明書〉

この証明は、従来市町村長が住民に対する行政サービスの一環として慣行的に行っていた行政証明の一つでしたが、昭和60年6月の法改正により法第12条第1項に新たに規定されたことによって、制度的行政証明となりました。これは、その証明書に記載された事項が住民票に記載された事項と相違ないことを証明するものです。

例えば、住民票の写しの交付の請求（申出）があった場合にその請求事由等から住民票記載事項証明書によって十分その目的が達成できると判断される場合にあっては、請求（申出）者の了解を得たうえでできるだけこの証明書で対処することが適当であるとされています。

様式及び規格については法定されていませんが、市町村において、簡明か

348　第3編　実務用語解説

つ平易な様式を創意工夫することとされています。なお，請求（申出）者が証明願いというかたちで自ら用紙を持参した場合には，原則としてこれに証明することとして差し支えありません。

また，あらかじめ標準的な証明事項（氏名，出生年月日，男女の別，住所）を決めておき請求（申出）があった場合に電子計算機により作成することも何ら差し支えありません。

なお，手数料については，各市町村の手数料条例により決定されるものです。

┌─ **31** ─────┐
│ **不在住証明** │
└───────────┘

不在住証明とは，住民基本台帳によるところの証明です。

本人の同一性を確認するための資料として求められるもので，主として登記簿に記載された名義人の住所，氏名の表示が誤っている場合，これを正しい表示に更正するために，このような表示の者は当該市町村保管の住民票，除住民票に記載がない旨を証明するものです。

普通，証明をする場合は，公簿と被証明事項とが内容において合致していれば証明できるわけですが，この証明は，公簿にその被証明事項の記載がな

いことによってする消極的証明です。ですから他の証明からみますと，反対証明ということになります。

この証明は，根拠となる法の定めはありませんが，一般的には，市町村長の権限により従来から住民の請求に応じて行う慣行的行政証明の一種です。

したがって，証明の取扱い方法，証明書の様式等，市町村により異なるところがあります。

なお，住民票，除住民票によらず，戸籍，除籍によりその者の記載がないことを証明する場合は，不在籍証明といわれています。

┌─ **32** ─────────┐
│ **住民票の改製と再製** │
└─────────────────┘

〈住民票の改製〉

住民票の改製とは，住民票に記載がされている事項を新たに住民票に記載をし，今までの住民票を消除することをいいます。

かつて，自治体が住民票を紙媒体で管理していた時代には，住民票は各種行政事務の基礎資料となるため，他の帳簿類に比べて利用頻度の激しく，したがって，年月の経過とともに，自然的に，あるいは人為的にき損，汚損しやすいものでした。また，住民の異動

第2　住　民　票　349

に伴う記載，消除，修正が増加することにより，住民票を新たに記載すべき余白や予備欄がなくなることがありました。このような場合に，住民票をみやすくするために行われる書き替えを，住民票の改製といいます。

平成14年の住民基本台帳ネットワークシステム稼働に伴い，現在，全自治体で住民票は電子媒体で管理されていると考えられます。この場合の住民票の改製とは，システムの更改等に伴いその時点の最新データを新システムに移し替え，整理することを指します。

令第16条前段には，「市町村長は，必要があると認めるときは，住民票を改製することができる。」と規定されていますが，この「必要があると認めるとき」とは，前述のように，(1)毀損，汚損が激しく記載事項が判読できなくなったり，滅失のおそれのある場合，(2)新たに記載する余白や予備欄がなくなった場合のほかに，(3)住民票に関する事務処理の合理化を図るために，住民票の様式，規格又は紙質を変更したり，世帯票から個人票に切り換える場合，(4)その他市町村長が必要と認めるときが該当します。

改製にあたっては，令第16条後段に新住民票には改製前の「消除又は修正された記載の移記を省くことができる。」こととされています。

すなわち改製の時点で旧住民票に有効に記載されている事項のみを移記すれば足り，転居，世帯変更等により修正された旧住所や，旧世帯主の氏名，旧続柄，あるいは世帯票を使用している場合の，その世帯に属していた者の転出，死亡などにより消除された者に関する事項などは，移記を省くことができます。

また，国民健康保険，国民年金の資格喪失年月日等についても省略してよいことになっています。

なお，改製前の住民票は，その消除された日から5年間保存するものとされています。

〈住民票の再製〉

住民票の再製とは，住民票が火災，水害，盗難，その他の災害などによって滅失したときに，滅失する以前の状態に復元，すなわち新たに住民票を作り直すことをいいます。市町村長は，住民票が滅失したときは，直ちに，職権で，これを再製しなければなりません。

この住民票の再製は，単に原住民票に記載がされている事項をそのまま移記する改製とは異なり，原住民票が滅失しているものを新しく作り直すもの

350　第3編　実務用語解説

ですから，再製にあたっては，法第34条第2項の規定により十分な調査をすることが適当です。また，氏名，出生年月日，男女の別，戸籍の表示のように戸籍に関する事項についての記載は，戸籍又は法務局にある戸籍の副本と照合し，他市町村に本籍のある者については戸籍及び戸籍の附票の記載事項について本籍地市町村に照会をし，その回答に基づいて作成するのが適当です。また国民年金，国民健康保険の被保険者の資格に関する記録などいわゆる個別事項についても，都道府県，社会保険庁等，関係諸機関に照会するなどして，万全を期す必要があります。

　再製にあたっては，調査確認により把握した記載事項を住民票の該当各欄にそれぞれ記載をしますが，再製された住民票は，滅失した住民票の記載と必ずしも同一である必要はなく，滅失した住民票で消除，修正されていた事項については，記載の必要はありません。

　なお，住民票に記載がされている事項は，住民の権利義務に重大な関係を有することですので，住民票を再製したときは，その旨を告示するとともに，その告示をした日から15日間これを縦覧に供さなければならないことになっています。

第3 届 出

33 転 入

転入とは，新たに市町村の区域内に住所を定めることをいいます。これには，全部転入と，一部転入の区分があります。

〈全部転入〉

転出住所地の世帯全員，又は世帯の一部が転入住所地で新たに世帯を設けた場合をいいます。

〈一部転入〉

転出住所地の世帯の全員，又は世帯の一部が転入住所地の既存の世帯に入り，その世帯の世帯員となった場合をいいます。

また，従前の住所から見ますと，他の市町村から住所を移した場合，国外から転入した場合，従来，定まった住所のなかった者が新たに住所を定めた場合があります。

転入をした者は，転入した日の翌日から起算して14日以内に転出証明書を添えて，(1)氏名，(2)住所，(3)転入をした年月日，(4)従前の住所，(5)世帯主の氏名及び続柄，(6)転入前の住民票コードを届け出なければなりません。

ただし，転出証明書の提出ができない者は，これらの事項の他に，(7)出生年月日，(8)性別，(9)戸籍の表示を届け出なければなりません。

転入届に必要な添付書類は通常の場合は転出証明書です。転出証明書は転入届になくてはならないもので，新たに住民票に記載をする場合，正確性の確保，二重に記録することの防止等に必要なものです。

転出後15日以上過ぎてから届出があった者や，すでに職権消除された者は転出証明書の交付を受けられないので，「転入届に添付すべき書類として発行した」旨の記載がある「転出証明書に準ずる証明書」又は除住民票の写しを添付させます。また，国外からの転入の場合には旅券を提示させます。

国外からの転入で旅券を所持していない者，又はどこの市町村の住民票にも記載がされていなかった者には，上記の証明書に代えて戸籍の附票の写し及び戸籍謄本等を添付させます。

また，中長期在留者等が国外から転入した場合には，法第22条の規定にかかわらず，転入をした日から14日以内に在留カード等を提示して市町村長に届け出なければなりません（法30条の46）。

34 転居

転居とは、同一の市町村の区域内で住所を変更することをいいます。

この場合の住所の変更とは、居住の場所を異動するとともに、住所の表示が変わることです。例えば、「○○町」から「××町」への異動、「1丁目1番地」から「2丁目2番地」への異動、「○○アパート1号室」から「同アパート2号室」への異動等がそれです。

しかし、住所の表示が変わっても、土地の分筆・合筆等、居住の場所の異動を伴わない地番号の変更等は転居ではありません。

転居は、全部転居と一部転居に区分されます。

この区分の仕方には、新住所で世帯が増加するか否かで区分する方法と、旧住所で世帯が減少するか否かで区分する方法があります。

例えば、旧住所では世帯員であった者が、新住所で新たに世帯を設けたような場合は、旧住所からみて区分すれば一部転居であり、新住所からみて区分すれば全部転居となります。

このような場合、言い方を変えるならば、一部から全部への転居ということができます。

転居した者は、転居した日の翌日から起算して14日以内に、(1)氏名、(2)住所、(3)転居をした年月日、(4)従前の住所、(5)世帯主の氏名と続柄を届け出なければなりません。

35 転出

転出とは、市町村の区域外に住所を移すことをいいます。出張、移住等により1年以上にわたり国外に住所を移す場合も、これに含まれます（法24条）。また、指定都市の区域内で行政区間を異動した場合も、転出、転入の扱いとなります。

転出は、全部転出、一部転出に区分されます。

〈全部転出〉

世帯を構成している全員が、そのまま他の市町村へ住所を移す場合をいいます。

〈一部転出〉

世帯を構成している者のうち、一部の者が他の市町村へ住所を移す場合をいいます。

転出をする者は、あらかじめ、(1)氏名、(2)転出先、(3)転出の予定年月日を届け出なければなりません。あらかじめとは、転出することが確定した後、その住所を去るまでの間をいい、急に住所を異動することが決定し、その住

所を去るまでの間に届出をする時間が
ない場合には，転出後14日以内に届
出をした者も含まれます。

　転出届を受理した市町村長は，国外
へ転出する場合を除き，転出証明書を
交付することになっています。

　なお，転出は転入と異なり事前に届
出をすることができます。

36
転入届の特例

1　転入届の特例の適用を受ける者からの転出届

　マイナンバーカードの交付を受けて
いる者及びその世帯員は転出証明書の
発行を受けずにマイナンバーカードを
使い転出できます（法24条の2）。住
基カードも同様です。

　転出地市町村長は，郵送等により転
出届を受理した後，転出証明書に係る
情報を作成し，当該情報を保管するこ
とになります。転入先市町村長から
「転出証明書情報請求通知」を受けた
時は，当該情報を電気通信回線を通じ
て通知します。

　なお，転出届はあらかじめ行うこと
とされていますが，事情により住所を
移すまでの間に届出を行うことができ
ない場合，転出をした日から14日以

内に限り転出届を受理することになり
ます。転出をした日から14日を経過
した以降転出届があった場合，転出地
市町村長は通常の転出届があったとき
と同様に，転出証明書を発行し，又は
転入届に添付すべき書類として発行し
た旨を記載した転出証明書に準ずる証
明書若しくは消除した住民票の写しを
交付します。

2　最初の転入

(1)　転入先市町村長は，マイナンバー
カード又は住基カードを提示させ，
暗証番号を照合し，本人であること
を確認します。なお，同一世帯に属
する者から届出を受けた場合，同様
な事務手続を行うことになります。

(2)　転入先市町村長は，転出地市町村
長に転出証明書情報を請求し，当該
情報を受けた後，最初の転入届出を
受理することになります。また，届
出の受理の際に，異動年月日が転出
届出により届け出た転出の予定年月
日から30日を経過していないか又
は転入をした日から14日を経過し
ていないかを確認します。

　ただし，最初の転入届を転出の予
定年月日から30日を経過した日又
は転入をした日から14日を経過し
た日のいずれか早い日以降にする場
合は，転出証明書の添付が必要なこ

354 第3編 実務用語解説

ととされていますので届出受理の際には注意が必要です。

(3) 最初の転入届を転出の予定年月日から30日を経過した日又は転入した日から14日を経過した日のいずれか早い日以降にする場合は，転出証明書の添付が必要になります。ただし，この規定は，転出証明書情報通知の保持できる期間に限界があることから設けられたものであり，前記の期間を経過した届出であっても通知を受けることができれば，転出証明書の添付は不要とすることができます。

37 転出証明書

転出証明書とは，転出届によって転出地（前住所地）の市町村長が作成した，住民の住所の異動に関する証明書（文書）をいいます。

新住所地で転入届をするときには，この証明書を添えて届出をしなければなりません（法22条）。ただし転入届の特例の適用を受ける場合を除きます。

転出証明書には，次の事項を記載しなければなりません。

(1) 氏名（通称が住民票に記載されている外国人住民にあっては，氏名及び通称）

(2) 出生年月日

(3) 男女の別

(4) 世帯主の氏名と続柄

(5) 戸籍の表示（外国人住民を除く。）

(6) 住民票コード

(7) マイナンバー

(8) 住所

(9) 転出先及び転出の予定年月日及び転出届をした年月日

(10) 国民健康保険の被保険者である者については，その旨

(11) 後期高齢者医療保険の被保険者である者については，その旨

(12) 介護保険の被保険者である者については，その旨

(13) 国民年金の被保険者である者については，国民年金の被保険者の種別並びに基礎年金番号

(14) 児童手当の支給を受けている者については，その旨

(15) 国籍・地域（外国人住民に限る。）

(16) 法第30条の45の表の下欄に掲げる事項（外国人住民に限る。）

(17) 通称の記載及び削除に関する事項（外国人住民に限る。）

また，1年以内に従前の住所に転出する者については，転出証明書にその旨を記入します。

転出の届出期間を過ぎてから届出があったときは，転出証明書の交付がで

きませんので，それに代わる証明書を交付します。

すなわち，転出後15日以上過ぎてからの届出，又はすでに職権消除された者からの届出があったときは，「転入届に添付すべき書類として発行した旨」を記載したうえ，市町村長の記名・押印をした「転出証明書に準ずる証明書」，又は「消除した住民票の写し」を交付します。

「消除した住民票の写し」を用いる場合は，「原本と相違ない旨」の認証をあわせて行います。

この証明書には，転出証明書と同様の事項を記載し，また同じ効果があります。

なお，転出証明書の発行については，手数料を徴することはできません。

38
世帯変更

世帯変更とは，住所の異動を伴わずにその属する世帯に変更のあった場合，及び既存世帯の世帯主に変更のあった場合をいいます。

前者には，世帯分離，世帯合併，世帯構成変更があり，後者は世帯主変更です。

〈世帯分離〉

既存世帯の世帯員が，住所を異動せずに新たな世帯を設けた場合をいいます。

〈世帯合併〉

世帯の全員が住所を異動せずに他の既存の世帯に入り，一つの世帯を構成した場合をいいます。

〈世帯構成変更〉

世帯の世帯員の一部が住所を異動せずに他の既存の世帯の世帯員となった場合をいいます。

〈世帯主変更〉

世帯主の死亡，転出，転居，あるいは世帯の主宰者たる地位の喪失等により，今までその世帯の世帯員であった者が新たに世帯主となった場合をいいます。

上記変更のあった場合は，変更のあった日の翌日から起算して14日以内に，(1)変更があった者の氏名，(2)変更があった事項，(3)変更があった年月日を市町村長に届け出なければならないとされています（法25条）。

世帯に変更があっても住所の異動が伴うときは，その届出によって同時に必要事項を届け出ることになりますので，本人に関する限りは，別に世帯変更届を行う必要がありません。また，残された世帯員が1人になった場合も，その世帯員が当然に世帯主となるので，改めてその者からの届出は不要

356　第3編　実務用語解説

です。しかし，世帯主が転出し，残された世帯員が数人いる場合には，転出届には残された世帯の新たな世帯主は記載事項とされていませんので，市町村においてはだれが世帯主になるのか，判別がつきません。したがって，残された世帯の個々の世帯員か又は新たに世帯主となった者が世帯主の変更の届出をしなければなりません。しかし，実際の取扱いとしては，世帯主の転出届があった場合には，届出書の用紙を利用して残された世帯の世帯主変更の届出を併わせて行うことができます。

---

39 外国人の届出

　住民基本台帳法で規定されている外国人住民としての地位の変更に関する届出は，転入届（法22条）・転居届（法23条）・転出届（法24条・法24条の2）・世帯変更届（法25条）の他に以下の届出があります。

〈法第30条の46による届出（中長期在留者等が住所を定めた場合の転入届の特例）〉

　中長期在留者等が国外から転入をした場合には，法第22条の規定にかかわらず，転入をした日から14日以内に在留カード等を提示して市町村長に届け出なければならないとされています。

〈法第30条の47による届出（住所を有する者が中長期在留者等となった場合の届出）〉

　外国人住民の対象でない外国人（法30条の45の表の上欄に掲げるもの以外の者）で市町村の区域内に住所を有する者が中長期在留者等となった場合は，その日から14日以内に在留カード等を提示して市町村長に届け出なければならないとされています。

〈法第30条の48による届出（外国人住民の世帯主との続柄の変更の届出）〉

　世帯主との続柄は法第7条第4号に規定された住民票の記載事項です。世帯主と世帯員がともに外国人住民であるとき，その続柄に変更があった場合は，世帯主との続柄を証する文書を添えて14日以内に市町村長に届け出なければならないとされています。

---

40 届出書

　届出書とは，転入，転居，転出，世帯変更，法第30条の46，法第30条の47，法第30条の48の届出に対して，それぞれ必要事項を記入させるための書面をいい，通常は「住民異動届」（358頁参照）等の名称で

呼ばれています。

　住所の異動等一つの事実に基づいて発生する各種の届出を統合し，この届出書に付記することにより届出があったものとして取扱い，住民の利便を図っています。

　届出書の様式及び規格について，法では定められていませんが，住民の利便及び事務処理の合理化の見地より次の点に留意し，簡明で平易な様式を定めることができます。

(1)　届出人が記載しやすいように平易かつ簡明なものであること。

(2)　一つの事由に基づく届出その他の行為については，この法律の規定による届出により行うものとされたもの以外の届出等についても，できるだけ一つの届出書で足りるようにすること。

(3)　事務処理の合理化のため届出書の写しを次のような方法に活用することを検討すること。

　(ア)　本籍地及び前住所地の市町村長への通知書として利用すること。

　(イ)　転出証明書として利用すること

　(ウ)　委員会への通知その他の市町村内部における連絡のため利用すること

(4)　各種の届出ごとに異なった様式を用いることなしに，共通の様式を用

いることも適当であること。

41 届出人　住民基本台帳は，住民の権利・義務のためにも，また市町村が正しい行政を行うためにも，常にその正確性が確保されなければなりません。そこで住民基本台帳法は，住民としての地位の変更に関して，第一に住民からの届出により，第二に職権で住民票の記載等を行うこととしています。

　ここでいう届出とは，転入届，転居届，転出届，世帯変更届，法第30条の46による届出，法第30条の47による届出，法第30条の48による届出をいいます。

　この場合，届出人は，原則として事件本人ですが，世帯主が代わって届出することもできます（法26条）。また，届出をしなければならない世帯員が，幼児等単独で届出をするに必要な能力を欠く者であるとき，病気又はその他の不可抗力で届出をすることができないときは，世帯主がその者に代わって，その届出をしなければなりません（法26条2項）。

　代理人により届出を行うことも可能であり，使者の届出も有効です。しかし，住民基本台帳法に基づく届出は，住民に関する権利義務の基礎となる重

住民異動届

○○市（町村）長　殿

平成　年　月　日

異動年月日	
住所	新
	旧

異動事由
1　転入
2　転居（同一世帯の全部又は一部が同居で、その者のうちに住民基本台帳カードの交付を受けて
いる者があるときは、転出証明書の交付を受ける必要がありませんに住民基本台帳カードの提示が必要となります。）
3　転出
4　世帯変更
5　世帯主変更
6　30条の46転入
7　30条の47届出
8　裁判の変更

世帯主

No.	ふりがな 氏名	生年月日	性別	住民票コード	住民基本台帳カード	国籍・地域（出入国管理法30条の45に規定する区分）	在留資格	在留期間等（在留期間の満了の日）	在留カード等の番号	選挙登録	国民年金（種別・基礎年金番号）	国保資格	後期高齢資格	介護資格	児童手当	摘要	職業
1		※1 明大昭平 ・ ・	男女	※2 記載事項変更	返納	※3 ※3	※3 ※3	※3 ※3	※3 ※3	有無	有無 種別	有無 退被扶	有無	有無	有無		
2		※1 明大昭平 ・ ・	男女	※2 記載事項変更	返納	※3 ※3	※3 ※3	※3 ※3	※3 ※3	有無	有無 種別	有無 退被扶	有無	有無	有無		
3		※1 明大昭平 ・ ・	男女	※2 記載事項変更	返納	※3 ※3	※3 ※3	※3 ※3	※3 ※3	有無	有無 種別	有無 退被扶	有無	有無	有無		
4		※1 明大昭平 ・ ・	男女	※2 記載事項変更	返納	※3 ※3	※3 ※3	※3 ※3	※3 ※3	有無	有無 種別	有無 退被扶	有無	有無	有無		
5		※1 明大昭平 ・ ・	男女	※2 記載事項変更	返納	※3 ※3	※3 ※3	※3 ※3	※3 ※3	有無	有無 種別	有無 退被扶	有無	有無	有無		

※1　生年月日欄は外国人住民の方は西暦で記入してください。
※2　住民票コードは転入時のみ記入してください（住民基本台帳カードを提示する場合は記載の必要はありません）。
※3　外国人住民の方のみ記入してください。
※4　日本人の方のみ記入してください。

（事務処理記載欄）

本籍	※4
筆頭者	※4
国保記号番号	
後期高齢番号	
介護番号	

異動項目

戸番	選挙	国保	後期高齢	介護	年金	教育

世帯番号　新　旧

届出年月日　平成　年　月　日　㊞

届出の住所に当たっている者の氏名
届出の住所に当たっている者の住所

※届出の住所に当たっている者本人による署名の場合。
押印は、必要ありません。

資格証交付
資格証交付

（様式例）住民異動届受理通知

住民異動届受理通知

平成　　年　　月　　日

　　　　　様

市区町村長

　下記の内容の住民異動届を受理しましたので通知します。

　　　届出年月日　　平成　　年　　月　　日

　　　届　出　名　_____

　　　異動者氏名　_____

　　　　　　　　　_____

　　　　　　　　　_____

　　　　　　　　　_____

　　　　　　　　　_____

　この通知は，第三者が本人になりすまして虚偽の住民異動届を行う事例が発生していることを踏まえ，そのような虚偽の住民異動届の早期発見，ひいては予防の観点から異動前の住所にお送りしているものです。

　この通知に疑義のある方は，下記までご連絡下さい。

市区町村部課名_____

連絡先_____

360　第3編　実務用語解説

要なものであり，届出等に合わせて，各種の手続が必要となるため，その範囲は世帯主と同一の世帯に属する者であるなど，本人の居住関係の事実を知っている者に事実上限定されます。

42
届出期間

届出期間は，転入，転居，世帯変更届，法第30条の46，法第30条の47，法第30条の48による届出のいずれについても，住所を異動した日又は世帯に変更のあった日から14日以内と定められています。

転入届の場合，転出地市町村で，転出証明書の交付を受けた日から14日以内ではなく，実際に異動した日から数えます。

転出届は，あらかじめ転出することが決まったのち，その住所を去るまでの間に届出しなければなりませんが，あらかじめ届出をすることができなかった場合には，転出後できるだけ速やかに届出をしなければなりません。転出後15日を経過してなされた届出は，法第24条の転出届とはなりません。

届出期間の起算日は，その事実が発生した初日は算入せず，翌日から数えます。届出期間の末日が休日であるときには，その翌開庁日に期間が満了します。

届出期間を経過している転入届が出された場合でも，転出証明書は無効になるわけではなく，転入届はできることとされています。

転入届の特例の適用を受ける者からの転出届による場合は，最初の転入届を転出の予定日から30日以内又は転入した日から14日以内に届出することとなっています。転入届に限らず転居等の他の届出においても，届出期間を経過して届出を行った届出義務者には，期間経過理由書（通知書）を記入してもらい簡易裁判所に送付することとなります。

〈届出の懈怠と罰則〉

正当な理由がなくて，転入，転居，転出，世帯変更，法第30条の46，法第30条の47，法第30条の48の届出をしない者は，5万円以下の過料に処せられます。この場合，過料の裁判は，市町村長からの通知に基づき，簡易裁判所が行います。

43
未届地と住所不明

〈未届地〉

未届地とは，転入届をせずに住んでいた従前の住所地市町村での居所のこ

とをいいます。

例えば，A市に住んでいたにもかかわらず，A市で転入届を行わなかった者が，その後，B市に住所を異動し転入届を行ったときに，B市からみて，転入届をせずに住んでいたA市が未届地となります。

転入届を受理した市町村で住民票の記載をする場合，住民票の記載事由欄には「年月日○○○○（未届）から転入」と従前の住所地で転入届が行われていなかった旨を記載します。なお，転入した者が，未届地の前に居住していた市町村の交付した転出証明書を持参した場合には，その証明書を転入届に添付させます。また，転入届を受理した市町村長は，最終住民記録地，未届地双方の市町村長に対して転入通知を送付します。ただし，未届地への通知は省略しても差し支えありません。

〈住所不明〉

市町村によっては，住所設定と記載をするところもあります。

住所不明とは，転入等により新しく住民票を作成する場合，最終住民記録地が不明であったり，最終住民記録地から異動したのち住居を転々とし，そのいずれもが住所として認定できないとき，記載事由欄に「住所不明」，「住所設定」等と記載をします。

しかし，住所不明の記載をする場合には十分に調査をする必要があります。

未届地と住所不明とでは，従前の住所があるかないかという点が大きな相違点ですが，両者とも最終住民記録地と新たに住民票の記載がされた市町村との居住関係が直接連続しないということでは同じです。そのため権利の取得等で不利益をこうむる可能性もあります。

---

44 最終住民記録地

最終住民記録地とは，転入届を受け付けた市町村からみて，その者が最終的に住民票に記録されていた住所地市町村をいいます。

通常は転出した市町村，つまり従前の住所地と同じですので，その場合は従前の住所地といいますが，未届地から転入したような場合は，転入届をせず居住していた未届地が従前の住所地であり，その者が最後に住民票に記録されていた住所地市町村を最終住民記録地といいます。

未届転入等の場合，届出書に転入地の直前の住所地を未届住所として従前の住所欄に記入し，備考欄に最終住民記録地を記入します。

362　第3編　実務用語解説

第4　職権による処理

45
職権記載等

　職権記載等とは，住民からの届出によらず，市町村長の職務権限（職権）によって，住民票の記載，消除，記載の修正を行うことをいいます。

　住民票の記載，消除，記載の修正は，まず届出によってなされますが，届出がない場合及び届出を要しない場合には，市町村長の職権でこれを行うこととされています。

　すなわち，住民票は，住民の居住関係を公に証明する唯一の公簿であり，それだけにその正確性が求められているわけですが，住民の届出のみに依存していては，その正確性ひいてはその公証力を担保することができなくなることもあり，そうした場合に住民票を事実に一致させるため職権記載等をすることとなります。

　また，戸籍に関する届出等により住民票の記載事項に変更の生ずる場合など自明の事柄については，住民の届出義務の負担を軽減するとともに，住民票の記載と戸籍等の記載の不一致を防止し，住民票の正確性を確保するために市町村長の職権で記載等をしなければ

ばらないとされているわけです。

　以下，具体的に住民票の職権記載等をする場合を述べてみますと，

(1)　転入，転居，転出，世帯変更に伴う届出により住民票の記載等をすべき場合において，その届出がされていないことを知ったとき。

　この場合に市町村長は，届出義務者に届出をするよう催告をし，それでも届出がないときは，その記載をすべき事実を法第34条の実態調査，あるいは前住所地や本籍地の市町村に照会するなどして確認し，職権で住民票の記載等をします。上記住民票の記載等をした場合には，本人にその記載等の内容を通知するか，又はそれが困難な場合には，その旨を公示する必要があります。

(2)　虚偽の届出により住民票の記載等をしたとき，その他住民基本台帳に脱漏もしくは誤載があり，又は住民票に誤記もしくは記載漏れがあることを知ったとき。

(3)　出生届等戸籍に関する届書，申請書その他の書類を受理し，もしくは職権で戸籍の記載等をしたとき，又は法第9条第2項の規定による通知

を他市町村から受理したとき。

(4)　選挙人名簿の登録又は抹消に関し，選挙管理委員会からの通知を受けたとき。

(5)　国民健康保険の被保険者の資格の取得及び喪失に関する事項の届出を受理したとき，又はその事実を確認したとき。

(6)　後期高齢者医療保険の被保険者の資格の取得及び喪失に関する届出を受理したとき。

(7)　介護保険の被保険者の資格の取得及び喪失に関する届出を受理したとき。

(8)　国民年金の被保険者の資格の取得及び喪失並びに種別の変更に関する事項の届出を受理したとき，又はその事実を確認したとき。

(9)　児童手当支給についての受給資格及び児童手当の額について市町村長がその認定をしたとき，又は支給すべき事由の消滅に関する事実を確認したとき。

(10)　令第12条第2項第6号イからチに掲げる不服申立てについての裁決若しくは決定，その他の決定又は訴訟の判決の内容が住民基本台帳の記録と異なるとき。

(11)　行政区画，郡，区，市町村内の町若しくは字等の変更，地番の変更，あるいは住居表示の実施，変更等により，住所の表示の変更があったとき。

(12)　新たに住民基本台帳に記録されるべき者につき住民票を記載する場合において，その者がいずれの市町村においても住民基本台帳に記録されたことがない者であるとき。その者について住民票コードを記載する。

(13)　なお，例外的に，民法第772条嫡出推定規定の関係上出生届の提出に至らず，住民票が作成されていない者について，本人又はその母若しくはその他の法定代理人から，住民票の作成を書面で申出があった場合において，市町村長が適正と認めて住民票を作成するときは，職権で記載することとされています（平成20.7.7総行市143号通知）。

(14)　外国人に係る法務大臣からの通知（法30条の50）

この通知は外国人住民に係る住民票の記載事項に変更があった旨を当該外国人住民が記録されている住民基本台帳を備える市町村の市町村長へ通知するもので，この通知により職権で消除又は記載の修正をするものである。

364　第3編　実務用語解説

---

46 職権記載書

職権記載書とは、市町村長の権限で住民票の記載、消除及び記載の修正をするために作成する文書をいいます。通常は住民異動届出書を兼用しています。

職権記載書を作成する場合には、事前に必ず実態調査、郵便による問い合わせ、窓口での事情聴取等、事実確認を行い、職権記載書には事実確認をした旨を記載し、確認資料等を添付します。この職権記載書に基づき、法8条に定める住民票の記載等を行います。

市町村長は、住民票の記載等を行った場合には、本人並びに本籍地や従前

の住所地等、関連する市町村長に必要に応じて通知を行います。

なお、戸籍の届出に基づく職権記載等の場合には、当該戸籍の届書に基づいて記載等を行えば足り、新たに職権記載書を作成する必要はありません。

---

47 職権回復

職権回復とは、消除された住民票の消除を取消し、もとに戻すことをいいます。この場合、他の場所へ住所を異動することなく、引き続きその住所に居住していることが必要です。いったん、他の市町村へ住所を異動し、再び同じ住所に戻ってきたよう

〈回復の住民票〉

東京都高尾市	除票	住民票	
世帯主	山川梅男		昭和61年6月1日転入届出
			平成10年3月10日実態調査により平成10年3月15日職権消除
住所	戸倉1丁目6番地1		平成11年10月1日職権消除事項消除のうえ回復

山川梅男　明治　大正　昭和　平成　28年3月6日生　男　女　世帯主　続柄　住民となった年月日　明治　大正　昭和　平成　61年6月1日　住民票コード

本籍　東京都多摩市永山1丁目1番地　筆頭者の氏名　山川一郎　個人番号

昭和61年6月1日　東京都東村山市本町1丁目1番1号　から　転入　転居　へ　転居　転出予定

な場合には，職権回復することはできません。

また，職権回復することにより，その属する市町村の住民として，各種の権利・義務を継続して有することになるため，その取扱いは慎重に行わなければなりません。

職権回復する場合の具体例としては，次の例がありますが，このほかにも虚偽や錯誤の届出による場合があります。

(1) 転出する予定で転出届を行ったが，その後転出することがとりやめになり，転出予定年月日を経過した後に転出取消しをした場合は，交付した転出証明書を回収し住民票を回復します。

(2) 実態調査により職権消除したが，その当時，病気で入院中等，引き続きそこが住所として認定できる場合は，職権消除したことが誤りであるため，調査，確認資料等に基づき住民票を回復します。

(3) 転居届をしないで同市町村内に住んでいたため，職権消除した場合は，その事実を確認のうえ回復し，転居の処理をします。

---

48 市町村長間の通知

市町村長間の通知とは，住民基本台帳の記録の正確性を確保するため，及び住民の届出義務の負担の軽減を図るため，関係する市町村長間において必要な事項を通知し合うことをいいます。

住民基本台帳は，住民の権利・義務の基本の台帳として，常に正確でなければなりません。そのため住所事項については，転入地の住民票と，転出地の消除された住民票との間に関連をもたせることによって，住所の異動の事実を確認することとしています。また身分事項については，戸籍と住民基本台帳との間に関連をもたせることによって，その正確性を確保するために，戸籍の届出に基づく市町村間の通知により処理しています。なおこれは，住民の届出義務の負担の軽減を図っているものでもあります。

この通知には，(1)転入通知，(2)住民票記載事項通知，(3)住民票の写し広域交付請求通知，(4)住民票の写し広域交付通知，(5)戸籍の附票記載事項通知，(6)戸籍照合通知，(7)本籍転属通知，(8)転出証明書情報請求通知，(9)転出証明書情報通知等があります。

(1) **転入通知**（法9条1項）　転入通知は，転出地の市町村において，転

366　第3編　実務用語解説

出した者の転出の事実を確認するためのものです。

法第9条第1項には，「市町村長は，他の市町村から当該市町村の区域内に住所を変更した者につき住民票の記載をしたときは，遅滞なく，その旨を当該他の市町村の市町村長に通知しなければならない。」と規定されています。

平成15年8月25日からの住民基本台帳ネットワークシステム第2次稼働によって，この転入通知は電気通信回線を利用して行うこととされています。

(2)　**住民票記載事項通知**（法9条2項）　この通知は，市町村長が，その市町村の住民以外の者について，戸籍に関する届書等を受理し，又は職権で戸籍の記載をした場合に，その者の住所地の市町村長に出す通知をいいます。

すなわち，市町村長は，出生等の住民票の記載原因となる届出，死亡等，住民票の消除原因となる届出，あるいは婚姻，氏名変更等，住民票の記載の修正原因となる届出を受理したとき，あるいは職権で戸籍の記載等をしたときは，これに基づいて直ちに住民票の記載等をしなければなりません。しかし，戸籍に関する届出等は必ずしも住所地の市町村長に対して行われるとは限らないため，その場合に，住所地の市町村で速やかにこの住民票の記載等を行うことができるように，届出を受けた市町村長が，住所地市町村長にその旨の通知を行います。

この場合の通知事項は，おおむね次のとおりです。

① 　出生の場合
(ア)　出生した者の氏名及びふりがな
(イ)　出生の年月日
(ウ)　男女の別
(エ)　世帯主の氏名及び世帯主との続柄
(オ)　本籍及び筆頭者の氏名（外国人住民を除く。）
(カ)　住所
(キ)　国籍・地域（外国人住民に限る。）
(ク)　法第30条の45の表の下欄に掲げる事項（外国人住民に限る。）
(ケ)　外国人住民となった年月日（外国人住民に限る。）
② 　死亡の場合
(ア)　死亡した者の氏名
(イ)　死亡の年月日
(ウ)　住所
③ 　その他の住民票の記載事項に変更があった場合

第4　職権による処理　367

(ｱ)　本人の氏名

(ｲ)　変更した事項，その原因及びその変更の年月日

(ｳ)　住所

(3)　**住民票の写し広域交付請求通知**（法12条の4第2項）　広域交付住民票の写しの請求があった場合，交付地市町村長から住所地市町村長に対してなされる通知をいいます。

(4)　**住民票の写し広域交付通知**（法12条の4第3項）　(3)を受けて，住所地市町村長から交付地市町村長へなされる通知をいいます。

(5)　**戸籍の附票記載事項通知**（法19条1項）　この通知は，住所地の市町村長が届出又は職権により住民票の記載等をした場合に，本籍地において戸籍の附票の記載の修正をすべきときに，当該本籍地にその旨を知らせる通知をいいます。

　すなわち，戸籍の附票の記載事項のうち戸籍事項については，戸籍の記載に基づき直ちに修正することができますが，住所事項である住所及び住所を定めた年月日については，本籍地と住所地が異なる場合本籍地では直接知ることはできず，したがって，附票の修正を行うことができません。

　そこで，附票の住所事項に変動が生じた場合には住所地の市町村長は本籍地の市町村長に対し，その旨を通知しなければならないとされました。これにより，本籍地市町村においても人の住所の変動を常に把握することができることとなり，また本籍地と，住所地との関連を常に正確に保つことができることとなります。

　なお，通知書には，(1)住所を変更した者の氏名，(2)本籍及び戸籍の筆頭者の氏名，(3)新住所及びその住所を定めた年月日，(4)旧住所，を記入することとされています。

(6)　**戸籍照合通知**（法19条2項）　この通知は，前項で説明をした「戸籍の附票記載事項通知」を受け取った本籍地市町村長が，その通知事項を戸籍と照合した結果これと合致しないときに，当該住所地市町村長にその旨を知らせる通知をいいます。

　住所地の市町村長は，この通知に基づいて，戸籍と一致しない事項について調査のうえ住民票の処理を行うことになります。

　こうして住所地の市町村長と，本籍地の市町村長との間を相互に連絡させることによって，住民票の正確性を確保しようとするものです。

　なお，戸籍照合通知には，(1)本人

368　第3編　実務用語解説

の氏名，(2)本籍及び筆頭者の氏名，(3)住所，(4)照合の結果，を記入することとされています。

(7)　**本籍転属通知**（法19条3項）　この通知は，転籍地の市町村において行う本人の届出事項に関して，その正確性を確保するために，従前の本籍地市町村長が行う通知をいいます。

本籍が他の市町村に転属したときは，従前の本籍地の市町村長は戸籍の附票に記載してある事項を速やかに新本籍地の市町村長に通知しなければなりません。

なお，この通知書には，(1)本人の氏名，(2)住所及びその住所を定めた年月日，(3)在外選挙人名簿に記載された者についてはその旨，を記入することとされています。

(8)　**転出証明書情報請求通知**（法24条の2第3項）　転入届の特例処理を行う際に，転入地市町村長においては転出届を受けている転出地市町村長に専用の電気通信回線を通じて，転出証明書情報の請求を行います。この通知を「転出証明書請求通知」といいます。

転入地市町村長は，転出地市町村長に，最初の転入届をした者について住民票コード及び氏名を通知しま

す。

(9)　**転出証明書情報通知**（法24条の2第4項）　(8)の通知を受けて，転出地市町村長においては転入地市町村長に転出届をした者に係る情報を送信します。この通知を「転出証明書情報通知」といいます。

転出地市町村長が転入地市町村長あてに通知する事項は以下のとおりです。

①氏名（通称が住民票に記載されている外国人住民にあっては，氏名及び通称），出生の年月日，男女の別及び住所

②世帯主の氏名及び世帯主との続柄

③戸籍の表示（外国人住民を除く。）

④転出先，転出の予定年月日及び転出届をした年月日

⑤国民健康保険の被保険者である旨

⑥後期高齢者医療保険の被保険者である旨

⑦介護保険の被保険者である旨

⑧国民年金の被保険者の種別並びに基礎年金番号

⑨児童手当の支給を受けている旨

⑩住民票コード

⑪マイナンバー

⑫住民基本台帳カード交付の有無

⑬国籍・地域（外国人住民に限る。）

⑭外国人住民となった年月日（外国

人住民に限る。）

⑮法第 30 条の 45 の表の下欄に掲げ
る事項（外国人住民に限る。）

⑯通称（外国人住民に限る。）

⑰通称の記載及び削除に関する事項
（通称の記載及び削除に関する事
項が住民票に記載されている外国
人住民に限る。）

49
都道府県に対する通知

　住民基本台帳に関する事務は都道府
県知事の行う事務とも密接な関連があ
り，そのため，市町村間の通知のほか
に，都道府県に対する通知，都道府県
からの通知があります。これらの通知
はすべて市町村長の使用に係る電子計
算機と都道府県知事の使用に係る電子
計算機を用い，電気通信回線を通じて
送信することで行うものとされていま
す。

(1)　**都道府県知事への本人確認情報の
通知**（法 30 条の 5 第 1 項）　市町村
長は，㋐住民票の記載を行った場
合，㋑住民票の消除を行った場合，
㋒氏名，出生の年月日，男女の別又
は住所についての記載の修正を行っ
た場合，㋓住民票コードの記載の修
正を行った場合には本人確認情報を

都道府県知事に通知します。

(2)　**住民票コードの通知**（法 30 条の
7 第 1 項）　都道府県知事は（委任
都道府県知事にあっては，指定情報
処理機関が行うものとされていま
す。），区域内の市町村長に対し，住
民票に記載することができる住民票
コードを指定し，通知します。都道
府県知事は市町村の人口を勘案し，
通知を行っていますが，住民票コー
ドが不足すると見込まれるときは，
市町村長は都道府県知事に対し，不
足すると見込まれる数の住民票コー
ドについて指定及び通知を求めるこ
とができます。

(3)　**転出確定通知**（令 13 条 3 項）　転
入通知を受けた市町村長が都道府県
知事に住民票コード，転出したとい
う事実，異動年月日を通知します。

(4)　**カード運用状況通知**（法 30 条の
24 第 1 項・2 項・4 項）　住民基本
台帳カードの交付市町村長は住民基
本台帳カードのカード運用状況を運
用中，一時停止又は廃止とした場合
には，㋐住民基本台帳カードの運用
状況，㋑当該住民基本台帳カードの
交付を受けている者の住民票コー
ド，㋒住民基本台帳カード記載変更
等を都道府県知事に通知します。

370　第3編　実務用語解説

50 実態調査

実態調査とは，法第7条に規定する住民票の記載事項に関し，市町村の職員がその実態を実地に調査することをいいます。

住民基本台帳は，選挙人名簿の登録を初めとして，住民に関するすべての行政の基礎資料となりますので，その記録が正確で，かつ常に住民の実態と一致していなければなりません。

このため，市町村長は，事務の処理にあたり，脱漏，誤記等があった場合には，住民基本台帳の正確な記録を確保するため必要な措置を講ずることとされるなど，各種の制度的措置が設けられておりますが，これらの手続だけでは，住民基本台帳の記録と，住民の実態との間に，くい違いが生ずることを十分に防ぐことはできません。

そこで，市町村長は，法第7条に規定する事項につき，定期に調査するものとされ，また，市町村長が必要があると認めるときは，いつでも調査することができることとされました。

「定期に」とは，一定の時期においてという意味であり，法律上は，毎年行うこととは義務付けられていませんが，原則としては，毎年行われることが望ましいとされています。

調査の方法についても，法律上特別な制限はありませんが，各市町村における住民基本台帳の整備の状況，人口の異動状況等に即して，最も適切な，実効性のある方法で実施することとされています。

「必要があると認めるとき」とは，住民から届出があった場合において，その届出が事実に反する疑いのある場合，あるいは市町村長がその事務を管理，執行するにあたり，又は委員会等，他の機関から通知・通報を受けた場合において，住民票の記載事項に事実に反する疑いがある場合等，市町村長が認める限りその理由には特別な制限はありません。

調査にあたっては，住民基本台帳に関する調査事務に従事する市町村の職員の外，特別職の非常勤嘱託員や一般職の非常勤職員などにその事務を行わせる場合もあります。ただし，非常勤嘱託員は，特別職のため，罰則で担保された守秘義務や厳格な服務規程が適用されません。非常勤職員についても，本格的業務を行うことができない職員であると解されていることから，これらの者が調査を行う場合は，住民の協力によって行うこととなります。法の罰則規定が適用される調査員の質問に回答を拒んだり虚偽の陳述をしたなど，協力が得られない場合は，法第

第4　職権による処理　371

実態調査調査員の身分証明書の様式例

（表）

第　　　号

身 分 証 明 書

勤 務 課

職　　　名

氏　　　名

生年月日

　上記の者は住民基本台帳法第34条の規定による調査に従事する職

員であることを証明する。

　　　　　平成　　年　　月　　日

　　　　　　　　　市（町村）長　　　氏　　　名　　　印

（裏）

住民基本台帳法（抄）

　（調査）
第34条　市町村長は，定期に，第7条及び第30条の45の規定により記載をすべきも
　のとされる事項について調査をするものとする。
2　市町村長は，前項に定める場合のほか，必要があると認めるときは，いつでも第
　7条及び第30条の45の規定により記載をすべきものとされる事項について調査す
　ることができる。
3　市町村長は前2項の調査に当たり，必要があると認めるときは，当該職員をし
　て，関係人に対し，質問をさせ，又は文書の提示を求めさせることができる。
4　当該職員は，前項の規定により質問をし，又は文書の提示を求める場合には，そ
　の身分を示す証明書を携帯し関係人の請求があったときは，これを提示しなければ
　ならない。
　（秘密を守る義務）
第35条　住民基本台帳に関する事務に従事している者又は従事していた者は，その
　事務に関して知り得た秘密を漏らしてはならない。
　（罰則）
第44条　第35条の規定に違反して秘密を漏らした者は，1年以下の懲役又は30万
　円以下の罰金に処する。

34条第3項の規定に基づく担当職員に調査を行わせることになります。

当該職員が，調査の対象となる関係人に質問をし，必要な文書の提示を求める場合には，その身分を示す証明書を携帯し，関係人から請求のあったときには，これを提示しなければなりません。この場合には，関係人は，職員の質問等に応じなければならない義務を負うことになり，これを拒み，又は虚偽の陳述や文書の提示等をした場合には，5万円以下の罰金（法49条）に処せられることになります。

なお，これらの調査に従事する者が，調査にあたり個人の秘密に属する事実を知った場合には，これを漏らしてはならないこととされており（法35条），また，この義務に違反した者は，1年以下の懲役，又は30万円以下の罰金に処せられることとなります（法44条）。

これは，調査にあたり個人の秘密に属する事実を知り得る場合も考えられ，罰則で担保された守秘義務や厳格な服務規程という，制度的個人情報保護対策のうえに調査対象者の理解と信頼を得て行われなければならないからです。

第5　戸籍の附票

51
戸籍の附票

戸籍の附票とは，人の身分関係の登録である戸籍と，居住関係の記録である住民票とを相互に関連させ，住民基本台帳の記録の正確性を確保するための帳票をいいます。

この戸籍の附票は，法第16条第1項で「市町村長は，その市町村の区域内に本籍を有する者につき，その戸籍を単位として，戸籍の附票を作成しなければならない。」と規定されています。

戸籍の附票の記載（磁気ディスクをもって調製する戸籍の附票にあっては，記録。以下同じ。）事項は，次のとおりです（法17条）。

(1)　戸籍の表示

(2)　氏名

(3)　住所

(4)　住所を定めた年月日

(5)　在外選挙人名簿に登録された市町村名（法17条の2）

このように，戸籍の附票には戸籍に関する事項である戸籍の表示及び氏名と，住民票に関する事項である住所及び住所を定めた年月日について記載がされていますが，このことにより，戸籍と住民票を相互に結びつけることによって，同一人を異なる面から登録しているそれぞれの公簿の記載の公正性を保ち，また，これにより住民が二重，三重に住民票に記録されることや，その逆に記録漏れ，又は誤載などを防ぐことができます。

例えば，○○市○○1丁目1番地に本籍のある甲という人は，△△市△△3丁目3番3号に住所のある甲という人であるというつながりも，戸籍の附票があれば一目でわかります。

戸籍の附票の様式及び規格については法定されていませんが，従来の住民登録法における様式をそのまま使用することも何ら差し支えありません。また市町村において，事務処理の合理化の見地から，次の点に留意しつつ独自の様式を作成することも許されています。

(1)　冒頭に本籍欄及び筆頭者氏名欄を設けること。

(2)　本籍及び筆頭者の氏名欄の次に各人ごとの欄を設け，その住所，住所を定めた年月日，名の各欄を設けること。

(3)　各人ごとの欄は，太線等をもって

374　第3編　実務用語解説

その区界を明確にすることが適当であること。

(4)　その他市町村の事務処理の必要に応じ，戸籍の附票記載事由欄，住所記載事由欄，世帯主氏名欄，番号欄等を設けてもよいものであること。ただし，住民票コードの記載はできません。

(5)　法第16条第2項の規定により戸籍の附票を磁気ディスクをもって調製する市町村における当該戸籍の附票の仕様及び当該磁気ディスクの規格についても，特に法定されていないので，市町村において事務処理の合理化の観点から適当なものとすること。

〈附票各欄の呼称〉

附票各欄は，次頁のように呼称します。ただし，②，⑦，⑫，⑬欄は，任意記載事項であるので設けなくてもよいこととされています。

---

52 戸籍の附票の記載等

戸籍の附票の記載等とは，附票の記載，消除及び記載の修正をいいます。

附票の記載事項については，前項「戸籍の附票」で述べたとおり，(1)戸籍の表示，(2)氏名，(3)住所，(4)住所を

定めた年月日，(5)在外選挙人名簿に登録された市町村名と登録抹消年月日の5つがありますが，このうち，戸籍の表示及び氏名については，戸籍を基礎に記載されるものであり，住所及び住所を定めた年月日については，本籍地と住所が同一のときは，住民票の記載により行われ，異なる場合には，住所地の市町村長からの通知によって記載をすることになります。また，在外選挙人名簿に登録された市町村名等については，登録した選挙管理委員会からの通知によって記載をすることになります。したがって，この記載等は住民からの特別な届出を要さず，すべて市町村長の職権により行うこととされています（法18条）。

〈記載〉

「記載」とは，転籍，分籍，婚姻，養子縁組等の戸籍の届出により，新たに戸籍が編製された場合に，これに伴い附票を作成することをいいます。

また，一つの戸籍を作成したのちに，出生，婚姻，養子縁組等の届出により，既存の戸籍に入籍をした者があるときは，当該附票にもその者に関する記載をすることになります。

〈消除〉

「消除」とは，婚姻，死亡，養子縁組等の届出により，戸籍の全部又は一

第5 戸籍の附票 375

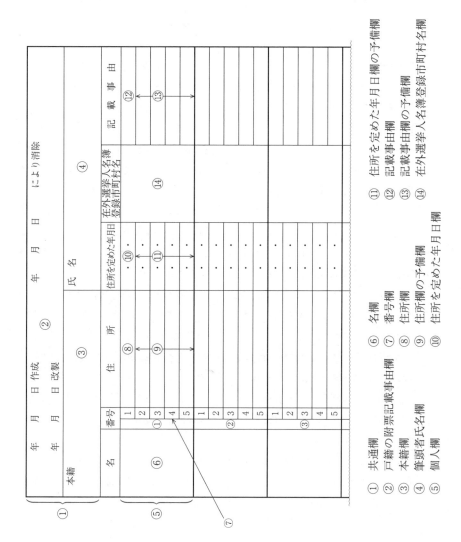

376　第3編　実務用語解説

部の者が除籍される場合に，その附票の全部又は一部を消除することをいいます。

〈記載の修正〉

「記載の修正」とは，附票に記載がされた事項の変更，又は附票に誤記や記載漏れがあった場合に，その記載を修正することをいいます。

附票の記載事項のうち，戸籍の表示及び氏名は戸籍の届出により修正します。

住所，住所を定めた年月日は住所地と本籍地が同じ場合には，住民基本台帳法の届出，又は職権による住民票の記載等により，もしくは住所地と本籍地が異なる場合には，他市町村長からの通知に基づいて修正します。

例えば，住所を移した場合は，転入届が出された市町村長からの通知により従前の住所を消除し，新住所と住所を定めた年月日について記載をします。

また，国外への転出の場合は，転出届が出された市町村長からの通知により，同様に従前の住所及びその住所を定めた年月日を消除し，移住先及び日本を出発する予定年月日について記載をします。

53　戸籍の附票の改製と再製

〈戸籍の附票の改製〉

戸籍の附票が汚れたり，破れたり，住所の変更等により新たに記載する予備欄がなくなったりした場合，又は事務処理の合理化を図るために附票の様式や規格，紙質等を変更し全部の附票を書き替える場合等，市町村長が必要と認めるときに，戸籍の附票に記載がされている事項を新たな戸籍の附票に移記し，いままでの戸籍の附票を消除することをいいます。

この場合に，改製後の附票には，改製する時点での有効な記載事項だけを移記すればよく，既に消除又は修正された記載事項は移記を省くことができることとされています。

なお，附票が改製された場合には，改製前の附票は，その日から5年間保存するものとされています。

ただし，在外者等に関する記載をした附票の場合は150年間保存します（令34条1項，2項）。

〈戸籍の附票の再製〉

戸籍の附票が火災，水害等により滅失した場合に，新たに戸籍の附票を作り直すことをいいます。

記載されている事項をそのまま移記

第5 戸籍の附票　377

改製原附票

昭和 50 年 3 月 4 日 作成　　　　平成 18 年 12 月 23 日　　改製により消除

　　　　年　　月　　日 改製

本籍　東京都高尾市戸倉1丁目6番地1					氏 名　　　山 川 太 郎		

名	番号		住　　所	住所を定めた年月日	在外選挙人名簿登録市町村名	記 載 事 由
太　郎 ①		1	本籍に同じ	昭50・3・1	東京都高尾市	昭50・3・4転入届出
		2	国外（アメリカ合衆国）	平6・7・23		平6・7・20国外転出
		3	（在外選挙人名簿登録）	・・		平17・6・10登録
		4	東京都高尾市東町1丁目2番3号	平18・3・12		平18・3・13転入届出
		5	（在外選挙人名簿　抹消）	・・		平18・7・12抹消
		6	東京都高尾市東町1丁目11番7号	平18・12・16		平18・12・23通知
花　子 ②		1	①の1と同じ	昭50・3・1		①の1と同じ
		2	東京都高尾市南町1丁目20番3号	昭51・10・8		昭51・10・9転居届出
		3	東京都多摩川市多摩川2丁目1124番地	昭54・1・3		昭54・1・10通知
		4	東京都多摩川市多摩川2丁目1番12号	・・		平14・4・1住居表示実施
		5	東京都多摩川市多摩川1丁目11番7号	平18・11・11		平18・11・18通知
		6		・・		

　　　　年　　月　　日 作成　　　　年　　月　　日　　により消除

平成 18 年 12 月 23 日 改製

本籍　東京都高尾市戸倉1丁目6番地1					氏 名　　　山 川 太 郎		

名	番号		住　　所	住所を定めた年月日	在外選挙人名簿登録市町村名	記 載 事 由
太　郎 ①		1	東京都高尾市東町1丁目11番7号	平18・12・16		平成18・12・23通知
		2		・・		
		3		・・		
		4		・・		
		5		・・		
		6		・・		
花　子 ②		1	東京都多摩川市多摩川1丁目11番7号	平18・11・11		平成18・11・18通知
		2		・・		
		3		・・		
		4		・・		
		5		・・		
		6		・・		

378 第3編 実務用語解説

する改製とは違い，新しく附票を作り直すものですから，附票の記載事項を十分把握したうえで，慎重に作成しなければなりません。

まず，戸籍の表示及び氏名は，戸籍及び地方法務局に保存されている戸籍の副本と照合して記載をし，住所及び住所を定めた年月日については住民基本台帳により，もしその者が他市町村に住所を有する場合には，その者の住所地の市町村長に照会をし，その回答に基づいて記載をする必要があります。

再製にあたっては，改製と同様，すでに消除又は修正された事項は記載をする必要はありません。

なお，附票を再製したときは，直ちにその旨を告示するとともに，その告示をした日から15日間再製した戸籍の附票を関係者（当該戸籍の附票に記載されている者，またその直系尊属，直系卑属及びこれらの代理人に加え，その他市町村長が相当と認める者があればその者）の縦覧に供さなければなりません。

第6 関連事務・関連法規

54
国民健康保険

　国民健康保険は，国民健康保険法に基づき，市町村（特別区を含む。）が主体（保険者）となって，その区域内に住んでいる住民を対象（被保険者）として，必要な保険給付を行うものです。

〈被保険者資格〉

　この保険に加入するには，(1)既に各種健康保険に加入していないこと，(2)後期高齢者医療制度の被保険者でないこと，(3)生活保護を受けていないこと，(4)国民健康保険組合の被保険者でないこと，(5)特別の理由により厚生労働省令で定められた者でないことが条件となります。

　被保険者資格の取得と喪失は，次のとおりです。

(1)　資格取得年月日
　㋐　転入の場合は住民となった日
　㋑　出生の場合はその出生日
　㋒　職場等の保険をやめたときは，やめた日の翌日

(2)　資格喪失年月日
　㋐　転出の場合は転出日の翌日（海外転出を含む）。ただし転出日に他の市町村の区域内に住所を有することになった場合はその日
　㋑　死亡の場合は死亡日の翌日
　㋒　国民健康保険法第6条の各号（他の健康保険に加入したとき等）のいずれかに該当するようになった場合は，その翌日
　㋓　国民健康保険組合（業種別組合保険）の被保険者となった場合，及び生活保護法の適用を受けた者の場合は，その日

　なお，修学のため両親の住所地より離れ，その寮，下宿等に住所を移す者については，国民健康保険の被保険者資格について遠隔地被保険者資格の特例があります。すなわち，国民健康保険法第116条により資格の特例として，修学以前に住所を有していた市町村の被保険者，すなわち通常両親の世帯に属するものとして取り扱います。

　なお，修学中の者が自ら生活も維持している場合は，同法第116条の規定を適用することなく，当然その住所地（修学地）の市町村の被保険者として資格を取得します。

　また，老人ホーム等の施設に住民票を移した者は，同法第116条の2により特例として，入所以前に住所を有し

380 第3編 実務用語解説

ていた市町村の国民健康保険の被保険者として取り扱います。

市町村の区域内に住所を有する者で，法第30条の45に規定する外国人住民についても被保険者として適用を受けます（ただし，3か月以下の在留期間を決定された者でも，資料等により，3か月を超えて滞在すると認められる場合は適用対象となります。）。

〈国民健康保険と住民基本台帳事務〉

住民票の記載事項の一つとして，国民健康保険の被保険者の資格に関する事項が法で定められています（法7条10号）。

また，被保険者の住所の異動にあたっては，住民基本台帳法における転入，転居，転出の届出書に必要な事項を附記することになっています（法28条）。

さらに，転出届が提出された際に交付する転出証明書には，国民健康保険の被保険者である者について，その旨を記載することとなっています（令23条）。

┌ **55** ────
│ **後期高齢者医療制度**
└──────────

後期高齢者医療制度は，都道府県単位で市町村が加入する「後期高齢者医療広域連合」が制度を運営する保険制度です。

〈被保険者資格〉

この保険の資格者は，市町村の区域内に住所を有するすべての75歳以上の人及び厚生労働省令で定める障がいの状態にある旨，広域連合の認定を受けた65歳以上75歳未満の人になります。

生活保護受給者や特別の理由により厚生労働省令で定められた人は，適用除外となります。

被保険者資格の取得と喪失は，次のとおりです。

(1) 資格取得年月日

　(ア) 後期高齢者医療広域連合の市町村に住む人が，75歳に達したとき

　(イ) 75歳以上の人が，後期高齢者医療広域連合の区域内である市町村に転入してきたとき

　(ウ) 後期高齢者医療広域連合の区域内に住所を有する65歳以上75歳未満の人が厚生労働省令で定めるところにより，政令で定める程度の障がいの状態にある旨，後期高齢者医療広域連合の認定を受けたとき

(2) 資格の喪失とその年月日

　(ア) 死亡したとき（死亡した日の翌

日）

(イ) 75歳以上の者が，当該広域連合の区域内に住所を有しなくなった日の翌日

(ウ) (1)の(ウ)に該当しなくなった日

(エ) 後期高齢者医療の適用外とすべき特別な理由がある者で厚生労働省令で定めるに至った日の翌日

(オ) 生活保護法による保護を受けている世帯に属する者に該当するに至った日

〈後期高齢者医療制度と住民基本台帳事務〉

住民票の記載事項の一つとして後期高齢者医療制度の被保険者の資格に関する事項が法で定められています。

また，被保険者の住所の異動にあたっては，住民基本台帳法における転入，転居，転出の届出に必要な事項を附記することになっています。

| 56 |
| 国民年金 |

国民年金とは，主に老後の安定などのために，勤め先の年金に加入していない国民を対象とし，年金を支給して所得の保障を行う制度です。

以下に被保険者資格について列挙いたします。

〈被保険者資格〉

(1) 第1号被保険者

日本国内に住む20歳以上60歳未満の自営業者，学生，フリーターなど

(2) 第2号被保険者

会社員や公務員など厚生年金や共済組合に加入している者

(3) 第3号被保険者

第2号被保険者に扶養されている20歳以上60歳未満の配偶者

(4) 任意加入被保険者

ア 日本国内に住所を有する60歳以上65歳未満の者

イ 外国に住む日本国籍を有している20歳以上65歳未満の者（老齢基礎年金を受けていない者）

ウ 老齢基礎年金の受給資格を満たしていない65歳以上70歳未満の者（昭和40年4月1日以前に生まれた者に限る。）

〈国民年金と住民基本台帳事務〉

住民票の記載事項として，国民年金の被保険者の資格に関する事項が法で定められています（法7条11号）。

また，被保険者の住所の異動に当たっては住民基本台帳法における転入，転居，転出の届書に必要な事項を附記することになっています（法29条）。

さらに，転出届が提出された際に交付する転出証明書には，国民年金の被

382　第3編　実務用語解説

保険者である者について，その種別と国民年金手帳の記号番号を記載することとなっています（令23条）。

---

57 介護保険

介護保険は，国民が加齢に伴って生ずる心身の変化に起因する疾病等によって介護を必要としたとき，その有する能力に応じて自立した日常生活を営むことができるように，必要な保健医療サービス及び福祉サービスに係る給付を行うものです。

〈被保険者資格〉

(1)　第1号被保険者
　　市町村の区域内に住所を有する65歳以上の者

(2)　第2号被保険者
　　市町村の区域内に住所を有する40歳以上65歳未満の医療保険加入者

(3)　日本国籍を有しない被保険者
　　次のいずれかの要件を満たす者は，介護保険の適用対象となります。
　ア　法第30条の45に規定する外国人住民
　イ　在留期間が3か月以下でも，入国目的や入国後の生活実態から，3か月を超えて滞在すると認められること

〈介護保険と住民基本台帳事務〉

住民票の記載事項の1つとして，介護保険の被保険者の資格に関する事項が法で定められています（法7条10号の3）。

また，被保険者の住所の異動にあたっては住民基本台帳法における転入，転居，転出の届出書に必要な事項を附記することとなっています（法28条の3）。

さらに，転出届が提出された際に交付する転出証明書には，該当者が介護保険の被保険者である場合，その旨を記載することとなっています（令23条）。

---

58 児童手当

児童手当とは，国，都道府県，市（区）町村と事業主が費用を持ち合い，児童を養育する人に児童手当を支給することにより，家庭における生活の安定と，次代の社会を担う児童の健全な育成及び資質の向上を目的としています。

〈受給資格〉

年度末で15歳（中学校修了前）の児童を養育している人で収入が一定の額未満の場合に支給されます。また，自分の子どもでなくても，監護し，一定の生計関係があれば受給できる場合

があります。

〈児童手当と住民基本台帳事務〉

住民票の記載事項の一つとして，児童手当の受給資格に関する事項が法で定められています（法7条11号の2）。

また，受給者の住所の異動にあたっては，住民基本台帳法における転入，転居，転出の届出書に必要な事項を附記することになっています（法29条の2）。

さらに，転出届が提出された際に交付する転出証明書には，該当者が児童手当を受けている者である場合，その旨を記載することとなっています（令23条）。

---

59 裁判員制度

平成16年5月28日に，国民の中から選任された裁判員が裁判官と共に刑事訴訟手続に参加する「裁判員の参加する刑事裁判に関する法律」が公布され，この日から5年以内に同制度が始まることになりました。この裁判員は，衆議院議員の選挙権を有する者の中から選任することとなっており（裁判員の参加する刑事裁判に関する法律13条），市町村の選挙管理委員会は，選挙人名簿の中から翌年の裁判員候補者の予定者を毎年くじ

で選定します（同法21条）。この選挙人名簿の登録者は，市町村に住所を有する満20歳以上で，3か月以上住民登録されている者であり，死亡や転出等によって登録抹消されるため，住民基本台帳が選挙人名簿調製の基礎となっています。

選ばれた裁判員は，地方裁判所で扱う刑事裁判のうち，特に重大な事件の法廷の立会い，判決まで関与することになります。

裁判員は，専門的知識がないことが前提になっており，裁判員制度を取り入れることにより法律の専門家でない一般の国民の感覚が裁判に生かされるようになり，国民の司法に対する理解と信頼の向上につながることが期待されています。

---

60 選挙人名簿

選挙人名簿は，選挙人の氏名，住所，性別及び生年月日などの記載（公職選挙法19条3項の規定により磁気ディスクをもって調製する選挙人名簿にあっては，記録）をした公簿で，選挙人の資格を公証する目的で，市町村選挙管理委員会が調製，保管するものです。

この名簿に登録されていない者は選挙の際，投票することができません。

名簿に登録されますとその登録は永久に効力を有し，死亡したり，転出後4か月を経過した場合など法定の手続によって抹消される場合のほかは，その効力を失わず永久に据え置かれることになっています。そして，この名簿は，公職選挙法が適用される選挙，すなわち衆議院，参議院，地方公共団体の議員及び長の選挙のすべてについて共通して用いられます。

この永久選挙人名簿は各投票区ごとに編製することになっています。様式については，カード式と決められていましたが，平成9年法律第127号による公職選挙法の改正で，帳票式も認められることになり，さらに磁気ディスク等による調製（電算化）も認められることとなりました（施行日：平成10年6月1日）。

〈永久選挙人名簿の登録〉

(1) **定時登録** 市町村の選挙管理委員会は，毎年法定の登録月の1日現在で当該市町村の区域内に住所を有する満18歳以上の日本国民で，住民票が作成された日から引き続き3か月以上住民基本台帳に記録されている者を調査し，選挙人名簿へ登録することになっています。なお，平成9年法律第127号による改正で（施行日：平成10年6月1日），定時登

録月は3月，6月，9月，12月となりました。改正後最初の登録は平成10年6月2日となり，以降各登録月の2日が定時登録の登録日となります。

(2) **選挙時登録** 選挙を行う場合には，定時登録以外に当該選挙に関する事務を管理する選挙管理委員会が定めた基準日，登録日に従って選挙時の登録をすることになっています。

(3) **補正登録** 市町村の選挙管理委員会は，前記(1)，(2)の登録をした日の後に登録される資格を有する者が登録されていない事実を発見した場合には，直ちに選挙人名簿に登録するとともに，その旨を告示しなければならないことになっています。

〈選挙人名簿の縦覧と閲覧〉

(1) **縦覧** 住民基本台帳の記録に基づいて，上記定時登録，選挙時登録が行われた場合には，選挙人名簿の正確性を確保するため，脱漏や誤載の確認のために，一定の期間選挙人名簿に登録した者の氏名，住所及び生年月日を記載した書面を選挙人の縦覧に供することとされています。そして，この選挙人名簿の登録に関して不服のある場合には，この縦覧期間内に異議申立てができること

第 6　関連事務・関連法規　385

されています。

(2)　**閲　覧**　市町村の選挙管理委員会は，選挙の期日の公示又は告示の日から選挙の期日後5日に当たる日までの間を除いて，常時選挙人名簿の抄本を一般選挙人の閲覧に供さなければならないこととされています。

これは縦覧と同様，選挙人名簿の脱漏，誤載，誤記などを防ぎ，その正確性を確保するためです。

〈選挙人名簿の表示，訂正，抹消〉

選挙管理委員会は，当該市町村の選挙人名簿に登録されている者が区域内に住所が無くなったことを知った場合や，禁錮以上の刑に処せられた場合などにより選挙権を喪失したことを確認したときには，直ちに選挙人名簿にその旨を表示しなければなりません。また，登録されている者の記載内容（公職選挙法第19条《永久選挙人名簿》第3項の規定により磁気ディスクをもって調製する選挙人名簿にあっては，記録内容）に変更や誤りがあった場合には，直ちに訂正をすることになっています。

また，名簿に登録されている者が死亡したり日本国籍を失った場合，転出して4か月以上経過した者，登録されるべきでなかった者を発見した場合などは，直ちに名簿を抹消することに

なっています。

以上のような選挙人の住所の有無や選挙資格に関し，市町村長と選挙管理委員会は，その保有資料を相互に通報し合うことになっています（法10条・法13条）。

〈選挙人名簿と住民基本台帳事務〉

住民票の記載事項の一つとして，選挙人名簿の登録に関する事項が法で定められています（法7条9号）。

また，満19歳以上の者について，住民基本台帳法における転入，転居，転出の届出に基づき，住民票の記載等を行った場合には，必要な事項を通知することになっています。

61 在外選挙人名簿

平成10年5月の公職選挙法の一部改正により「在外選挙制度」が創設されました。

これは，国外において一定の登録資格を有する者が「在外選挙人名簿」に登録することによって国政選挙に参加できる制度です。登録市町村と登録・抹消年月日は，本籍地にある戸籍の附票に記載されます（法17条の2）。

〈登録資格〉

年齢満18歳以上の日本国民（居住

386　第3編　実務用語解説

国への帰化等により日本国籍を失った者は対象になりません）で，引き続き3か月以上その者の住所を管轄する領事館（大使や総領事）の管轄区域内に住所を有する者（公民権停止をされていない者に限る。）。

〈登録申請〉

申請者本人又は申請者の同居家族等が住んでいる地域を管轄する在外公館（大使館や総領事館）で，在外選挙人名簿への登録を行い，登録された者には投票時に必要な「在外選挙人証」が，市町村選挙管理委員会から在外公館を通じて交付されます。

〈在外選挙人名簿の登録市町村〉

1　原則として，日本国内の最終住民地の市町村選挙管理委員会です。
2　次のいずれかに該当する者は，申請時の本籍地の市町村選挙管理委員会になります。
(1)　国外で生まれ，日本で住民登録をしていない者
(2)　平成6年4月30日までに出国した者

ただし，海外転出届の提出が遅れるなどにより，平成6年5月1日以降に住民票が消除されている場合は，最終住民地の市町村の選挙管理委員会になります。

〈登録の抹消〉

次のいずれかに該当する者は，在外選挙人名簿の登録から抹消されます。

1　死亡又は日本国籍を失った場合
2　帰国して国内の市町村に転入してから4か月を経過した場合

62

ドメスティック・バイオレンス，ストーカー行為等，児童虐待及びこれらに準ずる行為の被害者の保護のための措置

---

(1)　配偶者暴力防止法

平成13年4月，配偶者からの暴力の防止及び被害者の保護に関する法律（配偶者暴力防止法）が公布され，この法律に基づき，各都道府県に「配偶者暴力相談支援センター」が置かれ，また，暴力を振るう配偶者から被害者を保護する「保護命令」の仕組みが設けられました。

(2)　ストーカー規制法

平成11年10月，埼玉県桶川市で元交際相手につきまとわれた女子大生が刺殺されたいわゆる「桶川ストーカー事件」を契機に，悪質なストーカー行為等から被害者を守るため，ストーカー行為等の規制等に関する法律（ストーカー規制法）が平成12年11月から施行されました。この法律は，ストーカー行為等を処罰するなど必要な

第6　関連事務・関連法規　387

（別紙）

住民基本台帳事務における支援措置申出書

	市区町村	受付	連絡
		／	／
転送	／	／	／
	／	／	／
	／	／	／

○○○○○○長　　　様
関係市区町村長 ｝

住民基本台帳事務におけるドメスティック・バイオレンス，ストーカー行為等，児童虐待及びこれらに準ずる行為の被害者保護の支援措置の実施を求めます。

平成　　年　月　日

氏名　　　　　　　　　　　　　　　　　備考

申出者	氏名 (生年月日)	（　年　月　日）	住所		連絡先		本人確認	
加害者 (判明している場合)	氏名 (生年月日)	（　年　月　日）	住所		その他			
申出者の状況 (別紙参照の上，いずれかに✓)	A　配偶者暴力防止法		B　ストーカー規制法		C　児童虐待防止法		D　その他前記AからCまでに準ずるケース	
添付書類 (該当書類に✓)	保護命令決定書（写し）				その他			
	ストーカー規制法に基づく警告等実施書面							

相談先	（警察署，配偶者暴力相談支援センター，児童相談所等の機関に相談している場合，相談した日時，当該機関（以下「相談機関」という。）の名称，担当課等を可能な範囲で記入して下さい） 　　　年　　　月　　　日（相談先の名称　　　　　　　　　　　）（担当課　　　　　　　　　　）	

支援措置を求めるもの (現住所が記載されているものに限る)	希望に✓	支援を求める事務	現住所等
		住民基本台帳の閲覧	現住所	同上
		住民票の写し等の交付（現住所地）	現住所	同上
		住民票の写し等の交付（前住所地）	前住所	
		戸籍の附票の写しの交付（本籍地）	本籍	
		戸籍の附票の写しの交付（前本籍地）	前本籍	

併せて支援を求める者 (同一の住所を有する者に限る)	申出者との関係	氏名	生年月日	申出者との関係	氏名	生年月日

（添付書類がなかった場合）

相談機関等の意見		1　上記申出者の状況に相違ないものと認める。 2　上記併せて支援を求める者について，申出者を保護するため支援の必要性があるものと認める。 3　1，2以外の場合に，相談機関等において，特に把握している状況（※一時保護の有無，相談時期等）がある場合 把握している状況： 〔　　　　　　　　　　　　　　　　　　　　　　　　　　　　　　　〕 平成　　年　月　日 　　　　　　　　　　　長（印）（担当　課　　係）	市区町村の確認	年月日 担当 相手方

備考	

（注）
- ●太枠の中に記入してください。
- ●申出に際し，ご本人の確認をさせていただきます。
- ●法定代理人，児童相談所長，児童福祉施設の長，里親，ファミリーホーム事業を行う者等支援措置対象者本人以外の者が申し出る場合は，備考欄に実際に申出を行う者の氏名，生年月日，住所，連絡先等を記入してください。
- ●申出の内容について，相談機関等に確認させていただく場合があります。
- ●支援措置は，厳格な審査の結果，不当な目的によるものでないこととされた請求まで拒否するものではありません。
- ●支援の期間は，支援開始の連絡日から一年です。期限到来の一月前頃から延長の申出を受け付けます。当該申出がない場合，期限到来をもって支援を終了します。
- ●申出書の内容に変更が生じた場合には，当初に申出を行った市町村長に申出を行って下さい。

規則と，被害者に対する援助等を定め
ており，被害者をストーカー行為等か
ら守るためのものです。

　さらに被害者の支援体制の強化のた
め，平成16年5月に改正され，法的
に暴力を振るう配偶者が被害者の身辺
につきまとうことを禁じる保護命令の
対象に子どもを含めたほか，被害者の
自立支援を自治体が担うことになりま
した。また，平成16年5月に住民基
本台帳事務処理要領が改正され，「配
偶者暴力防止法」及び「ストーカー行
為等の規制等に関する法律」に基づ
き，加害者による被害者の住民基本台
帳の一部の写しの閲覧の請求について
は，住民票の写しの交付及び戸籍の附
票の交付と同様に，不当な目的による
ものとして拒否することができるよう
になりました。

　平成24年9月には「児童虐待防止
法」に基づき事務処理要領の一部が改
正され，児童虐待，その他これらに準
ずる行為が追加されました。

　相談窓口は，「配偶者暴力相談支援
センター」の他に，警察，児童相談
所，区市町村などの公的な相談機関が
あります。

第7 マイナンバー

63 マイナンバー

マイナンバー（個人番号）とは，日本に住民票を有するすべての住民が持つ，12桁の番号です。個人番号は，原則として生涯同じ番号を使うこととされており，マイナンバーが漏えいして不正に用いられるおそれがあると認められる場合を除いて，自由に変更することはできません（番号法7条2項）。

マイナンバーは，社会保障，税，災害対策の法令で定められた手続のために，国や地方公共団体，勤務先，金融機関，年金，医療保険者などに提供します。マイナンバーの提供を受けた者は，こうした法令で定められた目的以外にマイナンバーを利用することはできないこととされています（番号法9条）。

マイナンバーやそれに紐づく個人情報の漏えいや悪用を防止するため，正当な理由のない情報提供や秘密の漏えいなどに対しては，厳しい罰則が設けられています（番号法48条〜57条）。

64 マイナンバー制度

〈マイナンバー制度の導入〉

平成25年5月24日に番号法，整備法を含む番号法関連4法案が可決，同年5月31日に同法が公布され平成27年10月5日に施行されました。

まず，マイナンバー，法人番号の通知が開始され，平成28年1月以降マイナンバーの利用が開始されました。

もともと各行政機関内では，住民票コード，基礎年金番号，健康保険被保険者番号など，それぞれの番号で個人の情報管理をしていましたが，機関をまたいだ情報のやり取りをする際には，氏名・住所などで個人の特定に時間と労力を要していました。

そこで，①行政の効率化②国民の利便性の向上③公平・公正な社会の実現を目的として，社会保障，税，災害対策の3分野について分野横断的な共通番号が導入されることとなり，マイナンバーを利用して，同一の者に関する個人情報を他の機関との間で情報連携が可能となりました。

390 第3編 実務用語解説

65 マイナンバーの付番

マイナンバーは住民票コードを変換して得られる番号（番号法2条5項）で，以下の3つの性質があります。

ア 悉皆性：住民票を有する全員に付番する。

イ 唯一無二性：一人1番号で重複のないように付番する。

ウ 視認性：「民一民一官」の関係で流通させて利用できる。

付番対象は，住民票コードが住民票に記載されている日本の国籍を有する者及び中長期在留者，特別永住者等（法30条の45の表の上欄に掲げる外国人住民）の外国人とされています。

66 通知カード

市町村長は，法第30条の3第2項の規定により住民票に住民票コードを記載したときは，速やかに機構から通知されたマイナンバーとすべき番号をその者の個人番号として指定し，その者に対して当該マイナンバーを通知カードにより通知しなければならないものとされています（番号法7条1項）。

通知カードには，氏名，住所，生年月日，性別，個人番号その他総務省令で定める事項が記載されます。

平成28年1月から，社会保障，税，災害対策における各種手続きにおいて，本人確認とともに，マイナンバーの記載，確認が求められるようになっており，その際には原則として通知カードにより個人番号を確認することとなります。

ただし，顔写真は記載されていないため，通知カードを使用してマイナンバーの確認と本人確認を行うためには，別に運転免許証や旅券などの本人確認書類が必要となります。

通知カードの交付を受けている者は，その記載事項に変更があった場合には，変更があった日から14日以内にその旨を住所地市長村長に届け出るとともに，当該通知カードを提出し，記載事項の変更をする必要があります（番号法7条4項及び5項）。また，通知カードを紛失した場合にはその旨を届け出ることとされている（番号法7条6項）ほか，マイナンバーカードの交付を受ける場合などは，通知カードを返納することとされています（番号法7条7項）。

67 マイナンバーカード

マイナンバーカードは、本人の申請により交付され、個人番号を証明する書類や本人確認の際の公的な身分証明書として使用でき、また、様々な行政サービスを受けることができるようになる IC カードです。

カードの表面には、氏名、住所、生年月日、性別、顔写真、カードの有効期限、電子証明書の有効期限欄、セキュリティコード、サインパネル領域、臓器提供意思表示欄が記載され、個人番号は裏面に記載されます。

マイナンバーカードは、金融機関等本人確認の必要な窓口で身分証明書として利用できますが、個人番号をコピー・保管できる事業者は、行政機関や雇用主等、法令に規定されたものに限定されているため、規定されていない事業者の窓口において、個人番号が記載されているカードの裏面をコピー・保管することはできません。

カードのメリットは、①マイナンバーの証明書類として使用できる、②公的な身分証明書として使用できる、③図書館カードや印鑑登録証などの付加サービスを搭載できる、④コンビニなどで行政上の各種証明書を取得できる、⑤各種行政手続きのオンライン申請ができる、⑥各種民間のオンライン取引や口座開設ができる、などの点です。

マイナンバーカードの利活用の範囲は、今後も広がっていくことが予定されています。

マイナンバーカードの交付を受けている者は、他自治体に転入届をする場合には、転入届と同時に当該マイナンバーカードを提出しなければなりません（番号法17条2項）。また、マイナンバーカードの記載事項に変更があった場合には、その変更があった日から14日以内にその旨を住所地市町村長に届け出るほか、当該個人番号カードを提出し、記載事項の変更をする必要があります（番号法17条4項）。また、マイナンバーカードを紛失したときには、直ちにその旨を住所地市長村長に届け出なければなりません（番号法17条5項）。

マイナンバーカードは、その有効期間が満了した場合その他政令で定める場合には失効するものとされており、その場合には当該マイナンバーカードを住所地市長村長に返納することとされています。

392 第3編 実務用語解説

68 マイナンバーの利用範囲

(1) 利用範囲

マイナンバーは，社会保障・税・災害対策に関する分野において利用されます。

利用できる事務は番号法の別表に記載されている事務に限られ，それ以外の事務についてマイナンバーを利用することは原則としてできません（番号法9条1項）。

ただし，別表に記載がない場合であっても社会保障・税・災害対策の事務やこれに類する事務については，各自治体の条例で定めることによりマイナンバーを利用することが可能となります（番号法9条2項）。

(2) 他者への提供について

マイナンバーは，マイナンバー利用事務を処理する等のために必要な限度でのみ他者に提供することが可能であり，それ以外の場合に他者に提供することは禁じられています（番号法19条）。

69 マイナポータル

政府が運営するオンラインサービスのことで，情報連携の本格運用の開始に伴い，平成29年11月13日から本格運用が始まりました。

マイナポータルを利用するには，利用者署名用電子証明書が登録されたマイナンバーカード，ICカードリーダライタ，マイナポータルAPをダウンロードしたパソコンが必要となります。

マイナポータルで提供されるサービスとしては，「情報提供等記録表示」「自己情報表示」「(行政機関などから)お知らせ」「民間送達サービスとの連携」「子育てワンストップサービス」「公金決済サービス」「外部サイトとの連携」「代理人メニュー（一部を除く。）」があります。

第8 罰 則

70 届出期間経過通知書

届出期間経過通知書とは，届出期間を経過して行われた，転入，転居，転出，世帯変更の届出について，簡易裁判所へ通知するための文書です。

簡易裁判所へ通知する場合には，届出を受理するときに届出期間を経過した理由書を提出させ，この通知書に添付してその理由のいかんを問わずすべて通知します。

これは，適正な届出を確保するために設けられたもので，正当な理由がなく届出を怠った者は，5万円以下の過料に処せられます。

この過料は，市町村長が科するのではなく，上記通知に基づいて簡易裁判所で裁判し，科することになります。

届出期間経過通知書の様式は，法では定められていませんので，各市町村で任意に定めることができます。

住民基本台帳届出期間経過通知書

第　　　号
平成　年　月　日

簡易裁判所　御中
市長

下記の者は，住民基本台帳法第52条第2項に該当するので，通知します。

| 事由発生の日 | 平成　年　月　日 | 懈怠期間 | 年　月　日 |
| 届出の日 | 平成　年　月　日 | 届出の種類 | 転入・転居　届 転出・変更 |

届出義務者	氏名 生年月日	明治・大正・昭和・平成　年　月　日生	資格	1本人　2世帯員 3世帯主
	住所	丁目　番　号 番地　　　方		
	本籍	都道 府県　　市区 郡　　　　番地		

| 事件本人 | 氏名 生年月日 | 明治・大正・昭和・平成　年　月　日生　　外　　名 |
| | 住所 | 丁目　番　号 番地　　　方 |

| 届出期間を経過した理由 | 1 勤務の都合で届出の時期がなかった。 2 届出の期間が14日以内であることを知らなかった。 3 手続の必要がないと思った。 4 他人(同僚・主人・家主・米屋)に手続を依頼してあったので届出済と思っていた。 (その他の理由) (旧住所) | 5 現在の住所をすぐ変更するつもりでいた。 6 住所を移すつもりはなかった。 7 手続がめんどうだった。 8 転出証明書を紛失したので届出ができないと思った。 9 届出するのを忘れていた。) |

上記のとおり申し述べます。

平成　年　月　日　　届出義務者

簡易裁判所　御中　　--------------------------　㊞

備考・

394　第3編　実務用語解説

また，この通知書と理由書を1通の
式とすることもできます。

71　過料と罰金

〈住民基本台帳法上の罰則〉

住民基本台帳法は，平成19年6月
に住民基本台帳法の一部が改正にな
り，偽りその他不正の手段により住民
票の写し等の交付に対する制裁措置強
化のため，本人確認情報開示請求のみ
ならず，不正な住民票の写し等の交付
に対し，罰則規定を強めました。

また，従来より住民の住所の変更等
の届出，閲覧，住民票コードの利用制
限についても，いくつかの罰則規定を
設けています。

〈過　料〉

過料とは，法令違反に対し，刑罰を
科するほどの重要な一般社会法益の侵
害ではないと認められるものに，法律
上の秩序を維持するために制裁として
科せられたもので，一定の秩序違反を
した者に対して，それが故意であると
過失であるとを問わず科せられます。

過料は金銭罰の一種ですが，刑罰で
ある罰金，科料と区別され，科料と発
音上区別するため「あやまち料」とも
いわれます。

そして，たとえ過料を科せられても
いわゆる前科者となることはなく，犯
罪人名簿には記載されません。

住民基本台帳法では，第52条によ
り，偽りその他不正な手段により住民
票の写し・住民票記載事項証明書・戸
籍の附票の交付を受けた者あるいは，
本人確認情報の開示請求を受けた者
は，10万円以下の過料に処せられま
す。また，転入・転居・転出・世帯変
更の届出について虚偽の届出をした
者，及び正当な理由がないのに届出を
しなかった者は，「5万円以下の過料
に処する」と定められています（法
52条）。この過料の裁判は，簡易裁判
所の所管ですので，市町村において該
当する事実があることを知ったときは
簡易裁判所に通知しなければなりませ
ん。ただし，届出に関して虚偽の届出
をした者で，他の法令の規定により刑
を科すべき場合は除かれます。

〈罰　金〉

罰金とは，刑法に規定する主刑の一
つとしての財産刑をいいます。その額
は1万円以上とされていますが，減刑
するときは1万円以下に下げることが
できます。罰金を完納できないものは
1日以上2年以下の期間労役場に留置
されます。

(1)　**虚偽の報告**

住民基本台帳の一部の閲覧に関して，市町村長は必要に応じてその申出者に対し，必要な報告をさせることができる（法11条の2第11項）が，この規定による報告を怠たり，虚偽の報告をした者については，「30万円以下の罰金に処する」と定めています（法47条）。

(2) **偽りその他不正な手段による交付請求**

　偽りその他不正手段により住民票の写し・住民票記載事項証明書・戸籍の附票の写し交付を受けた者あるいは，住民票基本台帳カードの交付を受けた者については，「30万円以下の罰金に処する」と定めています（法47条）。

(3) **住民票コードの利用制限等に対する罰則**

　都道府県知事は，住民票の利用制限の違反者に対し中止すべきこと又は中止されることを確保するための設置を講ずるように勧告し，勧告の相手が従わない場合は，審議会の意見を聴いて，勧告に従うように命ずることができる（法30条の38）が，相手がその命令に違反した場合は，1年以下の懲役又は50万円以下の罰金となります（法43条）。

(4) **守秘義務違反**

住民基本台帳法では，実態調査に関して職員と住民の両方に各々の義務を負わせ，その違反について処罰することとしています。住民基本台帳は住民に関するすべての行政の基礎資料となるため住民に関する正確な記録を行うべき責務を負わされています。このため，市町村長は法第14条及び法第34条により，定期的にその住民に関し実態調査をすることとされています。そこでこの調査に関する事務に従事している者又は従事していた者は，その事務に関して知り得た秘密に対し保持義務を課せられています（法35条）。万一，秘密を漏らした者に対しては30万円以下の罰金又は1年以下の懲役に処するとされています（法44条）。

これは，個人の秘密の保護を保障するとともに，あわせて法34条に定める調査の適正な実施を図ろうとしたものです。

(5) **協力義務違反**

前述の調査は，原則として住民の協力に期待する任意の調査ですが，それではもし住民の協力を得られない場合には，住民基本台帳の正確性を確保することができなくなります。

そこで，市町村長は地方自治法第

396　第3編　実務用語解説

153条第1項により授権された職員を調査にあたらせることが許されています（法34条3項）。

　この場合に当該職員の調査に対しては，住民はそれに応ずる法的な義務を負うことになります。

　もし，当該職員の調査に関し住民が答えなかったり，うそ，いつわりを述べたような場合，いわゆる協力義務違反に対しては，法第49条により5万円以下の罰金が科せられることとなります。

　ただし，これらに違反すると思われる場合には，事案の性質，軽重等を十分に考慮したうえ，告発するかどうかの決定は，慎重に行わなければなりません。

┌─ **72** ────
│ **虚偽と錯誤**
└──────

　虚偽とは，うそ，いつわりであって，真実でないことをいいます。

　住民基本台帳は，住民に関するあらゆる行政の基礎となりますので，その記載の内容が常に住民の実態に一致していなければなりません。しかし，住民票の記載等は，第一に法第22条から法第25条までの規定による住民からの届出に基づいて行われ，第二に職権により行うこととされています（法

8条）ので，もし，住民票の記載事項について故意に虚偽の届出をされたり，法第34条に定める調査に際し，虚偽の陳述や虚偽の文書を提示された場合には，その正確性を確保できないこととなります。

　そこで，住民基本台帳法は，この制度の目的を担保するために，前者については5万円以下の過料（法52条），後者については5万円以下の罰金（法49条）に処する旨を定めて，法に基づく住民の住所等の変更に関して適正な届出を確保し，また，調査の円滑な実施を確保することとしています。

　これに対して錯誤とは，あやまち，間違いであって，人の認識したところとその事実とが一致しないで，くい違うことをいいます。

　これは，虚偽が，故意すなわち，うそ，いつわりであることを主観的に認識しつつ行うのに対して，主観的な認識と事実とが違っていた場合，すなわち過失による場合をいいます。この場合には何ら罰則規定は設けられていないことはいうまでもありません。

┌─ **73** ────
│ **公正証書と住民票**
└──────

　公正証書とは，普通一般に公証人が公証人法その他法令の定めに従って，法

律行為その他私権に関する事実につい
て作成した文書をさしていいます。

　しかし広義には，公務員がその権限
内において職務上適法に作成した一切
の文書をさすものとされ，とりわけ，
権利・義務に関する事実を証明した文
書はこれに含まれます。

　住民票は，市町村長が住民の届出に
より，又は職権で作成するものです
が，法第1条で「住民の居住関係の公
証，選挙人名簿の登録その他の住民に
関する事務の処理の基礎とする」とい
われているように，住民の居住関係を
公に証明する唯一の公簿であり，住民
の権利，義務に関する事実を公に証明
する効力を有する公正証書ということ
ができます。

　公正証書は，公務員が職務上作成し
たものですから，真正な公文書である
といえ，それは強い証拠力をもつこと
になり，将来起こり得るかも知れない
紛争に対して，予防作用の効力をもっ
ています。

　住民票が公正証書であることが，と
りわけ問題となるのは，それが刑法第
157条第1項（公正証書原本不実記載
等）にいう「権利若しくは義務に関す
る公正証書」の原本に該当するという
ことです。そのため住民基本台帳法の
第22条から第25条までの規定による

住民票の記載事項についての届出に関
し，虚偽の届出がされた場合には刑法
の前述の規定に抵触することになりま
す。

　なお，住民基本台帳法に虚偽の届出
による過料の規定があります（法52
条）。その届出が刑法上，処罰の対象
となった場合には，住民基本台帳法は
適用されないこととなります。

74
公正証書原本不実記載罪

　公正証書原本不実記載罪とは，公務
員に対し虚偽の申立てをし，それを真
実と思わせて権利・義務に関する公正
証書の原本や，免状，鑑札又は旅券に
不実の記載をさせた者，又はさせよう
とした者に対する刑罰です。

　虚偽の申立てについて，公務員が虚
偽であることに気付かないということ
が重要であり，公正証書の原本のよう
な特に重要な公文書に関しての罪です。

　住民票は，「権利義務に関する公正
証書」であり，住民票の記載事項につ
いて虚偽の申立てをしたときは，公正
証書原本不実記載罪，又はその未遂罪
として刑法上の処罰の対象となりま
す。その場合は，住民基本台帳法上の
罰則の適用はありません。

第4編

東京都住民基本台帳事務
質疑応答集

第 1	写しの請求等	401
第 2	債権回収関係の請求	410
第 3	台帳の閲覧等	412
第 4	委任・代理・使者	413
第 5	記載事項証明書	415
第 6	転入・転居・転出	419
第 7	海外に関する事例	437
第 8	届出（その他）	440
第 9	記載関係	448
第10	住所の認定	455
第11	その他	457

第四編

第1 写しの請求等

1 職権消除されている者の住民票の交付申出について

問 実態調査等で職権消除されている者の住民票について，第三者から本籍表示記載で交付申出があった。このような場合どのような対応をしているか。

答 職権消除した住民票には，通常，転出地が記載されていない。

この場合，除票の法定保存期間（令34条）は5年であることから，債権債務関係がある場合，債権者は5年を経過すると債務者の住所を知る手段を失ってしまう。このように，除票に転出地が記載できず，かつ保存期間の満了が迫っているときは，申出の事由を明示させ，正当であるかの判断を行い，戸籍を表示した除票を交付して差し支えない。

満了が迫っているとする期日については，各市で統一的に判断願いたい。

ただし，転出等により消除され，転出地が記載された住民票の写しの取扱いについては，住民票に準じて行うとされており（事務処理要領第2－4－(5)），第三者からの交付申出については，申出の事由を明示させ，正当であるかの判断を行い交付すべきであるが，本籍に限っては，記載が必要ならば，現住民票の写しの記載で足り，また本籍地やその変遷が必要ならば戸籍謄本等で公証されるべきものである。このため，消除された住民票の写しに戸籍を記載する事由については，特に慎重に対応されたい。

402 第4編 東京都住民基本台帳事務質疑応答集

2 カタカナで記入された本人以外の者からの交付申出について

問 住民票の本人以外の者からの交付申出について，必要な人が氏名欄にカタカナで記入されている場合，特定をどの程度できるか。この場合の取扱い及び処理についておたずねいたします。

答 住民票の写しの交付請求にあたっては，省令において請求（申出）に係る住民の氏名及び住所を明示することとされている。ここで，氏名とは住民基本台帳の氏名であり（システム上の検索キーとしての読み仮名ではない。），これと異なる場合は，法定の明示事項を満たしていないので交付することは適当ではない。

3 世帯票の消除部分の取扱いについて

問 世帯員の一部が転出し，その者の記載が消除されている世帯票の写しを交付する場合，当該消除部分をどう取り扱えばよいか。

答 消除された部分は，事務処理要領第2－4－(1)－①－イ－(イ)にいう「消除された従前の表示」に含まれると解されるので，特別の請求がある場合を除き，当該部分を省略して交付するのが適当である。

第1 写しの請求等 403

4 共同出資により組織された団体からの交付申出について

問 債権確保の目的で共同出資により組織された団体から，「共同出資者の請求に応じ，必要な情報提供を行うため」との理由により，住民票の写しの交付申出がされた。この交付申出に応じてよいか。

答 債務者と債権を有する団体の関係と，当該団体とその団体の共同出資により組織された団体との関係が明らかにされ，申出を相当と判断できる具体的な申出の事由が明らかにされなければ，住民票を交付することは適当ではない。

5 報道機関からの交付申出について

問 報道機関から，「事件報道のため犯罪の被疑者本人を調査する必要がある」との申出の事由により，住民票の写しの交付申出を受けた場合，これに応じてよいか。

答 通常被疑者の住所，氏名等については，本人のプライバシーは保護すべきものであることから，特別の理由がない限り応ずる必要はない。

6 続柄の記載を原則省略する取扱いについて

問 住民票の写しの交付に当たり，続柄等の記載につき，次のような取扱いをしたいと考えるがどうか。

本人及び同一世帯に属する者からの請求にあっては，官公署に提出する

404　第4編　東京都住民基本台帳事務質疑応答集

ためのものが多いと考えられ，続柄等の記載がある住民票の写しが必要と
されると思われる。

　したがって，申請時に続柄等の記載を特に必要としない旨の申出がない
限り，原則としてそれらの事項を省略しない扱いとして差し支えないか。

答　　本人及び同一世帯に属する者からの請求にあっても，続柄等を
　　　　必要とする旨の意思表示がない限り，続柄等を省略した住民票の
写しを交付する取扱いとする。

　また，本人及び同一世帯に属する者からの郵送による請求にあっても，
同様の取扱いとする。

---

7 一部を省略する旨の認証文について

問　　住民票の一部を省略した写しを交付するに際し，請求者から誤
　　　　解を与えるおそれがあるとしてその旨を認証文に明らかにするよ
う申出を受けた。その申出を受け入れた場合の認証文は「この写しは，住
民票（世帯全員の場合には，「世帯全員の」を付する）の原本の一部記載事項
を省略したものと相違ないことを証明する。」としてよいか。

答　　事例に応じ，適宜誤解のない表記である限り差し支えないもの
　　　　である。

---

8 従前の住所等を省略した戸籍の附票の写しの交付

問　　戸籍の附票の写しの交付にあって，請求（申出）理由から判断
　　　　して現住所のみの確認で足りると判断される場合にあっては，消
除された従前の住所等を省略する扱いとしてよいか。

答 お見込のとおり。

9 利用の目的の記載方法

問 「結婚のため，といった抽象的な記載だけでは，具体性があるとは言えず，住民基本台帳又は住民票のどの部分をどのような目的で利用するかが明らかとなる程度の記載があることが必要」とは，具体的にどのように解すればよいか。

答 法第11条第2項及び第12条の2第2項に規定する「請求事由」とは，交付申出の目的が正当なものであるかどうかを判断する手がかりを得るために，交付申出の要件として，請求の事由を明らかにすることを求めたものであり，住民票の写し等を必要とする具体的事由をいうものである。

したがって，単に「結婚のため，商取引のため」といった，抽象的記載では，請求目的の当否を判断するに足る程度の具体的な事由とは認められない。

具体的には，「どの部分」とは住民基本台帳又は住民票の記載事項のうち，だれの，どの事項を必要とするのかについて明らかになる程度の記載（必ずしも，事項を記載することを求めるわけではないが，必要とする項目を特定できる表記であることが必要である。）であり，「どのような目的」とは使用目的，提出先等，請求目的の当否を判断するに足る程度の具体的記載をいう。

406 第4編 東京都住民基本台帳事務質疑応答集

10 裁判を理由とした申出

問 第三者から，「裁判のため」との理由で，事件当事者の家族及び続柄等の記載のある住民票の写しの交付の申出を受けた。どのように取り扱えばよいか。

答 上記の申出の理由では具体性があるとはいえず，訴訟の相手方，訴訟事件名，裁判所名，訴訟における住民票の写しの使用目的等について，具体的記載を求めることが必要である。

　訴訟手続においては，一般的には訴訟当事者の氏名・住所の確認で足りることから，本人のみの，続柄等を省略した住民票の写しを交付すれば足りる。

　なお，(1)戸籍の表示の記載のある住民票の写しを求める事例としては，①住民票が消除されている者について，住所を確認するため戸籍の附票の写しを求める場合，②相続関係，氏名の変更又は後見人等法定代理人を確認するため戸籍謄（抄）本を求める場合等，(2)続柄の表示の記載のある住民票の写しを求める事例としては，内縁関係の確認等が考えられるが，このような「特別の請求」を受けた場合には，その必要性を十分確認のうえ，慎重に取り扱われたい。

問 金融業者等から「債務名義入手後，動産執行申立の際，○○裁判所執行官に提出する調査票に記載する本人の家族構成を確認するため」として，世帯全員・続柄の記載のある住民票の写しの交付の申出を受けた。その真実性の確認は，どのように行えばよいか。

答 裁判所では執行申立てを受けると，当該申請書に「受付番号」を付するので，その記載を求める。なお，真実性に疑義があるときは，裁判所に問い合わせいただきたい。

　このほかの確認方法としては，判決謄本，公正証書，和解調書，調停調

書，簡易裁判所の支払命令書の提示等が考えられる。

11　医療法人等からの学術研究に係る申出

　学術研究のためとして，戸籍の表示の記載のある住民票の写しの申出を，某私立医大から受けたが，応じて差し支えないか。

　学術研究という公益目的に照らし，申出の事由が相当と認められるものにあっては，応じて差し支えない。

12　不動産登記に係る請求

　不動産登記に係る申請において，登記所で家族，戸籍の表示の記載のある住民票の写しを求める事例としては，どのような場合があるか。

　(1)　家族に係る住民票の写しを必要とする事例としては，当該家族を共有名義として登記する場合（共有名義者に限定した住民票の写し）。

(2)　戸籍の表示の記載のある住民票の写しを求める事例としては，①住所を転々とし，登記簿に記載された住所と，住民票上のそれが異なる者について，同一人性を確認するため，戸籍の附票の写しを求める場合，②相続関係，氏名の変更又は後見人等法定代理人を確認するため，戸籍謄（抄）本を求める場合等がある。

　一般的には，請求対象者本人のみの，続柄等を省略した住民票の写しで足りることから，戸籍の表示等の記載のある住民票の写し等の請求を受けた場合には，慎重に取り扱われたい。

408　第4編　東京都住民基本台帳事務質疑応答集

13

住民票の写しの交付における備考欄の取扱い

問　住民票の備考欄には，帰化，離婚等プライバシーに係る事項が記載されていることから，住民票の写しの交付に当たっては，特別の請求がある場合を除き，これを省略して交付することが適当と考えるがどうか。

答　お見込みのとおり。ただし，法第7条第8号に規定する新たに市町村に住所を定めた旨の届出の年月日若しくは職権で住民票の記載をした年月日が，備考欄に記載されている場合には，当該事項についての省略は適当ではない。

14

住民票の写しの交付の請求に応じられない場合

問　郵便により住民票の写しの交付請求があったが，請求に係る住民の氏名及び住所に該当がない場合，当該請求書等を返戻すべきか否かについて伺いたい。

答　送付された書面に請求に係る住民の氏名及び住所が具体的に記載されていないなど，住民票の写しの交付の請求に応じられない場合は，当該請求書等を返戻することが適当である。

なお，住所が住居番号の誤記等軽微な場合で，請求に係る住民が特定できる場合は請求に応じることも考えられる。

【その理由】

(1)　郵便により住民票の写し等の送付を求められた場合についても，住民基本台帳法を所管する担当課が，送付された書面に法第12条，住民票省令第4条に規定する事項が具体的に記載されているか否かを審査し，

当該請求書等を受理できるかどうかの判断を行うべきものである。この場合，請求に係る住民の氏名及び住所の該当者の有無についての確認も審査に含まれると解する。

　これらの記載事項に疑義がある場合は，住民票の写し等を交付すべきではないから，当該請求書等を返戻することが適当である。

(2)　答の後段については，住民の利便を増進する等の住民サービスの観点から行うものであり，請求理由の妥当性を検証のうえ，最終的には各自治体の長の判断により行うこととされたい。

410 第4編 東京都住民基本台帳事務質疑応答集

第2 債権回収関係の請求

15
貸金債権者から戸籍の附票の写しの申出があった場合

問 住民票の写しの交付に際し，貸金債権者からの申出に対しては，特段の事情がない限り当該債務者に限定し交付すべきだとされている。戸籍の附票の写しの交付にあっても，同様の取扱いをすべきだと考えるがどうか。

答 お見込のとおり。

なお，一部の者に限定した戸籍の附票の写しの交付にあって，前住所等の表記につき，「左記に同じ」等の略記をしている場合には，住民票の写しの交付における取扱いを準用する。

16
債権者による住民票の請求の取扱いについて

問 職権消除者の生死確認のため，本籍記載の住民票を第三者が請求してきた場合の各市の対応をお伺いしたい。

答 請求者が債権者である場合，「生死確認のため」という事由だけではなく，具体的な請求事由を明確にさせるべきである。

そのうえで，債権債務関係の所在及び債務者（職権消除者）の死亡を確認し，応じることとする（窓口事務質疑応答集「債務者の相続人の確認のための戸籍の表示」参照）。

第2 債権回収関係の請求 411

17 消費者金融より戸籍記載のある住民票の写しの請求があった場合

問 クレジット会社，金融機関等から「何某と○○契約をしたので，将来にわたる債権確保のため，戸籍の附票の請求ができるよう戸籍の表示の記載のある住民票の写しの交付を申請する」との申出があった。どのように取り扱えばよいか。

答 当面の債権確保のためであれば，住所の確認のみで足りる。したがって，戸籍の表示の記載は当面必要ないものであり，当該部分に係る請求については応じる必要はない。それは，戸籍の表示の記載のある住民票の写しの交付を認めることになると，必要以上に情報をそれらの会社等が所有することになり，プライバシーの侵害等につながるおそれもあるからである。

18 債権回収に係る請求

問 金融業者等債権者から，「金銭消費貸借契約をしたが，契約履行を確保するため，契約申込書に記載された家族に係るものにつき，事実と相違していた場合には，契約解除を行いたい。ついては，その真実性を確認するため，家族を含めた住民票の写しの交付を受けたい」との趣旨の請求を受けた。どのように取り扱えばよいか。

答 契約は，債権者及び債務者の当事者間で行われるものであり，一般的には，家族に係るものにつき誤記載等があったとしても，解除の対象とはならないと考えられる。したがって，特段の事情がない限り，本人のみの，続柄等を省略した住民票の写しを交付すれば足りる。

412　第4編　東京都住民基本台帳事務質疑応答集

第3　台帳の閲覧等

19
複写機等を用いての閲覧について

問　　写真機又は複写機等の機器を用いての閲覧申請があったが，これを受けてよいか。

答　　写真機又は複写機等の機器を用いて住民票等を撮影又は複写することは，住民票等に記載された事項をそのままの形で取得することとなる。これは，一般に「閲覧」の概念を超えるものであり，このような場合には，法第12条，第12条の2，第12条の3に規定する住民票の写し又は住民票記載事項証明書の交付制度を利用すべきものである。

　以上のことから，設問にあるような申請は受けるべきではない。

第4 委任・代理・使者 413

第4 委任・代理・使者

20
代理請求における住民票と戸籍の取扱方の違いについて

問 当市において，住民票の代理請求にあっては，親子間であって
も別世帯であれば，委任状等（電話確認）で本人の意思確認がで
きない限り住民票の交付はしてはならない。

しかしながら，戸籍に関しては，別世帯であっても親子間であれば戸籍
関係の諸証明の交付は行っている。窓口職員としては，それぞれの規則等
に従って事務処理をしているところであるが，市民や当市に戸籍をおいて
いるものの立場からすると矛盾を感じているのではないか。

相手の立場に立って納得いく説明はできないだろうか。

答 住民票の写しの請求にあたっては，自己又は自己と同一の世帯
に属するものは請求事由を明らかにすることを要しないとされて
いる（住民基本台帳の一部の写しの閲覧及び住民票の写し等の交付に関する省
令）。別世帯の親子の場合，委任状により自己の請求として処理するか，
本人以外の者による申出として住民票の利用目的を明示させ，申出が相当
かどうか不当の判断を行うことになる。

住民からすれば住民票も戸籍も大して変わらないように思うかもしれな
いが，住民票と戸籍では，その性格を異にし，住民票は居住関係を公証す
るものであり，戸籍は身分関係を公証するものである。このため，親子で
あっても，住民票では居住関係たる世帯が判断基準となるが，戸籍には世
帯の概念はなく，身分関係たる親子関係が判断基準になっているものと思
われる。住民票が世帯を基準とすることは，法第26条で「世帯主は，世
帯員に代わって，この法律の規定による届出をすることができる。世帯員

が，この法律の規定による届出をすることができないときは，世帯主が世帯員に代わって，その届出をしなければならない。」と規定されていることからも明らかである。

窓口対応として，別世帯の親子，親族関係で，委任状なく住民票の写し（本籍入り含む。）を交付している場合は第三者請求として取り扱われたい。

21 代理人請求の場合の委任状等の範囲について

問 代理人が請求する場合には，その資格を確認するために委任状を提出させる等，としているが，この「等」の中に，代理権授与通知書，代理人選任届等委任を証する書面を含むと解して差し支えないか。

答 区市町村長が認容すれば，代理権授与通知書，代理人選任届等委任を証する書面を含むと解して差し支えない。

第5 記載事項証明書 415

第5 記載事項証明書

22
住民票記載事項証明書中の前住所欄について

問 住民票記載事項証明書中の前住所欄について，申請者の前住所が未届となっているときは，どのように取り扱うべきか伺いたい。

答 住民票記載事項証明書とは，住民票の記載事項のうち，必要な事項のみを証明するものであり，前住所の証明が必要であるか否かを確認するべきである。前住所の証明が必要な場合は，未届地であることがわかるように記載する。

住民票記載事項証明書は，住民票の記載のとおり正確に記載すべきものである。

「（未届）」を省略して交付した場合，前住所欄に記載された住所が，未届地ではなく住所登録地と誤解されるおそれがある。未届地では通常住民票は作成しないので，転入地から送付されてくる転入通知の保存期間が経過すると，当該者に関する資料は何もなくなってしまう。

以上の理由から，住民票記載事項証明書においても「（未届）」の記載は必要である。

416　第4編　東京都住民基本台帳事務質疑応答集

23
住民票記載事項証明書の住所等の誤記の訂正について

問　住民票記載事項証明書の住所等の誤記の訂正は，申請者本人による訂正，公印による訂正のどちらが相応しいのか。

答　住民票記載事項証明書は，住民票の記載事項の一部を市町村長が証明するものであるから，証明事項の訂正は，市町村の公印によるのが適当と思われる。申請者本人の印によって訂正する場合，市町村長が認証した後に訂正することも可能であり，証明書の信頼性に係る問題である。

24
申請書と証明書で記載事項が異なる記載事項証明書の請求について

問　住民票の記載事項証明書において，申請書と証明書が別紙となっており，申請書には住所の記載があるが証明書に住所の記載がない場合，これに応じてよいか。

答　応ずるべきでない。

なぜなら，「①住民票の記載事項証明書は，ある特定人に係る住民票に記載された事項に関するものであり，対象者の特定は必要条件である。

また，②住民票は，居住関係を公証するものでありその基本となる住所は対象者を特定するために最小限備えておかなければならない要素である」からである。

25 住民票記載事項証明書の略記の許容範囲について

問 住民票の記載事項証明書を交付するに当たり、申請者の記載表示が住民票のそれと相違していた場合の訂正不要の範囲を示されたい。

答 住民票の記載事項証明書は、住民票に記載してある事項を証明するものであり、住民票の記載のとおり正確に記載すべきである。

強いて略記できる範囲を挙げるならば、次のとおりである。

項　　目	略記の許容範囲	根　拠　等
氏　　名	略記不可	事務処理要領第1－5の「住民票の氏名は戸籍の記載と正確に一致しなければならない」との趣旨からして、略記は許されない。
出生等の年月日　年号	明治，大正，昭和，平成→明，大，昭，平	事務処理要領第2－1－(2)－イに準ずる。なお、M.T.S.H等アルファベットによる表示は、認められない〔昭和36.9.15日記(戸)第1729号〕。
年月日	年月日→　．．．	事務処理要領第2－1－(2)－イに準ずる。
住　　所	番及び号は―（ハイフォン）で略記可。なお、丁目は、町名であり固有名詞という性格から略記はなじまないとされている（自治省見解）。	街区方式による住居表示の実施基準（昭和38.7.30自治省告示第117号）第1－6に準ずる。

なお、提出先が特定されている場合にはその使用目途に応じ、記載事項が誤解のおそれがなく、かつ特定し得る表記であれば、弾力的に対応して

418　第4編　東京都住民基本台帳事務質疑応答集

も差し支えない。

26 消除されている者についての住民票記載事項証明書の記載方法について

問　住民票記載事項証明書において，転出者，死亡者等消除されている者につき証明する場合にあっては，その備考欄等に「○年○月○日死亡」，「○年○月○日転出」等の消除事由を記載する必要があるか。

答　特別の請求がない限り，消除事由を記載する必要はない。なお，消除されている住民票につき住民票記載事項証明書を交付する場合は，①消除されている住民票についての証明であること，又は，②過去の特定した時点における証明であること，いずれかの表記が認証文中にあることが必要である。

第6 転入・転居・転出 419

第6 転入・転居・転出

27
児童相談所に保護されている子どもの転入届について

問 　　A女は，F市よりM市に本人とその子B子（9歳）の転入届に
　　来た。B子は，現在ある事情によって児童相談所に保護されてい
る。A女は，1か月くらい後でB子を引き取る予定だといって2人の転入
手続をした。B子は，一時的な保護とのことでその期間は不明である。A
は，1年前に離婚し，転入と同時にS区より住所地M市に転籍届も出して
いる。A女は，B子の親権者になっておらずB子は，現在も父の戸籍に
入っている。B子は，就学児童でもある。

　A女，B子の住民票は，どのような注意をして作成したらよいか。

　　届出日　　平成7年6月8日

　　異動日　　平成7年6月4日

1　子が現在施設に入所している証明は何も持参していない。

2　1か月くらいで引き取ると言うが親の口頭だけで確認できず，保護期
　間が長期にわたる場合。

3　子の親権は，父である。

4　同住所地にこのような実例が数件重なった場合，どのような対応が必
　要か伺いたい。

答 　1　A女について

　　転入届に転出証明書（又は転出証明書に準ずる証明書）を添付し
て提出した場合は，届出に基づき住民票を作成する。

　いずれの市町村の住民基本台帳にも記録されていないことその他やむを
得ない理由により転出証明書（又は転出証明書に準ずる証明書）を添付でき

ないため戸籍の附票及び戸籍謄（抄）本を添付させることが適当である。

また，上記の添付書類がない場合は，記載すべき事項を確認のうえ，転入届を資料として職権で住民票を作成する。

いずれの場合も転入届の内容に疑義が生じた場合は，届出の内容が事実であるかどうか調査のうえ，事実確認後届出を受理し，住民票を作成する。

2　B子について

M市での世帯主がA女であれば，A女が親権者であるかどうかということは，転入届の取扱いに何ら影響を及ぼさない。

世帯主がA女でない場合は，届出義務者以外の者からの届出として，転入届を資料として職権で住民票を作成する。

ただし，住所を認定するうえで，児童相談所での保護期間が1年未満の短期間の場合，住所は家族の居住地にあるとした前例があるので，児童相談所に保護期間等を確認した後，住民票を作成することになる。

一方，法第22条に規定されているように，転入届はすでに居住していなければ受理できないのが原則である。問題のように，転入時に，児童相談所に保護されている事例にあっては，B子が現実にM市内に住所を定めた時点で，住民票を作成する取扱いも考えられる。

児童相談所での居住実態等，関係諸機関への事情聴取の結果から判断することになる。

また，同住所地にこのような実例が重なった場合，建物が住居用であるかどうか，住居用であるとしても，どの程度の人数が住居できるか実態調査をする必要があろう。

第6 転入・転居・転出 421

28
受理証明の添付のない転入届について

問 A市に転出届をした甲は，同日の宿直扱いで，甲の氏を称する乙との婚姻届をA市に提出した。翌日B市の乙世帯に一部転入の届出が甲よりされた。転出証明書は旧記載のままで，婚姻届の受理証明は添付されていない。どのように対応するのがよいか。

答 婚姻届出後，転入届出があった場合は，住民票は新しい氏，戸籍の表示をもって作成する。通常は，本人から婚姻届受理証明書を提出させることにより，記載事項を確認して，住民票を作成することになるが，緊急かつやむを得ない場合は，A市に電話等で婚姻届が受理されたことを確認して住民票を作成するのが適当である。この場合，住民票には電話確認等で処理したことがわかるようにしておき，後日，法第9条第2項の通知によって正式に処理することが必要である。

29
除票が5年の保存期間を経過し廃棄されており，かつ，旧住所が未消除の戸籍の附票を添付し転入届出があった場合の取扱い

問 A市に10日前に住み始めた甲は，就職するに当たり，早急に住民票が必要とのことで，戸籍抄本と戸籍の附票の写しを持参して転入届にきた。

事情を尋ねたところ，甲は20年以上前B市に住んでいたが，その後，各地を転々としており異動届出はしたことがないとのことである。持参した戸籍の附票の写しには住所がB市のままで職権消除等の記載がないため，B市に問い合わせたが，現在保管中の帳票では確認できなかった。

422　第4編　東京都住民基本台帳事務質疑応答集

このような場合，どのように処理すればよいか。

答　1　本籍地であるC市の戸籍の附票が，B市のままで職権消除等の記載がないのは，

(1)　甲がB市へ転出届を出したまま，転入届を怠った。

(2)　B市で職権消除を行ったが，その通知を怠った。

等の理由が考えられる。

2　各市の事務処理は，次によられたい。

(1)　A市の対応

①　申請書の取扱い

B市での住民記録がないことを確認（B市の不在住証明を添付する取扱いとしてもよい。）し，また，CSにていずれの市町村にも住民記録がないことを確認したうえ，受理すべきである（参考：事務処理要領第2－2－(3)－ア－(ア)）。

②　住民票の処理

・前住所地が判明した場合

前住所地欄に前住所地（未届）を付記して記載

・前住所地が全く不明の場合

前住所地欄は「住所不明」として記載

③　通　知

本籍地（C市），未届前住所地市町村（未届地として住民票の前住所地欄に記載した場合）及びB市に対し，通知する。

(2)　B市の対応

A市からの連絡に基づき甲が不在住であることの実態調査を行い，その結果をA市に連絡する。

(3)　C市の対応（戸籍の附票の処理）

A市からの通知に基づき未届前住所地（未届地として住民票の前住所地欄に記載した場合）及び現住所地を記載する。

なお，B市に係る住所の記録は，単に抹消するだけの例もあるが，「職権消除日不詳・　年　月　日消除」の旨を付記したうえ，抹消することも考えられる。

(4)　未届前住所地市町村の対応

　　A市からの通知を保管するにとどめ，住民票の作成は要しない。

---

30 転入地で転入届がなされる前に，死亡した者に係る住民票の作成

問　A市に居住する乙男は，母甲女が昭和61年3月8日B市に居住する丙（夫）のもとへ転出した旨の届出を同月18日に行い，同日丙男に転出証明書を郵送した。3月21日に転出証明書を受け取った丙男は，同日B市へ転入手続に来庁した。

ところが，甲女は3月19日B市で死亡し，3月20日B市に死亡届が丙男より提出されていた。

なお，甲女は，国民年金，国民健康保険に加入しており，その給付等を求めている。

B市では，この転入届をどのように扱えばよいか。

答　死亡日前にB市に転入していた事実があることから，B市は届書を受理すべきである。

また，B市では，次の理由により，住民票を作成することが適当である。

① 法第2条に「住民に関する事務の処理がすべて住民基本台帳に基づいて行われるように」と規定されていること

② 国民年金若しくは国民健康保険の給付等行政サービスが住民票に基づき行われている実態があること

424　第4編　東京都住民基本台帳事務質疑応答集

なお，当該住民票は，死亡届提出後作成するものであることから，住民基本台帳法上の転入届として扱うのではなく，その届書を資料として職権で作成し，また死亡届を資料として同日職権消除する扱いとなる。

31　転入日前に出生した子に係る出生届を併せて転入届を受けた場合

問　B市では，甲夫婦からA市からの8月24日を転入日とする転入届を8月26日に受けた。

　この転入届には，8月22日に出生した子乙についても記載されていたが，併せて提出されたB市発行の転出証明書には，甲夫婦の記載のみであった。

　また，甲夫婦は子乙に係る出生届（住民登録をするところは，B市となっている）をも，同日（8月26日）提出した。このような場合，どのように取り扱えばよいか。

答　乙の出生届を受理したB市長は，その届出に基づいて，職権により住民票を記載する。この場合，乙の住所は，両親がA市からB市に転入するまではA市にあったことになるので，B市長は両親と併せて乙についても，前住所地であるA市の市長に対し，住民票の記載をした旨を通知する必要がある。なお，通知を受けたA市長は，乙の住民票を作成して，直ちに消除するのが本来であるが，課税，国民健康保険の給付など実務上住民票の作成が必要な場合を除き，事務の簡素化のうえから住民票を作成する必要はない。

(1)　届出書の記入

　①　届出書に子は記入せず，備考欄に「同日出生届出」と記入する。

　②　その他記入方法は，全部転入の場合に準ずる。

第6 転入・転居・転出　425

(2) 住民票の記載

① 住民となった年月日欄は，通常の場合は出生年月日と同一であるが，子が転出住所地で出生し，父母とともに転入した場合には，転入の年月日を記載する。

② 記載事由欄は，住民となった年月日をもって「　年　月　日転入」と記載する。

③ 備考欄に「　年　月　日戸籍届出により記載」と記載する。

④ その他記載方法は，全部転入の場合に準ずる。

32 車内で生活していた人からの転入届について

問　　A男は，平成11年3月25日届出，平成11年4月5日転出予定の転出証明書を持参して，平成14年8月14日，B市に転入届を出しに来た。転入先住所にはその妻子が平成10年8月28日付で転入している。

届出が遅れた理由を聴いてみると，A男は届出に来た日まで，自分の勤める会社敷地内駐車場C市内の車内で，寝起きをしていたことが判明した。

妻子の元には2〜3か月に一度は会いに行っていたということである。B市ではどのように住民異動届を処理したら良いか。

答　　〈転出証明書の有効性について〉

転出証明書に法定上の有効期限はないが，本事例では相当期間が経過しており，二重登録の危険があるので，必ず戸籍の附票の写しを添付させ確認することが望ましい。

〈当該場所を住所として認定することの可否について〉

自動車に着目すれば，移動可能な自動車車内について住所として認定す

ることは適当ではない。

　当該敷地に着目すれば、会社の了解が得られれば、会社を住所地とすることは可能であると考える。ただし、未届ではあるが、通常のケースではないので事前にC市へ連絡した方が望ましい。会社及びC市の了承は必須条件ではないが、後々のトラブルを考えれば了承を得た方が良い。

〈住所認定について〉

　本事例においては明らかでないが、本人の意思と家財道具の置場等客観的な居住の事実を勘案し、住所を決定する。

33　職権消除になっている外国人の転入届について

問　特別永住者のXは、平成24年7月9日以前から刑務所に入っていた。それまでに居住していたA市では、一人世帯で仮住民票が届かなかったため7月9日付で職権消除になっている。

　刑務所を出所し、平成24年10月10日にB市に転入してきた。

1　XがA市に転出届出をしに来た場合、A市はどのように対応すべきか。

2　Xが直接B市に転入届出をしに来た場合、B市はどのように対応すべきか、また必要書類は何か。

答　外国人住民を住民票に記載する根拠は、大きく分けて次の4つである。

1　法第22条（転入を行った場合）

2　法第30条の46（国外からの転入・一度も住民基本台帳に記載されていないものが新たに住所を定めた場合（未届除く。））

3　法第30条の47（住所を有する者が中長期在留者等となった場合）

4　法附則第5条（施行日時点で住民票に記載されるべき外国人住民が記載さ

れていなかった場合）

　今回の場合，まず国外からの転入ではないことから2は除外，継続して特別永住者であったと考えると，3も除外。よって，根拠として考えられるのは1と4に絞られる。

　単身の受刑者の住所は，刑務所の所在地にあると考えられている（実例：昭和46.3.31自治振128号通知問1）。本件では7月9日以前より，刑務所に入所していたとのことなので，本来の処理としては，法附則第5条により，刑務所の所在地においてXの住民票を作成，転出届を行い，B市において法第22条により転入手続を行う。

　しかし，すでに刑務所を出所し，B市へ転入してきているのであれば，刑務所を未届地として法第22条により住民票を作成することと考える。

　以上のことを踏まえそれぞれの対応を考えると，以下のとおりとなる。

① A市の対応

　　転出証明書に準ずる証明書等を交付し，B市で手続を行うよう案内する。

② B市の対応

　　A市で転出証明書に準ずる証明書等を発行してもらえるなら発行してもらい，持参するのが適当であると考えるが，すでに窓口に来庁しており現実的には難しいため，法第22条第1項7号で処理する。その際の必要書類としては，特別永住者証等が考えられる。

34 転出証明書に記載された在留期間満了後の転入について

・外国人CがB市へ転入届出（A市→B市）

・本人確認書類として，在留カードを持参している。

・届出日　平成30年8月8日

428　第4編　東京都住民基本台帳事務質疑応答集

・異動日　平成30年8月5日

・A市発行の転出証明書には在留期間満了日が平成30年7月31日とある。

1　本人が旅券を持参しており，平成30年7月31日以前に入国管理局に在留期間更新申請をしていることが確認できる。

2　本人が旅券を持参しておらず，在留期間更新申請をしたか確認できない。本人もまだ入国管理局へ申請をしていない。

3　また2の状況において，転入届出日を平成30年10月10日とした場合。

答　　1について，事務処理要領第4-2-(2)-エ-(イ)に，転出証明書に記載のある在留期間の満了の日が，転入届のあった時点ですでに経過している場合等には，在留カード等の提示を求め，在留期間更新等許可申請中であることを確認する等の方法により，外国人住民であることを確認したうえ，住民票の作成又は記載を行うとあるため，転入届を受理する。なお，その際の在留期間の満了日は転出証明書のとおり記載し，後日，法務省通知により修正を行う。

　　2について，転入届は受理せず，まずは入国管理局を案内する。その後再度届出を行うよう案内する。

　　3については，2と同様。

35
従前の住所で出生した子が母と共に転居していたが，転居届後に子の出生が確認された場合の取扱い

問　　A市イ町では，世帯主甲女に係るA市ア町（A市ア町への転入届は，甲女を世帯主として3月1日届出済）からの転居届を4月1日に受けた。その際，母子手帳を添えて，乙子が3月24日に出生してお

第6　転入・転居・転出　429

り出生届出済であるので，合わせて記載してほしいとの申出があった。

　調査したところ，甲女は3月25日に前夫丙男と離婚しており（乙子の親権者は甲女となっている），丙男が乙子の住所地を自己の住所を記載して，丙男の住所地であるB市に出生届を提出していた。また，乙子は甲女と居住を共にしており，丙男の住所には一切居住の事実がなかったことも判明した。

　この場合，A市イ町における乙子の住民票の記載は，どのように処理すればよいか。

答　出生児の住民票は，出生届に基づき記載するのが原則であるが，住所の認定に当たっては，あくまでも居住の事実関係が優先する。

　したがって，事例にあっては乙子は甲女と居住を共にしていた事実が確認されていることから，A市において住民票を作成することとなる。

　住民票は，原則として世帯主甲女の転入日以後の同世帯に関する記録（改製等があった場合を除く。）であることから，次により処理されたい。

(1)　世帯票による住民票の場合　⇒　乙子の前住所地欄は「出生」と記載

　　（同人の出生日以後の住所の異動は，世帯共通欄により把握できる。）

(2)　個人票による住民票の場合　⇒　乙子の前住所地欄は上記と同様とし，住所異動欄に出生日以後の住所異動を記載

36　転出届の取消しについて

問　その日の午後に引っ越しをするといって，午前中転出証明書の交付を受けた者が，引っ越しが中止になってしまったと転出の取消しを求めた場合，転出予定の取消しとして処理することができるのか伺いたい。

転出届が転出日又は転出日後の場合は，届出日に住民票を消除
　　　　することとなっている。住民基本台帳事務の処理に当たっては，
日付でもって処理しているところであり，時間の概念がない。よって，転
出日の届出として住民票の処理を行った場合は，転出は確定したものとし
て取扱うのもやむを得ないところである。

37　短期間での住所異動について

　　　　Yは平成24年11月5日に同日付でC市からD市へ転入届出
　　　　をした。
　平成24年11月8日，YがD市へ再度来庁し，同日付で転出届を提出
した。事情を聞くと，出張で転入したが仕事の都合が変わったため，また
C市へ戻ることになったという。11月5日から8日までの間は確かにD
市の住所に住んでいたとのこと。
1　D市はどのように対応すべきか。
2　C市はどのように対応すべきか。

　　　　D市へ転入した当初，すぐにC市へ戻る予定もなく，客観的な
　　　　居住の実態があったということであれば，期間が短くとも，D市
に住所を有していたと考えられる。このことを踏まえそれぞれの対応を考
えると，以下のとおりとなる。
　1については，C市へ戻る理由によるものと考える。今回，仕事の都
合でC市に戻るということだが，生活の本拠地をC市へ移すということ
か。もし一時的にC市に戻るということであれば，そもそも転出届を出
す必要はないと考える。生活の本拠地をD市からC市へ移すのであれ
ば，転出証明書にその旨を記載した上で，発行するのが適当だと考え
る。

第6 転入・転居・転出 431

2については，再転入の取り扱いとなるため，住民票にその旨を記載することになる（昭和43.11.5日付自治振179号通達）。

38 除票になっている場合の転出届について

問 甲は，A市からB市へ転出の手続をするためA市へ行ったところ，甲の住民票は，すでに3年ほど前に転出により除票となっていた。甲は今日までA市の現住所に住み続けていたそうである。調べてみると，妻が子どもと3年ほど前に家を出たときに，妻は，A市からC市への転出届を甲も含む世帯全員で届け出ていた。C市からA市には甲の妻と子の転入通知が届いており，転出確定処理済みであったが，甲の除票は，転出確定にはなっていなかった（A市では未着通知の照会は行っていない。）。

1 A市での処理はどのようにしたらよいか。

2 B市は，甲の転入にあたり，何を持ってきてもらったら受理できるか。

3 妻が，C市へ転入する際に，転出証明書中の妻と子はC市へ転入するが，甲は転入を取りやめてA市に住み続けると申し出があった場合，世帯全員の転出証明書で受理していいか。

答 1 甲からの申出を調査し，事実と認定するのであれば，3年前にさかのぼり住民票を職権で回復したうえで転出届を受理する。また，権利義務関係が遡及して発生する場合があるので，関係部署と協議されたい。

2 A市が今回発行した転出証明書。または，準ずる証明（A市が転出届を受理せず，職権消除の扱いとする場合）。

3 本来であれば，転出証明書の内容と転出届の内容が異なっているので，転出地に申し出をさせ，新たな転出証明書を持参させるべきであ

432　第4編　東京都住民基本台帳事務質疑応答集

る。

　便宜を図るのであれば，転出地に対し，持参の転出証明書で転入を受
ける旨を連絡のうえ，転出届を受理し，転出証明書には甲がA市から転
出していない旨を明記し保存するのが適当である。また，妻には，直ち
に転出地に申し出るよう指示をする（転出地側の扱いにより，転出証明書
を返却する等，若干扱いが異なることもある。）。

---

39 親権者がいる子どもについての転出届が，親権なき者から提出された場合の取扱い

問　父母が離婚し，その子ども甲（6歳）・乙（3歳）の親権者は母
　　とされ，子ども甲・乙は，母が世帯主である住民票に世帯員とし
て記録されている。

　ところが，別世帯である甲・乙の父から，乙を扶養することになったと
して，乙に係る転出届があった。これを受理してよいか。

答　法が規定する届出義務者とは，事件本人，世帯主又は事件本人
　　の代理人である。設問の事例にあっては，届出者である父は事件
本人の親権者でなく，また，事件本人が3歳であることから，代理権を授
与するのに必要な意思能力があるとは解せられない。よって，この届出を
法上の転出届出として受理することはできない。

　この転出届出が，乙の親権者である母親の委任状を添えてなされたもの
であれば，もとより，住民基本台帳法上の転出届として，これを受理して
差し支えない。

　ただし，乙の居所を確認するなど実態把握に努め，父親の申出が事実と
相違ないと認められる限りにおいては，この届出を資料として，職権で乙
の住民票を消除する扱いとなる。また，この場合，転入届に添付する書類

第6　転入・転居・転出　433

として，転出証明書に準ずる証明書又は転入届に添付すべき書類として発行した旨を記載のある消除された住民票の写しを交付するのが適当である。

40 郵送による転出届について

問 　A男はC市○町に転入するため，B市に転出届を郵送にて申請してきたが，その記載内容（住所・本籍地等）が実際の住民登録上の内容と全く違っていた。

　また，申請者本人を確認できるもの（免許証・保険証・預金通帳・クレジットカード・診察券等）のコピーも同封されていなかったため，A男に電話をし，話を聴いたことで次のことがわかった。

- A男は，現在アルコール依存症によりC市△町にある施設に入院中で住民票・国民健康保険証を取得するためB市を転出し，C市に転入する必要があること。
- B市において，平成9年10月2日より不現住であったため，平成14年7月30日に実態調査した上職権消除されていたこと。
- 現時点で，自身の本籍がどこにあるのか全くわからない状態にあること。
- 「転出証明に準ずる証明書」を送付するための同封の返信用封筒は，C市△町の施設宛であったが，申請書に記載のあった新住所はC市○町となっていたこと。
- B市は最終住民登録地で，C市○町に住み始めるまでの間，何市かを転々としていたこと。

　この場合，A男に対してはどう指導し，どのような事務処理をしたらいいか？

434　第4編　東京都住民基本台帳事務質疑応答集

答　　　転出届出時の法定届出事項は「氏名，転出先，転出予定年月」

（法第24条）であるので，法令上は，前住所地，本籍地を不知であることをもって届出を受けないことはできない。また，転出届出期間経過後には，転出届として扱えなくなるため，転出先や転出予定年月日も法令上不要と解される。

　各市の処理として，

〈B市〉

　A男には，住所を異動した際には，届出が必要であることを指導し，届出がない場合には，過料の対象となることを説明する。

　A男と連絡が取れることから，生年月日，家族構成などを聴取し，本人であることを確認後，転出証明に準ずる証明書を，C市△町の施設宛に送付する。

　転出届出期間経過のため，過料の通知を簡易裁判所宛送付する。

〈C市〉

　C市では，C市○町を住所として転入届を受け付けるが，住所として疑義がある場合には実態調査を行う。また，転々としていた住所を聴取し，従前の住所地は未届地として，住所の履歴を確認し，それぞれの住所地区市町村長に対し，法第9条第1項通知をする。また，それぞれの未届地に対し，転入，転出届の届出義務に違反したことになるので，併わせて簡易裁判所に対し，過料の通知を行う。なお，各未届地の区市町村長に対し，簡易裁判所に通知済みである旨を通知しておく取扱いが適当である。

　また，C市長は，本籍地区市町村長に対し，法第19条第1項の通知をする際に転々としていた住所については，未届である旨附記するのが適当である。

〈各未届地〉

　権利義務が発生しない場合については，住民票の作成を省略して差し支えない。

第6 転入・転居・転出 435

41
転出予定日を過ぎた者からの住民票の写しの交付請求

問 甲男は，家族を置いて単身で10月11日にＡ市からＢ市に転出することになり，10月5日転出届をした。Ａ市では届出に基づき，転出日が過ぎた10月12日に住民票を処理した。

ところが，10月13日になって甲男が転出証明書を持参して来庁し，都合で10月15日に延期になり，住民票がほしいと申し出てきた。

この場合，どのように取り扱えばよいか。

答 甲男から申立書を徴するなどして，申出が事実と相違ないことが確認できれば住民票を回復し，転出予定日を修正したうえで住民票を交付する扱いとなる。

なお，転出証明書についても転出予定日を修正のうえ交付する（ただし，住民基本台帳を磁気ディスク等に置き換えている区市町村にあって，転出予定日の前日までに住民票の写しを交付する場合は，転出予定日等の記載は不要である。参考：昭和61.2.4自治省告示15号第5-1）。

42
転入通知未着の者からの住民票の写しの交付請求

問 住民票の写しの交付請求を受けたが，請求対象者の転出届はすでに提出済であり，転出予定日も経過していた。しかし，転入地区市町村からの通知が，未着である。

この場合，認証文はどのように記載すればよいか。

答 住民票は，事務処理要領第2-2-(1)-オにより，転出予定日において消除するものとされている。

したがって，転出予定日以後，当該住民票は消除された取扱いとなるの

で，「この写しは，消除された住民票の原本と相違ないことを証明する」となる。

　なお，転出予定日前であれば，その住民票は当該区市町村の住民票として有効であり，その場合の認証文は「この写しは，住民票（世帯全員の場合にあっては，「世帯全員の」を付する。）の原本と相違ないことを証明する」となる。

第7 海外に関する事例　437

第7　海外に関する事例

43 パスポートによる海外転入で最終住民記録地がわからない転入者について

問　Ｔ市にパスポートによる海外転入があった。転入者本人は４歳で海外に転出しすでに成人しているが，最終住民記録地がわからない。本籍地Ｈ市に確認したところ，他からの転籍者で附票には最終住民記録地はおろか，海外への転出の旨の記載もない。前本籍地に照会したが，附票はすでに処分されていて確認できない。

このような場合，受付はどのようにしたらよいか伺いたい。

答　ＣＳにていずれの市町村にも住民記録がないことを確認したうえ，通常のパスポート転入の受付をする。戸籍の表示については，本籍地に照会して確認し，記載する。

戸籍の附票に最終住民記録地及び海外転出の記載がないことについては，転入届の受付に際してはなんら影響はない。

44 海外転出者の戸籍の附票の記載方法

問　Ａ男，Ｂ女夫婦は，昭和59年２月３日に米国へ転出する旨の届書を，同年１月30日に現住地である甲市へ提出した。

甲市は，直ちに本籍地である乙市に法第19条第１項通知を出し，乙市はＡ・Ｂ夫婦の戸籍の附票に米国の住所を記載した。

ところが，昭和60年６月10日になって乙市は，在ロンドン日本国総

領事が受理したＡ・Ｂ夫婦の子Ｃの「身分関係届書の送付について」という出生通知を，外務大臣官房領事移住部長から受けた。その通知によれば，Ａ・Ｂ夫婦は米国に居住した後，英国に移りそこでＣを出生したとのことである。乙市における戸籍の附票の記載は，どのように処理すればよいか。

答　Ａ・Ｂ夫婦は米国のまま，Ｃは英国とする。

戸籍の附票に記載すべき住所は，国外に関する限りその移動状況を追求し把握するのは困難であり，また，法上もそれまで要求していない。

したがって，当該事例のように外務省からの通知によりＡ・Ｂ夫婦の住所が，移動したことを，たまたま知り得た場合でも，Ａ・Ｂ夫婦が離日時に届け出た国外住所を修正する必要はなく，また，出生児との住所が異なることもやむをえない（参考：昭和58.7.22自治省から宮城県地方課あて電話回答）。

45　パスポートを持参しない海外からの転入者の取扱い

問　パスポートを持参しない海外からの転入者に係る転入届は，これを受理してよいか。また，受理する場合にあっては，どのように取り扱えばよいか。

答　原則として，パスポートが必要である。また，その際，戸籍謄（抄）本及び戸籍の附票の写しを資料として添付させる扱いとしても差し支えない。

パスポートを紛失等により持参できない場合は，戸籍謄（抄）本及び戸籍の附票の写しを提出させるなどして事実関係を確認のうえ受理する取扱いとなる。

また，パスポートに区市町村が転入確認等の記載をすることは，国際間で行われている出入国管理事務等に支障を来たすので，記載をしないよう外務省より依頼されているので留意されたい。

46　外国で死亡した者の死亡年月日について

問　外国で死亡した者の住民票記載事項通知（法9条2項）を受けた。同通知には，死亡地の標準時による死亡年月日（時刻不詳）のほかに「死亡の日時は，日本標準時による死亡年月日（時刻不詳）を併記して下さい。」と記載されており，この場合の住民票の記載方について伺いたい。

答　戸籍に記載されているとおり，日本の標準時による死亡年月日を併記して記載する取扱いで差し支えない。

【その理由】
　住民票に記載をする死亡年月日は，戸籍の記載と一致させる。

440　第4編　東京都住民基本台帳事務質疑応答集

第8　届出（その他）

47

15歳未満の者から異動届を受けた場合の取扱い

問　15歳未満の者から異動届を受けたが，これを受理してよいか。

答　窓口において，個別に届出人の意思能力の有無を判断することは困難である。そこで未成年者の意思能力の有無を判断するに当たり，普遍的な年齢基準を設ける必要がある。

しかるに，①無能力者の届出（戸籍法第31条，32条）における昭和23年10月15日民事甲第660号通達及び②印鑑条例における登録資格において，民法第791条第3項（子の氏の変更）及び同法第797条（15歳未満の養子）等を根拠として，15歳未満の未成年者を意思能力なき者として取り扱っている。

以上のことから，住民基本台帳事務にあっても，戸籍，印鑑登録事務に準じ，15歳未満の未成年者を意思能力なき者として取扱い，このような者からの届出は受理しない扱いとするのが適当である。なお，やむを得ないと認められる場合にあっては，受付はするものの，世帯主等に電話等により連絡し，その意思を確認のうえ受理することとされたい。

第8 届出（その他） 441

48
15歳以下の子のみで構成される世帯の住民票（住民登録）について

問
・当該世帯は，Ｙ市に住民登録があり，世帯主Ｍ（父），子Ａ（11歳・男），子Ｂ（8歳・男）の3人で構成されている。

・平成24年7月11日，Ｍの死亡届（法9条2項通知）があった。

・ＡとＢの母は数年前，既に死亡していることが確認できた。

・ＡとＢの親権については，未成年後見人の手続がまだ行われていないため定まっていない。

平成24年8月6日，Ｃ（ＡとＢの祖父）が来庁し，ＡとＢをＣの住所地であるＸ市に異動する旨の転出届が提出された。

1　ＡとＢの続柄及び世帯主は，Ｍの死亡事項記載後どのように記載すべきか。

2　ＣによるＡとＢの転出届は，受理すべきか。受理する場合，どのような対応をとるべきか（必要書類や確認事項など）。

答
1について，世帯主に年齢制限はないため，ＡとＢにおいて生計を営み，独立して世帯を構成しているのであれば，世帯主とすることはできなくはない。ＡとＢにより生計を営んでいる判断ができなければ，世帯主とすることは適当ではないと考える。仮にＣがＡとＢを引き取ることが確認できるのであれば，一時的に世帯主及び続柄が空欄となることもやむを得ないのではないかとも考える。

2について，転出届を受理する場合，ＡとＢに代理権を授与する意思能力があるかの判断となる。Ａを世帯主にした場合においても，Ａに意思能力があると判断できない。Ｃを任意代理人にできるかの判断が難しい場合には，Ｃからの転出届を資料として，職権で処理を行うことが望ましいと考える。

442 第4編 東京都住民基本台帳事務質疑応答集

なお，Aに代理権を授与する意思能力があった場合は，Cを任意代理人として転出届を受理することができるが，その際，同一の世帯に属する者と同様に取り扱うことができると認めた場合には，必ずしも委任状の提出を求めなくてもよい（事務処理要領第4-2-(2)-イ）。

49
死亡届が提出された場合の世帯変更届の提出の催告

問 世帯主，妻及び長男で構成する世帯における世帯主の死亡につき，他の区市町村より法第9条第2項通知を受けた。

住民票においては，世帯主の空白期間はあってはならない（昭和34.1.19民事甲31号回答）ことから，世帯変更届を待つことなく，職権により住民票の続柄に関する記載をすべきか。

答 世帯変更届を要しない場合というのは，世帯主以外にその世帯に属する者が1人になった場合のことである（令第25条）。例えば，2人世帯で世帯主の死亡届等により，その世帯の世帯員が1人となった場合には，その者が当然に世帯主となることが明らかであり，届出を待つまでもないからである。

死亡の場合には，本人が世帯主であったときには，残された世帯員のうちで誰が世帯主となるか不明であることから，法第25条による届出を求め，当該届出に基づき記載することとなる。

催告しても，届出に応じないときは，客観的事実に基づき世帯主を認定した後職権記載することとして差し支えないが，この場合には，令第12条第4項により，当該記載に係る者に通知することを要する。

なお，世帯主変更の年月日は，世帯主が死亡した日（事件発生日）とし，他に届出日又は職権記載日を備考欄に記載する扱いとなる。

第8　届出（その他）　443

50 住民票記載事項通知について

問　　平成17年6月1日甲女を届出人とする嫡出でない子乙の出生
届がA市に提出された。甲女の子乙の生年月日は平成14年5月
10日，本籍地，住所ともB市とするもので，A市からB市に乙について
の住民票記載事項通知が送付された。世帯主は甲女の父，乙の続柄は「子
の子」である。甲女及び出生子の乙の居所はA市にあるが住民登録はされ
ていない。記載事項通知にあるB市の住所は平成15年7月に世帯主であ
る父親からの不現住申立てにより甲女が職権消除されている。

1　甲女・出生子の乙の住所はどこか。

2　通知を受けたB市ではどのような処理をしたらよいか。

答　　1　甲女・乙の住所はどこか事実に基づいて判断することにな
る。乙の出生時，子については通常母と一緒のことが多いと考
えて，特段の事情がなければ母と同一の住所である。乙の出生時，甲女
の住所がB市にあったことに特段の疑義がなければ乙の住所もB市。

2　甲女がB市で職権消除されていてA市に居所があると判明しているの
で，甲女と乙の正確な住民票の記載のために，処理としては法第14条
に基づいて甲女に催告を行い，その届出に基づき住民票の記載をする。
催告を行っても届出がない場合については，甲女と乙の居所の実態の確
認を行ったうえで，令第12条第1項に基づき職権で住民票の記載を行
う。問題文では「居所」とあり，「居所」の意味あいが難しいが，B市
の処理はA市と連携して実際の住所の確認を行ったうえで，必要な処理
をする。

444 第4編 東京都住民基本台帳事務質疑応答集

51 入院している者の異動について

問 "甲"市に住民登録のあるAは現在入院しており，住民登録のある住居は空き家となっている。

Aの子であるBが住居を売却するため，Aの住民登録を異動させたいと来庁した。

この場合，どう対応したらよいか。

1 "甲"市にあるBの居住地に異動する場合

2 Bの居住地以外の住居に一人世帯として異動する場合

【補足】Aは委任状が書けない状況である。

答 〈Aの入院期間が長期間（1年以上）である場合〉

1，2いずれにおいても事前に了解のうえ，入院先に住民登録することが望ましい。

〈Aの入院期間が短期間（1年以内）である場合〉

1 退院後にBの居住地へ異動することをAに確認のうえ，住所認定を行うことが考えられる。

2 以下のいずれかの方法があると考える。

- Aに退院後に居住地として異動する住所を確認し，確証を得られるのであれば当該地に住民登録をする。※Aの居住地を別途設けていることが前提。

- 原則家族の居住地とされているため，退院するまでの期間はBの居住地に住民登録する（退院後別住所で居住するということであれば異動する。）。

なお，今回の届出については，Aの「子」であることから，市町村長において，同一の世帯に属する者と同様に取り扱うことができると認めた場合，必ずしも委任状の提出を求めなくてもよい（事務処理要領第4−

第8　届出（その他）　445

２－(2)－イ）。

52 収入が少ない者の世帯認定について

問　　長期の入院が必要になり，特別養護老人ホームを退所すること
になったＤさんの転入届出のため，Ｄさんの娘が来庁した。これ
から長期療養を予定している病院に住所を置けないということで，居住実
態はないが，Ｄさんの娘の家に住民登録をしたいということであった。そ
して，Ｄさんを別世帯として登録したいと申し出た。Ｄさんの世帯として
の独立性を確かめるため，Ｄさん個人の収入を訪ねたところ，月額約３万
円の老齢福祉年金のみということであった。通常なら，この収入では療養
費を捻出できないため，別世帯での認定は困難であると思われたが，よく
事情を聴くと，Ｄさんの療養費は全て難病医療給付で賄えるため，実費と
してはおむつ代等消耗品費のみで，ちょうどＤさんの年金加入で賄えると
いうことであった。

　• 居住実態のないＤさんの娘宅への住民登録は認めてよいか。

　• 申し出を受け，Ｄさんを別世帯として認定してよいか。

答　　　一年以上の長期療養である場合，本来なら本拠は病院となりま
すが，病院におけない事情なら娘の家に住民登録することは差し
支えない。

　収入があり，その収入で生活が賄えているなら，このケースは別世帯認
定でも差し支えないと考える。

446　第4編　東京都住民基本台帳事務質疑応答集

53
国籍留保の届出がある子どもの住民登録について

問　　父A（日本国籍）と母B（外国籍）の子であるCが，外国籍の
パスポートにより短期滞在者として入国した。Cは，国籍留保の
届け出があり，Aの戸籍に記載があった。

このCの住民登録についてどのような対応をしていけばよいか。

答　　国籍留保届を行い日本国籍を有している場合は，日本人として
の住民票を作成できる。

ただし，今回，短期滞在者として入国していることから，あくまでも生
活の本拠は海外にあると区市町村で判断した場合，住民票を作成しないこ
とも考えられる。

54
在留期間の過ぎた外国人登録証明書を持っている外国人
の届出について

問　　外国人住民Aが在留期間の過ぎた外国人登録証明書を持って住
民票交付申請に来庁した。

しかし，Aの住民登録はなく，法施行前に仮住民票が作成された記録も
なかった。

Aが言うには，在留期間等の更新はしているとのことであった。

この場合，どう対応したらよいか。

1　パスポートの持参があり，更新が確認できた場合

2　パスポートの持参がない場合

１について，Ａが平成24年7月9日以前からすでに住んでいたということであれば，法附則第5条で住民票を作成すると考える。

　なお，在留期間等について，みなし在留カードである外国人登録証で確認ができない場合は，最新の情報が記載してあるパスポートで確認のうえ，正確に記載する。

　2については，在留期間等の更新が確認できないため，これらが確認できるものを持参するよう案内する。

448　第4編　東京都住民基本台帳事務質疑応答集

第9　記載関係

55
住民票の方書修正の可否について

問　　甲はR区から転入して5年になるが，住民票の写し請求のとき，①前住所の方書○○スナック内の記載を削除してほしい。就職をするたびに住民票を提出しているが，なにかにつけて，先入観で判断され，やめる羽目になってしまう。原因は，方書に○○スナック内の記載があるからで，ぜひ取ってほしいと申し立てた。

法は，住民票に記載された内容を，みだりに公表してはならないとしているが，現実に住民票の記載内容によって，差別を受けていることがあるために，以上のような申し立てがあるものと思われる。かかる場合は，法に基づき，住民としての地位の変更に関する届出を正確に行った者に対しては，職業が判明するような方書の記載を削除してもよいのか。

答　　事務処置要領によれば，住民基本台帳に記載される住所とは，都道府県，郡，市，区（指定都市の区をいう。）及び町村の名称並びに市町村の町又は字の区域の名称のほか，住居表示に関する法律（昭和37年法律第119号）に基づく住居表示が実施された区域においては，街区符号及び住居番号を，その他の区域においては地番を記載する，とある。

なお，団地，アパート等の居住者について，上記の記載のみでは住所が明らかでない場合には，アパート名，居室の番号まで記載し，間借人が別個に世帯を設けている場合には，「何某（間貸人氏名）方」まで記載する，としており，これが住所における方書記載の根拠である。

よって，過去の行政実例においても，団地及びアパートに居住している者の住民票の住所の欄の記載については町名，地番の他，団地名，アパー

第9 記載関係 449

ト名及び部屋番号を記載することとされているが，現在のように密集する以前から存在していたアパート等に居住している者の住所について，町名地番しか記載されていない場合で，調査の結果アパート名，棟番号及び部屋番号が明らかになったときは，職権により修正してよいとある。

また，長期入院等により病院に住所がある者について，当該病院名を住民票の住所欄に記載することがプライバシーの侵害につながるおそれがあると思料されるときは，町名地番だけを記載しても差し支えないという実例もある。

このことから考えると，方書記載については，郵便物の配達等，住民の利便を増進するという住民基本台帳法の建前からいえば，住所を明らかにするためには，記載が必要であるが，プライバシー保護という視点にたてば，省略することも差し支えない場合もあるといえる。

ゆえに，住民票の写しの請求にあたって，方書の省略によっても住所が明らかにでき，かつ方書を記載することが，プライバシーの侵害につながるおそれがあると判断できるのであれば，省略して交付することはできる。

また，前住所欄に記載された方書の取扱いについても，準ずる取扱いをして差し支えない。

この取扱いにあたっては，設問のように，法に基づく住民としての地位の変更に関する届出を正確に行ったかどうかを判断材料にするのではなく，あくまでも，方書を省略しても住所が明らかであるかどうか，プライバシーの侵害につながるおそれがあるかどうかによって，その適否を判断しなければならないと考える。

56 共同住宅の枝番や方書の表記について

問 アパートやマンションのような共同住宅で、枝番や方書が同一であるべきにもかかわらず、表示が異なっている住民票についてはどのように処理したらよいか。特に、居住年数の長い住民についてはどうするか。担当課では異なる住所の一方が誤っているということは確認済である。このような場合は、住民基本台帳法施行令第12条第3項及び第4項の規定にそって取り扱うべきか。

答 住民票の記載に誤記があると判明した場合、法第14条第1項の規定により、市町村長は住民基本台帳の正確な記録を確保するため必要な措置を講じなければならない。

本事例は、令第12条第3項の事例になるので、市町村長は職権で住民票を修正することになる。この場合、令第12条第4項に規定する本人通知又は公示は必要ない。しかし、住民にとって住所の変更は、種々の手続が必要となる等、一定の負担を伴うものであるから、事前の通知や公示等適切に対応することが望ましい。

57 基本的な続柄の記載方法

問 基本的な続柄の記載方法について伺いたい。

答 次表によられたい。

第9　記載関係　451

基本的な続柄の記載例

	事　実　関　係			世帯主との続柄	備　考
1	世帯主本人			「世帯主」又は「本人」	事務処理要領
2	配偶者			「夫」「妻」	事務処理要領
3	事実上の配偶者			「夫（未届）」「妻（未届）」	事務処理要領
4		世帯主の戸籍上の配偶者が現存しているとき		「縁故者」	事務処理要領
5		近親婚のとき（例 姉であったとき）		「姉」等	
6	実子	嫡出子		「子」	事務処理要領
7			先妻の子と後妻の子と両方いるとき	「子」	平6.12.15 自治振 233 号
8	事実上の実子	嫡出でない子	世帯主が認知したとき	「子」	昭46.5.8 自治振 204 号
9			世帯主が認知しないとき	「妻（未届）の子」	昭36.12.14 民事甲 3114 号
10			内縁当時に出生したが，その後父母が婚姻	「妻の子」	昭36.9.15 民事甲 2267 号 事務処理要領
11			近親婚の場合の子	「姉の子」等	
12	養子			「子」	事務処理要領
13		配偶者の子を養子にした場合		「子」	平6.12.15 自治振 233 号
14	事実上の養子			「縁故者」	昭27.7.18 民事甲 1045 号
15	配偶者の子			「妻の子」「夫の子」	平6.12.15 自治振 233 号
16	父母			「父」「母」	
17	養父母			「父」「母」	平6.12.22 自治省事務連絡
18	孫			「子の子」	平6.12.15 自治振 233 号
19	祖父母			「父の父」「父の母」等	
20	兄弟姉妹			「兄」「弟」「姉」「妹」	
21	配偶者の父母			「妻の父」「妻の母」等	
22	配偶者の養父母			「妻の父」「妻の母」等	平6.12.22 自治省事務連絡
23	甥姪			「弟の子」等	平6.12.15 自治振 233 号
24	伯（叔）父母			「父の兄」等	
25	前の掲載以外の親族	直系血族		「父の父の父」「子の子の子」等	平6.12.15 自治振 233 号
26		親族外	三親等内の親族	「妻の弟」等	
27			その他の親族（おおむね六親等内）	「縁故者」	
28	養老院に入院している者			「世帯主」又は「本人」	
29	養護施設に居住している児童			空欄	昭43.3.26 自治振 41 号
30	児童福祉法第27条第1項第3号に基づく里子			「縁故者」	昭52.3.8 自治振 25 号
31	同居人			「同居人」	昭46.1.12 自治振 6 号
32	長男の配偶者等			「子の妻」等	事務処理要領 平6.12.15 自治振 233 号
33	長男（甲死亡）の嫁（乙）が丙と妻の氏を称する婚姻をし，甲と乙の間の子ABCは，その婚姻の際入籍している			乙・丙→「縁故者」 ABC→「子の子」	昭46.1.12 自治振 6 号 平6.12.15 自治振 233 号
34	後妻が世帯主である場合の先妻の子			「夫の子」等	昭38.7.10 民事局指示 平6.12.15 自治振 233 号
35	（死亡した）前妻（夫）の母（父）			姻族関係終了→「同居人」 終了していない場合→「縁故者」	

452 第4編 東京都住民基本台帳事務質疑応答集

58
再婚禁止期間中の者の続柄の記載について

問 離婚後100日以内の再婚禁止期間にある女性が，男性（世帯主）と同棲している場合，この女性の世帯主との続柄は，「妻（未届）」と記載してよいか。

答 「縁故者」と記載すべきです。再婚禁止期間にある女性は，民法上妻としての届出ができないものであり，このようなものまで「妻（未届）」と記載をすると，混乱を生ずるおそれがあるからです。

59
元号「元年」の記載方法について

問 住民票に記載するうえで，大正元年又は大正1年いずれが正しい表記か。

答 戸籍は改元令を準用し，大正元年と表記することとされている。

住民票も戸籍と同一の記載ということであるので元年と表記することが適当であるが，1年と表記しても差し支えない。

60
固有名詞の「二丁目」について，横書の場合での表記

問 住所における「本町二丁目」等は，町名であり，固有名詞とされている。したがって，住居表示が実施された区域において，「本町二丁目」の「二」が漢数字で告示された場合には，住民票における表記は，告示どおり漢数字で表記すべきだと考えるがどうか。

第9　記載関係　453

答　住民登録法のもとでの先例である「住居表示に関する法律の施行に伴う住民登録の取扱い」（昭和37.5.29民事甲1448号通達）による住民票上の横書の場合の記載例は，アラビア数字となっている。

　これは，横書の場合は，そうした表記が慣習であり，能率的であることから取られた措置であると考えられる。

　したがって，固有名詞という概念からすれば，漢数字による表記をすることが適当と考えるが，便宜上アラビア数字による表記をしても差し支えない（参考：昭和38.7.9民事甲1947号回答）。

61　住民票に記載する死亡年月日について

問　住民票に記載する死亡年月日については，戸籍に関する届書及び法第9条第2項住民票記載事項通知により処理している。この届書等に死亡年月日が「……頃死亡」「……上旬死亡」等と記載されている場合，住民票の記載について伺いたい。

答　住民票に記載する死亡年月日は次によられたい。
1．「……○日○時死亡」の場合は，「……○日死亡」と日までを記載すれば足り，時間を記載する必要はない。
2．「……上旬死亡」の場合は，「……1日から10日までの間に死亡」と記載する。
3．「……推定何日死亡」又は「……何日頃死亡」の場合は，「……推定何日死亡」又は「……何日頃死亡」と記載する。

【その理由】
　住民票に記載する死亡年月日は，戸籍の記載と一致させる。

（参　考）
・戸籍に記載する死亡年月日について（昭和35.3.24民事甲708号回答要

454　第4編　東京都住民基本台帳事務質疑応答集

旨）

①　死亡の記載は分までで足り，秒を記載する必要はない。

②　春夏秋冬は日時を表現する文字として適当でないので，診断書の記載等を例えば「昭和何年推定何月」と補正させたうえ，受理するのが適当である。

③　死亡届に「昭和〇年〇月上旬死亡」とある場合は，戸籍の記載を「昭和〇年〇月1日から10日までの間に死亡」と記載する。

第10　住所の認定　455

第10　住所の認定

62
自動車に居住している者の転入届について

問　　○○区△△１丁目１番の空き地に駐車している自動車に生活し
　　　ているという者から転入届があった。自動車は動く状態で，生活
上最低限必要な設備はないとのことである。

　この場合，転入届は受け付けることができるでしょうか。

答　　実態調査を行い，届出をした者の生活の実態を把握することが
　　　必要になる。この場合，自動車という届出の場所が生活の本拠と
して認められるような状況にあるのか，ないのか。もし，ないとするなら
ば転入届は受け付けられない。

　住所の認定に当たっては，事務処理要領第１－３に「客観的な居住の事
実と，居住者の意思」と書いてあるとおりである。家族の居住地，家財道
具類がどこにおいてあるか等を考慮に入れている判例，事例があるので，
それらも参考にして総合的に判断し，住所の認定を行ってほしい。

63
病院への入退院を繰り返している者の住所の認定

問　　甲男は，Ａ市からＢ市の乙女方へ同居人として転入届をした。
　　　届出人は，甲男の友人である。

　その後，乙女から，甲男は現在住民票に記載されている住所地（乙女
方）には，転入時から全く居住していない旨の申出があった。Ｂ市で実態
調査したところ，甲男はＣ市の病院へ入退院を繰り返している状態で，退

院中はＢ市の実兄宅に居たようであったが，現在は入院中である。また，実兄は所在不明である。

Ｂ市では，住民票における住所の認定はどうすればよいか。

　　現在ある住民票は，虚偽の届出に基づくものとして職権消除したうえで，住所の認定は，次によられたい。

身寄り等が不明であり，かつ単身者世帯であることから，当面は病院が住所として認定される。

ただし，病院によっては，短期間の入院患者にまで住所を設けられることを拒否する場合があり，事前に了解を得ておくことが妥当であろう。

退院間際の場合にあっては，身寄り等退院後住所を置くべき場所を本人等に確認のうえ，住所認定に当たられたい。

なお，家族がいる場合においては，医師の診断等により１年以上の長期かつ継続的な入院治療を必要と認められるとき以外は，住所は，原則として家族の居住地にあると認定される（参考：昭和46.3.31自治振128号問3）。

第11 その他 457

第11 その他

64
申請書の閲覧請求

問 「自分の住民票等の交付を，だれが受けたかを知るため」として，当該交付に係る申請書を，閲覧したいとの請求があった場合，どのように取り扱えばよいか。

答 次の理由から，原則として応ずるべきでない。

①法が規定する閲覧等の対象は，住民票についてであり，申請書は含まれていない。したがって，申請書の閲覧は，法の規定するものでなく，その取扱いは，一般の個人データと同様に扱うべきものである（個人データは個人の尊厳にかかわるものであり，一般に公開になじまないとされている）。また，②申請書には，法が規定する項目以外の，債権，債務関係を記述した請求理由等が記載されているため，それらを閲覧の対象にすることは，申請者及び対象者のプライバシーの侵害等につながるおそれがある，からである。

ただし，この取扱いについては，各区市町村において定める情報公開条例又は個人情報保護条例等に規定がある場合には，それによられたい。

65
届出書の閲覧等請求

問 転入，転出等の届出書の閲覧等請求があった場合，どのように取り扱えばよいか。

答 届出書は，法が規定する閲覧等の対象に含まれていない。したがって，その取扱いは，一般の個人データと同様に扱うべきものである。

66 虚偽（錯誤）の転入届出があったときの取扱いについて

問 A市からB市へ世帯主が下記のような届出をしたが，世帯主以外の2人はB市に住んだことがなく，直接C市に住んでいたことがわかった。

B市では，世帯主以外の2人の転入取消しをするがC市に住民票を移すにはどのような手続が適切であるか。

答 《B市の処理》
転入届出にさかのぼって，世帯主以外の世帯員の住民票を無効とする。A市に対し，その旨通知するとともに，C市に対して状況を連絡する。

《A市の処理》
B市の通知に基づき，除票の転出欄の修正をする。求められた場合，転出証明書に準ずる証明書を交付する。

《C市の処理》
法第14条に基づき，届出の催告を行い，住民からの届出又は職権により，住民票を作成する。

第11 その他 459

67 虚偽の転入届出への対処について

問 B市は，A市からの転入届を甲男から受けた。その後，確認事項があり，甲男に連絡したところ，甲男がそこに居住していないことが判明した。

このことについて，次の場合の処理を，

1 実態調査の結果，不現住と判明した時，不受理として取り扱うか。又は，住民票を作成し，職権消除として処理すべきか。

2 甲男が後日B市に来庁し，住民記録ができなかったのでA市発行の転出証明書の返却を求めてきたが，どのように対処すればよいか。

答 1 居住の実態がなく虚偽の転入届であるので，住民票作成前であれば不受理扱いとする。既に住民票が作成されていた場合には転入届に基づく一連の処理を無効とする。いずれの場合にも，従前の住所地であるA市に，この事実を通知する。

A市では自らの調査に基づき，引き続き居住している事実が判明すれば，消除された甲男の住民票を職権回復するなど，適切な措置を執る。

2 〔転出証明書の取扱い〕

(1) 受付の時点で質問等により虚偽と判明し，住所の異動がないと認められるものについては，転出証明書を本人に返却することなく，A市に連絡し，職権により処理することが適当と考える。

しかしながら，本人の錯誤が原因で虚偽の届出に至ったと判断できる場合は，転出証明書を本人に返却し，本人にA市に住民票の回復手続を取るよう，指導する扱いとしても差し支えない。

(2) 転入届を受理し，住民票が既に作成されている場合には，一連の処理が終了していることから，本人への転出証明書の返却は，特段の事由がない限り不要である。なお，A市より返却を求められた場合に

は，コピーを保存したうえ転出証明書を返却する。

　また，B市に対し，B市発行の転出証明書に準ずる証明書の交付を求められた場合には，B市での居住の事実がないことから，もとより，これに応じる必要はない（参考：昭和57.10.29自治省から秋田県地方課あて電話回答）。

68 転入届をした者が二重登録者であることが判明した場合の取扱い

問 甲男と乙女は離婚を前提に別居中であり，甲男はA市，乙女はB市に住民登録をしているが，長男丙男が出生したため甲男が出生届をした（子の住所欄は甲男のA市）。その後，乙女がB市に転出証明書を取りに行った際，長男丙男が記載されていない旨申し出た。

　この申出を受けたB市では，乙女が母子手帳を持参していたため，本籍地（D市）に確認せず職権記載し，転出証明書を交付してしまった。

　転入届を受けたC市では，D市に戸籍の附票記載事項通知を送付した。通知を受けたD市では，丙男について二重登録であることが判明した。

　二重登録であることの通知を受けたA市とC市は，どのように処理すればよいか。

答　1　出生の場合，住民票は原則として，出生届に記載された住所地市町村において作成されることとされている。

2　したがって，B市が本籍地に確認せず，乙女の申出により母子手帳をもって職権記載したというのは，手続上に瑕疵があったといえる。

3　しかし，住民票は居住の客観的事実を基に作成すべき性格のものである（参考：昭和24.4.15福岡高裁判決）。

4　よって，A市及びC市は，丙男の居住の住所意思を実現する事実関係

第11　その他　461

を確認することが，まずもって必要である。そのうえで，次の事例に基づき処理されたい。

(1)　丙男が乙女と共にC市に転出し，A市での居住の事実がないことが確認された場合

・A市の処理

〔住民票の処理〕　出生届に記載された丙男の住所は虚偽であったとして，住民票を職権消除する（ただし，出生届書の住所は，父甲男から追完の届出がない限り，訂正する必要はない）。

〔通　知〕　本籍地（D市）にこの旨通知する。

・B市の処理

　　特に，処理を要しない。

(2)　丙男が出生の後，A市にいったん居住しており，その後B市に転出した事実が確認された場合

・A市の処理

　　正しい出生届に基づく住民票の記載であり，乙女に届出期間内の場合転出届の提出を求め，住民票を当該転出届に基づき消除する。届出期間経過後は，職権で住民票を消除する。

・B市の処理

　　乙女の申請に基づき作成された住民票を虚偽の申出によるものとして，職権消除する。

　　ただし，A市・B市いずれも実態調査等により事実を確認していることであり，住民サービスの観点から

・A市　⇒　B市への転出の事実の確認をもって，職権消除
・B市　⇒　転入の事実関係の確認をもって，職権記載

との取扱いとして差し支えない。

　　また，この事実を本籍地D市に通知することは，もとより必要である。

462　第4編　東京都住民基本台帳事務質疑応答集

69 虚偽転出者に係る住民票の職権消除等及びその旨の通知について

[問]　　Aは甲町で転出届をし，乙市に転入届を行い，乙市は甲町に転入の通知をした。1年経過の後，乙市は実態調査によりAが転入日以後，居住の事実がないことを確認して転入無効により住民票の職権消除をした。

この場合，次のことについて，

(1)　甲町は乙市から「転入届の無効について（通知）」を受けたが，この転入届の無効通知により既に消除している住民票をどのように処理したらよいか。

(2)　乙市は甲町に対し「転入届の無効について（通知）」により先に送付した転入通知を無効とし，転入日に遡及させてAに係る住民票をなかったものとして取り扱ってよいか。

[答]　　(1)　甲町の事務処理

　　Aが転出した日以後甲町に居住の事実があるか否かについて，実態調査等により次の措置を執る。

①　Aが転出していない場合は，住民票を回復すべきである。

②　Aが転出し，甲町に居住の事実のない場合は，住民票を回復する必要はない。

③　乙市の「転入届の無効について（通知）」は，虚偽の転入届であることが判明したため，住民票を職権消除したことの事実の通知と解される。

(2)　乙市の事務処理

①　虚偽の転入届であることが判明したため，住民票の職権消除を行う。

第11　その他　463

② 速やかに，甲町に対して，その旨を通知することが適当である。この通知は，住民票，届出書その他の文書の写しを利用する方法により行うことが考えられる。

ちなみに，転入届出の無効の通知は，住民基本台帳法に規定しているものではない。

---

70 成年被後見人からの転出取消しについて

【問】 Ｙ市に住民登録のあるＡと妻Ｂ（成年被後見人）の世帯において，Ａが死亡したためＢの後見人であるＭが，Ｘ市の特別養護老人ホーム入所のため，Ｂの転出手続を行った。

後日，ＢからＹ市に対して，「Ｘ市への転出は，自分の意思ではない」との理由から転出取消しの申出があった（Ｘ市への転入届はされていない。）。

なお，成年後見監督人はこの転出手続について，妥当であるとの判断をしている。

この場合，本人の意思を尊重し，転出取消しをすることができるか。

【答】 転出の取消しはできないと考える。

法第26条の逐条解説において，成年被後見人は「精神上の障害により，行為の結果を識別するための能力を欠くことを通常の状態としている」と記載されており，届出の義務も負うことはないとされている。

ただし，その者が意思能力を有する間に行った届出は，有効であると解される。

その上で本件は，成年後見監督人が転出手続を妥当と判断しているため，このことからも，転出取消しをすることはできないと考える。

464 第4編 東京都住民基本台帳事務質疑応答集

71 異動日の遡及について

問 異動日を遡及した異動届が出された場合，遡及期間の長短により異動日の実質的審査の必要が生ずると思われるが，形式的審査のみで受理し得るのは遡及の期間がどの程度の範囲内のものと考えるべきか。

また，実質的審査を要するような長期間にわたる異動日の遡及では，疎明資料等により異動日を確認すべきであるが，貸室賃貸借契約書等の適当な疎明資料もなく，実態調査によっても確認が取れない場合，次のいずれにより受理すべきであるか。

(1) 届出人の申立てどおり受理すれば，異動日は住定日等として住民票に記載され，住民票の写しの交付によって未確認の日付を対外的に公証することになってしまうため，「居住の事実が明白で，且つ，対外的公証に耐え得る日」として，本人了解のもと，異動日を届出日当日として受理する。

(2) 届出書に記載された異動日が前住所での住定日等との矛盾がないことを戸籍の附票等により確認し，届出期間経過の書類を徴したうえで，届出人の申立てどおり受理する。

答 1 問の前段について
届出日と届出書に記載された異動日との差が14日以内であり，かつ疑義がない場合が，形式審査のみで受理し得る範囲と考える。

2 問の後段について
異動日の遡及は，本人が立証し，届出を受理する役所が確認できる範囲であり，本事例のように真にやむを得ない場合は，異動日を届出日当日として受理することは可能であると考える。

なお，実質審査により確認できた日が，届出日や届出書記載の異動日

第11　その他　465

と異なる場合には，実質審査により確認できた日をもって異動日とすると考える。

　また，異動日は住民票の記載事項として公証されるため，極力その事実確認に努め，異動日を正しく設定することが必要であると考える。

【その理由】

1　住民票は居住関係を公証する公簿として，可能な限り正確な記録が求められる。したがって，届出日と異動日との差が住民基本台帳法が定める届出期間である14日以内であれば，疑義がない限り実質的審査を必要とすることがないと考えられる。

　しかし，これを超える場合には，届出書記載の異動日を本人に立証させる（＝実質的審査の）必要があると考える。この場合の実質的審査の基準・方法等については，各区が運用によって対応することもやむを得ないかと考える。

2　届出人の申し立てた異動日が実態調査等の実質審査によっても確認できない場合は，居住事実が明確になる日をもって住民票に記載すべき異動日とすることになる。

　なお，実質審査により確認できた異動日が，届出日や届出書記載の異動日と異なる場合には，実質審査により確認できた異動日をもって住民票に記載すべき異動日とすることとなる。

466　第4編　東京都住民基本台帳事務質疑応答集

72

戸籍の謄（抄）本及び戸籍の附票の写しを提出して，住民票の氏名，戸籍の表示，生年月日を訂正されたい旨の申出を受けた場合の取扱い

問　本人から，戸籍の謄（抄）本及び戸籍の附票の写しを提出して，住民票の氏名，戸籍の表示，生年月日を訂正されたい旨の申出を受けた。どのように取り扱えばよいか。

〔現在の住民票〕

　氏　　名　田中幸子　　　　　　住定年月日　昭和21年12月5日

　生年月日　大正2年12月2日

　本　　籍　○○県○○町大字△△3069番地　　　筆頭者　田中幸子

〔申出の戸籍〕

　氏　　名　井上幸代

　生年月日　明治43年12月12日

　本　　籍　○○県○○町大字△△3069番地　　　筆頭者　井上幸代

答　住民票に記載された者と戸籍謄本に記載された者が同一人と認定される場合には，当該住民票を職権により修正する扱いとするのが適当である。

　国民年金，国民健康保険の給付等を含め多くの行政事務が住民基本台帳に基づき行われてきており，そうした事実を住民票上においても記録として明らかにしておく必要があるからである。

　なお，同一人であるか否かの認定に当たっては，戸籍謄（抄）本及び戸籍の附票の写しの提出のみで足りず，戸籍に記載のある親族による申出書，近隣者からの事情聴取，学校等の卒業証明書，写真等により，事実関係を十分調査のうえ，慎重に処理されたい。

〔参　考〕
- 「戸籍及び戸籍の附票を提出して住民票の本籍・氏名を訂正されたい旨申出があった場合は，職権により更正する」（昭 38 年 5 月佐賀県戸籍住民登録事務協議会における局長意見）

73 職権消除の申出の取消しについて

- 当該世帯は，Y市に住民登録があり，DとE（母親）で構成されている。
- 平成 20 年 4 月 1 日，EによりDの不現住申出があり，実態調査を行ったうえでDの住民票（住民登録）を職権消除した。
- 平成 24 年 8 月 1 日，DとEが来庁。Dは，平成 20 年 1 月から服役していた刑務所から出所したところであり，Eの住所地に再び住んでいるとのことであった。
- Eより，「Dが刑務所に収監されていたことは知っていて，刑務所に住所を移さなければならないと思った。Dが出所後，住民票の前住所欄が刑務所の住所になっていては社会生活の支障になってしまうと思い，不現住申出をした。この申出は，Dをかばって行った虚偽の申出であるため，職権消除を取り消してほしい。」との訴えがあった。

　　刑務所に入所するまで家族と住所を一にしていた者の住所については，原則として家族の居住地にあるため（住民基本台帳法の質疑応答について（昭和 46.3.31 日自治振 128 号問 2 ）），入所する直前まで，DとEが居住していたことが確認できるのであれば，取消すことも考えられる。確認できなければ，刑務所の住所地を未届地とし，Y市への転入手続を行うことになるのではないかと考える。

468　第4編　東京都住民基本台帳事務質疑応答集

74
法施行日以前の外国人の国外転出について

問　　外国人である世帯主Ａ，妻Ｂ，子Ｃ（7歳）は，平成24年7月9日時点で東京都Ｋ市に外国人登録をしていたため，改正法附則第4条第1項により住民票が作成された。平成24年8月10日，Ａ及びＢがＭ市への転出届を提出した。残ったＣについてどうするのか尋ねたところ，Ｃについては平成23年3月に国外転出し，その後日本には入国していないとのことであった。法務省に確認したところ，Ｃについては再入国許可期限内であり，また在留期間の満了日は平成25年1月であった。

1　この場合，Ｃの住民票はどのように処理するべきか。

2　8月10日に発覚した場合は，職権消除日は，8月10日となるのか，それとも7月9日となるのか。

答　　1　入国管理局への確認や本人などの申出から，実際にＣが平成23年3月に日本を出国し，その後入国していないのであれば，令第12条の3により，Ｃの住民票については職権消除を行い，備考欄へ平成23年3月国外転出と記載することが適当と考える（備考欄に記載することで，Ｃは平成24年7月9日の法施行日において，住民票の作成対象者ではないことがわかる。）。

2　職権消除日は，事実が発覚し，確認を行ったうえで消除の処理を行った日付となる（令12条3項）。したがって，8月10日に発覚し，職権消除の処理を行ったのであれば，8月10日が職権消除日となる。また，備考欄については出国した日付を記載するなど，施行日時点で住民票の作成対象ではないことが明らかとなるような記載をする。後に，除票を発行するか否かを判断する材料となるからである。

あ　と　が　き

　本書は，姉妹書である「住民記録の実務」と同様に，東京都市町村戸籍住民基本台帳事務協議会に設置された「住民基本台帳事務手引書作成委員会」において執筆作業を行っており，昭和58年9月に初版が刊行されました。

　「住民記録の実務」では届出書に基づく記載例が中心となっているのに対し，本書ではQ＆A方式での解説や質疑応答集を記載するなど，初任者向けのわかりやすい説明を心がけた構成となっております。これは初版が刊行された当初から継続した方針であり，今回の改訂においても，初任者が手に取るということを念頭に，新制度の解説や事務手続について加筆・修正を行いました。

　「9訂版 住民記録の実務」と同様，本書の改訂でもマイナンバー制度の導入が大きな改訂項目となりました。初任者が使いやすいよう，マイナンバー制度の解説や，Q＆Aには新規項目を設置し，検索をしやすいようにしてあります。また，事務の解説部分ではマイナンバーに関する業務を加筆・修正しており，日常業務で使用する際に，マイナンバー関連事務のみ別途調べる必要が無いよう配慮してあります。

　事務処理要領や事務連絡に明確な記載が無く，不明確な部分もありますが，多くの自治体で行われている現状の取扱を記述するなど，少しでも参考になるよう執筆いたしました。今後，取扱が確定する業務も出てくるとは思いますが，次回以降の改訂に盛り込んでいければと考えております。本書が，住民基本台帳事務に関わる全国の窓口業務担当職員の皆様に，新制度を遂行にするにあたっての一助となれば幸いです。

470 あとがき

　最後に，本書の執筆刊行にご協力いただきました委員の皆様をはじめ，
ご協力をいただいた関係者の方々に，この場を借りて心から御礼申し上げ
ます。

　平成 30 年 10 月

　　　　　　　　　　　　　　　住民基本台帳事務手引書作成委員会

住民基本台帳事務手引書作成委員会（8訂版改訂担当）

青　梅　市	川　島　　　茜
羽　村　市	吉田ともみ
町　田　市	中　嶋　浩　之
	中　村　和　之
多　摩　市	武　村　　　力
立　川　市	奥　冨　栄　二
調　布　市	水　科　英　紀
東　村　山　市	斎　藤　大　樹
	皆　川　直　行
国　分　寺　市	山　下　純　代
東　久　留　米　市	厚　澤　謙　二
	飯　田　千　愛
	藤　　　竜　也
代表：	小　島　信　行

住民基本台帳事務手引書作成委員会設置要領

1 設 置

東京都市町村戸籍住民基本台帳事務協議会会則第2条，第5条第1号および同条第3号の規定の主旨に基づいて，住民基本台帳に関連する諸法令の研究および改善・進歩を図る目的をもって，住民基本台帳事務の手引書作成のための委員会を設置する。

2 名 称

委員会は，住民基本台帳事務手引書作成委員会（以下，住基手引書委員会という）と称する。

3 組 織

(1) 住基手引書委員会は，次の各支部ごとに選出された市町村の課長職および担当職員をもって組織する。

西多摩支部　　2市
南多摩支部　　2市
北多摩支部　　5市

(2) 課長職は，住基手引書委員会の運営，手引書の規模等方針について協議する。

(3) 担当職員は，課長職の定めた方針にそって手引書の作成にあたる。

(4) 前号の担当職員は，討論の継続性を保つために各市町村最低1名を固定して派遣する。

4 事 業

(1) 目 的

ア）各市町村の住民基本台帳事務の共通化をめざす。

イ）各市町村の現行事務処理方法に検討を加え，正しい処理方法で事務が行われるようにする。

ウ）初心者のためのガイドブックとなり，同時に事務処理上のむずか

しい問題にも対処しうる指導書ともなる手引書を作成する。

(2)　方　法

ア）検討範囲は住民基本台帳法関係に限定する。各市町村の市民課組織の違いによる他の取扱い業務は検討しない。

イ）解釈・処理方法等について意見を一致させる。ただし，一致をみた解釈・方法等について，当面は各市町村は各々の実情にあわせて運用し，将来できるだけ一致させる方向で努力する。

ウ）手引書の帳票は，一定のモデルを統一して使用する。

(3)　内　容

ア）法令・用語等の理論的解釈

イ）全てのケースの処理方法と帳票への記載方法

ウ）解釈・方法等についての代表的な通達・実例・判例等の提示

エ）別冊として初心者向け入門書として「100問100答集」の作成

5　協　力

東京都市町村戸籍住民基本台帳事務協議会を組織する市町村は，住基手引書委員会から資料の提供等の申し入れがあったときは，積極的に協力するものとする。

6　解　散

住基手引書委員会は，手引書の発行をもってその任務を終了し，以後自動的に解散するものとする。

8訂版　初任者のための住民基本台帳事務

昭和58年9月1日　初版発行
平成30年10月30日　8訂版発行

編 著 者　東京都市町村戸籍住民基本台帳事務協議会
　　　　　住民基本台帳事務手引書作成委員会
発 行 者　和　田　　　裕

発行所　日 本 加 除 出 版 株 式 会 社
本　　社　郵便番号 171 - 8516
　　　　　東京都豊島区南長崎 3 丁目 16 番 6 号
　　　　　T E L　（03）3953 - 5757（代表）
　　　　　　　　　（03）3952 - 5759（編集）
　　　　　F A X　（03）3953 - 5772
　　　　　U R L　www.kajo.co.jp
営 業 部　郵便番号 171 - 8516
　　　　　東京都豊島区南長崎 3 丁目 16 番 6 号
　　　　　T E L　（03）3953 - 5642
　　　　　F A X　（03）3953 - 2061

組版・印刷　㈱亨有堂印刷所　／　製本　牧製本印刷㈱

落丁本・乱丁本は本社でお取替えいたします。
★定価はカバー等に表示してあります。
©2018
Printed in Japan
ISBN978-4-8178-4519-1

JCOPY〈出版者著作権管理機構　委託出版物〉
　本書を無断で複写複製（電子化を含む）することは，著作権法上の例外を除き，禁じられています。複写される場合は，そのつど事前に出版者著作権管理機構（JCOPY）の許諾を得てください。
　また本書を代行業者等の第三者に依頼してスキャンやデジタル化することは，たとえ個人や家庭内での利用であっても一切認められておりません。

　〈JCOPY〉 H P：http://www.jcopy.or.jp/, e-mail：info@jcopy.or.jp
　　　　　　電話：03-3513-6969, FAX：03-3513-6979

マイナンバー制度に対応！

窓口業務に欠かせない手引書

9訂版
住民記録の実務

待望の改訂版！

東京都市町村戸籍住民基本台帳事務協議会
住民基本台帳事務手引書作成委員会　編著

2018年6月刊　A5判　708頁　本体5,500円＋税　978-4-8178-4486-6
商品番号：40080　略号：記録

マイナンバー制度

- マイナンバー制度の関係法令を収録し、最新の実務に対応。
- 通知カード、マイナンバーカードに係る事務を追加し、マイナンバーカードに標準搭載されている電子証明書についても解説。
- 個人番号の記載欄が加わった住民票や住民異動届等の各種帳票の記載例を多数収録。

外国人住基事務

- 外国人住基事務について、手引書としての使いやすさを考慮し、関連する章に溶け込ませつつも、独立した章で詳説。
- 一時庇護許可書、仮滞在許可書、在留カード等、関連する様式や参考資料等を多数搭載。

【主な収録内容】

第1章	概説	第9章	世帯変更
第2章	基本用語	第10章	職権記載
第3章	日本人住民に係る住民票	第11章	戸籍の附票
第4章	住基ネット	第12章	付帯事務
第5章	届出	第13章	雑則
第6章	転入	第14章	外国人住民に係る住民基本
第7章	転居		台帳事務
第8章	転出		

日本加除出版

〒171-8516　東京都豊島区南長崎3丁目16番6号
TEL（03）3953-5642　FAX（03）3953-2061　（営業部）
www.kajo.co.jp